복 있는 사람

오직 여호와의 율법을 즐거워하여 그 율법을 주야로 묵상하는 자로다.
저는 시냇가에 심은 나무가 시절을 좇아 과실을 맺으며 그 잎사귀가 마르지 아니함 같으니
그 행사가 다 형통하리로다. (시편 1:2-3)

아일랜드의 극작가 오스카 와일드는 "이 땅을 살고 있는 많은 사람들 중 사실 소수의 사람만이 자신의 삶을 살 뿐 나머지 대부분의 사람들은 그저 존재한다"라고 말했다. 만약 우리의 인생이 그저 존재하는 것이 아니라면 우리는 답을 찾을 때까지 스스로에게 물어야 한다. "나는 누구인가?" 그리고 "나는 왜 사는가?"라고. 세상과 믿음 사이에서 내가 누구인지, 왜, 어떻게 살아야 하는지 알지 못한 채 살아가고 있는 그리스도인들이 있다면 에릭 리델의 이야기가 담긴 이 책은 최고의 대답이 될 것이다. "영광을 위하여…."

이영표 전(前) 국가 대표 선수, 축구 해설 위원

시대에 따라 진실함을 표현하는 방식에 차이가 있어서 영화 「불의 전차」의 주인공 리델의 진실한 삶이 오늘을 사는 자유분방한 우리에게 엄격함으로 느껴질 수 있다. 그러나 그의 진실함은 필연적으로 경쟁하는 육상 선수로서의 삶에서도 섬김을 즐기고, 전쟁의 포화 속에서도 선교사로서 그리스도의 제자다운 일상과 순교적인 삶을 즐거이 살게 했다. 경쟁으로부터 자유하길 바라며 진실한 내면을 찾는 이들과 삶에 찌들고 고통스러운 중에서도 섬김을 갈망하는 모든 이들에게 이 책을 권한다.

김병년 다드림교회 담임목사

"하나님께서 그분께 철두철미하게 바쳐진 사람과 함께, 그런 사람을 위해, 그런 사람을 통해, 그런 사람 안에서, 그런 사람 곁에서 어떻게 역사하실 수 있는지 세상은 아직 보지 못했다." 에릭 리델의 삶을 읽어 내려가면서 19세기 말 D. L. 무디가 했던 이 말이 생각나는 이유가 무엇일까?

에릭 리델을 기억하는 대부분의 사람들이 그에 대해서 아는 것은 1924년 파리 올림픽에서 안식일을 지킨다는 이유로 금메달이 확실시되던 100미터 경기를 거부한 '좀 고지식해 보이는' 영국 육상 선수라는 게 거의 전부다. 그러나 우리는 이 책에서 중국 선교사 에릭 리델, 하나님을 사랑했고 사람을 사랑할 줄 알았던 매력적인 그리스도인 에릭 리델을 만난다. 의인은 죽어서도 말한다. 왜곡된 신앙과 삶으로 몸살을 앓고 있는 한국 교회 성도들에게 이 사람을 소개하고 싶은 마음이 간절하다.

김형익 벧샬롬교회 담임목사

에릭 리델의 생생한 초상을 통해 해밀턴은 한 영웅의 위력뿐만 아니라 신앙의 위력을 보여 준다. 역경 앞에서도 신념을 굽히지 않은 인내와 순종의 귀감을 되살려 낸다. 불굴의 도덕성과 참다운 인간상을 아름다운 필치로 재현해 낸 이야기다.

에릭 블렘 『뉴욕 타임스』 베스트셀러 작가

해밀턴은 자질을 보증할 수 있는 작가다.

『파이낸셜 타임스』

산문에 어우러진 아주 정교하고 촘촘한 세부 묘사가 박진감을 더해 준다.

『인디펜던트』

영광을 위하여

For the Glory
Eric Liddell's Journey from Olympic Champion to Modern Martyr

Duncan Hamilton

Eric Liddell

영광을 위하여

보이지 않는
하나님의 영광을 바라보다

던컨 해밀턴 지음 · 윤종석 옮김

복 있는 사람

영광을 위하여

2017년 9월 6일 초판 1쇄 인쇄
2017년 9월 20일 초판 1쇄 발행

지은이 던컨 해밀턴
옮긴이 윤종석
펴낸이 박종현

도서출판 복 있는 사람
주소 서울특별시 마포구 연남동 246-21 (성미산로23길 26-6)
전화 02-723-7183, 7734 (영업·마케팅)
팩스 02-723-7184
이메일 blesspjh@hanmail.net
등록 1998년 1월 19일 제1-2280호

ISBN 978-89-6360-231-8 03230

이 도서의 국립중앙도서관 출판예정도서목록(CIP)은
서지정보유통지원시스템 홈페이지(http://seoji.nl.go.kr)와 국가자료공동목록시스템
(http://www.nl.go.kr/kolisnet)에서 이용하실 수 있습니다. (CIP 제어번호: 2017022237)

For the Glory
by Duncan Hamilton

Copyright ⓒ 2016 by Duncan Hamilton
All rights reserved.
This Korean translation edition ⓒ 2017 by The Blessed People Publishing Co.,
Seoul, Republic of Korea.
This Korean edition is published by arrangement with Fletcher & Company LLC
through Duran Kim Agency, Seoul, Republic of Korea.

이 한국어판의 저작권은 듀란킴 에이전시를 통하여 Fletcher & Company LLC와 독점 계약한
도서출판 복 있는 사람에 있습니다. 신저작권법에 의하여 한국 내에서 보호를 받는 저작물이므로
무단 전재와 무단 복제를 금합니다.

훌륭한 아내요 훌륭한 어머니요 훌륭한 여인인
플로렌스 리델의 영전에 바친다

차례

들어가는 말　　챔피언의 마지막 경주　　　　　　　　　13

1부 더 빠르게

첫 번째 달리기	훌륭한 운동선수가 되는 법	35
두 번째 달리기	진한 차 한 잔	66
세 번째 달리기	삶의 갈림길에서	95
네 번째 달리기	이것이 옳은 길일까?	109
다섯 번째 달리기	샹젤리제에서 탱고를	133
여섯 번째 달리기	어떤 값에도 자신을 팔지 않을 사람	154

2부 더 높게

일곱 번째 달리기	미련 없는 작별	175
여덟 번째 달리기	외국 땅이란 없다	194
아홉 번째 달리기	"다시는 돌아오지 못할 길인가?"	213
열 번째 달리기	너에게 할 말이 있다	234
열한 번째 달리기	까마귀는 어디서나 까맣다	258
열두 번째 달리기	가장 예리한 칼날	280

3부 더 강하게

열세 번째 달리기	아버지의 빈자리	311
열네 번째 달리기	금지된 생일 축하	330
열다섯 번째 달리기	에릭 삼촌	357
열여섯 번째 달리기	모든 슬픈 선장들이여	396
맺는말	떠난 뒤에 남는 것은 사랑이다	440
감사의 말		460
에릭 리델 연보		467
주		469
참고 자료		501
찾아보기		508

1924년 파리 올림픽 이후 그의 육상은 사실상 끝났다.

| "중국에 제가 필요합니다. 저는 거기서 다른 경주를 할 것입니다" |

리델은 올림픽 덕을 볼 수 있는 것들을 왜 다 포기하려 하느냐는 질문을 받곤 했다.
그때마다 그는 "하나님이 나를 중국을 위해 지으셨다고 믿기 때문"이라 답했다.

―

리델은 자신이 어떤 선교사가 되고 싶은지를 정확하고 분명하게 알았다.

일러두기
도량형(길이, 무게, 넓이)은 원서를 기초로 하여, 오늘날 우리나라에서 일반적으로 통용되는 단위로 환산해 표기했다. 단, 당시 영국 육상 종목에서 야드 단위를 주로 사용했던 상황을 반영하여 육상 종목에서 사용된 야드는 그대로 살려 표기했다. 1야드는 약 0.91미터다.

들어가는 말

챔피언의 마지막 경주

1944년, 중국 산둥山東성 웨이셴濰縣

그는 몸을 굽힌 자세로 출발선에 서 있다. 출발선이라 해봐야 바싹 마른땅에 막대기로 줄을 찍 그은 것뿐이다. 상체를 앞으로 약간 내밀고 팔꿈치를 굽혔다. 왼발을 오른발보다 앞쪽에 두고 당장이라도 휙 튀어 나갈 듯 양쪽 발꿈치를 살짝 들었다.

정확히 20년 전의 무더운 날, 그는 납작한 그릇 모양으로 생긴 파리 콜롬베 스타디움에서 올림픽 금메달을 땄었다. 그때 노란 칠을 한 특별관람석의 관중들은 육상경기 중 가장 길고도 열렬한 박수갈채를 그에게 보냈다. 그들은 그의 대단한 주력走力에만 감동한 게 아니라 희생적 모험을 보여준 사생활의 일면에 감동했다. 그 이야기는 무슨 거창한 소설의 줄거리처럼 그들 앞에 전개되었다.

이곳 일본 포로수용소에 갇힌 수감자들은 나지막한 숙소와 종탑에서 우르르 몰려나와 에릭 리델을 다시 보려고 임시 트랙을 따라 쭉 늘어서 있다. 망루의 간수들까지도 열심히 그 광경을 내려다보고 있다.

파리에서 리델은 붉은 신더 트랙(석탄재를 깔아 만든 경주로-옮긴이)을 달렸으나 웨이셴의 경주에서는 흙길을 달린다. 포로들은 향수에 젖어 통로마다 메인 스트리트, 선셋 블러바드, 틴 팬 앨리 같은 이름을 붙여 놓고 머나먼 고향을 떠올렸다.

리델이 금메달을 땄을 때는 가슴에 조국의 깃발을 붙인 순백색 러닝셔츠 차림이었으나 지금 입은 셔츠는 무늬 있는 부엌 커튼을 잘라 만든 것이다. 헐렁하고 지저분한 국방색 반바지는 무릎까지 내려왔고 헝겊으로 된 '스파이크' 슈즈는 그가 올림픽 때 신었던 것과 거의 똑같다.

현실과 동떨어져 보이지만 이런 "스포츠의 날"은 수용소의 정규 행사다. 수감자들로서는 감금된 현실을 잠시나마 잊을 수 있는 시간이다. 아쉬운 대로 이 날을 가리켜 "칙칙한 단조로움 속의 빛나는 찰나"라 표현한 포로도 있다.

마흔 살을 넘긴 리델은 사실상 대머리에다 딱할 정도로 수척하지만 그래도 시선을 한 몸에 받고 있다. 달리지 않는 사람들은 그를 보고 싶어 하고, 함께 달리는 사람들은 그를 이기고 싶어 한다.

중국 북부 평원의 동단 해안에 자리한 산둥성은 면적이 15만 5000제곱킬로미터나 되지만 나라가 워낙 크다 보니 지도상으로는 아주 작다. 웨이셴은 산둥성에서도 연필로 찍은 점 하나에 불과하고 수용소는 다시 그 점 안의 점이다. 땅뙈기가 12제곱킬로미터쯤 되니 대략 풋볼 경기장 두 개 정도의 크기다. 한편으로는 광활한 영토에, 한편으로는 종전은 고사하고 휴전조차 요원해 보이는 제2차 세계대전의 가혹한 현실에 꼼짝없이 갇힌 채 수감자들은 이미 버림받은 느낌이 든 지 꽤 되었다.

마침내 7월에 적십자사를 통해 식료품이 보급되기 전까지만 해도 천천히 굶어 죽는 게 아닌가 하는 두려움마저 있었다. 다들 몸무게가 줄었다. 어떤 사람들은 7킬로그램도 더 빠졌다. 에릭도 그중 하나로 72킬로그램이던 체중이 58킬로그램으로 뚝 떨어졌다. 입소할 때 눈에 띄게 뚱뚱했던 사람들도 36킬로그램 이상 빠져 누더기 차림의 산송장처럼 보였다. 사기가 저하되면서 어둡고 침울한 기운이 담장만큼이나 높게 수용소를 에워쌌다.

보급된 식료품은 목숨과도 같았다.

수용소가 굶주림에 시달리다 보니 아무도 달릴 기력이나 의욕이 없었다. 그래서 이번 경주는 축제다. 마침내 배를 채운 데 대한 안도감을 수감자들이 이렇게나마 표현할 수 있게 된 것이다.

리델은 달리지 말았어야 한다.

늦봄부터 초여름까지 그는 늘 지쳐 있고 이상하게 어지럽다. 걸음도 느려지고 말도 느려졌다. 피로가 뼛속까지 파고들면서 일할 때 몸놀림이 둔해지고 잠도 자주 깬다. 어깨가 축 늘어져 있고 가벼운 현기증 때문에 몽롱해지는 날도 있다. 어떤 때는 시력마저 흐릿하다. 병세가 위중한데도 그는 "걱정할 것 없다"라며 이런 증세를 과로 탓으로 일축한다.

웨이셴 수용소에서 18개월을 지내는 동안 이미 리델은 늘 희망을 일깨우며 사람들을 다독이는 역할을 해왔다. 정말 영원히 거동할 수 있음을 입증이라도 하려는 듯 열심히 노동했다. 그는 꼭두새벽에 일어나 통행금지 시각인 밤 10시까지 일한다. 리델은 항상 뭔가를 하고 있으며, 그것도 자신을 위한 일이 아니라 남들을 위한 일을 한다. 석탄을 뒤져 찾아내 양철통에 나른다. 장작을 패고 커다란 밀가루 부대를 운반한다. 부엌에서 요리하고 쓸고 닦는다. 무엇이든 고장 난 것을 수리한다. 수용소의 어린아이들과 청소년들에게 과학을 가르치고 스포츠도 지도한다. 고민을 털어놓는 어른들을 상담하며 위로한다. 매주 일요일에는 교회에서 설교한다. 가장 열심히 일할 때도 리델은 더 열심히 일하지 못하는 것을 미안해한다.

수감자들도 그의 부지런함에 너무 익숙해져 아무도 더는 크게 주목하지 않는다. 늘 그러려니 했으므로 그와 그의 수고는 수용소에서 약간 당연시된다.

처음 공인이 된 이후로 리델이 어디에 가서 무엇을 하든지 늘 명성의 후광이 따라다녔고, 이전에 했던 일들까지도 환한 조명을 받았다. 20세기가 밝아 오른 직후에 톈진天津의 항구에서 태어난 스코틀랜드 선교사 부부의 아들. 기관차처럼 빠르다 하여 언론에 "나는 스코틀랜드인The Flying Scotsman"이라 불린 단거리 육상 선수. 여러 회중 교회와 집회 장소에서 성경과 절제와 도덕과 주일 성수에 대해 설교한 독실한 그리스도인. 종교적 소명에 따라 트랙을 등지고 중국으로 향한 올림픽 금메달리스트. 임신한 아내와 아직 아기인 두 딸에게 배표를 끊어 주어 전쟁을 피하게 하고 자기만 웨이셴 수용소에서 고통을 겪은 남편. 자신이 곁에 없을 때 태어난 셋째 아이를 끝내 보지 못한 아버지. 모든 사람을 평등하게 대한 아주 겸손하고 수수한 친구이자 동료.

수감자들은 이런 착한 사람을 해칠 것은 아무것도 없을 줄로만 생각한다. 특히 자기들에게 그토록 많은 것을 주는 사람에게는 더더욱 말이다. 그래서 그의 몸 상태가 악화되어 가도 아무도 알아차리지 못한다. 주변 사람들도 워낙 다 비슷한 몰골인지라 그의 병세가 확 눈에 띄지 않기 때문이기도 하다.

다른 사람들이라면 누구나 달리지 않을 구실을 찾을 것이다. 그러나 리델은 몸을 사릴 위인이 못 된다. 그러기에는 너무나 양심적이다. 전체 수용소가 자신의 출전을 기대하고 있으니 그는 아무리 진이 빠지고 다리가 후들거려도 그들을 실망시킬 수 없다. 자신의 아픔쯤이야 감쪽같이 숨기고 웨이셴의 쾌활한 낙관론자로서 본연의 역할을 다할 것이다. 몇 주에 한 번씩 가죽 혁대에 새로 구멍을 뚫어 점점 가늘어지는 허리를 더 바짝 조일 뿐이다.

리델이 내건 조건은 하나뿐이다. 여태까지 그는 양심적이고 공정하게 늘 불리한 입장에서 경기에 임했다. 늘 다른 주자들보다 몇 미터 뒤에서 출발하여 그들에게 자신을 이길 실낱같은 여지를 주었다. 그러나 이번에는 그런 여유를 부리지 못한다. 이것만으로도 다들 그가 앓고 있다는 사실을 눈치챘어야 한다.

그래도 리델은 아무 말이 없다. 주춤하거나 항의하지 않고 그저 다른 여남은 명의 주자들 틈에 끼어 자세를 취할 뿐이다. 그의 시선은 오로지 전방에 곧게 뻗은 좁고 긴 땅에 고정되어 있다.

출발을 알리는 사람이 나무 궤짝을 뒤집어 놓고 그 위에 올라가 오른손으로 하얀 손수건을 높이 쳐든다. 이어 그는 여태까지 리델이 수없이 많은 곳에서 수없이 많이 들었던 세 단어를 외친다.

준비… 자세… 출발.

현재, 중국 산둥성 웨이팡潍坊

그는 광웬 길廣文街의 정문에서 나를 기다리고 있다.

1920년대 중반에 사진관에서 찍은 에릭 리델의 인물 사진

말쑥한 정장 차림이다. 흰 셔츠에 짙은 넥타이를 맸고 상의는 더 짙은 색이며 깃은 넓고 재단이 깔끔하다. 연설이나 업무 회의를 앞두고 있는 사람 같다.

금발을 깔끔히 빗어 넘겨 반원형 앞머리가 도드라져 보인다. 가느다란 입술에 서린 미소는 우리 모두가 모르는 비밀을 그가 알고 있어 이제 막 알려 주려는 듯하다. 엷은 살결에 흠이 될 만한 주름을 하나도 찾아보기 힘들고 눈빛은 밝고 또렷하다. 아직 생명으로 불타고 있는 잘생기고 열의에 찬 사람이다.

이 따사로운 봄날 아침에 나는 에릭 리델의 얼굴을 똑바로 바라보고 있다.

그의 사진은 보란 듯이 당당하게 보존되어 큼직한 금속 액자에 담겨 있다. 액자는 가로등 기둥만큼 높은 철제 기둥에 걸려 있다. 이것이 공산주의가 한 그리스도인에게 바치는 경의다. 중국은 자식을 자랑하는 아버지처럼 이 사람을 자국 최초의 올림픽 금메달리스트로 간주한다. 중국인들이 보기에 그는 조국의 참 아들이며 다른 어느 나라 사람도 아니다.

리델이 이곳에 온 지 70년도 더 지났다. 그는 끝내 본국으로 돌아가지 못했고 더 늙지도 못했다.

그가 웨이셴으로 알았던 곳이 지금은 웨이팡으로 불린다. 풍경도 상상을 초월할 정도로 바뀌었다. 리델이 바닥이 평평한 트럭을 타고 도착했을 때 눈에 보인 거라고는 검은 지평선까지 거대한 바둑판처럼 뻗어 나간 밭작물뿐이었다. 작은 반점 같은 마을과 마을이 좁다란 흙길로 이어져 있었고 그 길을 우마차가 나무 바퀴를 덜컹거리며 지나

다녔다. 각 마을은 낙후된 시골이었다.

나는 베이징에서 유선형 쾌속 열차를 타고 도착했다. 기차는 480킬로미터의 거리를 불과 세 시간 만에 주파했다. 내 눈에 들어온 것은 냉각탑에 검댕을 뒤집어쓴 발전소들, 그 주위에 기름띠처럼 끝 간 데 없이 펼쳐진 석탄들, 공장마다 검은 연기를 뿜어내는 굴뚝들이다. 이런 공업의 위력을 요하는 도시야말로 현대 마천루의 전형이며 콘크리트와 유리와 강철과 네온사인으로 지어진 신중국의 화려한 표본이다. 도처에 널린 앙상한 기중기들은 늘 이전보다 높은 뭔가를 짓고 있다. 그런 건물들이 솟아 오른 하늘은 뿌연 스모그에 덮여 있고 해마저 가려져 어렴풋이 형체만 보일 뿐이다.

광웬 길은 이 시대와 리델의 시대를 이어 주는 다리다.

리델이 처음 왔던 1943년에는 현지인들이 아무 데나 손수레를 대 놓고 남새밭의 채소, 포목, 양은 냄비와 그릇 따위로 물물교환을 했다. 그들은 마치 한 세기 전에 시간이 정지한 듯 살아가고 있었다. 오늘날의 상인들은 천막을 친 노천 시장에서 철물, 스포츠 셔츠 복제품, 액자에 끼운 수채화나 주단, 전자 제품, 잡다한 장식용 공예품 등을 판다. 광웬 길의 한쪽 끝에는 창문에 선팅을 한 고층 건물 사무실이 있고 반대쪽 끝에는 전면이 의사의 가운보다도 더 흰 인민 병원이 있다.

그러나 중요한 것은 그 양쪽을 잇는 담갈색 땅의 구획이다. 제2중학第二中學은 낮고 단조로운 건물들이 잡다하게 모여 있어 시대에 뒤떨어져 보이고 건축학적으로 주변 경관과 어울리지 않는다.

바로 거기가 수용소가 있던 자리다.

리델의 눈에 익었던 건물들은 이미 오래전에 불도저로 헐렸다. 하얗게 칠한 교회도 없어졌고 종탑이며 줄지어 서 있던 숙소도 없어졌다. 화살을 쏘는 구멍이 뚫려 있고 중국 농부의 모자처럼 지붕이 원뿔형이던 망루들도 사라졌다.

일본인들이 이곳을 주민 회관이라 부른 것은 혹독한 진상을 은폐하려는, 속이 빤히 들여다보이는 완곡어법이다. 리델을 비롯한 연합국 소속의 남녀노소들은 포로로 갇힌 것이지 일왕 히로히토의 편안한 손님이 아니었다. 그들의 국적은 미국, 호주, 남미, 남아공, 러시아, 그리스, 네덜란드, 벨기에, 영국, 스칸디나비아, 스위스, 필리핀 등 다양했다. 직업 분야도 투자금융인, 사업가, 기업 중역, 사무 변호사, 건축가, 교사, 공무원 등 가지각색이었다. 그런가 하면 마약 중독자, 알코올 중독자, 매춘부, 강도 등도 있어 수사나 수녀, 리델 같은 선교사들과 나란히 함께 살았다.

2년 반 동안 웨이셴 수용소에 수용된 수감자는 총 2100명이 넘었다. 최악의 경우 많을 때는 일시에 1600-1800명이 갇혀 지낸 적도 있다.

그곳의 역사는 더 거슬러 올라간다. 그전에 그곳은 미국 장로교 선교회였다. 노벨상 수상자 펄 S. 벅$^{Pearl\,S.\,Buck}$이 거기서 태어났다. 그녀는 소설 『대지$^{The\,Good\,Earth}$』를 써서 퓰리처상을 받았는데 1930년대에 수많은 사람들이 그 책을 읽은 덕분에 중국은 한결 신비를 벗었다. 『타임^{Time}』지의 설립자이자 후속 언론 왕국의 아버지인 헨리 루스$^{Henry\,Luce}$도 어렸을 때 그 경내에 살았다. 중국인들은 그곳에 "행복한 길의 뜰"이라는 뜻의 레다오유안^{樂道院}이라는 이름을 붙였는데, 일본인들은 마치 그 밑을 강제로 지나가는 사람들을 조롱하듯 정문의 상인방에 그 명칭을 새겨 두었다. 불복종이나 탈출을 저지하려고 간수들이 무장하고 대기했으며 일부는 독일산 셰퍼드를 쇠줄에 묶어 끌고 다녔다. 그뿐 아니라 울타리에 전류가 흘렀고 그 너머에는 2미터 깊이의 참호가 파여 있었다.

무슨 일을 하느냐가 그 사람의 정체성으로 굳어질 수 있다. 리델이 산증인이다. 수감되기 전에 그는 총알과 포탄을 피하고 늘 칼날을 조심하며 중국의 위험한 전초지들에서 일했다. 그러더니 수감된 후에도 주변의 모든 사람에게 헌신했다. 고생하며 존엄성을 짓밟힐 때도 마치 자기 혼자만의 책임인 양 그 속에 타당한 목적을 불어넣으려 했고 긴 하루를 견딜 만하게 만들고자 애썼다.

수용소의 짧은 역사를 보면 리델이 하려던 그 일이 얼마나 불가능한지 알 수 있다. 처음에 수용소는 불결하고 비위생적이었다. 통로마다 쓰레기 천지에다 막사도 더러웠다. 폐소공포증을 유발할 듯한 악조건은 예상된 결과를 불러왔다. 식사 때마다 얼마 안 되는 배급량을 놓고 말다툼이 벌어지다 못해 주먹다짐으로 번지기도 했다. 음식을 받으려고 줄을 서서도 서로 자기 자리가 앞이라고 싸웠다. 프라이버시와 개인적 습관과 위생에 대해서는 물론이고 게으름과 이기심과 좀도둑질에 대해서도 역시 티격태격하다가 폭력 사태가 빈발했다.

리델은 달랐다. 제아무리 훌륭한 사람도 예외일 수 없는 성격적 결함들을 그는 못 본 척했다. 그것도 아주 신사적으로 멋있게 했다.

아울러 그는 무한한 인내심으로 청소년들에게 특별히 관심을 쏟아 그들에게 "에릭 삼촌"이라는 애칭으로 불렸다. 그들과 함께 장기도 두고 모형 배도 만들어 주었다. 기발한 아이디어로 오락과 스포츠도 주선했는데 특히 잔디가 없는 축소판 구장에서 소프트볼과 야구를 주로 했다.

사람을 묘사할 때 이렇게 흠이 없어 보이고 그의 수준이 우리 모두에게 너무 이상적이고 도달할 수 없는 듯 보이면, 당연히 회의적 의문이 들게 마련이다. 리델에 대한 말도 너무 고상하고 훌륭해서 사실이 아닌 것처럼 들릴 수 있다. 그렇다면 그를 알던 사람들이 기억을 잘못했거나 일부러 신화화하기라도 했단 말인가? 그렇지 않다. 그렇게 쉽게 일축하기에는 증거가 너무 압도적이다. 웨이셴 수용소의 무수히 많은 도덕적 딜레마 속에서 리델의 관용은 눈에 띄었다. 아무도 그에게서 시기심, 옹졸함, 자만, 자기 자랑 등의 행위를 단 하나도 떠올릴 수 없었다. 그는 아무도 헐뜯지 않았고 말다툼도 하지 않았다. 날마다 가장 이타적인 신조대로 살았으니 곧 다른 사람들을 실제적이고 정서적으로 돕는 것이었다.

리델은 생전 위선적이거나 독실한 척하거나 남을 비판하지 않아 수용소의 양심이 되었다. 아무에게도 자신의 종교를 강요하지 않았다. 남들에게 리델 자신의 신념대로 살기는 고사하고 그 신념을 공유할 것조차 바라지 않았다. 교회에서 설교하거나 매주 성경을 가르칠 때도 리델의 말에는 허세가 없었다. 오히려 옆집 사람과 담소하듯이 꼭 대화처럼 했다. 그래서 그의 말을 들은 사람들은 그의 메시지에 엄숙한 힘이 있다고 느꼈다. 목청만 높이는 위압적인 설교자들은 이룰 수 없는 일이었다. 수용소 교회에 나갔던 한 사람은 "그의 모임에 갔다 오면 한결 선해진 느낌이었다"라고 말했다. 또 다른 사람도 이구동성으로 "누구나 그를 친구로 여겼다"라고 회고했다. 그래도 어떤 사람은 그렇게 자아를 다 부인하는 그가 한편으론 잘 이해되지 않았다. 자신의 감정을 숨기는 데 아주 능한 그가 그녀에게는 "통 알 수 없는" 사람으로 보였다. 그녀는 리델이 "침묵 중일 때 속으로 무슨 생각을 하는지" 궁금했다. 그만큼 그가 다른 모든 사람의 필요를 채워 주려고 자신의 고뇌를 억누르고 숨겼다는 뜻이다.

함께 수감되었던 한 사람은 리델을 제프리 초서$^{\text{Geoffrey Chaucer}}$의 글에 나오는 이타적이고 의협심 많고 "더없이 점잖은 기사騎士"에 견주었다. 그러면서 "나 자신이 한없이 순수한 사람 앞에 서 있음을 알았다"라고 설명했다. 더 잘 표현한 사람도 있다. 그는 리델과 시복諡福의 자리가 그저 한 치 건너인 듯 이렇게 말했다. "성인聖人을 만나는 행운은 여간해서 드문 일인데 그는 내가 여태 알았던 누구보다도 성인에 가까웠다."

살벌한 전쟁터 바깥에도 전시의 용맹이 존재할 수 있음을 리델은 자기 나름의 방식으로 입증해 보였다. 그의 용맹이란 곧 용서에 가장 인색한 환경 속에서 온전히 용서를 베푸는 삶이었다.

물론 세상의 대부분이 보는 에릭 리델은 다르다. 세상이 만들어 낸 그는 화면 가득히 달리고 있고, 작곡가 반젤리스^{Vangelis}가 합성한 사운드 트랙이 걸음마다 그를 따라간다. 이 이미지와 음악과 인물과 1924년의 올림픽 금메달이 우리에게 익숙한 것은 영화가 그렇게 만들었기 때문이다.

당시 리델은 스물두 살의 에든버러 대학교 학생이었고 이미 세계에서 가장 빠른 단거리 주자 중 하나였다. 알다시피 그는 안식일의 거룩함을 철석같이 믿었기에 100미터 종목에서 우승할 기회를 희생했다. 그 종목의 예선전은 일요일에 벌어졌다. 그래서 리델은 출전을 거부했고 그가 남긴 빈자리는 동년배의 영국인 해럴드 에이브러햄스$^{\text{Harold Abrahams}}$의 차지가 되었다. 대중과 동료 선수들과 영국 올림픽 협회로부터 양심을 배반하라는 압력이 거셌지만 리델은 일요일 경기에 대한 소신을 굽히지 않았다. 그는 열 번밖에 출전해 본 적이 없는 400미터로 출전 종목을 바꾸었다. 그리고 희박한 승산과 비관론자들의 암울한 예측에도 불구하고 거뜬히 명예로운 우승을 거두었다.

우리가 이 모두를 아는 것은 영화 「불의 전차Chariots of Fire」가 그렇게 보여주었기 때문이다. 그 결과로 이 영화는 1982년의 아카데미 시상식에서 최우수 작품상을 비롯하여 네 개 부문에서 수상했다.

영화 속의 리델은 아주 느린 동작으로 금메달을 받는다. 이어 사람들은 그를 요란한 군중 앞에서 어깨 위로 번쩍 들어 올린다. 이야기는 거기서 완전히 정지한다. 영화로서 마땅히 할 바를 다했다는 아주 깔끔하고 결정적인 증거다. 영화의 주목적인 오락성을 달성하려면 그럴 수밖에 없다. 그러느라 맨 먼저 희생되는 것은 늘 역사적 사실이다. 설득력 있는 드라마를 만들어 내려면 허구적 장치로 실제 사건을 재구성해야 한다. 실화를 주제로 정하는 영화 제작자들은 으레 역사의 진실성을 고치게 마련이다. 우리도 대부분 똑똑해서 그 정도는 안다. 그런데도 사건이나 인물에 대한 우리의 지각은 영화 속에 제시되는 이미지와 얽혀 구분이 안 된다. 「불의 전차」와 리델의 경우도 마찬가지다. 어느새 우리가 보는 것은 그가 아니다. 대신 우리는 리델 역을 아주 훈훈하게 소화해 낸 배우 이언 찰슨Ian Charleson을 보고 있다.

스포츠를 가장 잘 그려 내는 데 관건은 스포츠 자체가 아니라 그 영광을 추구하는 인간상이다. 그래서 「불의 전차」의 의도적 부정확성은 용서가 된다. 영화는 리델 고유의 품위를 담아냈다. 그는 이기는 것밖에 모르는 에이브러햄스보다 훨씬 더 매력을 풍기고 호감을 불러일으킨다. 후자는 극적 효과를 높이기 위해 지독하고 가차 없는 라이벌로 그려진다.

에이브러햄스는 자신의 외형에 집착했지만 리델은 누구의 외형에도 집착해 본 적이 없다. 파리에서 졌다면 에이브러햄스는 굴욕감

프랑스 언론에 의해 "케임브리지의 탄환"이라 불린 해럴드 에이브러햄스

을 못 이겨 파멸에 떨어졌을 것이다. 자신의 위상이 육상에 달려 있다고 믿었기 때문이다. 리델도 경쟁심이라면 그 못지않았지만 그에게 에이브러햄스는 적이 아니라 경쟁 상대일 뿐이었고, 육상도 삶의 곁가지이지 유일한 이유가 아니었다.

실제로 그가 경쟁 상대인 동료들에게 스포츠맨 정신을 보인 일화는 무수히 많다. 반에서 가장 똑똑한 아이가 모든 급우에게 자신의 숙제를 베끼게 해주는 것과 약간 비슷하다. 시합 때면 그는 출발 지점의 땅을 파는 데 쓰던 자신의 흙손을 그것이 없는 주자들에게 빌려주곤 했다. 한번은 자청하여 자신의 소중한 안쪽 레인을 포기하고, 바깥쪽 레인을 불리하게 배정받은 주자와 맞바꾼 적도 있다. 어느 혹한의 오후에는 셔츠와 반바지만 입고 덜덜 떠는 라이벌에게 자기네 대학의 육상부 유니폼인 진한 보라색 상의를 기증했다. 그러고는 본인이 추위에 떨었다. 또 한번은 인도 학생이 경기 전에 완전히 무시를 당해 점점 불쾌해하는 모습이 보였다. 리델은 준비하던 것을 멈추고 그에게 다가갔다. 둘의 대화는 출발을 알리는 사람이 그들을 출발선으로 부를 때까지 계속되었다. 이것이 전형적인 리델의 모습이다. 그는 상대가 누구이든 불안해하거나 어찌할 바를 모른다 싶으면 말을 걸었고, 경험이 부족한 사람들이 단거리 경주의 기술적 측면에 대해 조언을 구하면 으레 그들의 이야기를 경청했다. 그리고 총소리가 울려 우열을 다투기 전까지는 자신이 아는 바를 다 나누어 주었다. 그러나 결승선을 향해 돌진할 때만은 우정을 접어 두었다. 그의 집중력은 대단해서, 다른 주자들에게 느꼈던 천성적인 공감 때문에 그들을 이기려는 의욕이 약해진 적은 한 번도 없었다.

그는 가장 빠른 주자가 되려고 애썼고 온갖 방법으로 자신을 시험했다. 언덕이 많은 에든버러에서 과감히 대형 버스와 경주하며 훈련에 변화를 주기도 했다. 인도 쪽에서 차도의 운전자와 시합을 벌이다가 버스가 신호등 앞에 먼저 도착하면 리델은 2위에 머문 자신을 꾸짖곤 했다.

눈에 띄지 않다가 한순간에 무서운 경쟁자로 돌변하던 리델은 구름에 반사되어 온 하늘을 밝히는 번갯불처럼 육상경기를 환히 밝혔다. 달리는 폼이 남달라서 괴짜다 싶을 정도였는데도 말이다.

우리는 스포츠의 영웅들이 운동 실력뿐만 아니라 미적 감각도 뛰어나기를 바란다. 그들의 몸놀림에서 시를 읽고 노래를 들으려 한다. 사고와 시선과 팔다리가 완벽한 조화를 이루어, 관중석의 팬들에게서 스포츠 관람은 예술 감상과 같다는 말이 절로 나오기를 바란다. 비교 대상은 보나 마나 춤이고 그중에서도 대개 발레다. 워낙 잦은 비교라서 진부해졌지만 그래도 논지의 정당성을 무효화하지는 못한다. 스포츠를 잘 모르는 사람들도 이 개념만은 이해하려 애쓴다. 최고의 무용수는 곧 실연 중인 운동선수이고 거꾸로도 마찬가지다. 본능적으로 우리를 늘 감동시키는 것은 그들 안에 존재하는 아름다움이다. 최고의 티샷을 날리는 타이거 우즈를 생각해 보라. 상대편 진영으로 질주하여 터치다운까지의 거리를 좁히는 짐 브라운을 생각해 보라. 다시 홈런을 날리고는 그 자세 그대로 서서 포물선을 그리며 떨어지는 공을 눈으로 쭉 따라가는 테드 윌리엄스를 생각해 보라. 발놀림이 재빠른 무하마드 알리를 생각해 보라.

그러나 미운 오리 새끼가 이길 때도 있다.

경주가 시작되기도 전부터 이미 리델은 단거리 선수처럼 보이지 않았다. 175센티미터에 불과한 키는 단거리를 달리기에는 약간 단신으로 간주되었다. 70킬로그램의 체구에 흉부는 다부지고 무거운데 다리는 짧고 가늘었다.

경주 중에는 더욱 단거리 선수의 모습이 아니었다.

달리기에 몰두할 때의 리델은 짐을 과적한 급행열차가 흔들리듯 몸을 볼품없이 흔들어 댔다. 고개는 또 어찌나 뒤로 젖히는지 트랙을 보는 게 아니라 하늘을 보는 것 같았다. 스코틀랜드어의 구어적 표현으로 이렇게 '고개를 홱 쳐드는' 방식이 리델 특유의 몸자세가 되었다. 두 팔은 미친 듯이 휘저었고 무릎은 너무 높이 올라가 꼭 팬터마임에 등장하는 말馬 같았다. 『뉴욕 타임스The New York Times』는 "리델의 동작이 전부 잘못된 것 같다"라고 평했다. 유명한 만화가 톰 웹스터Tom Webster는 『데일리 메일Daily Mail』의 만평에 리델의 몸을 엿가락처럼 늘여 S 자형으로 휘어 그려 놓았다. 만평을 보면 고개가 뒤로 완전히 꺾여 허리에 닿을 듯해 전방은 보이지 않고 뒤만 보인다. 만화에 붙어 있는 설명은 이렇다. "리델 씨는 이길 때 몇 야드나 앞서 있지만 고개가 너무 뒤로 젖혀져 있어 고개부터 이길 수는 없다." 그래도 웹스터는 다른 만화에, 수단이 아무리 이상해도 승리라는 목표로 항상 정당화될 수 있음을 강조했다. 그에 따르면 리델은 스탬포드 브리지의 220야드를 느낌상 "3-4초 만에 달려 그가 일으킨 바람이 윔블던에서도 느껴졌다."

그 바람이 이후의 10년과 또 다른 올림픽까지도 쭉 휩쓸었을 것이다. 그가 육상을 지속하기로 했다면 말이다.

    리델은 절정을 구가할 때 육상을 그만두었다. 자기 종목에서 정상에 오른 운동선수들은 대개 기력이 다할 때까지 그 자리를 고수하려 한다. 그러나 리델은 올림픽에 출전하기 오래전부터 이미 멋있게 물러날 의사를 밝혔었다. 자신의 진정한 소명이 다른 데 있었기 때문이다. 유명해지기 전에는 누구나 쉽게 할 수 있는 다짐이지만, 명성의 감언과 화려한 보화가 유혹해 온 뒤에는 그런 다짐을 어기기가 더 쉽다. 리델은 그렇게 되도록 가만히 있지 않았다. 그에게는 지켜야 할 약속이 있었다. 그때는 물론 이후로도 계속 그 약속을 지켰다는 사실은 그가 좀처럼 보기 힘든 자질을 갖춘 좀처럼 보기 힘든 사람이라는 증거다. 하룻밤 사이에 리델은 가장 부유한 '아마추어' 운동선수 중 하나가 될 수도 있었다. 그러나 그는 돈을 벌려고 신문의 칼럼 집필이나 대중 연설을 수락할 사람이 아니었다. 멋진 칭호나 고액의 연봉 같은 혜택을 마다하며 교육계의 고명한 명예직도 거부할 사람이었다. 상업 제품을 광고할 사람도 아니고 우쭐해져서 사업이나 금융업에 뛰어들 사람도 아니었다. 그가 자신의 지명도에 순순히 응한 것은 사소한 일 두 가지뿐이었다. 자신의 초상화를 그리도록 허락했고, 한 정원사에게 왕립 원예 전시회에 출품할 글라디올러스에 자신의 이름을 붙이게 해주었다. 나머지 모든 일에서는 양심대로 옳은 길을 택했다. 그렇지 않으면 하나님이 주신 빨리 달리는 은사를 욕되게 한다고 보았기 때문이다.

    「불의 전차」는 여유가 없어 그런 것들을 하나도 설명하지 못했다. 영화의 범위를 넓혀 그가 그 뒤로 어떻게 살았는지를 담아낼 수도 없었다. 그래서 그의 마지막 20년을 두 문장으로 압축하여 검은 배경에 흰 자막으로 처리했다. 그나마 그것을 말로 듣기보다 글로 읽으니 왠지 메시지가 더 위력 있게 다가온다. 묘비명만큼이나 적막한 그 말은 다음과 같다.

    에릭 리델, 제2차 세계대전 말에 피점령국 중국에서 선교사로 죽다. 온 스코틀랜드가 애도하다.

그토록 온유한 사람이 이곳에서 그토록 험한 최후를 맞이했다는 사실은 거의 불가능해 보인다. 적어도 오늘은 그렇다. 봄은 온 천지에 화사한 분홍빛과 살구빛 꽃을 입혀 놓았다. 빨갛게 불타오르는 히비스커스도 일찍 꽃망울을 터뜨렸고 등나무는 자줏빛 호수처럼 뿌옇게 부풀어 올라 있다. 나뭇가지마다 주렁주렁 흐드러진 꽃이 폭포수처럼 쏟아져 내려 들창과 홈통과 담장과 격자 울타리를 뒤덮었다. 신록을 한껏 뽐내는 거목들이 내가 걷고 있는 이 길이 수십 년 전에 에릭 리델을 비롯한 사람들이 걷던 바로 그 길임을 일깨워 준다. 길은 그 나무들의 잎사귀에 가려 살짝 그늘져 있다. 뭉툭한 줄기들과 가늘고 긴 가지들도 함께 웨이셴 수용소의 재난을 말없이 증언하고 있다.

    이 재난을 아무도 잊어서는 안 되기에 중국인들은 박물관을 만들었다. 묘지처럼 반쯤 어두운 조명 속에 보존된 전시물들은 확대된 흑백 사진, 수채화, 연필그림 등으로 대체로 유리 안쪽에 붙여 놓았다. 리델을 기념하는 코너도 따로 있다. 올림픽 직전의 어느 경주에서 우승한 그가 보인다. 늘 그렇듯이 머리가 뒤로 젖혀져 있고 눈은 반쯤 감겨 있다. 결혼식 날의 그는 모닝코트에 윙 칼라 차림으로 아주 멋지다. 그의 무덤에 꽂았던 짤막한 나무 십자가는 무성한 풀잎에 일부 가려져 있다.

그는 전쟁 중에 묻혔던 땅에 여태 그대로 묻혀 있다. 그런데 반세기가 넘도록 아무도 그 위치를 정확히 몰랐다. 일본인 구역에 속해 있던 묘지가 그 어간에 개간되어 건물이 들어섰기 때문이다. 그때는 중국인이 아니면 산둥성에 접근하기가 더 어렵던 시절이었다. 그의 십자가가 치워지고 개간이 시작된 날짜도 아무도 모른다. 그래서 지금은 리델의 무덤 대신 기념비가 세워져 있다. 스코틀랜드 헤브리디스 제도諸島의 멀섬에서 공수해 온 거대한 붉은 화강암 판이다.

그 기념비 앞에 서서 나는 사진으로는 결코 전달될 수 없는 것들을 지각한다. 우선 높이가 2.1미터에 너비가 0.75미터나 되니 크기가 어마어마하다. 또한 세월이 가면서 풍화되었다. 낮의 열기는 화강암을 뜨겁게 달군다. 일부러 다듬지 않고 울퉁불퉁하게 둔 가장자리의 감촉이 내 손에 그대로 느껴진다.

내가 제일 좋아하는 에릭의 일화 중 하나는 그가 가장 어렸을 때의 일이기도 하다. 본래 그의 이름은 헨리 에릭이 될 뻔했다. 그런데 아버지가 출생 신고를 하러 가던 길에 집안의 한 친구가 "이 꼬마"의 이름을 뭐라고 지을 거냐고 물었다. 답을 들은 친구는 H. E. L.이라는 이니셜이 선교사 자녀에게 어울리지 않는다고 슬쩍 귀띔해 주었다(지옥과 발음이 같음—옮긴이). 그래서 그의 세례명은 처음의 두 이름이 바뀌었다. 기념비에 새겨진 그의 이름을 보노라니 그 일화가 떠오른다. 마침내 해가 스모그에 구멍을 뚫고 완벽한 타이밍에 모습을 드러내자 금색으로 새긴 글자가 빛을 발한다.

새겨진 글귀에 이사야 40:31도 인용되어 있다. 영화 「불의 전차」도 이 구절을 각본에 넣어 중요한 장면을 완성했다. "달음박질하여도 곤비하지 아니하겠고 걸어가도 피곤하지 아니하리로다." 43년 37일을 살다 간 그의 생애에서 출생, 올림픽의 성과, 죽음 등 가장 중요한 요점만 짤막한 몇 줄 속에 담겨 있고, 선교 사역은 "형제애의 미덕"이라는 말로 표현되어 있다.

"형제애의 미덕" 정도로는 어림도 없다. 리델이 품었던 마음에 대해―그리고 그 마음으로 무엇을 했는지에 대해―우리가 알아야 할 모든 것은 다음 한 가지 사실 속에 들어 있다.

웨이셴 수용소에서 아침마다 그는 수용소가 아직 잠들어 있는 동안 어둠 속에서 땅콩기름 등잔을 켜고 한 시간씩 기도했다. 밤마다 성경을 공부하고 나서 다시 기도했다. 그는 차별하지 않고 모두를 위해, 일본인 간수들을 위해서까지 기도했다.

이렇게 자비심이 많은 사람에게 어떻게 해야 제대로 경의를 표할 수 있을까? 더욱이 그는 자신의 행위만 아니라 생각까지도 온전하게 하고자 매일 분투했다. 그가 죽자 그를 알던 모든 사람은 말로 다할 수 없는 깊은 슬픔에 잠겼다. 나는 셀로판지에 싼 꽃다발―금빛 참나리, 하얀 카네이션, 주황색 솜나물―을 거대한 화강암 기념비의 널찍한 판 위에 놓는다. 그게 내가 할 수 있는 최선이다.

다시 광웬 길의 소음과 총천연색 쪽으로 돌아서면서 나는 다른 무엇보다도 이 한 가지 확신이 든다. 누구든지 중국의 이 구석에까지 오는 사람은 떠날 때 이 사람의 장성한 분량이 이곳에 있음을 알게 될 것이다.

여기는 그의 신앙이 엄청난 무게에 눌리면서도 결코 무너지지 않은 곳이다.

여기는 그에 대한 기억이 불멸로 남을 곳이다.

여기는 챔피언이 죽음의 목전에서도 마지막 경주를 했던 곳이다.

1부

더  빠르게

첫 번째 달리기

훌륭한 운동선수가 되는 법

그의 인상은 장난스러운 데가 있었다. 체구가 작고 가벼우며 키는 162센티미터가 될까 말까 했다. 광대뼈가 살짝 도드라지고 턱이 위로 말리면서 굵은 주름이 팬 것 말고는 얼굴이 납작한 편이었다. 코는 긴 칼날 같고 입은 가늘게 일자를 이루었으며 눈 밑에 살이 늘어져 있었다. 사진 속의 그는 이스터섬의 어느 조각상의 얼굴처럼 멍하고 무표정해 보였다.

모르는 사람들이 보기에 톰 맥커처^{Tom McKerchar}는 다가가기 어려운 냉정한 인상이었다. 말이라도 붙였다가는 툴툴거리는 답변이 돌아올 것 같았다. 그러나 그를 아는 사람들에게 그는 정반대로 사근사근하게 도움을 베푸는 신사였다. 공손히 부탁하기만 하면 누구에게든 자신의 전문 기술을 전수해 줄 사람이었다.

1921년 초에 맥커처는 열두 자녀를 둔 마흔네 살의 아버지였다. 그는 에든버러의 인쇄소에서 일했는데, 그곳은 모든 광부의 살갗에 석탄 분진이 들러붙듯이 상업 인쇄물의 잉크가 살 속까지 배어드는 곳이었다. 거기서 그는 종이에 괘선을 긋는 일로 시작하여 석판 기술자가 되었다. 고된 근무시간 외에는 스포츠가 그의 삶에 있어 주된 낙이었다. 그는 하트 오브 미들로디언Heart of Midlothian 구단의 프로 축구 선수들―한때 스코틀랜드 리그 선수권전과 스코틀랜드 FA 컵에서 여러 번 우승했다―의 고문이었고, 에든버러 대학교 육상 동아리를 비롯한 스코틀랜드의 아마추어 육상 선수들의 훈련 코치였다. 학생들은 학업 못지않게 신체적 기량에도 최선을 다해야 했다. 1887년에 그 대학교의 원로들은 옛 광장에 우뚝 솟은 둥근 지붕의 꼭대기에 횃불을 든 운동선수의 금상을 세웠다. 지성을 연마하느라 체력 단련을 소홀히 하면 안 된다는 일깨움을 주려는 의도였다.

맥커처는 학자는 아니었지만 학생들의 코치로서는 최적임자로 입증되었다. 빅토리아 여왕 재위 기간의 마지막 사사분기에 성장한 그 세대의 노동자계급이 대부분 그랬듯이 그도 열세 살 때 학업을 중단하고 집안의 생계를 거들었다. 식료품을 배달하여 푼돈을 벌다가 나중에야 주경야독으로 공부했다. 맥커처는 책을 읽고 실제로 트랙에서 실험하면서 선수들의 생리와 심리를 연구했고 실력 향상에 필요한 훈련도 파악했다. 그가 이 분야에 처음 헌신할 때만 해도 과학적 접근은 찾아보기 힘들었다. 일부 운동선수들의 경우 법랑 욕조에 들어가 얼음물 속에 잠겨 있는 것이 체력과 건강을 단련하고 유지하는 만능 요법이었다. 얼음물이 심장을 자극하여 혈액 순환을 돕고 발바닥을 단단하게 해주며 근육을 유연하게 한다는 것이었다. 그 방법 하나만 내세우던 사람들은 거머리를 만병통치약으로 처방하던 중세의 무지한 의사들 같았다. 실력을 연마해 준다던 빅토리아 시대와 에드워드 시대의 여타 이론들도 이제 와서 보면 온갖 기인과 돌팔이와 사기꾼의 헛소리에 불과하다. 어떤 사람들은 담배를 피우면 폐가 맑아져 폐활량이 늘어난다고 믿었다. 맥주도 두어 잔쯤은 완전히 무난하게 여겨졌고 쓴맛의 아편은 강장제로 통했다. 온갖 보약과 소위 각성제도 시장에 나돌았다. 그중 윈슬로우 부인의 진정제에는 모르핀이, 뱅마리아니 Vin Mariani 라는 프랑스산 포도주에는 코카인이, 골고루 바르는 도포제인 안티스티프에는 바셀린이 들어 있었다. 맥커처는 쉽게 속아 넘어갈 사람이 아니었다. 그는 이런 광고에 현혹되지 않았고 제품의 용기容器에 약속된 기적을 믿지 않았다.

　맥커처의 활동 초기에는 운동 시합에 사람들이 모여들어 공공연히 도박을 했다. 도박꾼들이 축출된 것은 1909년에 오락도박법령이 시행되고 나서였다. 이기거나 일부러 져서 꾸준히 떼돈을 벌던 사람들은 이로써 돈줄이 막힌 셈이었다. 그러나 운동 시합을 카니발처럼 치르는 사회적 분위기는 제1차 세계대전 직후에도 계속되었다. 주최 측에서 전보다 더 간절히 그것을 원했기 때문이다. 나라는 황폐하여 불만이 팽배했고 빚만 쌓였다. 훗날 역사가 A. J. P. 테일러Taylor는 전쟁에서 살아 돌아오지 못한 사람들에 대해 "1890년대 태생의 세대는 유망주였으나 꿈은 실현되지 않았다"라고 기술했다. 살아 돌아온 사람들도 처음에는 "전쟁 영웅들에게 내 집 마련을"이라는 솔깃한 구호에 혹했으나 정부는 그런 허울 좋은 약속으로 기대감만 부풀렸을 뿐 끝내 약속을 지키지 못했다. 전후의 사정이 전쟁 전보다 나아지기는커녕 오히려 종종 훨씬 악화되자 분노와 허무감이 만연했다. 이런 현실의 탈출구로 등장한 것이 소위 보는 스포츠였다. 그래서 모든 육상

37

경기에 취주 악대까지 따라붙어 요란한 음악으로 축제 분위기를 고조시켰다. 오히려 그것이 폐단이 될 때도 있었다. 에든버러의 한 높이뛰기 선수는 유난히 활기찬 재즈풍의 「히치 쿠 Hitchy Koo」라는 곡 때문에 경기에 집중할 수 없어 음악의 중단을 요청한 다음에야 다음 단계를 시도할 수 있었다. 또 다른 악단이 1600미터 경주의 출발부터 연주를 시작했을 때도 선수들은 너무 시끄럽게 쿵쾅거리는 두 박자의 군악이 달리는 발의 박자와 맞지 않아 달릴 수가 없었다. 다들 '미친 듯이 팔을 흔들어' 겨우 음악을 중단시켰다.

    육상 선수들의 모습도 근엄함 일색이었다. 반바지는 무릎 위로 올라오는 법이 없었고 스파이크는 늘 검은색이었다. 상의도 팔 없는 조끼식이 아니라 티셔츠였다. 요즘은 라이크라나 스판덱스나 밝은 형광색의 육상용 보온복이 나와 있고, 그 옷에 멋진 가두리 장식과 후원 회사 이름까지 박혀 있다. 그러나 그 당시의 주자들은 두 줄의 단추가 달린 오버코트를 무거운 망토처럼 어깨 위로 늘어뜨렸다. 에든버러의 북동풍을 막아 내려면 털장갑과 긴 목도리도 필수였다. 목도리는 겹겹으로 두른 뒤 끝을 꼭 동여맸다. 군 출신들은 눈에 띄었다. 저마다 군용 방한복을 입었는데 거기에 달린 놋쇠 단추들이 햇빛을 받아 고양이 눈처럼 반짝였다.

    어쨌든 맥커처는 소속 대학교의 육상 선수들 사이에서 편법이 통하지 않는 코치로 알려져 있었다. 그는 시간을 낭비하거나 지각하거나 게으름을 피우는 선수를 용납하지 않았고, "과묵한 사람이 최고다"라는 셰익스피어의 말이 옳음을 입증이라도 하려는 듯 말도 아꼈다. 그는 또 최대한 현장에 가까이 있기를 좋아해서 자신의 선수들이 출전하는 경주에 출발을 신호하는 사람으로 자주 등장했다.

그는 제대로 된 준비를 중시했다. 당시에는 시합 전에 주자들이 미리 '몸을 푸는' 일이 흔치 않았으나 맥커처는 그 과정을 고집했다. 그는 자신과 선수의 관계를 재능의 대등한 협력으로 보았고, 유망한 제자를 돌보는 좋은 스승처럼 선수들의 전반적 복지에 관심을 기울였다.

그는 혁신적인 정신을 가졌다는 점에서도 다른 코치들과 구별되었다. 1920년대 초반의 어떤 코치들은 심장의 크기와 폐활량 때문에 인간이 1600미터를 4분 이내에 달릴 수 없다고 믿었다. 그 수준에 도달하기란 달에 로켓을 쏘아 올리는 것만큼이나 불가능한 일이었다. 그러나 맥커처는 육상의 역사를 알았다. 육상 실력이 진화해 온 과정은 물론이고 내일의 육상 선수가—더 나은 영양 섭취, 더 나은 스포츠 과학, 더 나은 장비와 기술 등을 통해—늘 이전의 선수들보다 더 다부지고 빨라질 것도 알았다. 그는 미래를 품은 사람이었다. 마사지와 물리치료가 조잡한 유행으로 일축될 때도 그는 그것을 옹호했다. 순차적 사진과 느린 동작의 영상을 통해 몸의 협응 역학을 세밀히 분석할 수 있게 되자—사진가 이드워어드 제임스 머이브리지 Eadweard James Muybridge 가 그 분야를 개척했다—맥커처는 그 유익도 수용했다. 그리하여 발동작의 약점이라든지 팔운동과 상체운동의 결함을 짚어 냈다. 다른 곳, 특히 유럽 본토에 새로운 훈련 방법이 도입되면 일부 편협한 코치들은 영국인의 우월한 사고를 능가할 수 있는 것은 아무것도 없다며 굳이 수입할 필요가 없다고 부르짖었지만 맥커처는 받아들였다.

태도와 접근 방식이 그와 비슷했던 동시대인이 둘 더 있었다. 하나는 엉뚱한 데가 있는 샘 무사비니 Sam Mussabini 이고 또 하나는 알렉 넬슨 Alec Nelson 이었다. 기인 무사비니는 머릿속에 아이디어가 아침과 점심

제자와 스승
유난히 호리호리하고 팔팔해 보이는 리델과
말쑥하게 차려입은 그의 코치 톰 맥커처

사이에 여남은 개, 저녁 전까지 또 여남은 개가 꽉꽉 불꽃을 튀었다. 넬슨은 성격이 달라서 덜 거칠고 더 꼼꼼했다. 800미터와 1200미터 종목의 프로 육상 선수 출신인 그는 케임브리지 대학교의 코치가 되어 옥스퍼드 대학교를 이기는 시대를 열었다. 그의 유머 감각은 특히 무미건조했다. 실력이 뒤처지는 어느 높이뛰기 선수에게 그가 내린 지시는 짧고도 의미심장하다. "한 다리를 가로대 위로 넘긴 뒤 재빨리 몸이 따라가면 된다."

맥커처는 이들 두 '프로' 사이에 낀 '아마추어'였으나 그것은 그가 무보수로 일한다는 점에서만 그랬다. 그의 무게감은 그들과 대등했고 이들 3인조는 서로를 확연히 존중했다. 정보와 잡담을 우호적으로 주고받았고, 한 코치가 다른 코치의 선수에게 자유자재로 충고해도 마찰이 생기지 않았다.

에릭 리델은 늘 그들을 3인조로 보았다. 그는 "선수들의 체력을 단련시키고 주법走法을 가르치는 부분에서, 이들 세 코치가 모르는 내용이라면 알 가치가 없다"라고 말했다. 또 타이밍과 지리적 이점 때문에 자신이 이 현자들의 가장 좋은 점을 배울 수 있었다고 확신했다. 그는 맥커처를 "내 친구"라 불렀고 이에 화답하여 맥커처는 그를 "훌륭한 학생"이라 불렀다.

둘이 서로를 좋게 보기 시작한 것은 1921년 6월부터였다.

주중에 맥커처는 에든버러의 두 스타디움인 크레이그로크하트나 파우더 홀에 거의 매일 저녁마다 와서 훈련을 예의 주시하다가 훈련이 끝나면 자신의 평을 말했다. 크레이그로크하트는 넓게 펼쳐진 잔디 구장이었다. 신더가 나오기 이전의 시대로 역행한 셈인데 트랙을 석회로 표시했다. 경기장의 구심점은 튜더 왕조 시대를 흉내 내 쌍둥이 박공을 장식한 정자, 앞면이 흰 중앙의 시계, 층간이 좁은 검은색 목조 관람석이었다. 파우더 홀은 진회색 신더가 깔린 프로들의 장이었다. 삐걱거리는 낮은 관중석이 언덕에 빙 둘러싸고 있었고, 에든버러 성채와 구시가지의 윤곽만이 멀리 희미하게 모습을 드러내고 있었다. 스코틀랜드는 제2의 윈덤 할스웰$^{Wyndham\ Halswelle}$을 찾고 있었다. 1908년에 400미터 종목에서 올림픽 금메달을 딴 그는 런던에서 태어났지만 칼레도니아로 입양되었다. 그가 제집처럼 드나들며 훈련한 곳이 바로 에든버러의 파우더 홀이었다. 할스웰의 우승은 경쟁 없는 승리였다. 미국의 한 라이벌이 막판에 팔꿈치로 그의 가슴을 쳐 실격당하는 바람에 논란의 결승전이 다시 벌어졌다. 그런데 함께 출전했던 다른 두 미국 선수가 그 결정에 짜증을 내며 연대감의 표시로 재경기를 거부했다. 그리하여 트랙은 예선에서 올림픽 신기록을 경신했던 할스웰의 독무대가 되었다. 미국 선수들은 자기 팀이 "사기와 협잡과 속임과 갈취와 강탈을 당했다"라고 불평했으나, 스코틀랜드는 자국의 챔피언에게 예를 갖추며 애초의 부정행위에 경멸을 표했을 뿐이다. 할스웰은 1915년에 프랑스의 누브샤펠 전투에서 저격병의 총탄에 맞아 전사했다. 그의 나이 아직 32세였다.

맥커처는 크레이그로크하트나 파우더 홀에 드나드는 모든 육상

젊은 육상 선수들
오른쪽 끝의 에릭 리델은 에든버러 대학교 육상부에 속해 있었다.

선수를 책임지고 잘 파악했다. 다음번 신인 선수가 제2의 할스웰이 될지도 몰랐기 때문이다.

얼마 지나지 않아 그는 최고의 후보를 골랐다.

에릭 리델이 에든버러 대학교 육상부에 들어간 것은 본의 아닌 결과였다.

그가 순전히 체력 유지를 위해 간혹 사람들 앞에서 달렸던 것과 인상적으로 빨랐던 것은 사실이다. 2학기가 끝나 갈 무렵 한 친구가 그를 찾아와 크레이그로크하트에서 열리는 연례 스포츠 대회에 출전하겠느냐고 물었다. 그때까지 남은 훈련 기간은 6주뿐이었다. 처음에 리델은 너무 "바빠" 공부하는 일을 트랙의 일과 맞바꿀 수 없다고 말했다. "그런 데 들일 시간이 없다"라는 말도 덧붙였다. 그러나 24시간도 못 되어 실수를 깨닫고 자신을 꾸짖었다. 그는 러드야드 키플링Rudyard Kipling의 말마따나 야속한 세월을 1분도 허비하지 않고 그에 걸맞은 노력으로 자랑스레 채우는 사람이었다. 그러다 보니 처음에 자기가 한 대답이 문득 궁색하고 얼빠진 변명처럼 들렸고, 그 뒤에 숨는 자신이 게을러 보이기까지 했다. 그는 "내가 쓴 단어들 자체가 나를 놀라게 했다. 바쁘다니? 일이라니? 둘 다 내게 낯선 단어였다. 마치 모르는 사람이 자기 집도 아닌 곳에 눌러 살려는 것 같았다. 그 단어들은 곧 쫓겨났다"라고 회고했다.

리델은 훈련에 돌입했다. 그러나 열아홉 살의 그는 코치도 없고 경주에 임하는 법도 몰라 어리석은 실수를 저질렀다. "그때 나는 초보자에 불과했다"라고 그도 시인했다. 경기를 채 한 달도 남겨 놓지 않고 리델은 엿새 동안 벤네비스로 자전거 휴가를 떠났다. 왕복 560킬로미터의 거리에 산꼭대기까지 거의 1400미터를 올라가야 하는 길이었다. 광활한 해돋이의 장관을 보려 했으나 정작 눈앞에 펼쳐진 것은 끝없는 운해였다. 그는 "그중 하루는 아예 해가 나지 않았다"라고 말했다. 휴가에서 돌아올 때는 몸 상태가 한결 더 좋아져 있기를 바랐다. 딱딱한 안장, 반복해서 돌리는 페달, 뼈까지 흔들리는 굽은 비포장도로 등이 어우러져 자신의 몸이 으깨진 고깃덩어리처럼 흐물흐물해지리라는 생각은 미처 못 했다. 벤네비스의 경사가 가팔라 특히 더 힘들었는데, 그렇게 다리 근육이 늘어나면 단거리 경주에 해롭다는 것도 그는 몰랐다. 집으로 돌아온 후에 리델은 "달릴 수 있을지 보려고 갔다가 몸만 굳어졌다"라고 말했다. 욱신거리는 정도가 아니라 이 경솔한 행동의 결과로 "탄성마저 잃었다"라고 했다. 용케 금방 탄성을 되찾았다는 것은 그만큼 그에게 잠재력이 있다는 증거였다. 그 뒤로 그는 자신의 몸 상태에 대해 다시는 그렇게 무분별하게 호기를 부리지 않았다.

흰색 조끼와 기다란 검은색 바지 차림의 리델은 연례 스포츠 대회의 100야드 종목에서 모든 선수를 반 야드나 따돌리고 10.4초로 우승했다. 220야드 종목에서는 불과 몇 인치 차이로 아슬아슬하게 2위로 들어와 2관왕을 놓쳤다. 한 동료 선수는 그를 "그냥 가냘픈 남자"라 표현했다. 그런 그가 5월의 늦은 오후에 단 두 경기 만에 "스코틀랜드 육상의 새로운 강자"로 떠올랐다. 톰 맥커처도 그것을 알아보았다.

잔디 구장에서는 그의 장점인 빠른 주력이 살아나지 못할 뿐더러 출발할 때도 몸을 굽히지 않고 서서 해야 되는데, 리델은 바로 거기서 노련한 주자들을 물리쳤던 것이다.

그 후에 파우더 홀에서 경주할 기회도 있었다. 그 광경이 세계의 숨은 불가사의라도 되는 양 그는 "신더 트랙을 보기는 난생처음이었다"라고 말했다. 낯선 환경에 던져진 그는 어색하게 남의 이목이 의식되어 프로들을 곁눈질로 살폈다. 그들은 나란히 훈련하면서 리델 같은 아마추어들을 깔보았다. 맥커처의 지시대로 잘 지켜보니 그들은 '뜨거운 벽돌을 밟은 것처럼' 발끝으로 춤을 추었고 참호처럼 '큰 구멍'을 파서 출발을 연습했다. 나중에 리델은 그렇게 "바보처럼 굴고 싶지 않았다"라고 설명한 뒤 "처음에는 모든 시선이 내게 쏠려 있는 줄 알았는데 정작 나를 보는 사람은 아무도 없었다"라고 덧붙였다. 차츰 그도 엉거주춤 춤도 추고 어깨도 풀면서 주변에서 벌어지는 일을 죄다 따라했다. 등을 뒤로 굽히기, 제자리 뛰기, 팔다리 뻗기, 10야드를 빠르게 왕복하기 등이었다. 미숙한 리델은 그런 것 없이도 달릴 수 있다는 자신감이 있었기에 "처음에는 그런 운동이 시시해 보였다"라고 고백했다.

발전은 고사하고 생존을 위해서라도 리델은 코치의 필요성을 느꼈다. 맥커처의 평복은 스리피스 정장에 중절모였다. 그런데 파우더 홀에서 코치로 일할 때는 면바지에 스웨터를 입거나 목에 수건을 둘렀고 털모자나 납작한 모자를 썼다. 뭉툭한 담배꽁초를 뻐끔뻐끔 피울 때도 있었다. 군중 속에서도 그는 쉽게 눈에 띄었다. 그는 또 거기서 1.6킬로미터도 되지 않는 곳에 살고 있어 수시로 트랙을 드나들었다. 리델은 용기를 내서 그에게 자신을 소개했다. 마치 맥커처가 연례 스포츠 대회에서 행여 그를 보지 못했거나 그가 올린 성과를 모르고 있다는 듯이 말이다.

그전에 리델은 독학의 일환으로 『훌륭한 운동선수가 되는 법How to Become a Great Athlete』이라는 책을 읽은 적이 있었다.

1911년에 간행된 그 책의 저자는 오스트리아에서 태어나 독일로 귀화한 맥스 시크Max Sick인데 몸만들기가 곧 그의 생업이었다. 키가 162센티미터인 그는 역도와 체조에 능한 장사인 데다 서커스 같은 여흥을 선보이는 예능인이기도 했다. 또한 자연을 공부하고 여러 시인과 철학자와 과학자의 글을 인용하기를 좋아했다. 악단석에서 연주되는 음악에 맞추어 근육을 씰룩거리는 법을 배운 뒤로 그의 공연마다 군중들이 모여 들었다. 맥시크라는 예명까지 지었다. 어렸을 때 그는 영양이 부족해서 왜소하게 자랐으나 성인이 되어서는 보디빌더 찰스 아틀라스도 그에 비하면 호리호리해 보일 정도였다. 『훌륭한 운동선수가 되는 법』은 운동의 과학을 근력과 연관시켜 다룬 책이었다. 그는 이 매뉴얼에 자기 몸 사진들을 예시하면서 몸 덕분에 자신이 "내 체급에서는 가장 멋있게 발달된 최강의 남자가 되었다"라고 자랑스레 말했다. 리델이 감동한 것은 끊임없이 자신을 향상시키려는 시크의 자세였다. 시크는 힘이 근육의 통제력에서 나온다고 확신했기에 독자들도 자기 자신을 알아야 한다고 역설했다. "각자의 특정 종목에 쓰이는 일련의 근육을 알아야 한다." 이어 그는 "당신의 생각이 늘 거기에 가 있어야 한다"라고 말했다. 시크의 확고한 지론에 따르면 모든 운동선수는 자신의 스포츠를 "깊이" 연구해야 하고, "실천하는 이들의 조언에만 귀를 기울여야" 하며, "이론만 내세우는 이들을 철저히 무시해야" 한다. 그의 가장 중요한 원칙은 이것이었다. "자기보다 뛰어난 사람들과 함께 연습하고 절대로 뒤지는 사람들과 하지 말라. 더 나은 사람들과 함께 연습할 수 없거든 그들을 지켜보기라도 하라."

리델은 그 말을 마음에 새겼다.

시크는 자기가 "정신력과 의지력이 워낙 강해 절제하며 살아갈 수 있다"라고 자부했다. 그러면서 누구든지 정상급 운동선수가 되려면 과식을 삼가고 "차, 커피, 술, 담배를 독약으로 여겨야 한다"라고 역설했다. "가끔 보브릴(쇠고기즙의 상표명—옮긴이)을 조금씩 마시는 것은 더할 나위 없이 괜찮다"라며 그 상표를 광고하듯 말했다. 리델이 수긍한 시크의 제안은 그 밖에도 또 있었다. 이를테면 "몸을 늘 따뜻하게 해야 한다"라는 말도 그랬고, "많은 문화적 운동광들이 추종하는 스파르타식 훈련"을 도도하게 경멸한 점도 그랬다. 시크는 그런 사람들을 "거의 미쳤다"라고 보고 무시했다. 그의 권고 중 특히 리델이 늘 따른 게 하나 있었다. "당신의 스포츠가 빠른 속도를 요한다면 악마를 피하듯 역기를 피하라." 시크는 근육이 너무 튀어나오면 양다리에 석탄을 한 자루씩 매고 달리는 것과 같다고 보았다. 리델과 시크의 의견이 갈린 것은 마사지의 문제에서였다. 시크는 대체로 마사지에 찬성했으나 경기 직전의 며칠 동안은 절대로 안 된다는 입장이었다. 반면 리델은 시합 몇 시간 전에도 마사지가 '필수'라고 믿었다. 맥커처의 생각도 그와 같았다.

운동선수로서 자신을 증명해 보이려던 초창기를 돌아보며 리델은 자신이 맥커처를 찾아갈 때 주법과 경주를 준비하는 법에 대한 이론들을 선입관처럼 품고 있었다고 말했다. 맥커처는 옷장에서 유행에 뒤진 옷들을 버리듯 그중 많은 부분을 버리고 리델에게 새 옷을 입혔다. "그가 내 잘못된 부분들을 가르쳐 주었다"라는 에릭의 말은 정중한 표현이었다. 둘의 첫 만남에 대한 기록을 보면 마음과 생각이 통하는 사람끼리의 편안한 대면과는 거리가 멀어 보인다. 맥커처는 성마르게 짜증을 냈고 리델은 기분이 상할 대로 상했다. 둘의 대화는 교육보다 질책에 가까웠다. "그는 내 근육이 다 너무 굳어 있다며 마사지로 풀어 주어야 한다고 말했다." 리델의 말이다. 맥커처는 그러지 않으면 "언젠가는" 출발선에서 근육 하나가 "툭 끊어질" 거라고 경고했다. 코치가 괜히 필요한 게 아니었다. 리델은 "그는 나를 무슨 고무 덩어리마냥 툭툭 치며 이 근육을 이쪽으로, 저 근육을 저쪽으로 밀어 체형을 잡아 주었다"라고 말했다. 맥커처는 그에게 짧은 거리를 달려 볼 것을 주문했다. 다 달리고 난 리델은 보이지 않는 벽과 충돌하듯 급정지했다. 그러고 나서 "그에게 어떠냐고 물었다"라고 그는 회고했다. 맥커처는 방금 본 광경에 경악을 금치 못했고 그것이 말투에 그대로 나타났다. 리델은 고압 전류에 찌릿 감전된 듯한 충격을 받았다. "그러다가 아주 보기 좋게 결딴나는 수가 있다고 그는 대답했다. … 테이프를 끊고 난 뒤에 갑자기 정지해서는 절대로 안 된다는 것이었다."

리델의 회고담을 보면 그 뒤로 그가 잔뜩 위축되고 낙심되어 마음고생이 심했음을 알 수 있다. 그는 "지독한 굴욕감을 느꼈고 위신이 땅에 떨어졌고 자존감이… 진창 속을 굴렀다"라고 말했다. 몸의 근육이 전부 "무너져… 죽는 날까지 망가진 몸으로 남을까" 걱정되기도 했다. 그러면서도 그는 맥커처가 자신에게 "운동선수의 길에 들어서도록 건강한 정신"을 불어넣기 시작했음을 시인했다.

아직 걸음마에 불과했지만 이를 통해 코치로서의 맥커처의 위대함이 입증되었다. 리델은 육상에 무지했다. 구멍을 파고 출발할 줄도 몰랐고 결승선을 통과할 줄도 몰랐다. 훈련할 줄도 몰랐고 근육을 다

듬을 때도 흥행 쇼의 공연자가 쓴 책에 의존했다. 게다가 고개를 뒤로 젖히고 팔을 마구 휘젓는 나쁜 습관도 여전하여 당대의 주자들 중 최악이었다. 어찌나 심한지 어떤 때는 상반신과 하반신이 따로 노는 것 같았다. 단숨에 전속력에 이르는 그의 주력 자체가 매혹적이긴 했지만 그래도 웬만한 코치라면 적당히 둘러대고 그에게서 손을 뗐을 것이다. 그의 문제들이 워낙 심각해서 극복할 방도가 없다고 생각했을 것이다. 그러나 맥커처는 지조 있는 사람이었고 그의 방식을 지배한 것은 늘 인내심이었다. 그가 아무리 비판을 퍼부었어도 리델은 결코 가망 없는 선수가 아니었다. 오히려 맥커처가 리델을 닦달한 것은 순전히 그의 재주에 그만한 값어치가 있다고 믿었기 때문이다.

맥커처는 성품이 그대로 실력으로 나타남을 알았기에 휘하 선수들의 과거와 가족사를 반드시 파악했다. 리델의 경우에는 얼핏 살펴보아도 그 기초가 탄탄하다는 결론이 나왔다. 그의 앞에 선 이 청년은 충절과 봉사와 책임과 자립과 헌신이 무엇인지 다 알고 있었다. 누구도 실망시키지 않도록 양육되었다. 그래서 맥커처는 기꺼이 그의 코치가 되었다.

두 사람은 3년 2개월간 총 146회의 경주를 함께하다가 파리 올림픽의 개가를 기점으로 길이 갈린다.

에릭 리델의 족보에 스포츠의 기질은 없었다. 아버지 제임스 던롭 리델James Dunlop Liddell은 변방에 있는 한 해외 선교지를 확실히 LMS London Missionary Society, 런던 선교회의 깃발 아래 남겨 두고자 1898년에 몽골로 갔다. 아직 수습생이던 그에게 맡겨진 구역은 베이징에서 북동부로 400킬로미터 거리에 위치한 차오양朝陽이라는 불온한 고장이었다. 포목상을

(좌) **자랑스러워하는 부모**
에든버러에서 말쑥한 차림의 에릭과 함께한 제임스 리델과 메리 리델 부부

(우) **선교사와 그의 아내**
에릭 리델의 부모 제임스 리델과 메리 리델은 1899년에 결혼했다.

하다가 안수를 받고 사역의 길에 들어선 스물일곱 살의 리델 목사는 스코틀랜드 중부 출신이었다. 그의 마을 드리맨은 아주 작지만 그림같이 아름다웠고 캠프시 산맥 서단의 로몬드 호수 근처에 있었다. 간호사 면허를 소지한 그의 약혼녀 메리 레딘$^{Mary\ Reddin}$은 그보다 12개월 후에 중국에 도착했다. 그녀의 고향 팩스턴도 똑같이 지도상에 점으로 표시되는 작은 곳으로 버윅어폰트위드 근처에 있었다. 거기서 8킬로미터만 더 가면 북해의 해안선이 나왔다.

스털링에서 만난 리델 군과 레딘 양은 약혼한 지 6년 만에 상하이에서 결혼했다. 타이밍이 나빴다. 그들이 결혼한 1899년 10월은 피비린내 나는 의화단義和團 사건의 발생과 시기적으로 거의 일치했다. 칼과 총탄의 위협 속에 신혼 생활이 시작된 것이다.

중국에 가기 전부터 제임스 리델은 "진정한 개척자의 삶에 수반되는 직무"를 기꺼이 감수하겠노라고 공표했다. 그러나 결혼사진 속의 그는 강인한 생활력으로 악천후를 이겨 낼 남자라기보다 아직은 선임 은행원이나 경리 사원처럼 보인다. 당대의 관습을 그대로 따라 사진을 찍다 보니 그와 메리의 엄숙한 표정은 결혼 피로연보다 장례 예배를 연상시킨다. 남편은 두 손을 앞으로 다소곳이 모았고 입은 콧수염에 거의 완전히 덮여 있다. 온실의 식물보다 더 오래 걸려 길렀을 그 수염은 빅토리아 시대 사나이의 정식 차림새에 콧수염이 빠져서는 안 됨을 확인해 준다. 아내는 흰 장갑을 낀 손으로 그의 왼팔에 팔짱을 끼었다. 모자는 레이스와 호박단으로 작은 산을 이루었고 넓고 납작한 챙 때문에 이마와 눈에 희미한 그림자가 져 있다.

이들 부부는 혼인 서약을 하기가 무섭게 곧바로 격랑의 한복판에 휘말렸다.

차오양은 신임 선교사가 일하기 힘든 곳이었다. 도둑질과 강간과 산적 행위가 흔했고 몸값을 요구하는 유괴도 끊이지 않았다. 어느 집에 돈이 있어 보이면 친척의 신체 부위가 상자에 담겨 현금을 요구하는 쪽지와 함께 대문간에 놓여 있기 일쑤였다. 돈을 내놓지 않으면 토막 낸 다른 살점이 배달되었고, 끝까지 내지 않으면 사지가 잘려 나간 피해자는 공공연한 제물 신세가 되었다. 남은 몸에 기름이나 주방용 유지油脂를 발라 불살랐던 것이다.

의화단 사건은 그보다 더 무서웠다.

본래 비밀 농민운동으로 시작된 의화단은 중국에 발을 들여놓은 모든 외세를 무력으로 뿌리 뽑고자 했다. 그들은 기독교를 경멸했고 리델 부부처럼 기독교를 전하는 선교사들을 경멸했다. 또 성경을 가르쳐도 처벌받지 않도록 승인한 1860년의 굴욕적인 톈진 조약을 경멸했다.

소요가 시작된 1899년 가을부터 1900년 가을까지 그들의 무력에 희생된 사망자는 자그마치 천주교와 개신교를 합해 선교사 250명 이상, 중국인 그리스도인 3만 명 이상에 달했다. 퉁저우通州의 미국 선교부에서 산 채로 불살라진 사람도 75명이나 되었다. 파오퉁푸에서는 영국인 선교사 여섯 명이 칼에 찔려 죽었는데 거의 다 그 지역에 알려진 지 25년도 더 된 사람들이었다. 걸핏하면 벌채 칼과 미늘창과 각목을 휘두르는 만행이 꼬리를 이었다. 약탈과 여성 대상의 성폭행이 다반사였고, 베이징의 외교관 구역은 55일 동안 포위 공격을 당하기도 했다. 가장 끔찍한 사건의 하나로 산시山西성의 최고 지도자는 대피소를 제공하는 척하며 그리스도인들을 성도省都로 초대한 뒤 여자들과 아이들을 포함하여 45명을 몰살시켰다. 서양인들이 의화단을 "복서Boxer"라고 칭하는 이유는 기본적으로 단원들이 무술을 했기 때문이다. 단원들은 염불을 외워 도교와 불교의 신령들에게 복을 빌었고, 자신들과 비슷한 무리의 혼령들이 하늘에서 내려와 합세하여 적들을 물리칠 거라고 믿었다. 또 식단과 주문呪文 덕분에 자기네 병사들이 공중을 날며 총칼과 같은 무기를 피할 수 있다고 믿었다. 이런 망상은 8개국 동맹군을 통해 깨졌다. 이 막강한 전투 부대는 영국, 미국, 프랑스, 독일, 이탈리아, 일본, 러시아, 오스트리아-헝가리에서 온 군함 54척과 병력 약 5만 명으로 구성되었다.

나중에 의화단이 모두 궤멸된 뒤에 중국은 처형과 배상을 규정한 징벌 문서인 신축 조약 辛丑條約에 서명했다. 40년 전의 톈진 조약처럼 이것도 언제 터질지 모르는 시한폭탄이었다. 이 조약 때문에 쌓인 불만과 앙심과 분노가 머잖아 전보다 더 끔찍한 무력으로 폭발하게 된다.

싸움이 너무 맹렬해져 제임스 리델과 메리 리델은 1900년 초여름에 차오양을 빠져나올 수밖에 없었다. 임신 7개월째인 메리는 가마를 타고 마을을 떠났는데 여섯 명의 중국인 그리스도인들이 목숨을 걸고 가마를 멨다. 부부는 안전한 상하이로 피난을 갔고 거기서 메리는 첫아들 로버트를 낳았다. 심약한 사람이라면 선교사 서약서의 규정에도 불구하고 구실을 붙여 귀국할 수도 있었고 특히 어린것까지 딸린 경우에는 더했다. 그러나 제임스 리델은 달라서 아내와 아기와 함께 톈진으로 갔다. 제임스는 가족들을 그곳에 안정시킨 뒤 답사와 복구의 사명을 띠고 1901년에 다시 몽골로 향했다. 그 뒤로 4개월 동안 메리는 그의 소식을 듣지 못했다.

톈진은 의화단 사건의 중심지로 리델 가정이 그곳으로 가기 불과 3개월 반 전에 4주 동안 폐쇄되었던 도시다. 8개국 동맹군 중 전사하거나 부상당한 병사가 1500명이 넘었다. 그 전략적 요충지를 포위 공격할 때 융케 포탄을 피한 사람들 중에 26세의 광산 자문 위원이 하나 있었다. 십자 포화의 한복판에서 아이들을 구해 낸 그는 훗날 미국의 대통령이 된 허버트 후버 Herbert Hoover였다.

바로 거기서 1902년 1월 16일에 에릭 리델이 태어났다.

리델 부부는 톈진에 오래 머물 수 없었다. 연말 즈음에 LMS는 그들을 1100킬로미터쯤 떨어진 대평원인 샤오창 肖張으로 파견했다. 여정의 마지막 긴 구간은 노새가 끄는 달구지를 타고 마쳤는데, 이전의 수많은 달구지들이 남긴 바퀴 자국 위를 덜컹거리며 지나갔다. 그 시대의 한 증인은 643제곱킬로미터에 달하는 대평원에 산재한 마을을 1만 개로 추산했다. 그곳의 1000만 명의 주민들은 기장과 밀을 심고 거두며, 암갈색 평지에서 원시적인 삶을 이어 갔다. 다 똑같아 보이는 낮은 판잣집이나 초가집들 외에는 끝없는 지평선뿐이었다. 샤오창도 대부분의 마을보다 더 크거나 상황이 더 낫지 않았다. 토담이 둘리고 대문이 달린 선교 단지 안에는 큰 집 네 채가 일렬로 늘어서 있었고 집마다 위층과 아래층에 양쪽으로 베란다가 있었다. 그 뒤쪽으로 교사校舍 한 채와 돌로 지은 교회당이 있었다.

    제임스 리델은 낯설고 광활한 땅에 퍼져 있는 자신의 양 떼를 돌보았다. 농사는 신통치 않았다. 가뭄이나 홍수나 메뚜기 때문에 흉작의 연속이었다. 산적 떼들이 아무 데나 활보했다. 농부들은 문맹이었고 농경 사회의 원로들은 글을 깨쳐 봐야 일하는 데 방해만 된다고 생각했다. 장이 서는 인근 작은 마을이나 도시만 알 뿐 그 너머의 세상에 대한 개념은 전혀 없었다. 의화단은 이곳에서도 난동을 부려 거의 100곳의 교회를 파괴하고, 약 500명의 중국인 그리스도인들을 죽였다. 재건하고 복구하는 일이 선교사들에게 덤으로 얹혀졌다. 제임스 리델은 단조롭고 고된 일로 쉴 새가 없었고 메리는 남편이 집을 비울 때마다 요령껏 대처해 나갔다. 결혼하기 직전에 메리는 헤브리디스 제도의 루이스섬에서 몇 달을 지내며 장차 선교사의 아내로서 매일의 고생에 부딪칠 각오를 다졌었다. 그곳도 오지의 소작농지라서 중국 벽지의 적막한 시골 생활을 준비하기에 딱 좋았다. 그러나 그녀는 몸무게가 55킬로그램도 안 되는 약골이었고 샤오창은 기후와 벌레와 외로움 때문에 사기가 꺾이는 곳이었다. 늘 피곤하고 자주 앓던 메리는 셋째를 임신한 후에 거의 죽을 뻔했다. 1903년에 태어난 딸은 정식 이름인 재닛 대신 늘 제니라 불렸다. 진이 빠져 허약해진 메리는 분만 후 72시간도 안 되어 복막염에 걸렸다. 훗날 제니는 메리가 "죽음의 문턱에까지 갔다"라고 말했다. 의사도 그녀가 죽을 줄로 '알았다.' 제임스는 병상 곁에서 기도했고 다행히 그녀는 소생했다. 건강이 완전히 회복되기까지 거의 1년이 걸렸다.

어린 시절 에릭 리델을 알았던 사람이라면 누구나 뚜렷하게 기억하는 세 가지가 있었다. 그 집의 하인들 중에 치나이나이라는 이름의 유모도 있었는데 그녀는 전족纏足을 하고 있어서 리델이 말썽을 부리거나 도망가도 아이를 따라잡을 수 없었다. 또 중국어에 모음으로 시작되는 단어가 드물어 유모는 에릭이라는 이름을 한 번에 발음할 수 없었다. 그래서 나름대로 가장 비슷한 발음인 "옐리"라 불렀다. 옐리는 「양 아흔아홉 마리Ninety and Nine」라는 찬송가를 부를 때마다 눈물을 뚝뚝 흘렸다. 목자가 들판에서 잃어버린 한 마리 양을 찾는다는 내용의 노래였다. 그리고 네 살 때 그는 이질을 호되게 앓았다. 의사가 없었으므로 어머니가 병간에 최선을 다해야 했다. '밸런타인의 육즙'을 찻숟가락으로 떠먹였는데 이것은 날고기를 잘라 즙을 짜낸 조제 음료였다. 이 병의 후유증으로 그는 두 다리의 감각을 잃었다. 회복되는 동안 걷는 동작이 어찌나 어색했던지 한 이웃은 그가 "다시는 달릴 수 없을" 거라며 못내 불쌍해했다.

    선교 단지의 담장이 누에고치처럼 그를 보호해 주던 어린 시절, 리델은 자신이 중국인인 줄 알고 자랐다.

아버지와 아들
1903년 터키에서 둘째 아이 에릭과 함께한 제임스 리델

기온이 영하 20도에 육박하는 겨울이면 그는 속을 채워 넣은 코트를 입고 챙이 넓은 모자를 썼다. 여름에는 베이다이허^{北戴河}의 바닷가 휴양지로 갔다. 그곳의 해변에 LMS 소유의 목조 방갈로들이 있었고 기온은 43도까지 올라갔다. 그는 현지인들처럼 먹었고 현지어로 말하려 했다. 그의 입에서 처음으로 중국어가 문장으로 나온 것은 친구들이 새끼 고양이들을 받아 왔을 때였다. 마침 다리가 불편하여 고양이를 잡지 못한 리델은 배운 대로 "치에오 마오 파오 라^{Hsieo mao pao la}"라고 외쳤다. "작은 고양이가 달아나 버렸다"라는 뜻이다. 그는 다른 곳

의 관습이나 환경은 전혀 몰랐다. 집안의 모든 일은 LMS를 중심으로 돌아갔다. 한번은 집 벽에 못질을 하고 있던 그를 보고 어머니가 "그러지 마라. 이 집은 선교회의 것이다"라고 꾸짖었다. 리델은 동작을 멈추고 **자기도** "선교회의 것"이냐고 물었다. 정말 그렇게 느껴졌던 것이다.

여동생 제니에 따르면 리델은 흙먼지 폭풍 속을 걷던 일, 자주 걸터앉던 베란다, 자상했던 유모, 끝없이 펼쳐진 땅, 그 땅에 살며 땅으로 먹고살던 사람들의 모습 등 "많은 것을 기억했다." 그러나 중국이 자신의 심장박동이라는 리델의 생각이 가장 굳어진 것은 1907년 일가족이 휴가차 그곳을 떠나던 때였다. 리델은 자기가 스코틀랜드의 "집으로 간다"라는 말을 들었다. 그러나 아득히 먼 그 나라를 한 번도 본 적이 없는 아이에게 그곳은 '집'이 아니었다. 그의 '집'은 중국이었고 그는 그 사실이 기뻤다. 그래서 자신의 뿌리인 중국을 떠나고 싶지 않았다.

리델 부부는 일단 드리맨으로 가서 셋방을 얻고 에릭과 롭을 지역 학교에 보냈다. 그들을 새로운 신록의 환경과 정식 교육에 적응시키기 위한 준비 단계였다. 제임스는 샤오창으로 다시 소환되기 전에 해야 할 더 큰일이 있었다. 바로 두 아들을 런던 동남부 블랙히스에 있는 선교사 자녀 남학교에 입학시키는 일이다. 이 학교는 나중에 규모가 커지자 부지가 더 넓은 노팅엄의 전前 해군 학교로 이전하여 엘섬 칼리지라는 사립 중고등학교로 변신했다. 부드러운 느낌을 주는 석조 건물이 전면의 멋진 박공과 기둥들과 난간들을 거느린 채 『톰 브라운의 학창 시절Tom Brown's Schooldays』에 묘사된 건물들처럼 우뚝 솟아 있었다. 그러나 아무리 건물이 멋있고 스포츠 구장들이 널찍하게 잘 손질되어 있어도 엘섬 칼리지는 딱히 아늑한 거실과 푸근한 침대는 아니었다. 해맑은 인상의 귀엽고 통통한 리델은 부모와 떨어지니 고아와

한껏 뽐낸 리델 3남매
왼쪽부터 에릭, 제니, 롭

같았다. 중국으로 배를 타고 돌아가던 날 어머니는 곧 떠날 것도 잊은 채, 크리켓을 하는 그의 모습을 물끄러미 바라보았다. 여섯 살 난 리델은 그날 밤 울다가 잠들었고 잠도 자는 둥 마는 둥 했다.

이후 10년 동안 엘섬 칼리지는 리델의 대리 가정이 되었다. 이 불가피한 입양 덕분에 그의 성품이 강인해졌다. 아직 여덟 살밖에 안 된 나이에도 리델은 하급생을 괴롭히는 선배들을 말렸다. 교장이 자신의 규정을 어기고 학교 구내에서 자전거를 타자 그에게 들려온 책망— "여기서 자전거를 타시면 안 됩니다"—도 리델의 목소리였다. 교장은 오히려 리델에게 벌을 주었다. 그는 방에 갇혀 저녁을 굶어야 했는데 별로 벌 같지도 않았다. 어차피 엘섬의 주방은 음식을 기름에 절이다시

엘섬 칼리지 교복을 입은 롭과 에릭
꼭 쌍둥이 같다.

피해서 먹을 수가 없었으므로 리델은 수시로 휴지통에 뱉어 내곤 했다.

형 롭은 좋든 싫든 동생의 아버지, 어머니, 상담자, 위로자가 되어야 했다. 초기에 학교에서 함께 찍은 사진을 보면 롭과 에릭은 꼭 쌍둥이 같다. 키와 체구도 똑같고 머리칼도 똑같이 거무스름한 금발이다. 그들이 입은 교복은 지금의 우리 눈에는 우스워 보인다. 넓은 칼라에 좁은 나비넥타이를 맸고, 반바지는 무릎 부분을 조였으며, 발목까지 끈을 매는 구두를 신고도 그 위로 15센티미터나 더 올라가는 새까만 양말을 신었다. 둘의 차이라면 롭은 잔뜩 심각한 데 반해 에릭의 얼굴에는 금방이라도 씩 웃음이 번질 것만 같다.

학교에서 롭은 리델 1호이고 에릭은 리델 2호였다. 둘의 성격 차이는 금세 드러났다. 롭은 외향적이었고 문학 토론회의 대표 연사였다. 에릭은 과묵함의 화신이었다. 「이상한 나라의 앨리스 Alice in Wonderland」를 공연할 때 그는 쥐 역할을 훌륭하게 해냈다. 옷 속에 가만히 숨어 아예 쥐가 되어 버린 것이다. 무대와 교실 밖에서는 그는 형의 말을 따랐다. 그가 제일 좋아했던 교사 중에 고전의 거장 어거스터스 파운트니 컬른 Augustus Pountney Cullen 이 있는데 그는 자신의 '허풍스러운' 기독교식

(좌) **만능 스포츠맨**
엘섬 칼리지에서 하얀 크리켓 복장을 한 에릭 리델

(우) **다정한 삼촌 같았던 A. P. 컬른**
그는 에릭 리델의 교사이자 친구이자 멘토이기도 했다.

이름에 질색하며 그냥 이니셜 'A. P.'로 불리기를 선호했다. 케임브리지 대학교의 졸업생인 그는 파이프 담배를 피우고 트위드 소재를 즐겨 입는 멋쟁이였고 자신의 개에게 라틴어로 말했다. 엘섬 칼리지에서 교사로 자리 잡고 나니 20대 초반의 청년치고는 한결 성숙해 보였다. 그는 고전만 아니라 과학과 영어와 역사도 가르쳤다. 과학은 리델이 제일 좋아하는 과목이었다. 그는 실험에 매료되곤 했는데, 컬른은 빽빽한 교과서를 극화시켜 읽어 가며 기발한 시연을 보임으로써 모든 실험에 생동감을 불어넣었다.

스포츠도 리델에게 위안을 주었다. 연극에서 맡은 쥐 역할 때문에 잠시 그에게 '쥐'라는 뻔한 별명이 붙기도 했다. 그러나 연설에 약한 대신, 시합에만 나가면 이 쥐가 포효했다. 럭비에서 윙 스리쿼터의 포지션을 맡은 그를 아무도 따라가지 못했다. 단거리를 달릴 때도 대개 그를 따라갈 사람이 없었는데 형 롭만은 예외였다. 일명 리델 대회로 불린 1918년의 교내 선수권대회는 이들 둘에게 최고의 영예를 안겨 주었다. 에릭은 100야드 종목에서 10.8초로 롭을 따돌렸고 440야드 종목과 멀리뛰기에서도 이겼다. 롭은 단거리 허들, 높이뛰기, 크로스컨트리에서 우승했다. 부모가 볼 수 있었다면 얼마나 좋았겠는가.

선교사 자녀들에게 가장 쓰라린 고통은 오랜 이별이다. 1908년부터 1920년까지 리델의 부모는 딱 한 번밖에 귀국하지 않았고—제1차 세계대전이 발발하기 조금 전이었다—그것도 오로지 메리가 담석 제거 수술을 받아야 했기 때문이었다. 1912년에 태어난 아기 어니스트도 함께 왔다. 일가족은 1915년 3월에 다시 헤어졌다. 제니는 이별의 상처를 면했다. 원래 런던 반대쪽의 월덤스토 여자 기숙학교에 남겨질 예정이었으나 제니가 거기서 몹시 비참하게 지낸다는 말을 어머니가 듣고 도로 중국으로 데려갔다. 사춘기 시절의 에릭과 롭은 주로 서신을 통해 부모를 알아 갔다. 1주일에 두 번씩 얇은 종이에 쓴 편지였는데 전해 오는 소식들은 늘 몇 주 지난 것이었다.

엘섬 칼리지의 교훈校訓은 "아버지는 자녀의 영광이니라"였다(잠 17:6—옮긴이). 비록 아버지가 곁에 없었지만 리델은 꼭 아버지처럼 되고 싶었다. 성장기에 아버지가 채워 주었어야 할 공백 때문에 오히려 리델은 교육 선교사가 되어 자신의 이상을 실현하고 싶었다. 나중에 한 친구에게 말했듯이 그가 중국 선교사가 되기로 결심한 것은 "여덟 살이나 아홉 살 때"였다. 그는 성경 강의를 들었고 날마다 성경을 읽었다. 열다섯 살 때는 스코틀랜드 회중 교회에서 견진을 받았다. 전쟁이 휴전의 기미를 보일 무렵 그는 어느 의료 선교회에서 자원봉사를 했다.

한때 제임스 리델에게 붙어 다니던 말이 나중에 둘째 아들에게 대물림되었다. 그는 "기독교적 형제애의 전형"이었다. "마음이 정말 넓어 속에 비열함이나 옹졸함이 털끝만큼도 없었다." 그는 "남을 위해 뭔가를 할 때"에만 참된 만족감을 얻었다.

리델이 에든버러 대학교에 들어간 뒤에 그것을 맨 처음 알아본 사람 중 하나가 톰 맥커처였다.

...

운동선수라면 누구에게나 필요한 게 지루하고 틀에 박힌 연습이다. 에릭 리델도 혹독한 연습이 처음에는 너무 힘들게 느껴졌다. "계속 반복되는 특정한 연습들이" 지독히도 따분했기 때문에 "쉽지만은 않았다"라고 말했다. 그는 출발 연습을 싫어했다. "몇 번이고 구멍에 발을 대고 준비 자세를 취한 뒤 총소리가 나기를 기다린다. 총소리가 나기도 전에 출발하려는 사람이 있다 보니 전원이 되돌아와 처음부터 다시 시작해야 한다."

톰 맥커처는 리델을 밤낮없이 몰아붙이기보다 편안한 마음으로 육상에 숙달되어 갈 수 있는 여지를 허용했다. 그는 롭 리델이 에든버러 대학교에서 의사 면허증을 취득하는 중임을 알았고, 신입 선수인 에릭과 형 롭이 서로 우애를 나누며 안정을 얻고 있음도 알았다. 그는 리델이 입학 자격증을 받은 뒤에야 대학교에 들어온 것도 알았는데, 이는 곧 외국어에 능통해야 한다는 뜻이었고 리델은 농장에서 일해 가며 그 돈으로 개인 교사에게 프랑스어를 배워 그것을 취득했다. 그는 또 리델이 헌신된 그리스도인일 뿐만 아니라 술을 한 방울도 입에 대지 않는다는 것과 모닝사이드 회중 교회에 다닌다는 것도 알았다. 주변에 다른 교회들도 한데 모여 있다 하여 현지인들은 그 교회가 있는 곳을 "거룩한 모퉁이"라 불렀다. 창문에 화가 번 존스Burne-Jones의 그림이 적황색으로 빛나던 모닝사이드 교회는 초대 목사 때부터 LMS를 후원하는 데 앞장섰다. 그 목사는 외알 안경을 썼고 밑으로 처진 콧수염이 어찌나 넓고 기품 있던지 꼭 한 쌍의 날개와 같았다. 이 교회는 1896년에 처음으로 선교사를 중국으로 파송했다.

리델은 교회 예배에 참석하거나 가난한 사람들을 돌보거나 성경 공부반을 운영하느라고 파우더 홀에 자주 지각했다. 맥커처는 눈감아 주었다. 이런 인내야말로 리델이 그에게 가장 크게 빚진 것 중 하나였다. 또 하나는 그가 리델의 육상 기법을 잠깐 고치려 하다 말았다는 것인데, 이 또한 코치로서 맥커처의 도량이 돋보이는 대목이다. 리델은 자신의 볼품없는 동작에 대해 설명을 요구받은 적이 많았다. 사람들 눈에 그것이 굉장히 신기해 보였던 모양이다. 그들은 그토록 난감한 몸놀림에서 어떻게 그런 성과가 나올 수 있는지 믿어지지 않았다. 그는 "깜짝 놀란 사슴", 날개가 고장 난 "풍차", "겁에 질린 유령", 관절에 기름을 친 적이 없는 사람 등에 비유되었다. 세련된 전문가들은 그를 보며 "야비한 웃음"을 터뜨렸다고 한다.

리델은 그런 질문을 유머로 받아넘겼다. 그는 자신의 선조들이 오래전에 스코틀랜드와 잉글랜드의 접경에 살았다고 말했다. 그러다 보니 가축과 양식을 훔치려는 게릴라식 습격이 별빛 없는 야음을 틈타 자주 벌어졌다. 리델의 설명인즉 "그들이 급히 돌아와야 했다"라는 것이었다. "습격을 마치고 돌아올 때 정확한 동작 따위는 중요하지 않았다"라고 강조할 때는 능청스레 씩 웃기까지 했다.

맥커처도 리델의 팔 동작을 개선하려 하긴 했다. 큰 알약을 물로 꿀꺽 삼킬 때처럼 고개를 뒤로 홱 젖히는 것도 막아 보려 했다. 그러나 그런 시도가 무의미할 뿐 아니라 오히려 역효과를 낸다는 것을 알고 금방 그만두었다. 고장 난 것처럼 보일 뿐인데 고칠 까닭이 무엇인가? 억지로 고치려 들다가 그의 육상 기법만 대책 없이 망가질 터였다. 대신 맥커처는 기본에 집중하고 나머지는 리델의 속도에 맡겼다. 우선 출발하는 법부터 연마했다. 그는 리델에게 반드시 앞발을 출발선에서 10센티미터쯤 뒤에 두고 두 발을 35-40센티미터쯤 벌리게 했다. 양손의 손가락은 정확히 출발선에 위치해야 했다. 리델은 "'준비'라는 말과 함께 균형을 잡으면 체중이 앞발과 두 손에 거의 다 실렸다"라고 말했다. "첫발은 30-45센티미터 정도로 짧게 내딛었다." 맥커처는 그에게 너무 빨리 시작하지 못하게 했다. "처음 10야드 정도는 점차 속도를 높여야 했다"라고 에릭은 덧붙였다. 훈련할 때도 늘 50야드 달리기를 서너 번 마친 뒤에야 220야드를 달렸다. 리델에 따르면 "첫 100야드에는 '전력을 다하지 않고' 마지막 120야드에 전속력으로 달렸다."

그는 자신의 '육상 경험'을 공책에 기록했다. 검은색 만년필로 경주마다 쭉 적어 나가면서 때로 자신이 경쟁했거나 관찰했던 선수들에 대한 소감을 덧붙이기도 했다. 아울러 액자에 담아 걸어 두어도 손색이 없을 만한 짤막한 경구들도 인용했다. "몸과 마음을 최고의 상태로 유지하지 못하면 실패한다. … 네 몸을 돌보라. … 경기 전후에 반드시 근육을 풀어 주어야 한다. … 이것저것 금하느니 시즌 내내 절식하는 게 훨씬 낫다."

그 절식조차도 현대의 운동선수들이 보면 움찔할 것이다. 경기 당일에 리델은 쇠고기구이나 스테이크를 감자튀김과 함께 넉넉히 먹곤 했다. 트랙에서 "무거운 손님"이 될 디저트 종류와 "기름진 음식"만 피했다고 말했다. 그래도 한번은 경기 전에 건포도 푸딩을 먹고도 쉽게 우승했다.

첫 시즌의 남은 기간 동안 그는 100야드 종목에서 한 번밖에 지지 않았는데 그나마 우세한 선수로서 핸디캡을 적용받았을 때였다. 열 번째 경주 때 그는 햄든 파크에서 10.4초로 스코틀랜드 AAA^{Amateur Athletic Association, 아마추어 육상 협회} 선수권을 획득했다. 220야드 종목에서는 22.6초로 대회 신기록을 세워 더 가능성을 보여주었다.

그날 그는 "만감이 교차하면서 온몸에 전율이 일었다"라고 고백했다. 긴장된 기운 때문에 음식을 토하기까지 했다. "이렇게 자문하게 된다. 이게 다 가치 있는 일인가?"라고 그는 말했다.

다행히 그는 가치 있는 일이라 판단했다.

상품이 쌓였다. 리본으로 꾸민 메달이나 컵 외에도 경주의 승자에게는 늘 선물이 주어졌다. 부정하게 돈을 주어 아마추어 정신을 더럽히지 않기 위해서였다. 선물은 대개 금시계나 가정용품 즉 찻잔 세트, 벽시계, 티크재 상자에 담긴 포크와 나이프, 작은 입상^{立像}이나 장식품, 은쟁반이나 커피포트 등이었다. 은제품이 일일이 다 닦을 수도 없을 만큼 금세 많아졌다. 장식용 자기도 늘어나 따로 백화점을 차려도 될 정도였다. 그는 대부분을 선물로 나누어 주었다.

엘섬 칼리지에서 헤어질 때만 해도 누구도 리델을 장래의 스타감으로 알아보지 못했다. 그 학교의 가장 귀한 영예는 동기생들에게 가장 큰 영향을 미친 학생에게 수여되는 베이어드상이었는데 그는 그 상을 타지 못했다. 롭은 그 상을 **받았다**. 리델에게 돌아온 찬사는 다른 종류의 것이었다. 『글래스고 헤럴드 Glasgow Herald』는 첫해 여름에 기염을 토했던 그의 육상을 평가하는 짧은 글을 실었는데, 지금 읽으면 천리안의 예언처럼 들린다. 신문은 리델이 "영국의 챔피언"이 될 것이며 "올림픽 영웅으로 피어날 수도 있다"라고 예견했다. 아울러 무명의 리델이 불과 16주 만에 유망주로 떠오른 것은 "아마추어계의 큰 수확"이라고 평했다.

매사가 순탄했던 것만은 아니다.

한번은 리델이 그리녹에서 경주한 뒤 오토바이의 짐받이에 앉아 집으로 돌아오던 길이었다. 중간에 나사 하나가 풀리는 바람에 그는 뒤로 홱 나가떨어졌다. 운전자는 오토바이가 100야드쯤 더 가서야 승객이 없어진 것을 알았다. 끈으로 짐받이를 묶고 나서 리델은 또 튕겨 나갈지 몰라 꽉 매달렸다. 맥커처는 못마땅해했다. 최고의 선수가 하마터면 몇 달씩 경기에 나가지 못할 뻔했기 때문이다. 이 선수와 코치는 특이한 짝이었다. 서로 친구가 된 뒤로는 훈련 중에나 후에나 둘 다 별로 말이 없었다. 맥커처는 리델의 근육을 마사지할 때도 거의 침묵으로 일관했다. 리델은 코치가 자신에게 무엇을 기대하는지 알았고 코치는 성과를 끌어내기 위해 리델을 들볶을 필요가 없음을 알았다. 리델의 자긍심만으로도 실력은 충분히 발휘되고도 남았다.

둘 사이에 말은 없었지만 맥커처가 알고 있는 게 또 하나 있었다. 리델이 헌신한 대상은 교회가 먼저였고 육상은 그다음이었다.

두 번째 달리기

진한 차 한 잔

에릭 리델은 자신의 삶이 변화된 시점을 정확히 짚어 낼 수 있었다. 날짜는 1923년 4월 6일이었고 시간은 밤 9시가 좀 지나서였다.

그로부터 1주일 전에 뜻밖의 손님이 조지 스퀘어로 그를 찾아왔다. 그곳은 그가 친구들과 동료 학생들로 더불어 기거하고 있던 에든버러 대학교 근처의 하숙집이었다. 연합 자유 교회의 전도자 데이비드 패트릭 톰슨 David Patrick Thomson—늘 D. P.로 알려져 있었다—이 대표로 나서서 리델을 초교파 단체인 GSEU Glasgow Students Evangelical Union, 글래스고 학생 복음주의 연합에 영입하고자 했다. 그는 에든버러에서 서쪽으로 40킬로미터쯤 떨어진 아마데일이라는 작은 마을에서 강연해 줄 것을 리델에게 부탁하려고 구상했다.

아마데일은 석탄과 벽돌 재료의 먼지에 찌들어 있어 그림엽서의 사진사들이 몰려들 만한 곳은 아니었다. 축받이와 공장 굴뚝이 숲을 이루어 풍경을 지배했는데 1920년대에 한 주민이 세어 본 바로는 모두 44개나 되었다. 점토 채취장과 철공소도 있었다. 이런 불결한 작업장에서 일하는 노동자계급의 남자들은 손바닥에 옹이가 박힐 정도로 고역스러운 교대 근무를 면할 수 없었고, 그래 봐야 돌아오는 것은 박한 임금과 폐병이었다. 흉곽 안이 감염되면 숨이 가빠지고 밭은기침이 끊이지 않았다. 노동자들은 퇴근 후에 난로 앞의 양철 욕조에서 몸을 씻었다. 그러나 온수에 비누를 아무리 많이 풀어도 얇은 막처럼 들러붙은 살갗의 때가 깨끗이 벗겨지지 않아 낯빛이 늘 청회색으로 창백해 보였다. 아마데일의 인구는 5000명쯤 되었는데 주로 네 개의 긴 비포장도로 주변에 모여 살았다. 축축한 대기에는 공장의 역한 악취가 떠돌았다. 기획 총무인 톰슨을 위시하여 그동안 GSEU는 그 지역에 열심히 말씀을 전하되 일단 여자들을 모임에 나오도록 설득하는 데 주력했다. 톰슨이 최대한 재치 있게 인정했듯이 "교회에 다니지 않는 계층의 남자들에게 다가가기란 몹시 힘들었다."

톰슨은 C. T. 스터드Studd 의 HAM Heart of Africa Mission, 아프리카 심장 선교회 에서도 총무를 맡고 있었다. 그는 거기서 표면상의 대표로 내세울 인물의 중요성을 깨달았다. 당시 62세이던 스터드는 잉글랜드와 미들섹스와 케임브리지 대학교의 크리켓 선수 출신으로서 폭넓은 청중을 끌어 들였고 박애 활동과 자선 원조援助로 존경받았다. 일찍이 이튼 칼리지에서 신앙을 갖게 된 그는 중국에 가서 빈민들을 섬겼다. 아버지가 죽은 후 자신이 받은 3만 파운드의 유산을 종교적 대의를 위해 기부하기도 했다. 그런데 스터드는 크리켓으로 성공했음에도 늘 "이 모든 명성과 칭송이 무슨 가치가 있는가?"라고 물었다. 그가 독자적 선교회를 설립

D. P. 톰슨의 신앙 집회에서 에릭 리델도 함께 강연했다. 사진은 그때 쓰인 슬라이드의 첫 장이다.

할 수 있었던 것은 딱히 교회에 끌리지 않던 사람들도 운동선수 출신인 그의 강연에는 끌렸기 때문이다. 누구든지 참석하면 나중에 그와 악수할 수 있었으므로 그가 오면 에든버러의 자유 회관이 꽉 들어찼다. 톰슨은 리델도 스터드와 같은 역할을 할 수 있으리라 보았다.

아마데일의 남자들은 교육을 잘 받지 못했다. 그들이 작은 연립주택에서 읽은 것은 책이 아니라 신문이었다. 리델이 신문에 자주 났기 때문에 톰슨은 그들이 호기심과 감탄에 이끌려 또 다른 진지한 성직자보다는 운동선수의 말을 들으러 오리라 생각했다. 톰슨은 리델에게 전화를 걸어 권유할 수도 있었다. 그의 하숙집 전화번호인 4211번이 전화번호부에 실려 있었다. 그러나 그는 꼭 가서 대면해야겠다는 생각이 들었다. 1페니나 0.5페니를 아끼려고 편승을 자주 하던 톰슨답게 이번에도 감자 트럭의 뒤에 타고 에든버러로 갔다. 롭 리델을 이미 알고 있던 터라 그에게 먼저 접근하는 게 전략상 현명해 보였다. 동생이 아마데일에 흔쾌히 와 줄 것인가? 톰슨은 "롭은 정말 모르겠다고 했다. 내가 직접 만나 물어보는 수밖에 없었다"라고 말했다. 리델은 식당으로 불려 갔다. 톰슨은 "최대한 직설적으로 강하게 물었다"라고 회고했다. 리델은 마치 기도하듯 고개를 숙였는데 대중 앞의 강연이 처음인지라 생각만 해도 겁부터 났다. 톰슨은 대답을 기다리던 그 '침묵의 순간'과 곧이어 리델이 내놓은 단호한 약속을 결코 잊지 못했다. "좋습니다. 가겠습니다." 리델이 다정한 말투로 말했다. 법률 계약서만큼이나 구속력 있는 확답이었다. 톰슨은 "그때 내가 느낀 안도감은 이루 말할 없었다"라고 회상했다.

톰슨의 표현으로 "남자들을 위한 특별 군중집회"는 별로 정감이 가지 않는 마을 내 공회당에서 열렸다. 공회당의 건물은 지붕의 물매가 높은 대저택과 비슷했다. 입구 쪽에 물매가 높은 지붕이 하나 더 있었는데 본관을 지은 지 오랜 후에 덧댄 것이었다. 바깥의 야트막한 담장 위로는 검은색 쇠 난간을 둘렀고 대문까지 20여 미터의 통로가 나 있었다.

참석자의 수는 집계되지 않았으나 톰슨은 '60-80명'으로 추산했다. 여러 상황을 감안해 볼 때 그 정도면 제법 많이 온 거였다. 우선 리델을 광고할 시간이 많지 않아 톰슨은 입소문에 의존했다. 시간도 금요일 밤이었는데 아마데일의 모든 노동자가 갈색 봉투에 임금을 받는 때가 그날 오후였다. 그 돈으로 술이나 진탕 마시고 싶은 유혹이 그들을 반대편으로 잡아 끌었다. 에릭의 강연 내용을 그대로 받아 적은 사람도 없었다. 톰슨은 에릭이 "신앙이 자신에게 어떤 의미가 있으며 신앙과 육상을 어떻게 조화시키고 있는지에 대해서 말했다"라고만 기억했다.

이렇게 시작되어 리델은 하나님을 위한 대중 강사가 되었다.

어떤 일이 아직 진행 중일 때는 때로 그 일의 의미를 파악하기 어려울 수 있다. 대개는 다 끝난 뒤에야 이해하게 된다. 그러나 톰슨은 집회 후에 리델과 나란히 앉아 그가 회중들과 차를 마시며 편하게 대화하는 것을 들으면서 그 순간의 위력을 즉시 깨달았다. 이후의 여파에 대한 그의 평가도 정확했다. 리델이 헌신된 그리스도인이라는 것을 아직 모르는 사람들도 있었다. 톰슨은 아마데일의 강연 이전까지만 해도 그가 "숨겨진 제자였다"라고 설명한 뒤 이렇게 덧붙였다. "무엇보다 중요한 것은 아마데일에서 벌어진 일이 아니라 이튿날 아침에 스코틀랜드의 모든 신문에 그 뉴스가 실렸다는 사실이다. 그 뒤로는 돌이킬 수 없었고 어디든 그가 강연한다는 광고만 나오면 청중이 몰려들었다."

공회당 안의 벽에 "그들의 일이 번창하리라"라는 그 마을의 구호가 라틴어로 적혀 있었다. 리델의 일도 거기서부터 번창했으니 그에게도 잘 맞는 문장이었다. 톰슨은 "죽을 때에야 끝날 수 있는 헌신적 봉사의 삶이 아마데일에서 시작되었다"라고 말했다.

리델은 조지 스퀘어에서 톰슨을 잠깐 대면한 일이 자신에게 "전환점이 되었다"라고 말하곤 했다. 아마데일의 돌 같이 완고한 노동자들을 위해 강연을 준비하고 실제로 전한 것이야말로 그가 생각하기에 그때까지 자신이 했던 '가장 용감한 일'이었다. 그 이후로 리델과 톰슨은 불가분의 관계로 거의 형제처럼 가까워졌다. 톰슨은 그 우정이 "내게 천군만마와 같았다"라고 말했다.

아마데일 이전에는 리델도 톰슨도 각자에게 서로가 얼마나 필요한지 몰랐다. 그러나 그 후로는 둘 다―특히 리델이―자신들을 맺어 준 게 이 땅의 우연이 아니라고 믿었다. 톰슨의 초청을 수락한 다음 날 아침에 리델은 톈진에 살고 있던 여동생 제니의 편지를 뜯었는데 글 속에 이사야 41:10 말씀이 들어 있었다. "두려워하지 말라, 내가 너와 함께함이라. 놀라지 말라, 나는 네 하나님이 됨이라." 중국에서 영국으로 편지를 부치는 사람은 그게 언제 도착할지 아무도 알 길이 없었다. 우편물이 수취인의 손에 들어가기까지 한 달이나 그 이상도 걸릴 수 있었다. 인용된 구절을 읽고 또 읽으면서 리델은 이 편지가 거친 땅과 더 거친 바다를 건너 지금 도착한 것이 결코 우연이 아니라는 확신이 들었다. 리델에게 이 타이밍은 하나님의 감화가 자신의 길을 인도하고 있다는 또 다른 증거였다. 그는 하나님이 자신에게 말씀하셨다고 믿었고 그것을 이렇게 묘사했다. "나는 기독교 가정에서 자라면서 성경의 이야기들을 자주 들어 익숙해졌다. 언젠가부터 그리스도의 음성을 더 직접 듣게 되었고 그것이 내 인생에 영향을 미치리라는 것을 점차 깨달았다."

리델이 약간 부끄럽게 인정했듯이 아마데일 이전까지는 그의 "삶 전체가 공적인 직무와는 거리가 멀었다." 그런데 거기서 강연하는 도중에 그는 자신이 "귀한 일로 부름받고 있음"을 느꼈다.

그 일은 바로 설교자와 멘토가 되는 것이었다. 리델은 자신이 둘 중 어느 쪽에도 "전혀 자격이 없다"라고 고백했지만 그래도 이런 생각에서 그 일을 밀고 나갔다. "그분이 나를 이 일로 부르셨다면 반드시 필요한 능력도 주실 것이다."

톰슨의 경우는 하나님의 감화에 영향을 받은 시기가 그보다 훨씬 일렀다.

D. P. 톰슨은 던디의 유복한 집안에서 태어나 요리사, 청소부, 간병인, 유모 등 많은 하인들 틈에서 자랐다.

그의 아버지는 유명한 변호사이자 국내 선교 연합의 회계였다. 마을 내 최고에 속하던 그의 집에 수시로 선교사들과 전도자들이 묵으며 응접실에서 일요 예배를 드렸는데, 거기서 톰슨은 10대 초반부터 성경을 낭독하고 말씀을 전했다. 청소년 때 벌써 그는 얼굴이 길쭉하고 귀가 튀어나왔으며, 검은 머리를 높이 세운 데다 찰리 채플린 Charles Chaplin이 이미 대중화시켰고 히틀러가 결국 악명 높게 만든 칫솔 같은 콧수염까지 길렀다.

전쟁이 크리스마스 때까지는 끝난다는 선전용 약속을 애써 믿으며 제1차 세계대전에 끌려간 세대 중 톰슨처럼 1896년 상반기에 태어난 사람들은 미처 성인 생활을 경험할 겨를도 없이 죽음에 먼저 눈떴다. 톰슨도 불과 열여덟 살에 황마黃麻 공장의 말단 사원이던 도제 생활을 그만두고 시포스 하이랜더 제 4부대에 사병으로 입대했다. 그러다 곧 육군 병참 부대에서 장교 훈련을 받게 된 덕분에 프랑스 최전방을 면했다. 가장 멀리까지 간 게 르아브르였고 그곳의 야전 빵 공장에서 편한 보직을 맡았다. 다른 병사들의 서신을 검열하는 게 가장 힘든 일이었다. 나중에 그리스의 살로니카로 전속된 톰슨은 이질에 걸린 데다 심장이 팽창하고 위장병까지 생겨 1917년 가을에 의가사 제대했다. 심장을 검사한 의료진은 그에게 가장 암담한 예후를 내놓았다. 6개월 내로 죽거나 반쯤 불구의 상태로 단명하리라는 것이었다.

전쟁은 목숨을 앗아가지 않은 사람들의 삶까지도 변화시켰다. 그 뒤로 톰슨은 다른 모든 생존자와 똑같이 자신에게 이렇게 물었다. 나는 어쩌다—왜—그 오물과 살육을 뚫고 나와 여태 숨 쉬고 있는가? 그의 형 제임스는 1916년에 솜 전투에서 전사했다. 사촌도 다섯 명이나 죽었다. 약골인 자신만 전쟁의 피해자가 되어 집으로 돌아왔다는 게 비참한 아이러니였다. 형의 죽음을 생각할 때마다 죄책감이 들었다. 그는 "살아갈 시간과 일할 기회가 형에게는 거부되고 나에게만 주어졌다"라고 말했다. 톰슨은 자신이 '목숨을 건진' 게 전도자가 되기 위해서라고 결론을 내렸다. 글래스고 성경 훈련원에 재학 중이던 그는 활동적인 설교자이자 패기 있고 정열적인 기획자로서 불가능이 없다는 자세로 끊임없이 신앙 집회를 주도했다. 책을 읽을 때 외에는 일을 쉬지 않는 독서 애호가이기도 했다. 친구들은 그의 이니셜의 참뜻이 "역동적 성격 Dynamic Personality"이라고 말했다.

에릭 리델에게 비친 톰슨의 모습도 그랬다. 그 속에 회의와 불안한 정서가 숨어 있었지만 다른 모든 사람처럼 리델도 자신 있게 접근해 오는 이 새 친구에게 속았다.

리델은 톰슨이 심한 우울증과 싸우고 있음을 알 턱이 없었다. 개인적으로 신앙과 신념의 심각한 위기가 여러 다른 이유로 톰슨을 삼켰다. 우선 그는 근래에 여자와의 관계가 두 번이나 깨어져 외로웠다. 1917년에 앓았던 병의 무서운 후유증으로 몸도 아팠다. 게다가 그의 아버지는 가업이 파산 직전이며 사업체의 유질 처분이 임박했음을 사전 경고도 없이 발표했다. 톰슨은 자신의 공부와 설교를 병합하여 작은 활자체의 책을 내는 인쇄소를 차리려던 참이었다. 그런데 아버지와 자신의 재정 위기에 답이 보이지 않았다. 이 모두를 가까스로 헤쳐 나가는 동안 그는 암울했다. 무엇이 또 잘못될지 불안했고 자신의 사역 훈련이 가치 있는 일인지 의문이 들었다. 삐딱한 자기혐오의 기미도 톰슨 안에 도사리고 있는 듯 보였다. 그는 책을 수집했을 뿐 아니라 일기를 쓰는 강박도 굳어져서 자신의 생각을 읽기 힘든 난해한 필체로 지면에 옮겼다. 최악의 우울증이 지나간 뒤의 어느 날, 그는 한없이 비통한 생각과 스스로 보기에 표리부동인 자신의 모습을 일기장에 털어놓았다. '지독한 위선자'인 자신을 질책한 것인데 자책은 이렇게 이어진다. "지난 몇 달 동안 내 삶은 새빨간 거짓이었다. 마음속에 기도가 메말랐고⋯ 해충이 내 마음을 갉아먹고 있었다. ⋯ 교만이 완전히 극에 달했고⋯ 부정함이 활개를 쳤다."

1920년대 초반과 중반에 두 가지 요인이 그를 이 수렁에서 끌어냈다. 첫 번째 요인은 『삶을 변화시키는 사람들 Life Changers』이라는 책이었다. 저자는 남극 탐험가 어니스트 섀클턴 Ernest Shackleton의 대필 작가로 가장 잘 알려진 해럴드 베그비 Harold Begbie 로서, 훗날 옥스퍼드 그룹으로 알려진 모임을 창시한 미국인 프랭크 부크먼 Frank Buchman의 가르침을 탐색한 책이었다. 루터교 전도자인 부크먼은 "제정신을 잃은 세상에서 제정신인 사람은 하나님의 통치를 받는 이들뿐이다"라고 말했다. 톰슨을 재활시킨 두 번째 요인은 바로 리델이었다. 톰슨의 전기 작가인 프랭크 바지트 Frank Bardgett가 예리하게 지적했듯이 "리델이 톰슨을 살려 내 교회의 안수받은 사역자가 되게 했다고⋯ 말해도 과언은 아니다."

리델의 쾌활함은 이 새로운 멘토에게 감화를 끼쳤을 뿐 아니라 스스로 나약하게 여기던 그의 무력감도 덜어 주었다. 교회에서 자신의 목적이 새로워지자 톰슨은 무대 위를 성큼성큼 오가곤 했다. 그의 저음의 목소리는 따로 인위적인 증폭 장치가 없어도 연단에서 저만치 떨어진 길가에까지 들렸다. 한편 리델은 참신하고 대담한 면이 있어 굳이 목소리가 낭랑하거나 극적일 필요가 없었다. 톰슨은 예배 후에 교인들을 만나 인사하는 리델을 보며 대화의 공통분모를 찾아내는 그의 재주에 감탄했다. 덕분에 리델과 교인들은 낯선 사람들의 만남에 으레 따라붙는 어색함 없이 금세 마음이 통했다.

비판과 분개는 선동적인 강사들의 단골 메뉴였다. 그들은 격분이 북받치는 척하다가 가장 혹독한 저주의 경고로 치달았다. 그러나 이런 식의 연극은 각본이 너무 뻔해서 금방 김이 빠졌다. 리델은 다른 각도에서 이 일에 접근했다. 그의 말을 듣는 회중은 누구나 그가 자신에게 직접 말하고 있다고 믿게 되었다. 아마데일에서도 톰슨은 확신에 차 있는 리델을 보며 그에게 강사로서 보기 드문 자질이 있다고 확신했고, 이는 리델과 톰슨이 매주 집회를 시작하면서 사실로 확인되었다. 그들은 교회에 다니지 않는 육체노동자계급을 회심으로 이끌고자 스코틀랜드 중심부를 순회했다.

많은 신문의 1면은 여전히 뉴스보다 수지맞는 광고에 할애되었는데, 톰슨은 제목 바로 밑의 1단 광고란을 확보하여 리델을 최대한 널리 홍보했다. 광고 문구는 "위대한 에릭 리델"이었다. 스코틀랜드에 살기 전까지 리델의 말투에는 현지 사투리가 전혀 없었다. 엘섬 칼리지에 다닐 때는 말소리가 중산층 잉글랜드인 같았다. 그런데 이제는 그의 말씨에 스코틀랜드 억양이 살짝 배어들었다고 다들 한마디씩 했다. 그는 또 구어적인 어휘도 많이 썼다. 리델은 느긋한 전달, 명확한 어법, 확고한 신념, 평등주의 등으로 알려졌다. 그의 '조용한 진지함'을 알아차린 어떤 사람의 평에 따르면 리델의 말은 "때로 거의 속삭임에 불과"했으나 그래도 "또렷하게 들렸다." 그는 진실성 때문에 블루칼라 청중들의 사랑을 받았다. 어떤 연사들은 제발 박수 좀 쳐 달라는 듯 문장마다 요란하게 시작하지만 리델은 그렇지 않았다. 청중에게 말할 때 그는 힘 있는 척하거나 교만하게 잘난 척하지 않았다. 자기를 보러 온 사람들 앞에서 마치 좋은 옷을 쫙 빼입은 멋쟁이처럼 우쭐대며 활보하지도 않았다. 자기가 그들보다 낫다는 인상을 풍긴 적도 없다. 그는 발끝으로 서서 요점을 말하곤 했으며 그의 접근은 온유한 설득력이 있었다.

어느 기자가 『스코틀랜드인 The Scotsman』에―리델이 스코틀랜드인의 범주에 들지 않음을 명백히 하면서―썼듯이, "그리스도인을 나약하거나 학자연하는 자로 생각하는 사람들이 많이 있다." 리델도 나약하면서 학자연하는 이들을 알고 있었다. 그런 태도가 장래의 예배자들에게 방해가 된다고 믿었기에 그는 그들을 멀리했다. 리델은 "종교적이고 설교를 일삼는 사람들이 싫다"라면서 "많은 이들이 각자의 교회에서 그런 사람을 알고 있을 것"이라 보았다. 그의 말은 이렇게 이어진다. "다음과 같은 말을 듣기에 딱 맞는 사람들이 많이 있다. '그게 그리스도인의 전형적 모습이라면 나는 그리스도인이 아니라서 천만다행이다.'"

리델의 진수를 보여준 설교가 하나 있다. 그는 '진실하다 sincere'라는 단어가 '밀랍이 없다'라는 뜻의 라틴어 *sine ceres*에서 파생되었다고 어원을 설명했다. 이어 "고대 로마의 일부 조각가들은 조각상의 흠을 밀랍으로 가렸습니다"라면서 끝이 미끄러져 생긴 결함을 서둘러 덮으려던 공장工匠의 모습을 환기시켰다. "당장은 흠이 아무에게도 보이지 않지만 밀랍이 뜨거운 햇볕에 녹거나 비바람에 떨어져 나가면 그것으로 끝입니다." 리델은 조각가가 속임수를 써서 온전하지 못한 작품을 온전해 보이게 만들었다고 말했다. "바로 그것이 참으로 진실하지 못한 모습입니다." 청중이 기다리고 기대하던 결정적인 핵심을 그는 잠시 쉬었다가 이렇게 내놓았다. "자기 신앙의 흠과 결함을 보고서도 이를 무시하거나 은폐하려 한다면 우리도 참으로 진실하지 못한 것입니다. 우리의 신앙을 온전한 작품으로 만들고자 힘써야 합니다. 그래야 자신과 하나님 앞에 진실해집니다."

리델은 '온전하다'라는 단어를 입버릇처럼 자주 말했다.

그가 말한 "온전한 인간상"은 인내, 친절, 너그러움, 겸손, 예의, 이타심, 착함, 온유함, 진실성 등 아홉 가지 자질로 이루어졌다. 이 목록에 빠져서는 안 될 것이 진실성이었다. 그는 그것을 "믿음, 상호 신뢰, 협력 등의 기초"라 표현했다. 또한 진실성이 없으면 다른 여덟 가지 자질도 무효해져 거의 가치를 잃는다고 보았다.

표리부동을 질색하며 온전함을 추구하는 일이 리델에게 가장 중요해졌다. 그래서 그는 평범한 어휘와 짧막한 문장의 위력을 좋아했다. 그에게는 말의 내용 못지않게 말하는 방식도 중요했다. 그가 전하는 메시지는 복잡하지 않았고 설교를 준비하는 방식도 늘 한결같았다. 내용을 구상하는 데는 몇 시간씩 들였지만 고정된 원고를 작성하지는 않았다. 격식을 차린 설교를 수없이 많이 들어 본 리델은 원고에 매인 강연이 청중과 독자 모두에게 쓸데없이 지루할 수 있음을 알았다. 그래서 그는 검은색 잉크로 요점만 적어 놓고 즉흥적으로 말하는 방법을 선호했다. 말하는 도중에 새로운 생각이 섬광처럼 번뜩 떠오르면 그것을 자연스럽게 본문에 통합하되 전체 흐름에 어긋나지 않게 했다. 그는 웃옷의 위 주머니에 늘 만년필과 샤프 연필을 듬뿍 넣고 다녔다. 그의 글씨는 작고 빽빽했으며, 워낙 빨리 쓰는 통에 단어와 단어가 잘 구분되지 않을 정도였다. 글자마다 세로획의 위아래 끝이 약간씩 구부러져 대문자 I는 소문자 g를 뒤집어 놓은 것 같았다. 그렇게 적은 쪽지를 그는 대각선으로 접어 성경책 속에 끼우곤 했다. 지금 그것이 우리 손에 있다 해도 다 이해할 수 있는 것은 아니다. 대표적인 예로 "믿음"이라 표기된 쪽지에서 그의 생각의 흐름을 볼 수 있다. 날짜는 미상이며 내용은 다음과 같다.

> 21세의 청년. 창백한 얼굴. 장신에 유연한 몸. 진지하다.
> 혼자서 걷는다, 벼랑 끝을.
> 내성적이고 짜증이 나 있다.
> 삶의 가장 위대한 발견의 문턱에 와 있다.

이 내용은 리델 자신에 대한 묘사일 수도 있다. 그는 일상의 사건, 자신의 경험, 주변에서 본 일, 신문 기사, 우연히 들은 대화, 거리에서 목격한 장면 등의 사이사이에 설교를 짜 넣기를 좋아했다. 처음부터 성경을 인용하는 것보다는 그것이 언제나 사람들의 삶에 더 잘 통한다고 믿었다. 현대판 비유를 엮어 낸 셈인데 비유의 교훈은 늘 요점을 떠나지 않았다. 아무리 우회로로 왔어도 리델은 결국 성경 본문을 통해 핵심에 도달했다.

노련한 강사가 된 후에도 리델은 자신에게 청중을 사로잡을 만한 자질이 없다면서 자신을 물 밖의 물고기에 견주었다. "물고기를 잡아 뜨거운 모래밭에 매정하게 던진 뒤 숨을 쉬라고 한다면 이는 불가능한 일을 요구하는 것이다. 운동선수를 제자리에서 데려다가 얇은 옷과 맑은 공기 대신 칼라가 목을 조이는 뻣뻣한 셔츠를 주고 거기다 강연까지 하라고 한다면 이는 소위 자연의 법칙을 어기라는 요구와 같다. 그는 강연할 수 없으며 그저 숨이 막힐 뿐이다."

그는 해맑게 수줍음을 탔다. 그러나 아마데일에서 강연을 시작한 이후로 두 달도 못 되어 군중에 대한 두려움이 사라지면서 이제는 숨이 막히는 게 아니라 오히려 말이 거침없이 술술 나왔다. 톰슨은 리델의 강연이 "이전보다 나아졌다"라고 말했다. 여름이 가면서 톰슨은 리델의 변화를 알아차리고 그의 '성큼성큼 걷는 큰 걸음'에 대해 자신의 일기장에 이렇게 평했다. "6개월 전의 그와는 전혀 딴판이다. 우리는 한없이 행복하게 함께 지내고 있다. 이보다 성품이 좋은 사람은 여태 겪어 보지 못했다. … 우리의 우정에 아무런 걸림돌이나 그림자도 없으며 이는 거의 전적으로 리델 덕분이다. 그는 속속들이 진국이다." 리델은 그에게 편지까지 썼는데 톰슨은 거기서 '큰 격려'를 얻었다. 편지에 리델은 강연을 부탁받은 뒤로 자신이 "딴 사람"이 되었노라고 썼다. 또 덕분에 자신의 삶 속에 "새로운 기쁨이 임했다"라고 설명했다. 그에게 아마데일은 이전의 텅 빈 벽에 갑자기 생겨난 문이었으며, 톰슨의 제의를 수락함으로써 그는 그 문 안으로 들어섰다. 훨씬 훗날 그는 그때에 대해 구체적으로 이렇게 말했다. "내가 천국의 능동적인 일원이라는 의식이 그 뒤로 아주 절절해졌다. 하나님의 은혜, 죄의 인식, 성경의 경이로움 등을 수시로 새롭게 경험했으며 이 모든 참신한 경험을 통해 우리 주님을 보는 눈도 새로워졌다."

그때는 파리 올림픽대회가 불과 14개월 정도밖에 남지 않았을 때였는데, 올림픽에 대한 리델의 단호한 반응은 설교자로서 마을과 소도시와 나중에 대도시까지 순회한 경험에서 비롯되었다.

잉글랜드인들은 스코틀랜드인이 뭔가를 잘하면 영국인이라 부르며 승리에 편승하는 경향이 있지만 스코틀랜드인이 못하면 대개 그냥 스코틀랜드인이라 부른다. 1923년의 육상 시즌이 시작될 때 리델도 접경 이남에서는 스코틀랜드인으로 통했다.

물론 그는 스코틀랜드 AAA 선수권을 그때까지 여섯 경기에서 획득했고 이후로도 세 번 더 우승했다. 또 벨파스트에서 열린 3개국 국제 대회에 출전해 100야드 종목에서 우승도 했다. 그러나 그의 기록은 신문 기자들의 칭송이나 올림픽 선수 선발 위원들의 희열을 자아내지 못했다. 모든 관련자들이 보기에 그는 웨스트 킬브라이드, 솔트코츠, 그리녹 등 지도에서 찾아야 하는 작은 곳들의 작은 행사에서 달린 것에 불과했다. 그가 출전한 다른 대회들도 글래스고와 에든버러의 미식축구 클럽들이나 스코틀랜드의 대학들 간의 행사였다. 게다가 그에게 맞선 경쟁 상대들도 약체로 인식되었다. 크레이그로크하트나 파우더 홀에서 벌어진 일을 런던에서는 거의 알아주지 않았다. 리델도 비판자들의 말에 수긍하며 자신의 경기 기록이 "일류급이 아니며" 나중에 다른 데서 마주칠 "강적들을 상대해 본 적이 없다"라고 말했다.

벨파스트에 가느라 아일랜드해를 건넜던 그때를 제외하고는 리델은 스코틀랜드 이외의 어디에서도 달린 적이 없었다. 올림픽 선수 선발 위원들은 그를 장래의 챔피언으로 보지 않았고 리델도 이를 알았다. 그는 7월에 스탬포드 브리지에서 열릴 영국 AAA 선수권전에 자신을 내보내는 것을 AAA가 '5파운드의 낭비'로 여긴다고 생각했다. 그는 "지난주의 경기에서 내가 죽을 쑤었기 때문에 스포츠 기자들은 당연히 내 런던행의 결과를 비관했다"라고 말했다. 리델은 인원수만 채웠다가 곧바로 기차를 타고 돌아올 또 하나의 스코틀랜드 운동선수로 취급되었다.

당시에 100야드 종목의 영국 신기록은 9.8초였다. 5월에 리델이 크레이그로크하트에서 세운 기록은 10.6초에 불과했다. 6월에는 나아져 10.1초로 스코틀랜드 신기록을 세웠고 그 후에 스코틀랜드 AAA 선수권전에서 10.4초로 우승했다. 어떤 사람들은 일관성이 없다고 혹평했다. 그 평가에는 리델이 위의 첫 두 경기 사이에 햄든 파크에서 핸디캡을 적용받았을 때의 기록은 빠져 있었다. 핸디캡 때문에 2위로 들어왔으나 기록은 10초 플랫이었다.

리델은 스코틀랜드 AAA 선수권전의 기록이 '잉글랜드보다 훨씬 느린' 이유에 대해 자주 질문을 받았다. 그는 종잡을 수 없는 여름철의 비와 한기 그리고 겨울철의 서리와 눈이 그 원인이라고 확신했다. "아무래도 내가 보기에는 다분히 그것 때문이다. 날씨가 추운 이곳 북부에서는 훈련이 결코 재미있는 일이 아니다." 이어 그는 11월부터 2월 말까지의 혹한기에는 운동선수들이 옥외에서 몸만 풀려 해도 얼음을 깨고 눈을 치워야 한다고 덧붙였다. 아울러 리델은 자신의 홈 트랙인 파우더 홀이 "본래 기록이 느리게 나오는 곳"이라서 경기 결과에 악영향을 미친다고 보았다.

스탬포드 브리지로 가는 길에 리델은 다른 무엇보다도 이 한 가지를 인식했다. 이번 선수권전이야말로 "진짜"라면서 그는 "거기서 상대할 선수들의 실력에 추호도 의심이 없기 때문"이라고 말했다.

「불의 전차」에는 해럴드 에이브러햄스가 리델의 결투 상태로 그려진다. 마치 『로미오와 줄리엣 Romeo and Juliet』의 두 집안처럼 그들도 풀 수 없는 원한에 사무쳐 있다는 듯이 말이다. 그 뿌리는 라이벌에게 져서는 안 된다는 에이브러햄스의 지독한 두려움에 있었다. 영화 속의 에이브러햄스는 에든버러까지 가서 리델을 정탐한다. 정장에 맥고모자 차림의 그는 목조 관중석에 조심스레 앉는다. 에릭은 교외의 시든 풀밭 같은 잔디 트랙에서 달려 압도적 승리를 거둔다. 리델의 주력에 대한 에이브러햄스의 반응을 보면 마치 총에 맞고도 그 사실이 뇌에서 몸으로 얼른 전달되지 않는 사람 같다. 그는 눈이 휘둥그레지며 이를 악문다. 행주를 짜듯이 행사 유인물을 손에 움켜쥐어 구겨 버린다. 그러면서 "달리는 게 꼭 들짐승 같다. 내 기운이 쭉 빠진다"라고 말한다.

실제로 그는 스탬포드 브리지 이전에는 에릭이 달리는 모습을 본 적이 없다.

스물세 살의 에이브러햄스는 호리호리하고 머리칼이 검은 편이며 이마의 머리 선이 면도날처럼 곧았다. 유대인인 그는 렙턴 공립학교를 졸업하고 케임브리지 대학교를 다니면서 무서운 반유대주의에 거듭 부딪쳤다. 그에 따르면 렙턴의 한 기숙사는 종교 때문에 그의 입주를 거부하기도 했다. 교활하고 엉큼한 차별도 있었다. 예컨대 툭 내뱉는 말이나 사교적 냉대를 마치 편견 때문이 아니라 부주의나 실수 때문인 양 위장하는 경우였다. 에이브러햄스는 렙턴에서 반장이었는데도 조회 시간에 성경을 낭독하는 게 허용되지 않았다. 그의 신앙이 예수를 하나님의 아들로 인정하지 않았으므로 "우리 주 예수 그리스도의 이름으로, 아멘"이라는 부분을 말하기에 부적합하다고 여겨졌던 것이다. 에이브러햄스는 대신 "당신들의 주 예수 그리스도의 이름으로, 아멘"이라고 읽겠다며 교장에게 타협안을 제시했으나 교장은 거부했다. 이런 비열한 공격은 두고두고 상처로 남았다. 에이브러햄스는 자신의 적대적 성향이 이 때문이라고 고백했다. 이런 무시를 겪으면서 그는 '뭔가 남들을 이겨 자신을 입증해 보일 수 있는 일' 쪽으로 떠밀렸는데 그것이 바로 육상이었다.

　에든버러 대학교의 교지 『더 스튜던트 The Student』에 따르면 "누구나 에릭을 좋아했다." 에이브러햄스는 케임브리지 대학교에서 한 번도 그런 말을 듣지 못했다. 그는 자신의 성과에 대해 겸손하기가 불가능했다. 『전국 전기 사전 Dictionary of National Biography』의 그에 관한 항목에 그것이 짧게 설명되어 있다. "대학교에서 인기를 얻는 길이 동기생들에게 열등감을 심어 주지 않는 데 있다면 에이브러햄스는 인기를 얻을 가망이 거의 없었다."

　알렉 넬슨이 육상 지도를 맡고 있던 케임브리지 대학교는 전후戰後에 다수의 정상급 건각들을 배출했다. 에이브러햄스 외에도 중거리 주자인 스물두 살의 헨리 스톨러드 Henry Stallard, 스물한 살의 더글러스 로 Douglas Lowe, 새파랗게 젊은 나이인 1919년에 440야드 종목에서 AAA 선수권을 획득한 스물네 살의 가이 버틀러 Guy Butler 등이 있었다. 버틀러는 약간 주의가 산만하기로 유명했다. 한 일화―물론 출처가 의심스럽다―에 따르면 출발을 신호하는 사람이 그에게 경주할 준비가 되었느냐고 물었다. 그는 "물론입니다. 그런데 왜 물으시지요?"라고 되받았다. 상대는 그를 의아스럽게 보며 "신발 끈이 풀어져 있으니까"라고 말했다. 또 한번은 안경을 웃옷 주머니에 둔 채 그냥 트랙에 나갔다고 한다. 그가 다시 가서 안경을 가져올 때까지 경기가 지연되었다.

　이 선수들도 다 에이브러햄스처럼 파리에 갈 게 확실시되었다. 그러나 성품이 달랐다. 스톨러드와 로와 버틀러는 파티를 좋아하고 사교적이며 인기가 좋았던 반면 에이브러햄스는 대인 관계에 마찰이 심했다. 『더 타임스 The Times』지에서 그에게 "케임브리지의 스포츠"라는

고개를 쳐들고 가슴을 내민 에릭 리델은
1923년 스탬포드 브리지에서 열린 영국 AAA 선수권전의 220야드 종목에서 우승했다.

제목으로 익명의 원고를 부탁했을 때 그는 신사답지 못하게 자화자찬의 과오를 범했다. 기사에 "H. M. 에이브러햄스는 100야드 종목에서 바람을 거스르며 10.2초로 거뜬히 우승했고, 그가 멀리뛰기에서 우승한 것도 훌륭한 성과였다"라고 썼던 것이다. 나중에 케임브리지 대학교의 정예 운동선수 연합인 호크스 클럽에서 그의 입회 자격을 논의할 때 그것이 불리하게 작용하여 그는 퇴짜를 맞았다.

올림픽 100미터 종목에서 금메달을 따려는 에이브러햄스의 집념은 편집증에 가까웠으며 그는 리델을 포함하여 영국의 어느 누구도 자신의 상대가 못 된다고 믿었다. 영국 AAA 선수권전의 220야드 종목에서 리델이 달리는 모습을 보고서야 그의 생각은 바뀌었다. 그때 본 광경을 그는 나중에 이렇게 묘사했다. "에너지가 그렇게 엉뚱한 데로 분산될 줄은 가히 상상을 못했다. … 그는 이기려는 의욕만 넘쳤을 뿐 주자로서의 동작은 완전히 엉망이었다." 그는 리델을 "인간 거미"라 불렀는데 "매사에 저래서는 안 될 것들의 완벽한 모델"이라며 경멸 조로 붙인 별명이었다. 그럼에도 리델이 예선에서 22.4초로 선두를 끊자, 에이브러햄스는 깊은 고민에 빠졌다. 영국의 단거리 경주에 관한 한 여태까지 그는 이 바닥의 불량배였는데 이제 자신이 거꾸로 괴롭힘을 당할까 봐 움츠러들었던 것이다. 준결승에서도 리델은 21.6초의 기록으로 에이브러햄스의 사기를 꺾어 놓았다. 테이프를 끊을 때 에이브러햄스는 4야드나 뒤처져 있었다. 그는 "뒤에서 보고 나서야 그의 위력을 십분 실감했다"라고 말했다. 그래도 그는 아직 리델과 다시 맞붙을 가망성이 남아 있었다. 결승 진출권을 놓고 다른 최고 기록의 패자敗者와 대결할 자격을 22초라는 기록으로 얻어 냈기 때문이었다. 그러나 그는 그만두었다. 다시 리델에게 창피당하고 싶지 않아 핑계를 대고 경기에서 빠졌다. 이튿날 아침에는 "기관지가 아프다"라며 100야드 종목도 기권했다. 희한하게도 그 병은 자신이 패배할 것 같다 싶을 때마다 다시 도졌다. 그게 신경성이라는 사실은 같은 날 바로 확인되었다. 그가 거짓말처럼 병상에서 일어나 멀리뛰기에서 우승했던 것이다. 도약할 때 측면에서 찍힌 사진을 보면 지구상에서 가장 건강한 사람처럼 보인다.

    에이브러햄스는 으레 이스턴 시럽을 한 찻숟가락씩 꿀꺽 삼켰다. 광고에서 떠드는 대로라면 그것은 무해한 일반 각성제였으나 그렇다고 현대의 포도당 음료에 해당하는 것은 아니었다. 이스턴 시럽은 유해하고 맛이 고약한 조제 음료로 소량의 스트리크닌(오늘날의 올림픽에서는 금지된 약물)이 함유되어 있었으며 자칫 식도와 위벽을 깎아 낼 수 있었다. 그런데 에이브러햄스는 활력을 돋우려고 경기 직전에 그것을 먹었다. 그것으로 100야드 종목에서 리델을 상대하지 않기 다행이었다. 리델의 근처에라도 가려면 시럽을 잔뜩 마셨어야 했을 테니 말이다. 세 명의 시간 기록원이 찍은 리델의 기록은 각각 9.67초, 9.65초, 9.65초였는데 결국 9.7초로 공식 조정되었다. 영국 신기록이었다. 이어 그는 220야드 결승전에서도 21.6초로 우승했는데 이는 24시간 이내에 여섯 번째로 달린 단거리였다.

늘 그렇듯이 리델은 성공하고 나서도 태도를 삼갔다. 마치 날씨 때문에 힘들지 않았던 것처럼 말했다. 스탬포드 브리지를 후끈 달군 열기 덕분에 톰 맥커처는 굳이 마사지로 리델의 다리 근육을 풀어 줄 필요가 없었다. 리델은 월등한 실력을 자신의 공로로 돌리기 싫다는 듯 "푹푹 찌는 더운 날이라… 단거리를 달리기에 안성맞춤이었다"라고 말했다.

영국 AAA 선수권전은 리델과 에이브러햄스 둘 다에게 교훈을 남겼다. 에이브러햄스는 자신의 결함을 배웠다. 파리에서 경쟁력을 갖추려면 출발이든 주법이든 골인이든 어디선가 1야드를 더 단축시켜야 했다. 리델은 자신도 충분히 올림픽에 나가 경쟁할 수 있음을 배웠다. 이번에 딴 메달들에 대하여 그는 "나 자신도 놀랐다"라고 말했다. 이를 계기로 그는 맥커처가 늘 예견했던 꼭 필요한 결정으로 결국 떠밀렸다. 자신의 겨울 스포츠인 럭비 동맹을 희생해야 했던 것이다.

1921년 말에 스코틀랜드는 에든버러 대학교의 럭비 팀으로 여러 번 출전했던 그를 예선경기에 윙으로 선발한 뒤 프랑스에서 열린 국제 대회에 내보냈다. 그의 자리가 확보된 것은 빠른 주력 덕분이었다. 리델은 발 못지않게 손도 빠른 데다 끈덕진 수비수로 알려졌다. 어떤 기자는 "그가 숨 막히게 태클해 오면 상대는 숨을 쉴 수 없었다"라고 말했다.

마치 올림픽의 사전 답사인 양 리델이 콜롬베 스타디움에서 데뷔전을 치른 것은 순전히 우연이었다. 프랑스와 스코틀랜드는 3만 7000명의 관중 앞에서 3 대 3으로 비겼다. 나중에 동료 선수들이 파리의 쇼를 보러 간 사이에 리델은 개선문의 꼭대기에 올라갔다. 그 후로 2년 동안 그는 여섯 경기에 더 출장했는데 그중 한번은 스코틀랜드가 웨일스의 카디프암즈 파크에서 1890년 이래 최초로—11 대 8로—이기기도 했다. 리델 외에 엘섬 칼리지 졸업생이 하나 더 있었다. 1915년에 전공戰功 십자 훈장을 받았고 럭비의 "스리쿼터 라인의 생생한 활력"으로 불리던 A. L. 그레이시^{Gracie}는 동창생 리델의 빈틈없는 파트너가 되어 주었다. 웨일스의 응원자들까지도 경기장 밖에서 그들 둘을 어깨 위로 들어 올렸을 정도다.

그러나 럭비는 몸이 무방비 상태에 놓이는 위험한 운동이었다. 맥커처는 경기 중에 벌어질 수 있는 사태를 생각할 때마다 걱정이 되었다. 몸싸움이나 드잡이에 휘말린다든지 무리한 공격을 받아 잘못 넘어지기라도 하면 리델의 다리가 부러지거나 십자 인대가 찢어질 수도 있었다. 그러면 그의 육상 인생은 과거 시제로만 회자될 것이었다. 리델은 자신에게 "럭비가 복이자 작은 화이기도 했다"라고 말했다. 럭비를 하지 않으면 육상 쪽으로 힘을 기를 수 있지만 럭비를 하면 체력이 증강됨을 알았다. 결국 리델은 복보다 화가 크다고 결론짓고 코치의 말에 따랐다. "아무리 럭비를 사랑해도 나에게 가장 매력 있는 것은 육상"이라고 설명했다.

D. P. 톰슨이 지적했듯이 에릭 리델이 전도 사역에 동참하자 일각에서 그의 육상이 퇴보할 수밖에 없다는 말이 나왔다. 설교 때문에 몸이 더 힘들어질 거라며 많은 이들이 우려를 보였다. 그러나 톰슨은 "사실은 정반대의 효과를 냈다"라고 강조했다. 그의 표현으로 "영적 해방" 덕분에 리델이 "더 행복한 사람이 되었고 몸 상태도 더 좋아졌다"라는 것이었다.

리델의 실력이 새로운 절정에 이르고 있음은 딱히 멋없는 장소인 스토크에서 유감없이 확인되었다. 그곳에는 웨지우드 도기와 덜튼 도기를 만드는 큰 병 모양의 빨간 벽돌 가마들이 마치 막 한판 붙으려는 스모 선수들처럼 사방에 웅크려 앉아 있었다. AAA 선수권전에서 리델은 신체적으로만 아니라 정신적으로도 진을 뺐기 때문에 그 뒤에 열린 잉글랜드와 스코틀랜드와 아일랜드의 3개국 국제 대회에서 그에게 또다시 화려한 경기를 기대한 사람은 아무도 없었다. 이 토너먼트의 취지는 그 마을의 도예와 요업 일꾼들에게 챔피언을 볼 기회를 주는 것에 불과했다. 리델도 그 각본에 충실하여 단거리의 두 종목에서 별로 땀 흘리지 않고 우승했다.

그는 440야드 종목의 기대주는 더더욱 아니었고 그저 부득이 출전했을 뿐이었다. 스코틀랜드가 리델을 이 종목에 선발한 것은 레인을 채우기 위해서였다. 그 거리를 무난히 소화해 낼 수 있는 선수들이면 되었으니 선발 위원들이 흥분할 것도 없었다. 리델은 적당히 도리를 다한 뒤에, 이미 너무 지친 상태라서 좋은 결과를 내지 못했다고 말하면 그만이었다. 그래도 아무도 탓할 사람이 없었다. 그런데 그는 그 여름은 물론이고 대부분의 다른 여름까지 통틀어 최고의 경주를 선보였다. 이를 본 사람들은 그가 초자연적인 힘까지 동원하는 듯 느껴졌다. 『스코틀랜드인』은 "기적에 가까웠다"라는 표현을 썼는데, 이는 편견도 아니고 향토애도 아니었다. 신문에 인용된 신원 미상의 "재향 군인들은 35년 또는 경우에 따라 그 이상으로 기억을 더듬어 올라갔다"라는 문장을 읽으면 허연 턱수염에 얼굴이 주름투성이인 일련의 남자들이 침침한 눈으로 경기를 지켜보는 장면이 연상된다. 『스코틀랜드인』에 따르면 육상을 평생 볼 만큼 본 이 노인들은 리델의 경주가 "여태까지 본 최고의 육상경기"였다고 극찬했다. 공정하게 말해서 이 위업이 비범해 보임은 그가 취한 구체적인 행동 하나하나 때문이다.

경주는 트랙이 굽어지는 지점에서 시작되었다. 안쪽 레인에 배정된 리델이 채 3미터도 달리지 않았을 때 다른 선수가 바짝 붙어 리델의 다리를 툭 치면서 그를 옆으로 밀었다. 리델은 가장자리의 풀밭으로 넘어졌는데 다행히 두 손으로 땅을 짚어 완전히 나뒹굴지는 않았다. 그는 트랙을 벗어나면 자동으로 실격되는 줄로 알고 나머지 선수들이 달리는 모습을 바라보았다. 그때 특별관람석에서 톰 맥커처가 응원의 함성에 묻혀 잘 들리지 않는 목소리로 그에게 다시 달리라고 외쳤다. 규정상 다시 달려도 된다는 것을 아직 몰랐으므로 리델은 계속 남아서 보고만 있었다. 그때 정복 차림의 진행 요원이 그의 등을 떠밀었다. 선두 주자들은 이미 20야드쯤 앞서 있었다. 리델의 후미에 가솔린 엔진을 부착하지 않는 한 따라잡기 힘든 간격이었다. 리델은 머리를 위로 쳐들고 아주 먼 추격에 돌입했다. 이때부터 군중의 시선은 선두 주자들이 아니라 그에게로 쏠렸으나 그래도 역전이 가능하리라고는 누구도 생각하지 못했다. 그러나 리델은 마그네슘 불꽃처럼 빛을 발하며 10야드, 5야드 간격으로 선두에 따라붙었다. 결승선이 내다 보이는 직선 구간에 들어섰을 때는 선두에 두 걸음밖에 뒤지지 않았고, 테이프를 끊을 때는 다른 모든 선수보다 6야드나 앞서 있었다. 군중은 이 모두를 똑똑히 보면서도 도무지 믿어지지 않았다. 그저 믿을 수 없다는 듯 서로를 바라보았을 뿐이다.

스토크의 트랙에 자신을 다 쏟아부은 리델은 바닥에 쓰러져 의식을 잃었다. 탈의실로 실려 가서 30분이 지나서야 깨어났는데 머릿속이 윙윙거렸다. 누군가가 브랜디를 한 모금 권하자 리델은 사양하며 "괜찮다. … 진한 차 한 모금이면 된다"라고 대답했다. 나중에 리델은 그때 골이 "떵하여" 의식을 잃었노라고 말했다.

이 경주는 스탬포드 브리지에서 그가 거둔 승리가 겉만 번지르르한 요행이 아니었음을 확증해 주었다.

AAA 선수권전에서 2관왕이 된 데다 스토크의 환상적인 경주까지 더해져 에릭 리델은 전국적 명성만 아니라 그 이상을 얻게 되었다. 새로운 친구들까지 생긴 것이다.

해럴드 에이브러햄스는 경주에서 그를 이길 수 있는 사람과는 결코 막역한 친구가 될 수 없었다. 그러나 알렉 넬슨의 케임브리지 육상 모임을 거쳐 갔거나 현재 속해 있던 다른 회원들은 스탬포드 브리지 이후에 리델을 사실상 그 일당의 명예 회원으로 맞이했다. 로와 스톨러드와 버틀러 3인조 외에도 400미터 종목의 아서 마샬[Arthur Marshall]과 장애물 경주의 데이비드 벌리[David Burghley]가 그들이었다.

비공식 회장은 필립 노엘베이커[Philip Noel-Baker]였는데 그는 나중에 영국 올림픽 팀의 객원 주장이 되었다. 아직 스물두 살의 "베이커 군"이던 1912년에 그는—1915년에 결혼한 뒤로 부인의 결혼 전 성(姓)을 앞에 붙였다—스톡홀름 올림픽에서 1500미터 종목의 결승에 진출했다. 안트베르펜 올림픽 때는 기수였고 같은 종목에서 은메달을 땄다. 노엘베이커는 케임브리지 연합회와 케임브리지 대학교 육상 동아리의 전 회장이었고 킹스 칼리지의 특별 연구원이었다. 리델보다 나이가 열다섯 살 정도밖에 많지 않았지만 아버지 같은 지혜로 목회자처럼 그를 돌보았다. 마치 그는 마을의 성직자이고 운동선수들은 그의 교인들 같았다. 그와 리델은 금방 마음이 통했다. 노엘베이커는 퀘이커교도로 자랐고 그의 어머니는 스코틀랜드 남단 출신이었다. 제1차 세계대전 때 양심적 병역 기피자였던 그는 프랑스와 이탈리아에서 구급차를 운전하여 몬스타 은장을 수여받았다. 리델이 보기에 그는 흠잡을 데 없는 성품의 훌륭한 인물이었고 누구나 그를 아는 것을 자랑으로 여길 만한 사람이었다. 리델은 그의 말을 귀담아들었다가 나중에 인용하곤 했다. 톰 맥커처와 D. P. 톰슨처럼 노엘베이커도 리델의 전폭적 신뢰를 얻었다.

이런 친구들과 특히 노엘베이커의 영향력이 향후 12개월 동안 리델에게 중요한 역할을 하게 된다. 그는 케임브리지 대학교의 사람들과 잘 어울렸고 그들과 천성적으로 성미가 맞았다. 로와 버틀러는 조용하고 지조가 있었으며 음주나 흡연을 하지 않았다. 스톨러드와 마샬과 훗날 엑서터의 여섯 번째 후작이 된 벌리도 모두 다정한 친구들이었다. 리델은 그들 하나하나를 굉장히 좋아했다.

영국 육상 선수들의 공식 훈련은 런던의 화이트시티와 크리스털 팰리스에서 이루어졌다. 넬슨과 친분이 있던 맥커처는 리델이 에든버러와 런던을 오갈 때 케임브리지에 잠시 들러 페너스 경기장을 사용하면 편리하겠다는 생각이 들었다. 리델은 넬슨이 가꾸어 놓은 온실

같은 분위기 속에서 배웠다. "비유컨대 세 살배기 아이가 장성한 말에 이끌려 자신의 역량을 시험해 보는 것과 비슷하다"라고 그는 설명했다. 케임브리지 대학교의 친구들은 야외 훈련을 나가는 날이면 그에게 노퍽의 헌스턴튼 해변에서 함께 연습하자고 권했다. 그런 날의 취지는 훈련보다는 즐거운 기분 전환에 있었다. 답례로 그는 그들을 노스버위크의 모래사장으로 초대하여 함께 달렸다. 그곳은 그의 부모가 한때 셋집을 얻었던 곳에서 가까웠다.

케임브리지가 그를 매료한 데는 또 다른 이유도 있었다.

・・・

남자만의 세계인 엘섬 칼리지에서 자란 소년 에릭은 어찌나 부끄럼을 많이 탔던지 인근 여학교와 대결할 테니스 팀을 뽑을 때 거기서 빠졌다. 에든버러 대학교에서 달리던 10대의 나이에도 그는 동료 선수들이 철도 건널목에서 말괄량이 옷차림을 한 대여섯 명의 여자들과 서로 손을 흔들 때 거기에 가세하지 않았다. 그런데 청년이 된 리델은 어느새 화가 아일린 소퍼 Eileen Soper의 집을 드나들고 있었다. 그녀는 케임브리지에서 55킬로미터밖에 떨어져 있지 않은 허트포드셔의 하머 그린에서 부모와 언니와 함께 살고 있었다. 리델과는 학창 시절부터 서로 알던 사이였다.

아일린은 호평받은 화가 조지 소퍼 George Soper의 둘째 딸로 1905년에 태어났다. 아버지는 『그림 형제 동화집 Grimm's Fairy Tales』, 찰스 킹슬리 Charles Kingsley의 『물의 아이들 The Water Babies』 등 아동 고전의 삽화를 그렸고, 나중에는 말과 농부와 땅을 일구는 노동자를 그리는 데 집중했다.

그 노동자들은 땅이 한 필의 널따란 갈색 코르덴 천처럼 될 때까지 밭을 갈았다. 일찍이 이야기를 즐겨 했던 그는 양치류에 특별한 관심을 둔 식물학자였다. 그가 지은 주택을 아일린은 훗날 와일딩스라 불렀는데 벽을 회색 회반죽으로 치장한 그 집은 대지가 4900평이나 되었다. 그곳은 가족들의 성소이자 세상 속의 또 다른 작은 세상이었다. 정원은 일부러 반쯤 야생으로 방치되었다. 목초지, 잔디밭, 새 사육장, 사슴 농원, 과수원, 잡목 숲, 장미 화원, 연못 등이 있었고 단지의 서쪽 끝에 여름 별장도 있었다.

당대의 가장 유명한 야생 생물 화가 중 하나가 된 아일린 소퍼

아일린은 아버지의 재능을 물려받았다. 그는 딸에게 데생과 회화와 조각을 가르쳐 신동으로 길렀다. 열다섯 살 때 아일린은 로열아카데미 the Royal Academy 에서 전시회를 연 최연소 화가가 되어 대서양 양 대륙에 이름을 떨쳤다. 『굿 하우스키핑 Good Housekeeping』 잡지는 그녀를 "대가들 틈에 낀 여학생"이라 칭했다.

그녀의 얼굴은 꼬마 요정 같았다. 윤기 있는 불그스름한 금발을 거의 허리까지 늘어뜨리고 가운데에 가르마를 탔으며 양 갈래로 땋아 묶을 때도 많았다. 광대뼈는 깎아 놓은 조각상 같았다. 외모 외에도 그녀는 지성적인 데다 자동차와 운전을 좋아해서 시선을 한 몸에 받았다. 하지만 약간 숙녀인 체하는 데가 있어서 상스러운 언사는 아무리 무해할지라도 질색했다. 셰익스피어까지도 "표현이 거칠다"라며 비판했다. 아일린은 욕지거리를 하거나 술을 마시지 않았다. 그래도 구혼자가 끊이지 않았는데 그녀는 그들에게 까다롭고 도도했으며 처음 보자마자 쌀쌀맞게 퇴짜를 놓곤 했다.

그런데 리델은 예외였다. 그녀는 그에게 홀딱 반했다. 그는 똑똑하고 외모도 준수한 데다 평판이 좋고 예의 바르고 친절했다. 둘은 대화도 나누고 차도 마시고 정원과 주변의 시골길을 산책했다. 아일린은 리델의 기독교 신앙과 중국에 가려는 최종 계획을 알았지만, 이 관계가 정식 구애와 약혼과 결혼으로 이어질 수 있다는 생각까지 했다. 이즈음 리델의 삶은 파란 하늘 일색으로 순탄해 보였다. 신앙의 방향도 정해졌고 새로운 친구들은 물론 '여자 친구'까지 생겼다. 또 올림픽 100미터 종목의 유력한 우승 후보 중 하나였다.

설마 잘못될 일이 무엇이 있겠는가?

세 번째 달리기

삶의 갈림길에서

1924년이 끝날 때 에릭 리델은 올림픽 챔피언이었다. 그러나 그해가 시작될 때는 올림픽의 희생양이었고 다른 무능한 사람들의 피해자였다.

1월부터 6월 말까지만 해도 일각에서 반역자로 간주되던 그가 7월 중순에는 역할 모델이자 대중의 스타가 되었다. 그러나 이 양극단의 견해 사이에서 그와 그의 원칙은 변한 적이 없었다. 이런 단순한 사실을 깊이 생각해 보면 리델이 파리에서 금메달을 따기까지 극복했던 난관에 더욱 감탄하게 된다. 그는 소신에 충실하고자 2년간 준비해 온 종목을 포기했고, 익숙하지 못한 다른 종목을 맡는 도박을 감행했으며, 불굴의 의지로 비판과 강요를 물리쳤다. 올림픽은 아마추어 스포츠이지만 프로의 자세가 요구되었다. 그러나 BOA[British Olympic Association, 영국 올림픽 협회]는 태만하고 일관성이 없어 그런 자세를 보여주지 못했다.

개릭 클럽이나 칼턴 클럽 같은 런던 신사들의 클럽에서 푹신한 가죽 소파에 편히 앉아 지내던 BOA의 고위 인사들은 소위 사회 지도층이었고, 출생 때부터 자동으로 구별되어 굳이 번거롭게 무슨 업적을 쌓지 않아도 지위가 보장되었다. 회장은 서덜랜드의 다섯 번째 공작인 조지 서덜랜드 레브슨 고어 George Sutherland-Leveson-Gower 였는데, 그는 영국 해군 지휘관 출신인데도 묘하게 나중에 정부의 항공부 차관이 되었다. 협회의 위원회에는 귀족들, 기사騎士들, 시골에 별장과 잔디 토지를 보유한 보수당 국회의원들 등 상류계급이 섞여 있었다. 우선 나중에 대법관이 된 버큰헤드의 백작이 있었다. 또 첨리의 다섯 번째 후작이 있었는데 그는 영국의 초대 총리인 가발 쓴 로버트 월폴 경의 직계 후손이었다. 또 첨리와 인척 관계인 필립 서순 경은 전쟁 시인인 시그프리드의 사촌이었다. 로스차일드 가문의 어머니를 둔 필립 경은 전쟁 중에 더글러스 헤이그 경의 개인 비서였다. 또 어머니가 윈스턴 처칠의 숙모인 아첨꾼 트위드머스 경이 있었고, 처칠의 아버지 랜돌프와 인척 관계인 커즌 자작도 있었다. 이런 식으로 줄줄이 늘어선 상류층 사람들은 『더 태틀러 The Tatler』와 『컨트리 라이프 Country Life』에 수시로 실리면서 학연의 혜택까지 실컷 누렸고 영국 기득권층에 거미줄처럼 쫙 퍼져 있었다. 그러나 BOA는 본연의 업무 면에서는 아주 한심할 정도로 대체로 무능했다.

 귀족인 그들은 서로 초대하여 사보이 호텔에서 호화 만찬을 열곤 했는데, 문제는 BOA의 상류계급이 과시를 위해 존재했을 뿐 대부분 손에 하얀 장갑을 끼고 좀처럼 움직일 줄을 몰랐다는 것이다. 버큰헤드는 본래 홍보 위원회의 얼굴이자 목소리였는데도 손 하나 까딱하지 않았다. 고된 업무는 주로 카도건의 여섯 번째 백작인 제럴드 오클리 카도건 위원장과 무공 훈장을 받은 여단장 출신의 레지널드 켄티시 총무의 몫이었다. 적어도 켄티시는 열심히 일하는 사람이었다. 전시에도 그는 참호에서 지내는 일반 병사들의 고충을 염려하곤 했다. 반면에 카도건은 길쭉한 코끝부터 수제 구두의 앞부리까지 그야말로 그로브너가(街)의 한량이었다. 외모를 중시하였음에도 그는 쉰다섯 살의 나이에 이미 예순 살을 훌쩍 넘어 보였다. 왕궁의 사진을 맡은 바사노사(社)에서 1921년에 찍은 사진을 보면 카도건의 머리숱이 얼마나 없던지 훌떡 벗겨진 이마가 머리 위의 조명을 받아 등댓불처럼 번쩍거렸다.

영국 올림픽 팀의 자금은 대중 모금을 통해 조달되었다. 켄티시가 다리에 각반을 차고 위가 납작한 명주 모자를 쓰고 지팡이를 짚고서 작은 마을과 도시를 돌아다니며 기부를 호소했다. 그는 분통을 터뜨리며 "올림픽에 대해 알거나 관심이 있는 사람이 아무도 없는 것 같다"라고 말했다. BOA의 명문가들이 저마다 거부였고 고위직에 친구들도 많았건만 파리 올림픽을 위해 3만 파운드를 걷기가 요원해졌다. 왕조지 5세가 본을 보인답시고 100파운드를 내놓자 후에 에드워드 8세가 되는 웨일스 공도 50파운드를 보냈다. 『데일리 메일』도 1000기니를 내놓으며 수많은 기사를 쏟아 냈는데, 기사마다 애국심을 물씬 자극하며 독자들에게 영국의 양보할 수 없는 자긍심을 위해 기부를 호소했다. 그러나 올림픽 시작이 7주도 안 남았을 때도 BOA가 걷은 기부금은 아직도 목표액에서 2000파운드나 미달이었다. 그 정도면 협회의 높은 거물급들이 사냥복 차림의 연례 무도회에 눈 하나 깜짝하지 않고 쓸 액수였다.

첫날부터 BOA의 생각은 온통 돈을 조달하고 파리 현지의 지엽적 문제―고관들이 머물 호텔, 칵테일을 돌려 마시는 대대적 환영식 등

―를 준비하는 데 가 있었다. 협회 회의록과 발표된 공문들로 미루어 보아 메달 획득은 거의 부차적인 일이었다. 누가 일등석을 타고 이동할 것이며―물론 선수들은 아니었다―공식 유니폼의 맥고모자를 무슨 색 리본으로 장식할 것인가에 대한 토론이 있었다. 협회는 유니폼의 제작을 런던의 가마지스 백화점에 위촉했다. 쩨쩨하게 돈을 아끼려는 수법이었다. 영국의 남녀 올림픽 선수들에게는 옷이 날개라는 말은 어울리지 않았다. 지상에서 가장 세련된 도시에 가는데 선수들의 복장은 마치 근시안의 재단사가 의상과 올림픽에 대해 지독한 한을 품고 만든 것 같았다. 해럴드 에이브러햄스는 자신의 유니폼 상의와 흰색 무명 바지에 대해 "형편없다"라고 표현했다. 어느 사진 속의 그는 무성 영화의 코미디언 버스터 키튼Buster Keaton을 닮았다. 몸에 맞는 옷이 하나도 없다. 단추가 셋인 재킷은 너무 꽉 끼어 그의 배가 홀쭉한데도 옷이 늘어나 있다. 바지는 너무 짧은 데다 접힌 밑단이 거의 발목 위로까지 올라가 검은 양말이 드러나 있다. 맥고모자는 너무 커서 그림자에 눈이 다 덮이는 통에 꼭「론 레인저The Lone Ranger」이전 시대의 마스크를 쓴 것처럼 보인다. 마치 에이브러햄스가 옷가지 하나하나를 체형과 몸집이 자기와 다른 사람들한테서 빌려 입은 듯한 모습이다. 그런데도 협회는 자찬하는 분위기였다. 카도건은 유니폼을 "실용적이고 단정하다"라고 평했는데 아마 자신은 입을 필요가 없어서였을 것이고, 협회는 유니폼 구입에 "필요 이상의 낭비가 허용되지 않았다"라고 자랑했다. 파리의 숙박 시설도 싸구려 복장을 보상해 주지 못했다. 모데른 옹 플러스 드 라 레퓌블리크는 싼 호텔이라 선수들이 마치 우리에 갇힌 것 같았다. 에이브러햄스에 따르면 "좀 비참한" 곳이었다. 침실은 기능 본위였고 벽은 담배를 마는 종이만큼이나 얇았다.

그렇게 선정된 유니폼과 호텔은 짜증스럽긴 하지만 그래도 무해해 보인다. 이 때문에 불평한다면 지나치게 까다로운 태도로 해석될 수도 있었다. 그러나 이는 선수들을 마치 개가 벼룩을 대하듯 대하던 BOA의 성향을 잘 예시해 준다. 또한 선수들을 최우선으로 여기지 못한 BOA가 앞에 가로놓인 또 하나의 위기마저 놓쳤거나 무시했던 이유도 그것으로 설명된다.

리델에게 닥친 곤경은 BOA의 오만과 태만과 안일 때문이었다.

「불의 전차」에 보면 파리행 배의 트랩에 오르는 에릭 리델에게 어느 미국인 기자가 "리델 씨, 일요일의 예선전은 어떻게 됩니까?"라고 외친다. 몸을 뒤로 조금 돌린 리델의 얼굴 표정에 우려의 물음표가 찍혀 있다. 마치 잘 알아듣지 못하는 언어로 질문을 받았다는 듯이 말이다. 입이 쩍 벌어진 그가 "뭐라고 하셨지요?"라고 묻지만 대답을 기다릴 겨를이 없다. 배에서 그가 들은 말은 올림픽의 경기 일정이 조간신문에 발표되었다는 것과 100미터 종목에 출전하려면 일요일에 달려야 한다는 것이었다.

영화의 장면은 화려한 샹들리에와 금박으로 장식된 파리의 영국 대사관으로 바뀐다. 웨일스 공과 서덜랜드의 공작과 버큰헤드의 백작과 카도건 경이 리델을 회의에 소환하여 일요일 출전을 강요하려 한다. 리델은 정장 차림에 흰색 넥타이를 맸다. 음료를 주문받으려는 식당 지배인 같은 모습이다. 웨일스 공은 짤막한 연설로 감성에 호소해 본다.

"우리는 공통의 유산과 공통의 유대와 공통의 충절을 나눈 사이입니다. 그 충절을 위해 희생이 요구될 때가 있지요. 그게 없는 충성이란 무가치합니다. 내가 보기에 지금이 당신에게 그런 때입니다."

리델이 그 논리를 거부하자 웨일스는 약간 의심쩍은 눈으로 본다. 언짢은 얼굴로 역정을 내는 카도건은 꼭 만화에 나오는 늙은 불평꾼 같다. 실내에 싸늘한 냉기가 퍼진다. 그때 '린제이 경'이 들어온다. 영화 속의 그는 100미터 장애물 경주에서 이미 동메달을 딴 후였다. 그는 방해해서 미안하다며 리델의 입장을 십분 존중한 다음, 즉석에서 해법을 제안한다. 자신은 이미 메달을 땄으므로 리델을 위해 400미터 종목의 출전권을 양보하겠다는 것이었다. 덕분에 일동은 미소를 지으며 악수를 나눈다.

이상의 장면은 모두 허구다. 리델이 그런 말을 트랩에서 처음 들은 것도 아니었고, 연기가 자욱한 영국 대사관에서의 밀회도 없었다. '린제이 경'도 리델의 친구 데이비드 벌리David Burghley를 본떠 만든 허구 인물이다. 게다가 벌리는 원래 400미터 종목에 출전하지 않았으므로 출전권을 양도할 수도 없었다.

실상은 전혀 그렇게 극적이지 않았으며, 카도건과 레지널드 켄티시가 행정에 빈틈이 없었다면 이로 인한 복잡한 상황을 미연에 방지할 수도 있었다.

올림픽의 일정표 초안은 1922년 초에 발표되었으나 BOA는 건성으로 보는 둥 마는 둥했다. 그때만 해도 리델은 이제 막 선수로 뽑힌 상태였고, 잉글랜드인들이 주도하던 BOA는 자기들 앞에서 달리게 될 스코틀랜드인을 중요한 인물로 간주하지 않았다. 이 간과는 편견의 소치였지만 거기까지는 이해할 만하다. 그러나 이후의 모든 부주의는 변명의 여지가 없는 직무 유기였다.

개정된 경기 일정표가 BOA에 전해진 것은 1923년 초봄이었는데 100미터 종목의 요일을 확인한 사람은 아무도 없었다. 리델과 톰 맥커처는 그해 늦가을에 사본을 받아 본 후에야 일요일이 끼어 있음을 알았다. 리델은 BOA에 그 사실을 알렸다. 부주의한 그들은 그가 양심에 저촉되는 상황에 부딪쳐 있음을 아직도 모르고 있었다. 그 일정대로라면 리델은 100미터 종목만 아니라 400미터 계주와 1600미터 계주에도 출전할 수 없었다. 둘 다 일요일에 달려야 했기 때문이다. 200미터와 400미터 종목만 일요일이 끼어 있지 않았는데 그나마 리델이 원래 출전하려던 종목은 200미터뿐이었다.

BOA는 올림픽 역사에 무지했다. 1920년 안트베르펜 올림픽에서도 100미터 예선과 계주에 일요일이 끼어 있었는데 파리는 그때의 전례를 따르고 있을 뿐이었다. IOC International Olympic Committee, 국제 올림픽 위원회도 일요일 불참자들에 대해 대체로 동정적이지 않았다. 이에 대한 논쟁은 이전에도 올림픽에 상흔을 남겼다. 공교롭게도 역시 파리에서 올림픽이 개최된 1900년에 미국인 존 크리건John Cregan은 안식일을 지키려고 육상 1500미터 종목을 기권했다. 또 다른 일례로 로버트 개릿Robert Garrett은 투포환과 제자리삼단뛰기를 포기했다. 역시 미국의 멀리뛰기 선수인 마이어 프린스틴Myer Prinstein은 유대인인데도 자신이 소속된 시러큐스 대학교가 일요일에는 스포츠를 하지 않는 바람에 결승에 출전하지 못했다.

대부분의 논란은 전적으로 IOC가 자초한 것이었다. 1900년의 파리 올림픽에서 안식일을 지키려는 선수들에게 본래 주어진 약속은 육상 종목을 토요일과 월요일 이틀에 마친다는 것이었다. 그런데 IOC는 두 가지 큰 과오를 범했다. 첫째로, 그 정책을 갑자기 바꾸었다. 둘째로, 결정이 번복되었다는 소식을 비겁해서이든 비참한 부주의 때문이든 제대로 알리지 않았다. 월요일에 경기장에 나올 때 위원회 측의 방향 전환을 모르고 있던 선수들도 더러 있었다. 제대로 돌아가는 기관이었다면 과거의 사태에서 교훈을 배워 무난한 타협안을 내놓았을 것이다. 그러나 IOC는 고집불통이었다. 일요일의 종목들에 선수들이 결장함으로써 결과가 뒤틀어지는 것쯤 안중에도 없었다. 1908년 런던 올림픽 때도 미국의 장애물 경주 선수인 포레스트 스미슨^{Forrest Smithson}은 안식일에 '출전을 강요당한' 데 대한 항의이자 하나님을 향한 신앙의 표시로 왼손에 성경책을 들고 달려 우승했다.

리델은 성경책을 들고 달릴 사람이 아니었다. 일요일에는 아예 달릴 뜻이 없었으니 말이다. 이는 결코 비밀 정보가 아니었다. 그는 일요일 출전에 반대하는 입장을 이미 '전적으로' 명시했었고, 안식일을 거룩하게 지켜야 한다는 제4계명과 그날이 곧 "주의 날"이라는 요한계시록의 말씀까지 둘 다 인용했다. 행여 그의 소신을 의심하던 사람도 1923년 7월에는 분명히 알게 되었다. 파리의 스타드 페르싱에서 프랑스와의 국제전이 열릴 때 그는 날짜가 일요일이라서 아예 출전하지 않았다. 영국이 프랑스를 이기던 그날 리델은 그리노크의 한 야외 집회에서 설교하고 있었다. 전날 오후에 100야드 경주에서 그가 질주했던 곳이었다. 설교를 통해 그는 "기독교에 중립이란 있을 수 없습니다"라고 말했다. 그의 설명은 간단명료했다. "누구나 한 번쯤 삶의 갈림길에 서게 되는데 그때 주님 편에 설 것인지 반대편에 설 것인지 결단해야 합니다."

이 사실을 알았기에 BOA는 어떻게든 100미터 종목이 일요일에 걸리지 않도록 처음부터 협상했어야 했다. 1900년의 파리의 과오가 1924년의 파리에서 답습되어서는 안 된다고 말했어야 했다. 나아가 리델이 결장하면 구경거리가 크게 줄어들 거라는 말도 덧붙였어야 했다. 그러나 BOA는 그런 일을 하나도 하지 않았다. 그들이 나섰을 때는 이미 때가 너무 늦어진 후였다.

1923년 11월에 리델은 100미터 종목을 기권할 것을 그들에게 알렸다. 그런데도 그들의 이해가 어찌나 느렸던지, 일정을 고쳐 보려는 시도는 차라리 사후 약방문에 가까웠다. BOA는 몇 주가 지나서야 비로소 IOC에 진정서를 보냈다. 하지만 용기가 없어 자신들의 용건이 단거리 경주의 일정임을 명시하지 않았다. 자신들의 치부를 가리려고 전반적 이타주의처럼 보이게 꾸몄다. 그럴수록 그들은 더 저능해 보였다. BOA는 "어떤 경기든 일요일에 달리거나 출전하기를 거부하는 모든 선수에게" 일정의 조정이 허용되어야 한다고 요구했다. 당연히 IOC는 그 속셈을 꿰뚫어 보고 경멸 조로 반응했다. 그들의 답변은 짧고 퉁명스러워 활자로 뺨따귀를 올려붙인 꼴이었다. IOC의 말인즉 파리 측에 "그런 조정을 전혀" 요구할 수 없다는 것이었다.

BOA는 부드럽고도 단호한 설득에 리델이 넘어갈 줄로 알고 설득에 나섰다. 일단 공명심에 호소해 보았으나 부질없었다. 리델은 자아에 집착하지도 않았고 육상으로 이름을 남기는 데에도 관심이 없었다. 애국심 카드도 통하지 않았다. 그는 나라보다 더 높은 소명에 응한 사람이었다. 그의 배경과 성품에 지독히도 무지하다는 것만 들통난 BOA는 그의 신앙이 쉽게 꺾일 줄로 알고 세 번째 방침을 취했다. 리델은 대륙에서는 안식일의 구속력이 약하다는 연설을 들어야 했다. 프랑스의 안식일은 공식적으로 정오에 끝나기 때문에 오전에 기도하고 오후에 경기해도 된다는 것이었다. 리델은 "나의 안식일은 하루 종일입니다"라는 정중한 말로 그런 모욕적 제안을 에둘러 일축했다. 그러자 BOA는 교리문답을 통해 공통분모를 찾으려 했다. 하나님이 그를 빨리 달리게 지으셨으니 일요일에라도 출전하는 게 그분의 뜻이 아니겠는가? 오히려 출전하지 않는 게 그분을 욕되게 하지 않겠는가? 이런 접근은 신앙이 깊지 못한 이들에게는 지극히 적절해 보였지만 신앙심이 두터운 이들에게는 완전히 잘못된 것이었다. 리델은 자신의 표현으로 "777"을 즐겨 인용했다. 신약의 일곱 번째 책의 7:7인 "각각 하나님께 받은 자기의 은사가 있으니"라는 말씀이었다. 그는 자신의 은사가 어디서 왔는지를 극구 강조했고, 그 은사를 일요일에 쓰지 못하게 성경이 금했다는 사실도 똑같이 강조했다. 그의 답변에 BOA의 세속주의자들은 계속 말문이 막혔다. 그들은 하나같이 세상을 리델처럼 볼 줄 몰랐다.

 이해가 부족한 것은 BOA만이 아니었다. 영국은 청교도 문화가 결코 아니었다. 피터 프라이어^{Peter Fryer}가 영국인들의 고상한 척하는 언행을 연구한 책 『그런디 여사^{Mrs. Grundy}』에서 지적했듯이, 새로운 세기에 접어들면서―특히 전쟁의 영향으로―이전의 침울하고 격식을 차리던 일요일에 대해 반감이 싹텄다. 프라이어가 말한 "성경의 지침"으로부터의 해방이 점차 현실화되고 있었다. 빅토리아 시대의 영국에서는 주일 성수 협회가 영향력이 있어 교회 출석을 방해하는 일이면 무엇이든 탄압하려 했었다. 일요일에 영화관과 음악당과 연극장을 열거나 심지어 전차도 운행하지 못하게 항의했다. 이 협회가 워낙 단호하게 만인의 처신 방법을 정해 주다 보니 술집과 화랑과 가게와 시장은 문을 닫았고 음악회와 무도회도 금지되었다. 협회는 주부들이 일요일에 빨래를 널거나 남편들이 일요판 신문을 읽는 것조차 싫어했다. 종류 여하를 막론하고 스포츠를 대하는 관점은 최악으로 부정적이어서 여가로 즐기는 자전거조차도 예외가 아니었다. 옛 여왕 치하 영국의 일요일은 칙칙하고 따분하여 거의 전 국민이 질색했다. 여왕이 죽은 뒤로 분위기가 점차 변하다가 1918년 이후에 빠르게 탄력이 붙었다. 일요일의 구속력은 외면당했고 주일 성수 협회는 주제넘게 나서는 "그런디 여사"로 비쳐졌다. 사사건건 트집만 잡는 이 인물은 18세기 토머스 모튼Thomas Mortons의 희곡 『쟁기질을 서두르라Speed the Plough』에 등장하는 허풍선이 이웃이다.

이런 근대적 풍조가 리델에게 불리하게 작용했다. 일부 대중은 일요일에 대한 그의 태도를 시대착오라 보고 그를 잘난 척하는 사람이자 트랙의 그런디 여사로 일축했다. 그를 공부 벌레 모임의 골수 멤버라고 잘못 단정하기도 했다. 어떤 사람들은 그가 미국 선수들에게 질 것 같으니까 종교를 핑계로 시합을 피하려 한다고 했고, 어떤 사람들은 그가 실속 없는 원칙에 매여 올림픽에 대한 영국의 야망을 방해하고 있다고 보았다. BOA와 같은 견해를 표하는 사람들도 있었다. 무릎 꿇고 기도할 일요일이 평생 그의 앞에 널렸는데 한 번의 일요일을 희생하지 않으려는 이유를 이해할 수 없다는 것이었다. 애초에 언론은 리델의 곤경을 전혀 헤드라인 기사감으로 보지 않았으므로 보도가 느렸다. "올림피안"이라는 필명을 쓰는 『이브닝 스탠더드Evening Standard』의 스포츠 가십난 칼럼니스트는 1923년 12월 말에야 "스코틀랜드의 권위 있는 소식통에 따르면 리델은 예선전 날짜가 바뀌지 않는 한… 시합에 나가지 않을 것이다"라고 썼다. 『스포팅 라이프Sporting Life』도 같은 주에 거의 똑같은 기사를 내보냈다.

언론은 나중에야 사태를 파악하고 리델의 결정에 함축된 총체적 의미에 초점을 맞추었다. 리델이 살고 있던 조지 스퀘어로 기자들이 파견되었다. 집 앞길에 우르르 몰려든 그들을 동료 하숙생이 보았다. 그는 "그들이 문을 두드리며 에릭을 보자고 했다"라고 말했다. 그가 돌려보내려고 내려가니 그들은 "리델은 나라의 반역자다"라고 외쳤다. 분위기가 "아주 살벌했다"라고 그는 덧붙였다. 그는 또 리델이 '영국에서 가장 인기 없는 사람이 되었다'라는 생각이 들었다. 종교 신문인 『라이프 오브 페이스 Life of Faith』는 리델에 대한 "냉담한 비판과 천박한 조롱이 사방에서 들려온다"라고 논평했다. "들려온다"라는 단어가 중요하다. 리델은 말로 중상을 당한 것이지 글로는 아니었다. 예컨대 『데일리 메일』은 영국의 올림픽 성과에 미칠 '심각한 손실'을 마땅히 애석해했을 뿐 리델을 욕하지는 않았다. 『에든버러 이브닝 뉴스 Edinburgh Evening News』는 현지 출신의 그를 지지하며 "모든 스코틀랜드인은… 이 주제에 대한 챔피언 리델의 견해를 존중한다"라고 공표했다.

　BOA는 리델의 마음을 돌려놓을 수 있다는 착각에서 헤어나지 못했다. 알프레드 조지 Alfred George가 파리 팀의 총지휘자로 지명되었다. 쉰여섯 살인 그는 육상 선수 출신으로 잉글랜드와 북미에서 여남은 개의 선수권을 획득했으나 그의 선수 생활은 스포츠 최초의 슈퍼스타 중 하나인 그의 형 월터의 초인적 위업에 가려졌다. 월터는 AAA 챔피언이 된 뒤로 프로로 전향하여 1886년에 1600미터 종목에서 4분 12초로 세계 신기록을 세웠다. 그 뒤로 29년 동안 아무도 그 기록을 깨지 못했다. 그는 맥주를 과음했고 늘 담배와 파이프를 달고 살았으며 상금을 도박으로 날렸다. 그래도 명성 덕분에 담뱃갑 속의 그림 카드에 얼굴이 등장했고, 『배니티 페어 Vanity Fair』에 실린 화려한 풍자화에서 "챔피언 중의 챔피언"으로 칭송되었다. 화가 에이프는 그를 기린 목이나 뜨개바늘처럼 가늘게 그렸다. 경주할 때 늘 형보다 여섯 걸음 뒤졌던

알프레드는 무표정한 행정가 겸 프리랜서 작가가 되어 자신의 글에 A. B. 조지^{George}라고 서명했다.

    그는 마치 올림픽에 대한 자신의 발언이 올림포스 산꼭대기에 내걸리기라도 한 듯 『올 스포츠 일러스트레이티드 위클리$^{All Sports Illustrated Weekly}$』에 실리는 자신의 기사를 떠받들었다. 파리에서 일어난 일에 관한 글에 조지는 팀원들이 "E. H. 리델의 공헌을 잃을 것을 우려했다"라며 이는 그가 "안식일 출전을 주저하기 때문"이라고 썼다. 리델은 한 번도 주저한 적이 없었다. 그가 100미터 종목에서 이미 제외된 것을 조지도 알고 있었다. BOA가 리델을 공공연히 꼬집어 비난하지 않았지만 공공연히 그를 지지하지 않은 것도 눈에 띄게 명백했다. 긴 칼날처럼 쓱 베고 들어온 조지의 그 말은 이간질이었다.

    리델을 반대하는 사람들만 있었던 것은 아니다. 애버딘의 한 교구 목사는 "전 세계 그리스도인의 애국심"에 관한 설교에서 회중들에게 리델이 신앙을 지킴으로써 "나라의 가장 귀한 전통들을 수호했다"라고 옹호했다. 리델은 기도를 그만두지 않아 사자 굴에 갇힌 다니엘에 비견되었다. 구세군 찬송가의 가사를 인용하여 그를 기리기까지 했다.

    담대히 다니엘 같이 되어
    담대히 홀로이 섰으니
    담대히 확고한 뜻을 품고
    담대히 그 뜻을 알렸네

가십성 토막 기사와 삐딱한 입소문들을 모아 놓은 "세상이 꼬리 치는 방법"이라는 칼럼이 여러 신문에 널리 배급되고 있었는데, 신원 미상인 칼럼의 저자도 이렇게 에릭을 지지했다. "프랑스의 공예가들은 1주일에 엿새 일하는 것으로 만족하고 일요일 오후에는 각종 스포츠와 경주와 축구 시합과 온갖 오락을 즐긴다. 교회에 다니는 사람들도 장엄한 미사만 끝나면 자유를 내세우고, 교회에 나가지 않는 사람들은 안식일 준수를 완전히 무시한다. 우리도 같은 길로 너무 멀리까지 나간 이때에, 일요일에 경기하느니 차라리 세상 최고의 스포츠 대회에서 성공할 기회를 버리겠다는 청년이 있어 새 힘이 난다. 그는 비웃음을 살 것이다. 그러나 분명히 알다시피 올림픽 육상에서 우승하는 것보다 양심을 사수하는 데 더 많은 용기가 필요하다." 그러면서 그는 "행운을 빈다"라는 말로 글을 맺었다.

    행운은 행운에 맡겨 둘 일이고, 리델에게 무엇보다도 절실히 필요한 것은 현명한 조언과 올바른 지도였다. 그게 없다면 파리는 그에게 지옥 같은 곳이 될 터였다.

네 번째 달리기

이것이 옳은 길일까?

 파리는 에릭 리델에게 아무것도 기대하지 않았다. 그가 400미터를 선택한 것은 오직 가능한 대체 종목이 그것뿐이었기 때문이다.
 단거리 주자를 대회 때까지 불과 5개월 만에 400미터 종목의 선수로—그것도 올림픽 선수로—탈바꿈시킨다는 것은 웬만한 코치라면 기겁하고 불만을 토로하며 밤잠을 못 이루었을 일이다. 만일 달변의 샘 무사비니가 해럴드 에이브러햄스를 상대로 그 일을 해야 했다면 그는 불안한 심경을 불처럼 뿜어내며 발을 구르고 심통을 부리다가 몇 주씩 괴롭게 계획을 짰을 것이다.
 톰 맥커처는 실제적이고도 침착한 사람이었다. 하나하나 헤쳐 나가야 할 막판의 도전 앞에서 그는 당황하지 않았다. 리델의 승산에 대해서도 투덜대거나 비관하지 않았다. 나아가 교회에 대한 리델의 헌신을 알기에 일요일 경기에 대한 그의 생각을 바꾸려 들지도 않았다. 이것은 두 사람의 협력에 중요했을 뿐 아니라 맥커처의 의리를 보여주는 것이기도 했다. 그는 BOA에 속한 코치였고 이 협회는 당연히 자신들의 이해관계가 증진되기를 기대했다. 그런데 맥커처는 리델의 100미터 종목 기권과 관련하여 BOA를 옹호하는 행동을 거부함으로써 그들의 진노를 살 위험을 자초했다. 아울러 파리에 갈 동료 임원들로부터 자칫 제명당할 수도 있었다. 그런데도 그가 리델의 상황을 받아들이고 마치 통근자가 기차를 갈아타듯이 그를 위해 전술을 바꾼 것은 대단히 훌륭한 일이었다. 심지어 그는 200미터 종목보다 400미터 종목이 리델에게 더 잘 맞겠다고 보고 즉시 거기에 우선순위를 두었다. 훗날 리델은 "그의 식견이 나에게 어떤 의미가 있었는지는… 차마 차가운 활자에 다 담아낼 수 없다"라고 고백했다.

가시 돋친 비판을 듣고도 아무렇지 않은 사람은 없다. 육안으로 보아 표시 나지 않을지라도 비판은 항상 흔적을 남긴다. 리델은 순진해서 자신의 결정이 정직한 성품의 문제로 비쳐질 줄로 알았다. 그래서 별로 비난 없이 지나가겠거니 생각했다. 본래 악의를 품을 줄 모르는 사람은 남들도 똑같을 거라고 생각하는 법이다. 아무리 내색하지 않았어도 사람들의 비방은 그에게 상처를 남겼다. 훨씬 시간이 지나서야 리델은 한 친구에게 그것을 털어놓았다. 친구는 그의 "마음이 상했다"라고 말했다.

리델은 『뉴스 오브 더 월드』News of the World의 스포츠 기자인 조 빙크스Joe Binks를 자기편으로 삼았다. 안경을 쓰고 펠트 중절모를 쓴 그는 한때 1600미터 종목의 세계 신기록 보유자였고 번뜩이는 언변 때문이 아니라 확실한 지식 때문에 기자 세계에서 권위를 인정받았다. 런던에서 활동하던 대부분의 기자들과 달리 빙크스는 리델이 AAA 선수권전을 통해 올림픽 후보로 낙점되기 오래전부터 기차를 타고 스코틀랜드에 가서 그를 꼼꼼히 살폈다. 둘은 서신을 교환했고 빙크스는 간혹 그것을 자신의 주간 칼럼에 인용했다. 그는 리델의 당혹감을 암시했고 언론과 대중이 퍼부은 비난을 그가 민감하게 느끼고 있음도 언급했다. 빙크스에게 보낸 한 편지에 리델은 "나에 대해 나 자신보다 더 많이" 안다고 자처하는 사람들에 대해 통렬하게 불만을 호소했다.

교본대로라면 리델은 신체적으로 400미터 종목에 맞지 않았다. 전문 코치들에 따르면 이 종목에 요구되는 지구력과 속도는 호리호리하고 마른 체구에서만 나올 수 있었다. 주자의 키는 최소한 172-182센티미터가 되어야 했고 어깨 부위가 너무 무거워서는 안 되었다. 전신이 고루 균형을 이루어야 했고 몸의 각도는 전 구간을 달리는 동안 상체가 약간 앞으로 기울어져야 했다. 발놀림은 유연하고 탄력성이 있어야 했다. 리델은 이중 어느 것도 충족시키지 못했다. 맥커처와 빙크스만이 리델에게 단거리의 추진력에 맞먹는 중거리의 지구력이 있음을 감지했다.

리델은 220야드가 넘는 종목에서는 풋내기였다. 1921년에 아이브록스에서 300야드 종목에 출전하여 3위를 했다. 1922년에 크레이그로크하트에서 열린 에든버러 대학교 육상부 연례 대회에서는 440야드 종목에서 52.6초의 기록으로 우승했다. 이듬해에 같은 곳에서 열린 다른 대회에서도 440야드 종목에서 우승했으나 기록은 전보다 0.2초 느렸다. 그가 중거리를 정복할 수 있으리라는 단서는 스토크에서 이루어 냈던 극적인 역전승밖에 없었다. 그래도 맥커처는 끄떡하지 않았다. 유일한 목표는 파리에서 최고의 실력을 발휘하는 것이었고 나머지는 다 중요하지 않았다. 학생으로서든 AAA 소속 선수로서든 이제 리델의 모든 출전은 7월의 그 14일간에 맞추어졌다. 과거의 기록도 맥커처에게는 중요하지 않았다. 이기는 패를 숨겨 심리적 이득을 얻을 수 있음을 노련하게 알았기 때문이다. 체력만 기르면 리델은 파리 경기에 준비되어 승리할 수 있었다.

케임브리지와의 인맥 덕분에 리델은 4월 말 펜실베이니아 대학교 육상 대회에 아킬레스 클럽의 객원 멤버로 출전해 달라는 초대를 받았다. 여행 경비는 28파운드였다. BOA는 시즌 초에 번거롭게 대서양 건너까지 오가느라 그의 올림픽 준비에 더 방해가 될 거라며 부정적 시각을 내비쳤다. 그러나 리델은 이견을 보이며 빙크스에게 "그동안 다각도로 나 자신을 연구한 결과 이제 최고의 기량을 발휘할 몸 상태에 이르는 법을 터득했다"라고 설명했다. 리델과 케임브리지 일당 사이에 형성된 형제애를 알았기에 빙크스는 원정을 가려는 그의 열의에 대해 "그는 대학 친구들과 함께 가기를 원한다"라고 대등한 타당성을 제시했다. 아킬레스 팀에는 더글러스 로, 데이비드 벌리, 아서 마샬 등이 있었다.

드러난 사실들로만 보면 그 여행은 끔찍해 보인다. 콜리지 Samuel Taylor Coleridge의 시에 나오는 늙은 선원처럼 리델도 마치 바다에서 앨버트로스를 화살로 쏘아 죽이고 저주라도 받은 것 같다. 그는 가는 길과 오는 길에 각각 하나씩 짐 가방을 잃어버렸다. 갈 때는 뱃길이 사나워서 뱃멀미도 호되게 했다. 아직 메슥거리는 상태에서 경기가 시작되어 리델은 100야드 종목에서 무력한 4위에 그쳤고 220야드 종목에서는 2위를 했다. 그를 보던 미국인들의 암울한 견해가 『육상 뉴스와 자전거 저널 Athletic News and Cyclists' Journal』에 보도되었다. 신문에 따르면 현지의 올림픽 코치들은 "그가 기술적 결점들을 신속히 바로잡지 않는 한" 그를 두려워할 게 없다고 보았다. 기자들 중에 리델이 400미터 종목에서 우승할 거라고 본 사람은 유일하게 빙크스뿐이었다. 그는 "한창때에 나는 승산이 없다는 말을 들을수록 일부러 더 각고의 노력을 했다"라고 썼다. 그러면서 리델에게도 그런 "각고의 노력"이 있다고 확신했다.

언론에 아주 나약하게 그려진 펜실베이니아에서의 경주들은 더 넓은 전략의 일환이 되었다. 이미 리델은 빙크스에게 "내가 진다면 평범한 행사로 지나갈 것이다"라고 말했었다. 경기 후에도 그의 생각은 똑같았고 "나는 이것을 파리의 준비 과정으로 보았을 뿐이다"라고 말했다. 미국에서 끝내 "멀미 후유증에서 헤어나지" 못했지만 그래도 리델은 자신이 '충분히 잘 달렸다'라고 생각했다. 그는 맥커처의 지시에 순종했다. 리델에 따르면 그가 떠나기 전에 코치는 "3개월 후에 최고의 몸 상태가 되려면 어떤 식으로든 무리해서는 안 된다고 신신당부했다."

만남의 위로도 있었다. 귀국행 배에서 리델은 자매간인 프레디와 이디스를 처음 만났는데 그들은 말투와 복장이 보수적이던 아일린 소퍼와는 딴판이었다. 아서 마샬의 호칭으로 이 "아가씨들"은 "유럽을 겪으러" 가는 길이었다. 민소매 드레스에 종 모양의 모자를 쓰고 진주 목걸이를 길게 늘어뜨린 프레디와 이디스는 재즈 시대(1920년대―옮긴이) 패션의 전형이었고, 반항기의 발산으로 겨드랑이 털을 자랑삼아 내보였다. 둘 다 얼굴에 핏기가 없어서 새까만 아이라이너와 똑같이 새까맣고 한창 유행이던 단발머리가 유난히 두드러져 보였다. 마샬의 회고에 따르면 "그들은 올림픽경기 때 파리에 있을 거라고 말했고, 그래서 우리는 같은 시간에 그곳에 있게 된다면 만나고 싶다고 말했다."

리델은 펜실베이니아 대학교에 걸려 있던 한 경구에 감화를 받고 돌아왔다. 이미 케임브리지 대학교에서 필립 노엘베이커가 여러 번 그에게 외워 주었던 말이었다.

> 최선을 다했다면 승리의 월계관뿐만 아니라 패배의 흙먼지 속에도 영광이 있다.

이전에 그는 더 친숙한 경구를 "나의 좌우명"으로 언급한 적이 있었다. 흰 천에 수놓아 수수한 액자에 담겨 수많은 집에 걸려 있던 말이었다. "가치 있는 일이라면 잘할 가치가 있다." 펜실베이니아 대학교의 표어에는 더 시적인 힘이 있었다. 올림픽이 목전으로 다가올수록 리델은 그 말에 공감했다. 파리에서 패배가 기다리고 있다 해도 깨끗이 승복하고 명예롭게 지는 '영광'을 존중하겠노라고 그는 말했다. "진정한 경쟁심의 모든 것이 그 말 속에 표현되어 있었다. 몇 주가 흘러가는 동안 그 말을 자주 생각했다."

BOA는 여전히 에릭 리델이 일요일 경기 출전에 대해 굴복할 것처럼 행동했다. 올림픽 개막식이 6주도 남지 않았던 5월 27일 자 협회 회의록에 보면 BOA는 리델의 바람을 무시한 채 그를 400미터 종목이 아닌 100미터 종목에 편성해 놓았다. 그달이 끝나기 전에야 BOA는 여태까지 자신들이 헛물을 켜고 있었음을 인정했다.

5월의 마지막 주말에 리델은 1년 만에 처음이자 겨우 통산 네 번째로 440야드 종목을 정식으로 달렸다. 전날 아침에 맥커처는 대회 장소인 황량한 크레이그로크하트로 리델을 불러냈다. 둘은 트랙을 한 바퀴 천천히 함께 걸었다. 직선과 곡선 구간을 걸으며 맥커처는 경주를 공략하는 법을 해설하고 통찰을 전수했다. 리델은 "그는 이렇게 하면 내가 승리할 수 있다며 중요한 단계별로 구분하여 각 구간을 달리는 법을 정확히 일러 주었다"라고 말했다. 그날 그는 무리하지 않고도 51.5초라는 괜찮은 성적을 거두었다.

샘 무사비니가 곧잘 육상을 지나치게 복잡하게 만든 것과는 달리 맥커처는 거창한 이론 따위에 빠지지 않았다. 파리에 대비한 그의 접근 방식은 단순하고 직선적이었다. 리델은 "400미터 종목을 달릴 때 내가 쓰는 방법은 늘 똑같았다"라며 역시 그 공로를 맥커처에게 돌렸다. "모든 400미터 '단거리' 주자가 흔히 쓰는 바로 그 방법이었다. 처음 100미터는 거의 또는 완전히 '전력 질주'하고 첫 직선 구간에서는 4분의 3 이상의 속도를 유지한다. 다음 곡선 구간은 전체에서 가장 느린 구간이며 마지막 100미터는 단거리처럼 달린다."

리델이 맥커처에게 배운 게 또 있었는데 그는 그것을 이렇게 표현했다. "최적의 몸 상태에 이르려 할 때는 늘 천천히 하는 게 유익하며 매일 조금씩이 하루에 왕창보다 낫다." 리델은 파우더 홀에 매주 두 번씩 나갔고 크레이그로크하트에는 한 번씩 갔다. 또 일반 도로를 혼자서 달렸고 가끔씩 조지 스퀘어의 정원 잔디밭에서도 연습했다. 검은 울타리가 둘려 있던 그 정원은 하숙집 정문의 거의 정반대편에 난 문으로 들어갈 수 있었다. 리델은 동료 하숙생들을 꾀어 함께 시합을 벌였는데, 이전 국제 대회 때 입었던 자신의 럭비 셔츠를 그들에게 입히고 꽃과 나무 사이를 달렸다. 그들에게 "족히 다섯 걸음씩 앞서게 해주어" 경쟁의 긴장감을 높인 다음 자신이 직접 출발을 알렸다고 그는 말했다. 결승선을 15걸음쯤 남겨 놓고 그는 그들을 획 추월하곤 했다.

리델에 따르면 늦봄과 초여름 내내 맥커처는 "나를 멋지게 다루었다." 마치 그의 코치가 포드사의 모델 T 자동차를 운전했다는 말처럼 들린다. "나의 안정세가 쭉 잘 유지되었다"라는 그의 말은 기록으로도 입증되었다. 6월 중순의 스코틀랜드 선수권전에서 리델은 100야드와 220야드와 440야드 종목에서 각각 10초, 23.2초, 51.2초의 기록으로 우승했다. "내가 거기서 전 종목을 석권하기는 처음이었다"라고 그는 말했다. 1주일 후에 스탬포드 브리지에서 열린 AAA 선수권전에서는 220야드 종목에서 22초로, 440야드 종목에서 자신의 최고 기록인 49.6초로 우승했다. 이 두 대회를 치르는 동안 리델은 이학 학사 학위를 받기 위한 엄격한 기말고사를 준비하던 중이었다. 시간을 쪼개 운동도 하고 공부도 열심히 하다 보니 육상 면에서 "단연 최고의 기량은 아니었다"라고 리델은 말했다.

올림픽 출전을 준비하던 과정에서 작은 사고가 있었다. 몇 주 전에 동료 하숙생 하나가 리델과 '친선 격투'를 벌이다가 그의 오른쪽 무릎을 유도처럼 조였다. 거기서 빠져나오느라 리델의 오른쪽 대퇴부 근육이 늘어났다. "인기가 바닥으로 떨어진다는 게 무엇인지 배웠다"라던 그 친구는 리델이 회복되자 "크게 안도했다." 그보다 리델은 학업의 스트레스 때문에 자신의 운동 역량이 약해진 게 아닌지 그게 더 우려되었다. 나중에 파리에 가서야 그는 학위를 받기 위한 공부가 "처음에 생각했던 것만큼 그렇게 불운이 아니었"음을 깨달았다. 공부에 매달렸다는 것은 그만큼 훈련이 과하지 않았다는 뜻이었고, 생각이 경주보다 과제물과 시험에 집중되어 있었던 덕분에 오히려 육상에 대해서는 느긋할 수 있었던 것이다.

그 시점에서 영국의 육상 선수 중 리델보다 더 몸 상태가 좋은 사람은 해럴드 에이브러햄스를 포함해서 아무도 없었다.

그래도 400미터 종목은 스물세 살의 미국 선수 둘 중 하나가 무난히 우승할 것이 확실시되었다. 하나는 프린스턴 대학교 재학생인 존 코어드 테일러 John Coard Taylor 였고 또 하나는 디킨스가 지어냈을 것 같을 정도로 이름이 특이한 호레이쇼 피치 Horatio Fitch 였다. 팀 동료들은 그를 그냥 "레이"라 불렀다. 그는 일리노이 대학교에서 공부한 뒤 엔지니어가 되었다. 미국의 올림픽 선수 선발전은 담쟁이넝쿨로 뒤덮인 매사추세츠주 케임브리지의 하버드 스타디움에서 열렸는데, 몸이 마른 금발의 테일러는 48.1초로 세계 신기록을 세웠고 검은 테 안경을 끼고 달린 피치는 불과 0.3초 차이로 2위를 했다. 게다가 둘의 이 기록은 퍼붓는 빗속에서 세워진 것이었다. 누구나 파리의 400미터 종목은 테일러와 피치의 양자 대결이 되리라 예상했다. 미국에서 리델의 이름은 이제 진지하게 취급되지 않았다.

파리처럼 올림픽이 사육제의 진원지가 된 곳은 일찍이 없었다. 파리는 세계의 세기말적 무대였고 자유분방한 무리와 방탕한 이들의 수도였다. 따라서 올림픽이라는 행사와 파리라는 장소의 결합은 두 행성이 일렬로 늘어선 아주 희귀한 사건처럼 취급되었다. 사람들은 파리의 찬란한 예술과 패션에 어떻게든 한몫 끼어 보려 했다. 이미 유명해진 사람은 물론이고 명성의 획득을 일생의 과업으로 삼으려는 이들도 우르르 그곳으로 모여들었다. 자유로운 풍조가 파리의 매력을 더해 주었다. 환율도 마찬가지여서 1달러의 값어치는 25프랑을 웃돌았고 1파운드는 그 세 배에 달했다.

창작 분야의 사람들은 짐을 꾸려 현지로 가서 프랑스어로 말했다. 아무도 이 파티를 놓칠 마음이 없었고 특히 금주령 기간이던 미국인들은 더 목말라 있었다. 자극적이고 화려하고 퇴폐적인 파리는 아무리 즐겨도 욕망을 다 채울 수 없는 곳이었다. 듣기 좋게 쿵쾅거리는 대규모 취주 악대, 전통 재즈의 선율, 찰스턴의 네 박자 래그타임 등이 누구라도 절로 춤을 추게 만들었다. 인도의 카페마다 가난한 작가, 시인, 화가, 자칭 철학자들로 발 디딜 틈이 없었다. 뉴욕과 런던도 이에 비하면 칙칙하고 촌스러워 보였다. 반면에 주일 성수 협회처럼 엄격하게 청교도적인 사람들은 기겁했다. 수상쩍은 생활과 방탕함과 술 취함밖에 보이지 않았기 때문이다.

다들 알다시피 어니스트 헤밍웨이Ernest Hemingway가 묘사한 파리는 "날마다 축제"였다. 그래도 역시 최고의 표현은 당시에 헤밍웨이의 멘토이자 친구였던 작가 거트루드 스타인Gertrude Stein의 말이었다. "파리는 20세기가 있는 곳이었다."

이 인기 만점의 현대 도시는 올림픽도 인기 좋게 현대식으로 주최할 참이었다.

에릭 리델은 똑똑하다는 젊은이들이나 매사에 무절제한 보헤미안들과는 누구보다도 거리가 멀었다. 그의 이런 성품 때문에 사람들이 그를 함부로 단정했으나 이는 철저히 오산이었다. 그가 표현하는 신앙을 그들은 천성적 나약함의 표시로 간주했다. 일요일에 경기하지 않는다는 결단 때문에 리델은 정상급의 경쟁 무대에서 평화주의자로, 즉 속이 무른 사람으로 일축되었다. 하지만 이는 터무니없는 생각이었다. 언젠가 그는 번번이 악조건을 딛고 경주에 우승하는 **비결**이 무엇이냐는 예리한 질문을 받았을 때 "나는 지기를 싫어한다"라고 답했다. 일단 트랙에 나서면 리델은 상대 선수들의 결정적 약점을 간파했고 그 부분을 최대한 공략할 줄도 알았다.

리델에게 파리는 주력의 시험이기 이전에 진작부터 성품의 시험이었다. 어떤 코치도 가르쳐 줄 수 없는 인내, 정직, 용서, 극기, 의지 등이 요구되었다. 모든 인간은 이런 자질을 갖추었거나 갖추지 못했거나 둘 중 하나다.

파리 올림픽에 출전한 영국의 육상 선수는 총 73명이었다. 각 선수에게 지급된 포켓형 지침서에 카도건 경은 왕과 조국과 해가 지지 않는 대영제국을 대표하여 소위 표준 응원의 메시지를 적어 놓았다. "정정당당하게 경기하는 것만이 중요하다"라는 말이었다. 카도건은 말을 단조롭게 질질 끄는 경향이 있어 돈을 내고 들을 만한 대중 연사는 아니었다. 그런데 이 한마디가 돋보인 이유는 그 문장의 지침 속에 독소가 들어 있었으며 누구를 겨냥한 말인지 뻔히 보였기 때문이다. 카도건이 고른 문구는 리델을 향한 비열한 공격이었다. 그는 영국에서 "정정당당하게 경기한다"라는 말은 빅토리아 시대와 에드워드 시대의 명예, 애국심, 스포츠맨 정신, 공정함 등과 맞물려 있음을 알았다. 일요일 경기의 양심적 거부는 그가 보기에 "정정당당하게 경기하는" 게 아니었다.

팀의 총지휘자인 A. B. 조지는 이미 리델의 승산을 파리의 쇠 단추만큼이나 쓰레기 취급한 사람이었다. 그는 이해관계에 일말의 갈등도 느끼지 않고 계속 주관적 생각대로 칼럼을 썼다. 개막식 1주일 전에 올림픽을 전망한 글에 그는 리델을 퍽이나 생각이라도 해주듯 이렇게 말했다. "늦었지만 이제라도 에릭 리델은 10야드 앞의 트랙 대신 하늘을 보며 달리는 오류를 고칠 수 있다. 미국의 비평가들이 그의 동작을 흠잡는 것도 당연하다. 그가 지극히 평범한 균형의 원리를 무시함은 유감이다." 이 말의 이면에 잠재된 메시지는 굳이 설명이 필요 없다. 조지가 보기에 리델은 가망이 없었고 심각하게 취급될 선수가 아니었다. 게다가 조지는 음흉하기까지 했다. 그는 리델의 육상 기법이 1주일 안에 전격적으로 바뀐다는 게 불가능함을 알았다. 글의 문맥상 "유감"이라는 표면적 표현은 오만한 생색으로 읽힌다. 위장이 너무 허술하여 진짜 속셈과 의도가 빤히 보일 정도다. 영국 팀을 지휘하며 사기를 진작시켜야 할 총책 심부름꾼이 그런 말을 했으니 그 뒤로 그의 직위가 해제되었어야 마땅하다. 그러나 BOA는 일부러 무시했다.

다른 사람들이었다면 다수가 카도건의 치아를 깨진 질그릇 조각처럼 만들어 주었을 것이고, 조지와도 맞서 싸웠을 것이다. 그러나 이 두 사람을 대하는 리델의 눈길은 평온하기만 했다.

필립 노엘베이커는 특히 지원을 아끼지 않았다. 그는 한 손에 찻잔을 들고 수시로 리델을 찾아와 '수다'를 떨었다. 상부와 하부의 연결고리로서 마음을 다독이는 역할을 했다. 그는 리델의 입장이 그의 성품에 어긋나거나 영국에 누가 된다고 보지 않았다. 노엘베이커는 전시에 양심적 병역 기피자였던 만큼 시류에 역행하는 데 필요한 용기를 누구보다도―리델보다도―더 잘 알았다.

나머지 케임브리지 대학교 선수들도 보호용 담요처럼 리델을 감싸 주었다. 그는 더글러스 로와 같은 방을 썼고 후보 선수로 파리에 온 아서 마샬과 함께 파리의 거리를 돌아다녔다. 훈련은 400미터 종목의 동료 주자인 가이 버틀러와 함께했는데 버틀러야말로 리델이 자기 영역에 들어옴으로써 잃을 게 가장 많은 사람이었다. 사람은 누구나 자기를 존중해 주는 사람들을 존중하게 마련이다. 덕분에 리델도 크로스컨트리 주자인 존 벤험[John Benham]을 새로운 친구로 사귀었다. 요정 같은 인물인 그는 재능에 맞게 응원단장이 되었다. 리델 곁에는 요지부동의 톰 맥커처도 있었다. 그는 리델에게 모든 산만한 요소들을 무시하고 승리에 집중하라며, 승리하면 비판자들도 입을 다물 거라고 말했다. 맥커처는 열세 번째 자녀가 곧 태어날 것을 알면서도 파리에 갔다. 아기는 나중에 보더라도 먼저 리델을 돌보아야 했던 것이다.

그래도 리델은 불쑥 고개를 쳐드는 회의를 떨쳐 내야 했다. "이것이 옳은 길일까?"라고 혼자 중얼거리는 그의 말소리를 들은 사람이 있었다. 그러나 금세 그는 "그럼, 확실하지"라고 자신의 물음에 힘주어 답했다. 리델의 혼잣말을 우연히 들은 증인은 조지와 그 윗사람들을 보좌하던 영국 팀의 '부지휘자들' 중 하나인 필립 '크리스티' 크리스티슨$^{Philip\ Christie\ Christison}$이었다('크리스티[Christie]'는 '기독교, 기독교인'을 의미하는 남자 이름 '크리스천[Christian]'의 애칭—옮긴이). 육군 대위인 크리스티슨은 올림픽 팀의 악단으로 동행한 국왕 직속의 캐머런 하이랜더 제2부대를 통솔했다. 그는 전쟁 영웅으로 1915년에 루스에서 전공 십자 훈장을 받았고, 1917년에는 혁혁한 용맹을 떨쳐 군복에 선장$_{線章}$을 수여받았다. 콜롬베 스타디움까지 교통편을 제공하는 것도 그의 주요 임무 중 하나였는데 이는 날마다 그의 기지를 시험하는 일이었다. 돈 많은 미국인들이 검은색 택시들을 대규모로 동원하여 두 배의 요금을 보장하며 택시 대기소들을 독점했기 때문이다. 때로 크리스티슨은 위가 열린 트럭이나 자가용을 미친 듯이 불러 세워 발이 묶인 선수들을 실어 날라야 했다. 같은 스코틀랜드 출신인 그는 리델에게 마음이 끌렸고, 그의 이력을 애써 알아보고 나서는 그가 성공하기를 원했다. 크리스티슨은 그 마음을 리델에게 전하려 했다. 그런 선한 의도가 잠시나마 불미스러운 결과를 부른 것은 순전히 크리스티슨에게 두

가지 자질이 부족했기 때문이다. 그는 경의를 표하되 오해의 소지가 없게 하는 기교가 모자랐고, 리델이 자기를 조종하려는 아주 미묘한 시도에도 극도로 예민해져 있음을 충분히 인식하지 못했다. 그가 리델에게 100미터 종목에 빠져서 못내 "애석하다"라고 말한 게 실수였다. 리델은 그 애석한 감정을 잘못 해석했다. 트로이의 목마처럼 당장이라도 자기와 싸우려는 군대가 속에 숨어 있다고 보았다. 그래서 대뜸 크리스티슨에게 "내 마음은 이미 정해졌으니 부담을 주지 말라"라고 되받았다.

  리델은 크리스티슨이 모르는 것을 알고 있었다. 그는 400미터를 "내가 좋아하는 종목"이라 부르며 "준비가 다 되었다"라고 말했다. 상황적으로 부득이 그 종목에 들어섰지만 이제 그마저도 미리 예정된 일처럼 보였다.

· · ·

돌이켜 보면 파리 올림픽은 최초의 "현대 올림픽"으로 칭송되었다. 물론 그 꼬리표는 겉만 번지르르하여 광고와 상업화의 잔치인 현대 올림픽들을 쭉 보면서 그것을 1924년의 흑백사진이나 지직거리는 무성 영상과 비교하며 자란 우리에게는 반쯤 어불성설로 보인다. 요즘의 올림픽 개막식은 콘서트, 쇼, 현란한 브로드웨이, 무용극의 합성물이다. 파리의 개막식은 교회당에서 벌어지는 아마추어 연극 같았다. 원색의 조명도 없었고 화려하게 작렬하는 불꽃놀이도 없었다. 취주 악단 외에는 요란한 음악 소리도 없었고 거창한 안무의 춤도 없었다. 사실 파리에는 야단법석이 전혀 없었다. 모든 게 질서 정연하고 점잖고 단정했다.

　기수들은 반원형으로 전진하여 스타디움 한복판의 잔디밭에 모였다. 올림픽 선서가 낭독되고 나팔이 울렸다. 잔가지로 엮은 바구니에서 방출된 비둘기 떼가 까만 점처럼 날아올랐다. 축포가 터지자 희미한 포연은 눈부신 햇빛 속에 자취를 감추었다. 수놓은 올림픽기가 깃대에 게양되었다. 프랑스 대통령, 웨일스 공, 이란 왕 등 고위 인사들은 마네킹처럼 뻣뻣하게 앉아 있었다. 집단적 획일성의 결여도 눈에 띈다. 운동장 하단의 둘레에는 광고가 없었고 선수들의 복장에는 후원사의 로고가 없었다. 지금은 올림픽 때마다 어디서나 볼 수 있는 오륜 마크도 그때에는 깃발에만 장식되어 있었다.

　당시의 콜롬베 스타디움을 비행선에서 찍은 사진이 있는데 거기에 담긴 주변 경관은 거의 초원과도 같다. 대지는 잎이 무성한 나무들로 꾸며져 있고 널따란 센강은 굽이굽이 서쪽으로 흐른다. 지평선으로 뻗어 나가는 시골의 연한 신록은 자욱한 안개에 가려져 희미하다. 이 평온한 풍경을 망쳐 놓는 몇 가지를 화가라면 누구나 물감으로 지워 없앨 것이다. 우선 강둑의 한 공장에 우뚝 솟은 네 개의 가느다란 굴뚝에서 일제히 매연이 뿜어져 나온다. 거대한 정방형 시계와 30미터 길이의 점수판이 있는 타원형 스타디움 자체의 콘크리트도 흉물스럽다.

　선수 입장 때에 에릭 리델은 트랙의 가장자리 쪽에 좁게 끼어 있었다. 어느 사진에 찍힌 그를 보면 맥고모자를 정중히 가슴에 얹고 고개를 고위 인사들 쪽으로 향하고 있다.

　언론의 관심은 여전히 로와 스톨러드와 버틀러와 특히 에이브러햄스에게 집중되어 있었다. 아침을 먹을 때면 선수들은 몇 페이지 안 되는 신문들을 휙휙 넘겨 가며 서로 기사를 읽어 주었다. 기자들은 에이브러햄스를 "케임브리지의 탄환"이라 불렀는데 그 별명의 두운[頭韻]이 지면에 멋지게 찍혀 있었다. 100미터 종목에서 그는 딱 두 차례의 아슬아슬한 고비를 넘겼다. 예선 1차전을 11초로 마쳤을 때는 자신의 몸놀림이 "낡아 빠진 마차와 같았다"라고 말했다. 2차전에서는 이스턴 시럽을 한 통 다 마시기라도 한 듯 속도를 높여 10.6초로 올림픽 타이기록을 세웠다. 그러나 준결승 때는 출발이 늦었다. 10미터 지점에서 1야드쯤 뒤져 있던 에이브러햄스는 "당황하지 말라고 외치는 내 안의 세미한 음성을 들었다"라고 했다. 중간 지점에서 격차가 한 걸음 차이로 좁혀졌고 4분의 3 지점에서는 거의 대등해졌다. 결국 기본기에 충실했던 결과로 그는 선두로 나섰다. 나중에 에이브러햄스와 한 마디 주고받으면서 리델은 결승전에서도 아무도 그를 따라잡지 못하겠다는 확신이 들었다.

> 리델: "출발이 힘들었지."
> 에이브러햄스: "말도 말게. 다섯 명이 다 내 앞에 있었으니까. 하지만 다시는 늦지 않을 걸세."

리델의 말마따나 "역시 승자다운 기질이었다. 그 말은 결코 허풍이 아니라 확신이었다. 그는 우리 팀의 희망이 자기에게 있음을 알았고, 그 기대에 부응하려 했다."

그리고 그대로 되었다.

결승전에서 에이브러햄스는 최고의 각도로 테이프를 끊었고 테이프는 그의 가슴팍에 붙어 포물선을 그렸다. 머리와 가슴은 앞으로 쭉 내밀었고 양팔은 거의 어깨와 같은 높이로 뒤로 곧게 올렸다. 지팡이 한 쌍을 날개로 달면 인력으로 비행이 가능하다고 믿었던 초창기의 비행사라도 될 수 있을 듯한 포즈였다. 그는 마치 벼랑 끝의 비탈면에서 곧 날아오르려는 사람 같았다. 은메달의 주인공은 어깨가 날렵한 미국인 잭슨 숄츠Jackson Scholz였는데 결승선을 넘자마자 쓰러져 허우적거리는 그는 꼭 죽어 가는 볼쇼이 발레의 백조 같았다. 스톱워치에 찍힌 에이브러햄스의 기록은 10.6초였다.

리델은 에이브러햄스가 우승해서 기뻤고 또 안도했다. 그가 졌더라면 리델에 대한 비난도 가중되었을 것이다. 그가 이겼기 때문에 아무도 리델의 100미터 종목 불참을 더 이상 문제 삼지 않았다. 언론 보도에 관한 한 리델은 전보다도 더 한참 뒤로 밀려났다. 에이브러햄스는 쇼의 스타였고 영국의 일인자였다.

A. B. 조지는 코어드 테일러와 호레이쇼 피치의 기량을 알았기에 "리델은 200미터에나 희망을 두어야 할 것 같다"라고 주장했다. 리델이 단거리에서 400미터 주자로 제대로 변신했다는 확신이 조지에게 없었던 것이다. 사실상 그의 논지는 리델에게 폐활량과 다리의 근력이 부족하여 국제 대회에서 400미터는 고사하고 200미터도 버틸 수 없다는 것이었다. 또 다른 이유는 리델의 출발 동작이 더디다는 것이었다. 리델도 "요즘 신문에 보면 느린 출발이 나의 약점으로 거론된다"라며 이를 의식하고 인정했다. 요컨대 리델이 버틀러를 이길 수 없고 버틀러가 테일러나 피치를 이길 수 없다는 게 중론이었다.

전문가들은 여전히 그 둘 중 하나가 시종 선두를 장악할 것으로 보았다. 미국 선수 자신들도 그렇게 생각하는 것 같았다.

피치는 "다 이루었을 때"라고 직접 제목을 붙인 올림픽 일기를 썼다.

앞부분의 행간을 읽어 보면 400미터 담당 코치인 에이머스 알론조 스태그Amos Alonzo Stagg의 터무니없는 실책을 감지할 수 있다. 방심과 오만이었을 수도 있지만 부실한 전술과 더 부실한 준비 탓이었을 소지가 더 크다. 8일간의 항해를 거쳐 파리에 도착한 피치는 할리우드 최고의 부부를 만난 일을 기록했다. 더글러스 페어뱅크스Douglas Fairbanks는 「쾌걸 조로」, 「바그다드 왕국의 비밀」, 「삼총사」 같은 영화에 검객이나 허세 부리는 사람으로 출연하여 유명해졌고, 그의 아내 메리 픽포드Mary Pickford는 "미국의 연인"으로 불리며 출연하는 영화마다 총수익 100만 달러를 달성했다. 피치의 기록에 꾸준한 훈련 일정은 나오지 않는다. 스태그의 팀은 레크리에이션으로 날마다 '말굽 던지기'를 했고, '아침과 한낮과 밤중'에 딸기를 대접으로 먹었고, 롱샹의 경마장에 간 날을 비롯하여 관광도 많이 했다. 초장부터 미국 선수들은 거의 트랙의 근처에도 가지 않았다. 피치는 '장거리' 훈련을 좀 하고 싶었으나 코치가 '말렸다.' '베테랑'으로 통하던 예순두 살의 스태그는 미식축구의 대가이자 스포츠맨 중의 스포츠맨이었다. 한때 예일 대학교 풋볼 팀의 윙이었고, 출중한 야구 투수로서 뉴욕 자이언츠 팀과의 계약을 고사한 적도 있었다. 이번 올림픽이 열리기 불과 2년 전에 미국의 미식축구 코치 협회를 공동 창설하기도 했다. 그는 자신이 애칭으로 "일당"이라 부르던 휘하의 선수들을 너무 지치게 할 필요가 없다고 보았다. 그러나 대회가 시작될 즈음 피치는 자신의 '몸 상태가 좋지' 않은 것 같았고 그 원인을 '무절제한 식생활, 파리 주변을 너무 나다닌 일, 부족한 맹훈련' 탓으로 돌렸다.

영국은 이 종목의 메달을 기대하지 않았다. 리델보다 한 수 위이던 버틀러가 악조건을 안고 달렸기 때문이다. 그는 6월 중순에 대퇴부 근육이 늘어나 목발을 짚고 다니다가 고강도의 전기 치료를 받았다. 올림픽 연습도 거의 하지 못해 예선전을 '연습 시합'으로 삼았을 정도였다. 부상이 악화되지 않게 하려고 버틀러는 출발할 때도 구멍을 딛지 않고 그냥 선 자세로 하기로 결정했다. 그만큼 더 불리하게 된 것이다.

언론은 리델이 4위만 해도 다행이라고 보았다. 『선데이 크로니클 Sunday Chronicle』에 전형적 예측이 실렸다. 이 신문의 기자는 100미터에서 400미터 종목으로 바꾼 리델의 결심에 대해 "아무래도 이 변경은 그에게 손해가 될 것으로 보인다. 하지만 이제는 어쩔 수 없다"라고 결론지었다.

이런 낮은 기대치가 리델에게 유리하게 작용했다. 덕분에 본국 언론의 성가신 주목 없이 준비에 임할 수 있었는데, 그 진가가 200미터 종목에서 유감없이 나타났다. 이 경기마저 이기면 에이브러햄스는 일거에 스타급 명성에 도달할 것이었다. 그런데 그가 숨 쉬는 이유는 전적으로 100미터 종목에서 금메달을 따 세상에서 가장 빠른 인간이라는 칭호를 얻는 데 있었다. 이 목표를 달성하는 데 심신의 노력을 쏟아붓느라 그는 기력을 소진시켰다. 100미터 종목에 우승한 후 그는 쾌감에 취해 블러바드 데 이탈리엥의 카페에 가서 술을 과음했고 그토록 좋아하던 담배도 마구 피웠다. 이미 힘을 다 써 버려 정신적으로나 신체적으로나 경기에 부적합한 상태였던 것이다. 결국 에이브러햄스는 200미터 종목에서 꼴찌인 6위를 했고 염치도 없이 그 원인의 일부를 샘 무사비니 탓으로 돌렸다. 준결승 때 "몹시 힘들었다"라는 그의 불만을 듣고 무사비니는 출발이 너무 빨랐던 탓으로 보았다. 그런데 에이브러햄스는 그 진단 때문에 결승전에서 자신의 출발이 "아주 느려졌다"라고 말했다. 스스로 체념하여 승기를 놓친 순간 이미 만회는 불가능했다.

이튿날 아침에 리델은 에이브러햄스의 "근성 상실"에 대한 기사들을 읽으며 기자들을 "실상에 무지한 비판자들"이라 비난했다. 그가 보기에 에이브러햄스는 너무 지쳐서 그냥 "탈진한" 것뿐이었다. 리델은 이 경기에서 21.9초로 3위를 했다. 1위는 21.6초로 올림픽 신기록을 세운 숄츠였고 2위는 4년 전에 금메달 2관왕에 올랐던 또 다른 미국인 찰리 패독 Charley Paddock이었다. 리델은 '천사처럼' 달린 그들 둘을 칭송했다. 리델의 동메달은 에이브러햄스를 매장시킨 비난의 돌무더기에 가려졌다. 에이브러햄스의 실패가 재앙으로 취급되면서 기사들의 주조를 이루었고 칼럼마다 거의 장송곡풍 일색이었다. 리델은 거의 주목받지 못했고 그의 성과는 부수적인 것이었다. 『스코틀랜드인』과 『에든버러 이브닝 뉴스』마저도 리델이 현지 출신임을 망각한 채 헤드라인을 각각 "에이브러햄스의 실패", "영국의 허망한 날: 200미터의 실패"로 뽑았다. 그나마 『글래스고 헤럴드』는 스코틀랜드 독자들에게 맞추어 기본적인 뉴스 감각을 보였다. 하지만 이조차도 호평이나 찬사 없이 "리델, 3위로 골인"이라는 사실 전달에 그쳤다.

리델이 200미터 종목에서 보여준 통계 수치는 더 먼 거리를 달려야 하는 그의 역량에 대한 회의를 증폭시켰다. 그의 기록은 예선 1차전에서 22.2초였고, 2위로 골인한 준준결승에서는 21.8초였으며, 준결승에서도 역시 21.8초였다. 이 정도로는 리델이 400미터 종목의 금메달감으로 보이지 않았다.

400미터 경기의 첫 두 단계까지도 그랬다.

총 17회에 걸친 예선전은 따분할 정도로 뻔했다. 코어드 테일러와 호레이쇼 피치와 에릭 리델은 각기 다른 조에 편성되었으므로 그저 예선을 통과할 정도로만 달렸다. 테일러는 차분하게 50.4초를 끊었고, 피치는 자기 조에 두 명만 출전하여 둘 다 통과가 보장되었으므로 여유를 부릴 수 있었다. 52초에 들어온 그는 "가다 말고 길가의 제비꽃을 꺾지 않는 한 이보다 더 천천히 달릴 수는 없었다"라고 말했다. 리델의 50.2초도 누구도 열광할 만한 기록은 아니었다.

지각변동은 준준결승에서 벌어졌다. 올림픽은 대회 때마다 이변을 낳는데 파리의 이변은 스위스 출신 무명의 자물쇠 제조업자인 조세프 임바크 Josef Imbach 였다. 그는 육상 400미터 준준결승에서 48초로 세계 신기록을 세웠다. 아무도 그에 대해 들어 본 적이 없었기에, 아무도 그를 위협 요소로 생각하지 않았다. 리델은 깜짝 놀란 정도였지만―리델의 말에 따르면 "그는 정말 유연하게 달렸다"―피치와 테일러는 그가 얼마나 더 빨리 달릴 수 있을지 몰라 망연자실했다. 이번에도 미국 선수들은 리델이 경쟁 상대가 안 된다며 그를 완전히 무시했다. 리델은 49.3초로 준결승에 진출했는데 이는 무난한 정도였지 결코 우승할 기록은 아니었다. 그래서 그들에게 그는 거의 있으나 마나 한 존재였다.

준결승이 끝난 후에도 리델은 순위가 더 밀려나 있었다.

400미터 종목은 관람하는 이들에게 이상해 보였다. 예측 못할 변화와 반전이 이어졌고 행운의 주자가 자꾸 바뀌었다. 이번에는 피치가 유망해졌다. 그는 스위스의 임바크가 기록 보유의 기쁨을 누릴 겨를도 없이 세계 신기록을 갈아 치웠다. "누구 못지않게 나 자신이 놀랐다. 힘을 아껴 두려고 마지막 30야드에서 속도를 줄였기 때문에 특히 더

힘과 영광
파리 올림픽 400미터 결승전에서 선두를 달리고 있는 에릭 리델

했다"라고 피치는 말했다.

갑자기 피치의 위상이 달라졌다. 47.8초의 기록을 보유한 그는 의심의 여지없이 이 종목의 일인자였고 테일러가 아주 부진했기 때문에 더욱 돋보였다. 테일러는 다른 준결승 조에서 3위라도 하기를 다행이었고 임바크는 그보다는 앞섰지만 2위에 머물렀다. 앞서 테일러와 임바크를 둘 다 이겼던 리델은 48.2초에 그쳤다.

이런 기록에 근거하여 피치의 낙승이 점쳐졌다.

준결승에서 결승까지의 세 시간 반 동안 미국 진영의 대화는 잠시 임바크에게로 다시 집중되었으나 리델은 제외되었다. 미국 선수들은 비교적 알려지지 않은 스위스 선수를 여전히 약간 경계하면서 그가 결승전을 치를 여력을 비축해 두었을지 의논했다. 그러느라고 준결승에서 선두를 내준 것일 수도 있었다. 결국 그들은 그에게 기력이 별로 남아 있지 않다고 판단했다. 그들이 워낙 잘 알던 리델은 전혀 적수로 취급되지 않았다. 가이 버틀러가 꾸준히 상승세를 보이며 피치를 바짝 뒤쫓아 골인했으므로 그들이 주요 경쟁자로 본 영국인은 리델이 아니라 버틀러였다.

미국인들 중에서 딱 한 사람만 생각이 달랐다.

코넬 대학교의 스포츠 대부인 잭 모클리Jack Moakley는 두 줄의 단추가 달린 양복 차림에 무테안경을 끼고 희끗한 머리를 깔끔히 빗어 넘긴 모습이 차라리 책밖에 모르는 대학교수에 더 가까워 보였다.

예순 살의 모클리는 그 학교에서 15년 경력의 육상 수석 코치였을 뿐 아니라 더 직접 관련해서는 안트베르펜 올림픽에서 미국 팀의 코치이기도 했었다. 그때 미국은 금메달 아홉 개를 포함해 총 29개의 메달로 육상의 최강국이 되었다. 그는 파리에서 자국 선수들에게 조언을 베풀었고, 종종 기자석 옆자리에 앉아 경기를 관전하면서 경관 못지않게 친분도 즐겼다. 400미터 종목도 모든 시합을 지켜보았다. 비평가마다 보는 게 다른데 최고의 비평가는 남들이 안목이 부족해서 놓치는 세세한 부분까지 간파해 낸다. 모클리는 리델의 볼썽사나운 폼에 움찔하며 그를 "지독한 주자"라 칭했지만 그러면서도 그의 부족함보다 탁월함에 주목하여 그를 단역端役보다 훨씬 높게 평가했다.

"그에게 뭔가가 있다. 우승할 실력을 갖춘 것 같다." 그가 미국 팀에게 한 말이다.

그러나 아무도 그의 말을 듣지 않았다.

다섯 번째 달리기

샹젤리제에서 탱고를

　스포츠에 전율하다 보면 자칫 경박하게 올바른 시각을 잃을 수 있다. 극적으로 묘사하려다가 엉뚱한 과장에 빠질 위험성이 상존한다. 스포츠를 보는 사람이나 늘 이 분야의 글을 쓰는 사람이나 똑같이 그런 과오를 저질러 왔다. 스포츠가 사람의 가슴에 호소하기 때문이다. 그래서 우리는 감정적으로 나가려 한다. 또 현장에 동참하는 목적이 심미적이고 본능적인 경험에 있기에 기꺼이 그 감정에 협력하여 굴복한다. 과거의 탁월했던 스포츠의 위업은 세월이 지나도 흐려지지 않는다. 오히려 향수 때문에 토성 土星의 고리보다 더 큰 빛이 둘레에 씌워진다. 그래서 때로 스포츠 역사에는 전설이 활자화되고 신화가 영구화된다. 논란의 여지가 있는 내용조차도 화려하게 미화된다.
　그런데 1924년의 무더운 여름에 에릭 리델의 경우는 그 반대였다. 그의 승리에는 세상을 떠들썩하게 할 그 모든 어구가 마땅히 따라붙을 만했다. 그해 파리에는 대서특필된 위업들이 있었다. 특히 '나는 핀란드인들'로 알려진 3인조가 그랬는데 파보 누르미 Paavo Nurmi는 일곱 개 종목의 경주에서 6일 만에 다섯 개의 금메달을 땄고, 빌레 리톨라 Ville Ritola는 3000미터 장애물 경주와 1만 미터 경주에서 우승했으며, 알빈 스텐로스 Albin Stenroos는 검은 곱슬머리에 흰 베레모를 쓰고 폭염의 열기 속을 시종 쌩쌩하게 달려 마라톤의 승자가 되었다. 또 미시간주의 멀리뛰기 선수 디하트 허버드 DeHart Hubbard는 열아홉 살의 나이에 미국 최초의 흑인 올림픽 챔피언이 되었고, 일리노이주의 10종 경기 및 높이뛰기 선수 해럴드 오스본 Harold Osborn은 오른쪽 눈이 사실상 실명 상태인데도 올림픽에 두 종목이나 출전했다. 근육질의 미남 조니 와이즈뮬러 Johnny Weissmuller는 수영에서 금메달 세 개를 땄고, 먼 훗날 할리우드 영화로 메트로 골드윈 메이어사와 7년 계약을 맺어 허리에 간단한 옷만 걸친 정글의 타잔이 되었다.

해럴드 에이브러햄스도 최고의 육상으로 위의 핀란드나 미국 선수들과 같은 범주에 들었지만 그의 경기는 리델이 무엇을 자진하여 포기했는지도 예시해 주었다. 신문을 읽거나 광석수신기를 들은 사람은 누구나 다 리델이 고수했던 굳은 신조는 물론 그에게 400미터 종목이 생소했음도 알았다. 그래서 어느 개인의 이야기도 그의 이야기만큼 가슴에 사무치지 못했고 어떤 승리도 그의 승리만큼 대중적인 축하를 받지 못했다.

올림픽이 진행되는 내내 파리는 보온 담요에라도 덮인 양 펄펄 끓었다. 단거리와 중거리 주자들은 간신히 그 상태를 견딜 수 있었지만 장거리 주자들은 일사병, 탈수, 환각 증상, 신체적 무력증 등의 위험을 감수해야 했다. 마라톤을 마친 한 주자는 실성한 듯 뛰어다녔고 다른 주자는 이유 없이 관중석으로 돌진했다. 또 다른 주자는 스타디움에 들어온 뒤 방향을 잘못 틀어 진행 요원이 정로를 가리켜 보였다. 그런데도 그는 방향 감각을 잃고 코르크 마개뽑이처럼 빙빙 돌다가 결국 어지러워 바닥에 풀썩 쓰러졌다. 센강 변에도 그늘은 없었고 공장에서 뿜어 나오는 연기 때문에 대기는 숨 막힐 듯 검게 변했다. 햇볕에 노출된 구간에서는 살갗이 금방 벌겋게 익어 화끈거렸다. 출전 자체가 거의 자살행위에 가까웠다. 온도가 44도까지 치솟아 1만 미터 크로스컨트리 단체전에 출전한 32명의 선수 중 콜롬베 스타디움까지 완주한 사람은 15명뿐이었다. 실신하여 들판에 쓰러져 있던 존 벤험은 한 소년의 눈에 띄었다. 소년은 스타디움까지 3킬로미터도 더 달려가 아무 영국인을 붙잡고 서투른 영어로 겁에 질려 다급하게 말했다. "빨리 가 보세요. 영국 사람이 죽어 가고 있어요." 벤험은 스트리크닌 주사로 목숨을 부지했다. 지붕 덮인 스탠드에 앉아 있던 리델은 의료진과 적십자사 구급차가 "서둘러 운동장 안으로 들어온 덕분에 다른 선수들이 아주 아슬아슬하게 목숨을 건졌다"라고 말했다. 그는 셔츠 바람의 관중들이 '시원한 음료와 빙과를 있는 대로 다' 먹어 치우는 모습을 보면서 다들 '선수들이 얼마나 타는 듯한 더위를 견디고 있는지 알까' 하는 의문이 들었다.

 리델은 운이 좋았다. 7월 11일 금요일—그의 말에 의하면 다른 어떤 날보다도 "내 기억 속에 더 또렷이 새겨진" 그날—파리의 온도는 27도밖에 되지 않았다. 저녁 6시 30분 조금 전에 결승전 주자들을 탈의실에서 불러내는 전자 종이 울렸을 때는 한낮의 열기가 걷혀 있었다. 이제 숨을 쉬어도 공기가 푹푹 찌는 것 같지 않았다. 리델은 에이브러햄스에게서 교훈을 하나 배웠다. 에이브러햄스는 100미터 준결승전과 결승전 사이 대기해야 했던 세 시간 동안 자신이 꼭 "교수대로 가기 직전의 사형수와 같았다"라고 말했다. 탈의실은 굴속 같았으나 거의 칠흑처럼 캄캄했다. 그곳을 나서는 선수들은 외부의 가혹한 빛에 적응하느라 사정없이 눈을 깜빡여야 했다. 선수들과 코치들이 쉴 새 없이 드나들었고 군중의 함성과 박수 소리가 온 실내에 울려 퍼졌다. 신경이 극도로 예민해지고 초조해진 에이브러햄스는 이 모두를 피했고, 다른 선수들의 도포제며 땀이며 마사지 오일에서 나는 지독한 악취도 피했다. 근처의 사설 오두막을 세냈던 것이다. 그래도 그가 샘 무사비니와 옥신각신하는 소리가 리델의 귀에까지 들려왔다. "그는 차를 타고 콜롬베 외곽을 돌고 싶어 했다. 그의 말대로 '그냥 한숨 돌리기 위해서'였다. 프랑스의 택시 기사들에 대해 잘 알던 무사비니는 단지 자신이 맡은 선수의 일시적 기분을 채워 주기 위해 지난 1년간 인내해 온 노력의 결실을 위험에 빠뜨릴 생각이 없었다. 그래서 막 떠나려는 택시를 도로 불러 에이브러햄스를 앉아서 자게 만들었다." 리델도 앉아서 잤다. 가장 조용한 구석을 찾아 몇 시간을 "충분히 유쾌하게 보냈다"라고 그는 말했다.

그가 잠에서 깨자 맥커처가 다리를 천천히 마사지해 주었는데 필요했다기보다는 늘 하던 일과였다. 리델은 "더워서 근육이 풀어져 있었기 때문에 굳이 마사지가 필요 없었다"라고 말했다. 맥커처는 그러는 내내 침묵했다. "우리는 거의 서로 말이 없었다. 전술은 이미 합의되어 있었다." 평소에 에이브러햄스는 마음이 산란하고 조급했으며 경주가 어서 시작되어 다 끝나기만을 학수고대했다. 반면에 리델은 평온하고 상냥했으며 시간의 흐름에 편안히 따랐다. 시간이 어서 가 버리기를 바라지 않았다. "신기하게도 나는 아주 차분했다"라고 그는 설명했다.

그날 아침 그는 정사각형으로 접은 종이를 건네받았다. 팀의 안마사 중 하나가 준 선물이었다. 마침 숙소인 모데른 호텔을 나서던 리델은 나중에 읽어 보겠다고 약속하며 쪽지를 주머니에 넣었다. 나중에 보니 행운을 비는 축복의 말이 적혀 있었다.

성경에 말하기를 "나를 존중하는 그를 내가 존중하겠다"라고 했습니다. 당신이 최고의 성공을 거두기를 늘 기원합니다.

인용된 성경 구절―사무엘상 2:30, NIV―의 대명사가 단수로 바뀌어 있기는 했지만 믿음과 소망이 담긴 이 작은 사적인 고백은 그에게 깊은 감동을 주었다. 리델과 그의 소신을 믿어 주는 사람이 맥커처 말고도 또 있었던 것이다.

호레이쇼 피치는 여전히 승산이 높았고 본인도 진지하게 승리를 예상했다.

경쟁 상대들은 그에게 대단해 보이지 않았다. 코어드 테일러는 자신감이 줄었고 가이 버틀러의 아픈 허벅지는 반바지 밑에 붕대로 묶여 있었다. 캐나다의 데이비드 존슨은 피치를 걱정시킬 만한 이력이 없었고 조세프 임바크는 한때 무적의 초인이었으나 이미 정체가 드러났다. 그렇다면 리델에 대해서는 어땠을까? 피치는 리델에 대한 잭 모클리의 긍정적 평가를 잊었고 리델을 자신의 적수로 생각한 적이 없었다. 에이머스 알론조 스태그는 피치에게 "리델을 걱정할 필요가 없다"라면서 리델을 "결승선 50야드 앞에서 쓰러질… 단거리 선수"로 일축했다.

하지만 단거리 선수라서 오히려 리델에게는 두 가지 분명한 이점이 있었다. 우선 햇볕에 달구어져 단단해진 신더가 그에게 이상적인 조건이었다. 또 콜롬베 스타디움의 여섯 레인 트랙은 총 길이가 500미터라서 400미터 경주는 반대쪽 직선 구간에서 시작되는 말굽 형태의 코스였다. 리델은 곡선 구간이 한 번만 있는 코스에 최적화되어 있었다. 이미 다 심사숙고한 요소들이었다. 처음부터 리델은 우승 후보로 거론되기를 원하지 않았고, 예선전이나 준결승전—기록이나 호평은 중요하지 않고 결승 진출만이 중요했다—에 기력을 소모할 마음도 없었다. 그는 "다른 선수들이 세운 기록과 무관하게 나는 충분히 자신감이 있었다. 그동안 여유 있게 잘 달렸고 내 일생의 경주에 나선다는 긴장감도 충만했다"라고 말했다. 피치는 이미 자신을 반쯤 올림픽 챔피언으로 생각하고 있었을 뿐 이런 정황을 하나도 몰랐다. 미국의 신문들도 몰랐다. 미국 팀의 승리를 기정사실화하여 400미터 종목의 승점을 가산한 표를 유럽판에 미리 찍어 내기까지 했다.

리델이 출발용 구멍을 파고 있는데 조 빙크스가 기자석에서 내려와 행운을 빌면서 육감적인 전술 하나를 전해 주었다. 빙크스는 자신이 한 말을 늘 기억했다. "나는 그가 '미친 듯이 달려' 선두를 유지해서 테이프를 끊는 순간까지 다섯 주자를 모두 따돌려야 할 것 같다고 말했다." 그는 리델의 대답도 늘 기억했다. "좋은 생각인 것 같다."

400미터 결승전을 담은 파테사[*]의 뉴스 영화는 1분 12초로 끝난다. 카메라들은 고정된 채로 땅바닥 높이에 배치되어 있었다. 무성이긴 하지만 영화 관객들은 신문과 라디오를 통해 결과가 알려진 지 며칠 만에 에릭 리델의 주력을 다시 눈으로 볼 수 있었다.

처음에 리델이 화면에 클로즈업되어 나온다. 그의 얼굴 전체에 태양 광선이 직사된다. 허리춤에 넓게 짚은 양손은 손가락이 길고 손톱이 단정하게 깎여 있다. 옷은 마치 그대로 입고 잔 것처럼 약간 구겨져 있다. 하지만 때꾼한 눈과 그 밑에 축 늘어진 선을 보면 잠이 모자랐던 듯 보인다. 입술을 바짝 오므리고 있어 한순간 고개를 카메라 쪽으로 돌릴 때까지는 입이 거의 보이지 않는다. 그는 윗입술을 핥아 침을 묻힌다. 그러고는 다시 깊은 생각에 골몰한 표정으로 돌아간다. 그는 제비뽑기로 배정받은 맨 바깥쪽 레인의 전방을 부동의 시선으로 응시한다. 그 레인은 마지막 직선 구간 때까지 자신이 다른 선수들의 앞에 있는지 뒤에 있는지 알 수 없기 때문에 최악의 위치다. 직사각형 천에 찍힌 번호 451번이 흰색 반소매 러닝셔츠에 핀으로 꽂혀 있고, 번호 위에는 깃대에 묶여 펄럭이는 영국 국기가 꿰매져 있다. 그의 뒤편에는 군중이 상향으로 경사진 지붕 밑의 좁은 벤치들 앞에 모여 있는데 중년 남성들이 주를 이룬다. 아무도 앉을 생각이 없다. 관중석 뒤쪽은 그늘져서 사람들의 얼굴이 불분명하다. 앞쪽의 사람들은 높은 철제 난간 쪽으로 우르르 몰려 있어 눈부신 햇빛을 피할 길이 없다. 남자들은 스리피스 정장 차림인데 회중시계의 색다른 장식용 사슬 하나가 조끼 전면에 늘어져 반짝이고 있다. 대부분 대형 접시만큼이나 넓은 펠트 중절모나 빵모자를 썼다. 멋과 날씨를 더 의식해서 맥고모자를 쓴 사람들도 있다. 유독 돋보이는 여자가 하나 있는데 어두운 복장의 물결 속에서 그녀는 흰색으로 눈부시다. 장딴지까지 내려오는 드레스도 희고 모자도 희고 팔꿈치까지 덮는 장갑도 희다. 마치 마네의 그림 속에서 걸어 나온 여인 같다. 지붕이 없이 얕은 계단만 있는 스타디움 저쪽에서는 일부 관중들이 쏟아지는 햇살을 양산으로 가리고 있다. 옆쪽에서 바람이 확연히 불어와 서쪽 끝에 게양된 국기들이 리델의 가슴팍에 있는 깃발마냥 거의 직각으로 휘날린다.

카메라에 잡히지 않았지만 말로 증언되는 사실들도 있다. 조 빙크스가 본 대로 조그만 은색 흙손으로 출발용 구멍을 판 리델은 으레 그렇듯이 그 구멍에 발을 대기 전에 자신의 경쟁자들에게 일일이 다가가 악수를 나누었다. 또 리델이 회상했듯이 "거대한 군중은 감정으로 들끓었다." 소음이 어찌나 시끌시끌하던지 출발을 신호하는 중산모자 차림의 요원이 안내 방송 담당자에게 부탁하여 정숙해 달라고 호소해야 했다. 출발선으로 부르는 소리를 선수들이 듣지 못할까 우려되었기 때문이다. 그 뒤로 찾아온 정적은 고요한 교회와도 같았다. 그때 갑자기 캐머런 하이랜더 악대의 요란한 음악 소리가 저녁 하늘에 울려 퍼졌다. 그들은 뻔뻔하게도 제멋대로 규정을 어기고 「용감한 스코틀랜드 Scotland the Brave」의 여덟 마디를 연주했다. 그러자 참견하기 좋아하는 일부 요원들이 이를 막으려고 필립 크리스티슨에게 급히 달려갔다. 그 승전가는 크리스티슨이 동향 출신인 리델을 응원하려고 즉석에서 연주를 지시한 것이었다.

드디어 리델에게 결전의 순간이 왔다. 콜롬베 스타디움의 붉은 석탄재 신더 위에서 이 멋진 사나이가 1위를 하려 한다. 총성이 울리자마자 금방 판명 날 것이다.

그는 총알처럼 출발선에서 홱 튀어 나간다. 그에 비하면 다른 주자들은 다 걷는 것처럼 보인다. 그는 트랙을 질주하여 초반부터 추격자들을 따돌려 버린다. 그들에게 보이는 거라곤 그의 굽은 등과 날랜 뒤꿈치뿐이다. 뒤꿈치를 뗄 때마다 발목 높이까지 신더의 먼지가 피어오르고, 검은 신발의 앞부리가 닿았던 곳마다 모래밭에 난 아이의 발자국만큼 작은 흔적이 남는다. "출발이 완벽했다"라고 그는 말했다.

400미터 경주를 교본대로 하자면 우선 전력 질주로 출발하여 40-50미터 지점에서 속도를 약간 늦춘 뒤 4분의 3 지점까지 고른 보폭을 유지하다가 막판에 가슴과 어깨의 근육에 힘을 모아 다시 전력 질주하는 것이다. 그런데 리델은 여태 아무도 취하지 않았던 방식을 취했다. 그는 자신이 맨 바깥쪽 레인에 있었기 때문에—또 호레이쇼 피치와 조세프 임바크에게 배정된 안쪽이 "제일 좋은 자리"라고 보았기 때문에—스스로에게 이 하나의 지시만 내렸다고 말했다. "전력 질주하되 마지막 직선 구간에서 뒤처지지 말자." 이는 빙크스가 동일한 결론에 도달하기 오래전부터 리델과 맥커처가 이미 정해 둔 전술이었다. 트랙이 말굽 형태이고 신더가 단단해져 있다는 게 한 가지 이유였다. 리델의 다리 힘이 좋다는 것도 또 다른 이유였다. 세 번째 이유는 리델이 금방 모든 주자들을 지치게 만들 게 확실했다는 것이다.

그의 출발 동작이 더디다고 했던가? 시작이 느리다고 했던가? 이 날만은 아니었다.

선수들에게 지급된 무료입장권은 보는 각도가 비스듬한 좌석뿐이라서 경기의 판세를 가늠할 수 없었다. 그래서 해럴드 에이브러햄스는 10실링이라는 거금을 들여 결승선 맞은편 자리의 입장권을 샀다. 샘 무사비니와 나란히 앉은 그는 리델의 모험을 보며 기겁했다. "그의 출발 속도가 어찌나 맹렬하던지 완주하기 전에 제 풀에 꺾일 것 같았다. … 전 구간을 견디기가 불가능해 보였다." 아서 마샬도 눈앞의 광경을 믿을 수 없었다. 그는 리델을 초고속 기차에 빗대며 "그는 총알처럼 튀어 나갔다"라고 말했다. 이미 10야드쯤 뒤쳐진 가이 버틀러도 저런 '전력 질주'를 끝까지 지속할 수 있는 인간은 없다고 생각했다.

리델 자신도 "'끝까지 갈 수 있을까?'라는 생각이 들었다"라고 고백했다.

중간 지점까지의 그의 기록은 경이적인 22.2초로 200미터 종목의 결승전에서 나온 잭슨 슐츠의 기록보다 0.6초밖에 느리지 않았다.

피치는 '늘 그렇듯이 약간 쉽게' 출발했다. 아직도 누구나 그가 금메달을 딸 것으로 예상했고 본인도 '빠른 발놀림' 때문에 여전히 자신이 이길 줄로 알았다. 그는 리델의 속도가 느려지기를 기다렸고 자기 코치의 예언이 곧 적중할 것을 절대적으로 확신했다. 리델은 힘이 부쳐 마지막 구간에 헉헉거릴 것이고 자신의 결정을 후회할 것이다. 굽어진 주로 때문에 유리해 보일 뿐 그 착각에서 헤어나려다 분명히 지칠 것이다. 그런데 리델은 지치지 않았다. 오히려 속도를 높였고 마치 하늘을 향해 기도하듯 평소처럼 고개를 위로 젖히고 달렸다. 200미터 지점에서 그는 "몇 분의 1"도 더 속도를 높일 수 없었음을 자인했다. 그런데 그가 불러내자 다시 속도가 붙어 주었다. 두 번, 세 번 자꾸 새 힘이 났다. 피치도 돌진하여 거리를 좁혀 왔다. 곧 리델을 따라잡아 앞지르기만 하면 이제 상은 자기 것이라고 생각했다. 하지만 그 생각은 나노세컨드^{Nanosecond} 만에 사라졌다. 다음에 본 광경이 그 생각을 무너뜨렸기 때문이며, 나중에 돌이켜 보니 그것은 망상이었다. 리델은 처음에 피치의 접근을 느꼈고 이어 그의 모습이 시선에 들어왔다. 그때부터 리델은 가슴을 쭉 내밀고 머리를 뒤로 더 젖히고는 내면의 어디선가 지금까지보다 더한 괴력을 발휘했다. 그는 "직선 구간의 초입에 이르러서야 내가 모든 주자들보다 몇 야드 앞서 있음을 퍼뜩 깨달았다"라고 말했다.

결승선까지 70야드 남은 지점에서 리델은 아직도 피치가 바짝 쫓아오는 것 같아 다시 한 번 쭉 달아났다. 마치 순전히 의지력으로 체력을 대신하듯이, 아무도 막을 수 없게 자신의 몸을 더 떠밀었다. 결국 그는 출발할 때 벌여 놓은 격차를 끝까지 유지했다. 마지막 몇 걸음을 달리는 동안 리델은 자신의 정당함이 입증된 기분이었고 또 해방감과 승리감을 느꼈다. 이제 그는 아무에게도 따라잡힐 수 없음을 알았다. 잠시 후면 우승할 것을 알았다. "마음속에 안도감이 밀려왔다. 내 뒤의 2위가 더는 보이지 않았다"라고 그는 말했다. 테이프도 보이지 않았다. 여전히 시선을 하늘에 둔 채 테이프가 몸에 부딪쳐 끊어지는 것을 느꼈을 뿐이다.

코어드 테일러는 근육을 접질리는 바람에, 리델 뒤로 몸을 내던져 위로慰勞의 메달이라도 따려던 시도가 무산되었다. 그의 셔츠 앞자락은 신더 자국으로 핏빛이 되었다. 임바크는 레인과 레인을 구분하려고 20센티미터 높이의 가느다란 막대에 쭉 묶어 놓은 흰 줄에 걸려 넘어졌다. 그 줄 때문에 전체 주로가 꼭 시판용 채소 농부의 콩밭 구획처럼 보였다. 버틀러는 이 두 사람의 불운 때문에 어부지리로 3위로 골인했다. 약탈자로 자처했던 피치는 오히려 먹이가 되어 전혀 만족스럽지 않은 은메달에 그쳤다. 세상의 최강자가 세상의 나머지를 이겼다. 피치도 승복할 수밖에 없었다. "그가 우승할 줄은 꿈에도 몰랐다. 사람이 처음부터 끝까지 그런 속도로 달릴 수 있다는 게 믿어지지 않았다." 그는 리델을 "뭔가에 씐" 사람에 견주었다.

리델은 "내가 무려 6야드 차이로 이겼다는 데 놀랐다"라고 말했다. 또 자신의 기록에 "더 놀랐다"라고 고백했다. 47.6초로 또 하나의 세계 신기록을 세웠던 것이다. 그 격렬했던 26시간 동안 신기록이 연달아 세 번이나 깨졌다.

승자와 패자
에릭 리델이 라이벌 호레이쇼 피치보다 한참 앞서서 결승선에 들어서고 있다.

영광의 1초 전
에릭 리델이 테이프를 끊어 올림픽 금메달을 획득하기 직전의 순간이다.
바로 뒤는 호레이쇼 피치이고 미국의 코어드 테일러는 그 옆 레인에서 일어나려 애쓰고 있다.

각본 없이 생중계된 이 짧막한 연극 앞에서 관중석의 박수와 우레 같은 소리가 트랙으로 쏟아져 내려왔다. 군중은 환호와 함성을 지르며 깃발을 흔들고 모자를 던지고 키스를 보냈다. 무사비니는 관중들이 리델에게 "미친 듯이 열광했다"라고 말했다. 리델은 파리가 그에게 선사한 갈채를 아주 겸손히 받아들였다. 미소를 짓고 손을 흔들고 한 팔을 들고 고개를 끄덕였을 뿐이다. 테이프를 끊은 지 1분도 안 되어 리델은 가쁜 숨이 멎었고 양손으로 무릎을 짚고 구부려 있던 자세에서 일어나 똑바로 서서 주위를 둘러보았다. 마치 예상하지 못했던 광경을 음미하는 듯했다. 그는 막 바람을 쐬며 산책하고 온 신사처럼 몸 상태가 좋고 가뿐해 보였다. 다른 선수들은 물기를 바짝 짜낸 빨래 같았고 여전히 몸을 반쯤 구부리고 있었다. 리델은 "경주 직후였고 그것도 그 속도로 달렸는데 이상하게 나는 아주 차분하고 평온했으며 조금도 지치지 않았다. 펄펄 힘이 났다"라고 말했다.

『글래스고 헤럴드』의 기자는 충격에 휩싸였다. 그래서 독자들에게 리델을 우리 같은 한낱 인간으로서는 생리적으로 불가능한 일도 거뜬히 해내는 초인인 것처럼 보도했다. 그는 이 그리스도인을 하필 "귀신같다"라고 비교하면서, 초반부터 모든 주자들 앞으로 치고 나가는 리델을 보며 깜짝 놀랐다고 털어놓았다. 중압을 못 이겨 심장이 터지거나 몸이 부러질 줄로 알았던 듯 그는 "처음부터 저렇게 무서운 속도로 달리다가 죽는 게 아닌가 우려했다"라고 설명했다.

이 경주에 대한 가장 시적이고 서사적인 기사는 『뉴욕 헤럴드 트리뷴New York Herald Tribune』의 그랜트랜드 라이스Grantland Rice의 펜에서 나왔다. 당시에 그는 미국에서 가장 유명한 스포츠 기자였고 그 명성은 이후로도 꽤 오랫동안 지속되었다. 『콜리어스Collier's』지는 올림픽이 있던 그해에 라이스를 칼럼니스트로 영입하면서 "그의 이름은 개성과 순발력과 생동감과 극적 효과의 상징이며 정직과 건전함은 기본이다"라고 말했다. 라이스의 문장력은 시인 워즈워스William Wordsworth급이었다. 리델을 칭송하면서 그는 모든 스코틀랜드적인 것 또는 적어도 스코틀랜드의 모든 전형적인 것도 함께 칭송했다. 그는 "올림픽의 분위기는 낭랑한 선율의 스코틀랜드 백파이프, 엉겅퀴(스코틀랜드의 국화―옮긴이), 산비탈, 블루벨꽃, 그리고 또 하나의 세계 신기록으로 무르익었다. … 고지대에서 저지대까지 '스코틀랜드여, 영원하라'였다. 펄럭이는 킬트 자락은 역대 모든 나라의 가장 위대하고 영광스러운 주자 중 하나를 기리며 다시금 춤에 취했다"라고 썼다. 라이스는 리델을 "획획 나는 발"이 달린 "스코틀랜드의 불타는 유성"으로 보았고 "피치를 비롯한 다른 주자들은 차라리 깜짝 놀라 전속력으로 달아나는 영양羚羊이나 파리의 택시 기사가 모는 고성능 자동차를 추격하는 게 나을 뻔했다"라고 덧붙였다. 그는 "뭔가 신적인 힘"이 시종 리델을 잡아 끌었다고 보았다.

리델과 피치는 맞은편에 반원형으로 모인 사진 기자들을 위해 함께 악수하며 포즈를 취했다. 둘의 희미한 그림자가 운동장에 길게 드리워져 있다. 피치는 미소와 찡그림의 중간쯤 되는 표정을 짓고 있다. 리델의 머리칼 한 줌이 바람에 날려 삐져나와 있다. 그것만 빼고는 그는 너무도 침착하여 마치 피치에게 순전히 재미로 둘이서 경주를 한 번 더 해보겠느냐고 묻는 듯한 모습이다. 피치가 보기에 리

올림픽 결승전을 마친 지 몇 분 후
호레이쇼 피치는 자신이 리델의 맹렬한 페이스에 말려 졌다는 것을 아직도 믿지 못하겠다는 눈치다.

델은 약간 격식을 차렸다. 피치에 따르면 "딱딱했다고 말할 수도 있다. 내가 축하했더니 그는 '고맙다'라고만 했다."

1924년의 올림픽에는 시상식의 호사가 없었다. 리델의 메달이 아직 없었으니 메달 수여도 없었다. 시상대도 없었고 국가 연주도 없었다. 그의 금메달은 나중에 새겨져 갈색 종이와 끈으로 포장되어 스코틀랜드로 배달될 것이었다. 그래서 사진 기자들의 일이 끝나고 군중이 집으로 흩어지기 시작하자 별다른 소란 없이 리델은 탈의실로 돌아갔다. 탈의실로 이어지는 통로 입구에서 영국 팀이 그를 기다리고 있었다. 존 벤험이 맨 먼저 손을 내밀어 축하했다. 리델은 "순식간

400미터 결승전 후의 에릭 리델은 곧바로 경주를 또 해도 될 만큼 몸 상태가 좋아 보인다.

에 그가 나를 잡아 자기 어깨 위로 들어 올렸다. 큰 무리의 동포들이 감격에 겨워 나를 떠멨다. 그때의 일을 나는 늘 기억할 것이다"라고 말했다.

톰 맥커처는 그를 누워 쉬게 한 뒤 경기 후의 마사지를 시작했다. "그는 내가 한바탕 요란한 대접을 받았으니 잠시 휴식이 필요하다고 생각했다"라고 리델은 말했다. 맥커처는 리델의 습관을 익히 알던 터라 그가 숙소로 돌아가 침대에 드러누우려니 했다. 그런데 이번만은 리델이 그를 깜짝 놀라게 했다. 그는 일단 중국의 부모에게 전보로 자신의 승리를 알렸고, 이어 마샬과 함께 "시내에 나가겠다"라고 했다. 4월에 미국에서 돌아올 때 배에서 만났던 두 자매 프레디와 이디스가 유럽 일주 여행 중 마침 파리에 와 있었다. 네 사람은 차*가 곁들여 나오는 샹젤리제의 탱고 무도회로 향했다. 두 아가씨는 샴페인을 마셨고 올림픽 정복 상의와 면바지 차림의 리델은 증류주 색깔의 사과 주스를 홀짝이며 활기차게 플로어를 밟았다. 멋진 몸놀림이었다. 프레디와 이디스는 올림픽 영웅의 반열에 들어선 리델을 축하하고 싶은 마음에 리델도 샴페인을 한 모금이라도 마시며 축배를 들어야 한다고 제의했다. 그러나 그는 "당신들에게는 그게 별일이 아니겠지요"라며 계속 절제했고 다리가 허락하는 한 춤을 청했다. 밤이 무르익어 가면서 낮의 경주로 인해 리델에게 분비되었던 아드레날린도 다 가라앉았다. 자정 무렵에 마샬과 두 여자는 나이트클럽으로 옮겼고 리델은 작별하고 먼저 자리를 떴다.

누구나 승자를 즐거워한다. 여태까지 리델에게 그토록 무관심했던 신문들도 이튿날 아침에는 그로 인한 희열을 감추지 못했다. 『스코틀랜드인』은 "자랑스럽게 당당히" 나부낀 영국 국기, 리델의 경주가 불러일으킨 "숨 막히는 경탄", 승리한 그를 향한 "미친 듯한 열광"을 보도했다. 『에든버러 이브닝 뉴스』는 리델로 인해 "감동이 감동을 뒤이었다"라고 전했다. 그는 프랑스에서는 "괴력의 남자"라 불렸고 미국인들에게는 "다리가 가느다란 스코틀랜드 신학생", "호리호리한 설교자"였다. 특히나 "나는 목사 The Flying Parson"라는 생생한 표현은 그를 영국 국교회의 예비 목사로 착각한 데서 비롯되었는데, 리델은 내용의 부정확성에도 개의치 않았을 뿐더러 개 목걸이를 매고 달리는 사람의 이미지를 연상시키는 별명 자체도 문제 삼지 않았다(단어 'parson'은 개의 한 품종을 뜻하기도 함―옮긴이). 리델은 "신문들이 나를 '나는 목사'라 불러 지면에 생생함을 더하고 싶다면 나로서도 거기에 전혀 이의가 없다"라면서 "약간 가미된" 그런 과장이 굳이 "해로울 건 없다"라고 표현했다.

로이터 통신사가 그런 분위기를 가장 잘 포착했다. "리델은 파리에서 가장 인기 있는 사람 중 하나가 되었다. 이보다 더 인기 있는 승리는 결단코 없었다."

우승 직후에 자신의 승리에 대한 질문을 받았을 때 파리의 인기 있는 이 남자는 수줍게 말을 돌렸다. 자랑하거나 과시할 마음이 없던 리델은 마치 어쩌다 챔피언이 되었다는 듯이 "아주 다행히도… 꼭 필요한 때 최고의 기량이 나와 주었다"라고 고백했다. 그가 얼마나 다행이라 느꼈든지 간에 올림픽 자체야말로 그런 명예로운 선수가 있어 더 다행이었다.

그는 올림픽의 귀감이었다. 이번 대회에 그가 얼마나 절실히 필요했던가.

. . .

올림픽대회가 끝날 때면 거의 매번 이번이 "역대 최고"였다는 대찬사가 따라붙는다. 어차피 주최국을 띄워 주는 게 늘 손님들의 정중한 의무다. 그러나 파리는 달랐다.

이번 올림픽은 "더 빠르게, 더 높게, 더 강하게"라는 모토가 일상어로 자리 잡은 첫 대회였다. 흠잡을 데 없는 이상에 헌신한다는 의미였다. 그러나 이후에도 수없이 그랬듯이 1924년의 대회도 쩨쩨한 옹고집, 오만, 자만심, 과도한 경쟁심, 승부 조작, 속임수, 무엇보다도 비뚤어진 애국심 등이 온통 뒤섞여 흉한 입씨름과 비방전으로 얼룩졌다.

파리가 그해 올림픽을 유치한 것은 1880년대에 올림픽의 부활을 제창했던 피에르 드 쿠베르탱Pierre de Coubertin 남작의 공명심과 사욕을 채워 주기 위해서였다. 그는 올림픽의 '정식' 부활을 자신의 출생지에서 치르고 싶었고, 촌극처럼 대혼란에 빠졌던 1900년의 파리 올림픽대회를 만회하고 싶었다. 또 그는 과시하고 싶었다. 1900년 대회는 야심만 거창했지 실행에 있어서는 광대극 수준이었다. 쿠베르탱이 기업의 대표였다면 그 후에 중과실 죄로 퇴출되었을 것이다. 그 대회는 만국 박람회를 보완하도록 되어 있었으나 '올림픽'이란 용어를 홍보하는 기호나 로고가 전혀 없었다. 쿠베르탱이 약속했던 신설 스타디움도 없었다. 기구 타기, 크리켓, 크로케, 바스크 펠로타 같은 종목이 채택되었고 5월부터 10월의 마지막 주말까지 줄곧 대중의 무관심 속에 이어졌다. 그나마 일부 종목에 모인 관중을 다 합해도 파리의 폴리베르제르 뮤직홀도 다 차지 못했을 것이다.

1924년에 쿠베르탱은 예순한 살이었는데 일흔다섯 살처럼 보였다. 머리칼과 콧수염이 우유처럼 희었다. IOC 회장직의 은퇴를 앞두고 있던 그는 자신이 편안하고 성대하게 은퇴를 맞이할 줄로 상상했다. 그간의 봉사에 대한 보답으로 위풍당당한 퍼레이드라도 벌어질 줄로 알았다. 그러나 정작 그에게 돌아온 것은 올림픽을 보존할 가치가 있었는가에 대한 가시 돋친 힐문들이었다.

콜롬베는 제1차 세계대전의 격전지에서 150킬로미터 정도밖에 떨어져 있지 않았다. 독일은 2회 연속 올림픽에 초대되지 않았다. 그래서 처음에는 프랑스의 적대감과 외국인 혐오증이 미국인들에게 집중적으로 쏟아졌다. 미국의 럭비 팀은 불로뉴에 입장을 저지당했고 올림픽 스타디움을 연습장으로 쓰는 것도 거부당했다. 선수들은 쇼핑가에서 야유와 침 뱉음을 당했다. 연습 시간에 돈과 장신구도 도둑맞았다. 프랑스와 맞붙은 럭비 결승전은 차라리 로프를 두른 링 안에서 열렸어야 옳았다. 시합은 말싸움으로 전락하여 고성과 막말이 난무했다. 미국 팬들은 구타를 당했고 지팡이로 입을 세게 맞은 사람도 있었다. 미국이 17 대 3으로 이기자 대혼란이 벌어졌다. 유리병과 주먹만

한 돌덩이들이 경기장으로 날아들었다. 금메달리스트들을 경찰이 호위하여 안전하게 이동시켜야 했다.

이런 노골적인 반미주의는 단발적 사건도 아니었다. 『뉴욕 타임스』는 여자 테니스 결승전에서 당시의 미국 챔피언인 헬렌 윌스Helen Wills가 "실점할 때마다 환호가 터져 나왔다"라고 보도했다. "프랑스의 평판이라는 대의에 도움이 되기는커녕 이 대회는 적잖은 출전 팀들과 대중의 마음속에 짜증과 혐오를 남겼다"라고 신문은 말을 맺었다. 런던의 『더 타임스The Times』는 한술 더 떠서 "미국인들을 향한 집요한 적대감에 비하면… 우리가 받은 대우는 거의 친절에 가까워 보였다"라고 말했다.

그 문장에서 중요한 단어는 "거의"다. 다부진 몸매에 곱슬머리인 영국의 미들급 권투 선수 해리 몰린Harry Mallin—전투에 돌입한 대걸레처럼 보였다—은 주최국 선수와의 시합에서 가슴과 귀를 맞았다. 사사건건 트집을 잡던 편파적인 군중은 나중에 또 다른 프랑스 선수에게 불리한 판정이 내려지자 심판에게 동전 세례를 퍼붓기까지 했다.

악명 높은 펜싱 경기에 비하면 그 정도는 작은 난투극에 불과했다. 이탈리아와 헝가리는 아주 고약한 싸움에 말려들어 양쪽 다 명예가 더럽혀졌다. 네 달 후에—뒤마의 삼총사 시대에 어울리는 속편으로—두 선수는 서로를 찔러 중상을 입혔다. 파리에서 촉발된 원한 때문에 결투를 벌였던 것이다.

『더 타임스』의 올림픽 담당 기자였던 예순네 살의 해리 페리 로빈슨Harry Perry Robinson 경은 프랑스의 레지옹 도뇌르 훈장을 받았고, 1896년 미국의 윌리엄 매킨리William McKinley의 성공적인 대통령 선거 운동에서 홍보 일을 거들었던 인물이다. 그는 올림픽의 허위성에 넌

더리를 내며 자신이 보았던 모든 '소란'과 '싸움'을 비난했다. 그는 "국제적 적대감 외에는 남은 게 없다. … 총결산은 개탄스럽다. … 올림픽은 처참한 실패작이다"라고 썼다. 그 기사의 제목은 "운이 다한 올림픽대회"였다. 로빈슨의 강력한 비난은 특히 『뉴욕 타임스』에 감명을 주었다. 이 신문은 그의 말을 인용한 뒤 "이번 올림픽대회는 가치가 있었는가?"라고 물었다. 그러면서 "생각이 있는 프랑스인"라면 누구나 그렇게 자문해야 한다고 역설했다.

이에 대해 쿠베르탱은 만족스럽지 못한 답변을 서둘러 내놓았다. 충분한 증거도 제시하지 않고 그냥 "전례 없는 성공"이었다며 선수들을 "신사"라고 치켜세운 것이다. 꿈같은 공상의 사례로서는 진심이었겠지만 탄탄하고 논리적인 변호로서는 허황한 궤변이었다.

이 모든 진흙탕 속에서 에릭 리델은 어느 때보다도 더 고결하게 돋보였다. 그는 경기장 안에서는 탁월한 운동 실력의 화신이었고 경기장 밖에서는 자기희생과 스포츠맨 정신의 전형이었다. 그야말로 올림픽의 이상을 보여주는 걸어 다니는 광고판이었다. 『뉴욕 타임스』의 질문에 쿠베르탱보다 더 잘 답한 것은 바로 리델의 예와 같은 그런 성과들이었다. 특히 그의 경우는 특별한 소신이 배경으로 깔려 있었기에 더했다.

리델은 영웅이었고 올림픽이 뿌리까지 구제불능으로 썩지는 않았음을 입증한 공로로 칭송받았다.

여섯 번째 달리기

어떤 값에도 자신을 팔지 않을 사람

에릭 리델은 런던의 빅토리아역에 소수의 지지자들만 나와 있으려니 예상했다. 그런데 증기와 연기와 석탄가루 사이로 그의 눈에 들어온 것은 대규모의 군중이었다. 그들은 승강장에 세워진 이랑 무늬의 이오니아식 기둥 사이로 물결치듯 그가 탄 객차의 문 쪽으로 밀려들었다. 그의 모습이 보이자 환호와 더불어 「참 좋은 친구For He's a Jolly Good Fellow」라는 축하의 합창이 울려 퍼졌다. 노랫소리는 일부 유리로 된 지붕의 높은 차양에 부딪쳐 메아리쳤다. 소리가 어찌나 요란하던지 그곳에 파견된 『런던 이브닝 뉴스London Evening News』 기자에 따르면 "시끄러운 기차역의 다른 모든 소음은 아주 고요해 보였다." 그는 일찍이 올림픽 선수를 보려고 "이런 인파가 모였던 기억은 없다"라고 말했다. 또 "리델이 최고의 명사였다"라고 덧붙여 팬들이 환호한 대상이 누구인지를 명시했다. 스코틀랜드 국기와 영국 국기가 함께 휘날렸다. 여름날의 번갯불처럼 여기저기서 인광 플래시램프가 터졌다. 사람들이 리델을 번쩍 들어 올려 한동안 어깨 높이에 메고 갔는데 처음에는 보조가 약간 불안정했다. 중간에 그는 자신의 트렁크와 두 가방을 혹시나 혼란 속에 잃어버리거나 두고 갈까 봐 뒤를 돌아보았다. 결국 영국 국기를 휘두르던 한 영국인 올림픽 요원이 그를 택시 안으로 밀어 넣었다. 『런던 이브닝 뉴스』의 그 기자가 보니 택시는 "기사가 출발할 때까지 사람들이 뻗은 손의 중심지"가 되었다.

리델은 깜짝 놀랐다. 1912년 스톡홀름 올림픽에서 5종 경기와 10종 경기의 챔피언으로 돌아온 짐 소프Jim Thorpe의 심정을 이제 알 것 같았다. 뉴욕시가 주최한 소프를 위한 퍼레이드에 시민들은 색종이 조각을 뿌려 주었다. 소프는 "사람들이 내 이름을 부르는 소리가 들렸다. 한 사람의 친구가 그렇게 많을 수 있는지 몰랐다"라고 말했다.

리델이 유명 인사가 된 데는 신매체의 영향도 있었다. 1924년 파리 올림픽은 최초로 라디오로 널리 중계되었다. 창립된 지 2년도 안 되었던 BBC는 올림픽 소식을 저녁 7시와 10시에 뉴스 속보로 내보냈다. 광석수신기만 있으면 굳이 밤새도록 신문을 찍어 낼 때까지 기다리지 않아도 누구나 파리의 결과를 알 수 있었다. 기억이란 변덕스러운 것이어서 늘 한 번쯤 사람을 속일 수 있다. 조지 스퀘어에서 리델과 함께 하숙했던 한 동료는 맹세코 400미터 결승전이 생중계되었다면서 해설 문구를 그대로 읊기까지 했다. "아, 대단한 경주입니다!"와 같은 경탄과 응원의 감탄사까지 섞여 있었다는 것이다. 그러나 리델이 달리는 동안 BBC에서는 "어린이 시간"이 방송되었다. 구체적으로 「보물섬」 제2부였으니 추구하는 금의 종류가 사뭇 달랐다. 그러나 아직 걸음마 단계였을 망정 라디오라는 신종 제품은 듣는 이들의 의식에 영향을 미쳤고 그래서 리델도 더 널리 알려졌다. BBC 청취자들은 이튿날 아침에 전보다 더 열심히 신문을 구입했고 결국 리델을 직접 보고자 했다. 그로서는 상상도 못 했던 시나리오였다.

그가 에든버러의 웨이벌리역에 도착했을 때도 빅토리아역에서 있었던 일이 재현되었다. 또다시 허다한 무리가 모였고, 승전가가 울렸으며, 무수히 많은 사람들이 그의 앞에 서명첩을 내밀었다.

공교롭게도 리델이 이학 학사로 졸업하던 날은 파리에서 우승한 지 불과 엿새 후였다. 졸업식장 입장권의 수요가 전례 없이 높았다. 층층으로 된 돔형 강당인 매큐언 홀은 내부가 성당 같았는데 거기서 대학 측은 졸업식을 화려한 올림픽 행사로 바꾸었다.

먼저, 왕립 식물원에서 가져온 올리브 나무 잔가지로 고대 그리스의 월계관을 흉내 내 화관을 엮었다. 일찍이 테베의 합창곡 시인인 핀다로스는 승리를 축하하는 14편의 송시를 지어 로도스의 디아고라스나 코린트의 크세노폰 같은 올림픽 선수들을 기렸다. 그도 알았듯이 그가 선수들에게 후히 베푼 칭송을 나중에 '의심쩍은 눈으로' 본 사람은 아무도 없었다. 조지 5세 치하의 자동차 시대를 살아가던 리델의 경우도 핀다로스의 고대 그리스 때와 다를 바 없었다. 우선 대학 측에서 그를 기려 핀다로스를 모방한 작품을 족자에 적어 낭독했다. 이 짧은 시에는 리델의 "이마에 얹힌 월계관", 그가 파리에서 선보인 "여태 아무도 보여준 적 없는" 속도, "그대가 이것을 쓰고 있는 동안 하늘이 눈살을 찌푸리는 일이 없기를"이라고 표현된 화관 등이 언급되었다. 부총장도 정성 들여 적절한 문장을 지어 코미디언이 익살을 부리듯이 읊었다. 그는 "리델 군, 자네는 시험관[심사 위원] 외에는 아무도 자네를 합격시킬[추월할] 수 없음을 보여주었네"라고 말했다. 이 재치

월계관을 쓴 학도
에든버러 대학교의 졸업식이 끝난 뒤 동료 학생들이 리델을 의자 가마에 앉혀 번쩍 들어 올렸다.

있는 명언은 오스카 와일드의 예리한 위트처럼 취급되었다.

사회주의자이며 사회 개혁가인 비어트리스 웹^{Beatrice Webb}이라는 작가가 그날 오전에 명예 학위를 받았는데, 그녀는 "지루한 절차"와 "끝없이 이어지는" 연설과 발표에 코웃음을 치며 자신의 일기장에 불만을 토로했다. 그래서 저녁 행사에는 일부러 불참했다. 이렇게 이견을 보인 사람은 그녀뿐이었다.

끝난 후에 찍은 사진 한 장을 보면 사람들이 리델을 동방의 군주처럼 의자 가마에 태워 일부에 자갈을 깐 에든버러 구시가지의 미로같은 길을 지나가고 있다. 그를 향한 사람들의 애정과 그의 업적에 대한 긍지를 여실히 보여주는 장면이다. 리델은 카메라 렌즈를 똑바로 쳐다

보고 있다. 파리에서 살이 탄 뒤라서 얼굴이 눈에 띄게 거무스름하다. 여름다운 여름이 거기까지 북상하지는 않았던 모양인지 주변 사람들은 백지장처럼 허옇게 보인다. 리델의 긴 검은색 가운은 걷어 올린 소매처럼 어깨와 팔의 윗부분이 뭉텅 접힌 채 늘어뜨려져 있다. 오른쪽 팔꿈치는 목조 의자의 팔걸이에 놓여 있고, 손가락 관절이 앙상하게 튀어나온 왼손은 방금 수여받은 졸업장을 쥐고 있다. 셔츠의 윙 칼라와 나비넥타이에서 자유분방하면서도 태평스럽고 멋진 느낌이 풍겨난다. 가장 눈길을 끄는 것은 그의 기쁨 어린 미소다. 이번만은 리델도 완전히 편안하게 영광의 볕을 흠뻑 쬔다. 반들반들 윤기 나게 머릿기름을 바른 앞쪽의 두 남자―하나는 줄무늬 넥타이를 맸고 하나는 단추가 셋인 모직 양복을 입었다―는 가마꾼의 일을 특권으로 여기고 있다. 얼굴 표정에 그렇게 쓰여 있다. 이런 명예로운 일을 자청한 것이 당시로서는 당연히 자랑거리였다.

　리델은 어쩔 수 없이 등 떠밀려 성 자일스 성당의 낡은 계단 꼭대기에서 1분짜리 연설을 했다. 문양을 깊게 판 고딕 양식의 아치를 배경으로 그는 위쪽의 벽감에 늘어선 석상들만큼이나 부동자세로 섰다. 그리고 펜실베이니아 대학교에서 보았던 "패배의 흙먼지" 경구를 인용했다. 그가 알고 있던 한 가지 사실이 그 말 속에 압축되어 있었으니 곧 1위와 꼴찌는 종이 한 장 차이라는 것이었다. 리델 자신의 경주가 그 증거였다. 조세프 임바크는 비틀거렸고 코어드 테일러는 넘어졌고 가이 버틀러는 다리를 붕대로 묶었다. 리델이 이길 때 그들은 졌지만 그는 얼마든지 그 반대가 될 수도 있었음을 알았다. 게다가 100미터 예선전이 일요일에 열리지 않았다면 그는 자신이 우승한 400미터에 아직도 문외한이었을 것이다. 역사는 2위가 무슨 석고대죄할 불명예라도 된다는 듯 패자를 욕하거나 완전히 무시하는 버릇이 있다. 리델은 그것이 부당한 일임을 보이고 싶었다. 그래서 청중에게도 똑같은 의미이기를 바라며 그 경구가 자신에게 어떤 의미인지를 말했다. 그는 "최선을 다했으나 승리의 월계관을 얻지 못한 남녀들도 많이 있습니다. 그들도 월계관을 받은 사람들과 똑같이 존중되어야 마땅합니다"라고 엄숙하게 말했다.

특히 그가 염두에 둔 선수가 하나 있었다.

...

완벽에 가까운 육상 실력이 날마다 파리 올림픽을 장식했다. 그 주인공은 주로 핀란드 선수들이었는데 그들은 현대식 훈련법, 말린 생선과 흑빵으로 된 식단, 빈틈없는 전술적 사고 등을 통해 경주를 과학으로 바꾸어 놓았다. 그들이 달리는 모습은 기계와도 같았다. 에릭 리델의 말마따나 "그들의 엔진에서 거의 부르릉 소리가 들리는 듯했다." 그는 파보 누르미를 "특이한 사람… 신기한 지성적 기계"라 칭했다. 그러나 누르미가 금메달과 신기록을 사정없이 늘려 나갔어도 리델에게 올림픽의 뛰어난 인물은 그가 아니었다. 해럴드 에이브러햄스도 아니었다.

리델의 역할 모델은 진정한 '영웅'인 헨리 스톨러드였다. 영웅이란 단어의 정의가 수없이 많지만 『옥스퍼드 영영사전 _The Shorter Oxford English Dictionary_』에는 "초인적 힘… 남다른 실력… 걸출한 용사" 등으로 나와 있다. 언론은 파리의 모든 금메달리스트를 이 진부한 범주에 자동으로 집어넣었다. 그러나 아름다움처럼 영웅의 자질도 제 눈에 안

경이다. 리델이 보기에 영웅의 자격은 우승과 무관하며 전적으로 스포츠맨 정신의 문제였다. 그는 스포츠맨 정신을 "자기 자신을 위해서가 아니라 팀이나 국가를 위해 경기하는 것"이라 한정했다. 그가 이 원칙에서 벗어난 예는 딱 한 번뿐이었다. 필립 크리스티슨이 콜롬베 스타디움의 탈의실로 찾아와 축하를 건넸을 때 리델은 생각지도 못했던 「용감한 스코틀랜드」의 한 소절을 취주해 준 그에게 감사를 표한 뒤, "그렇다고 내가 단 1야드라도 더 빨라진 것은 아닙니다"라고 덧붙였다. 활자로만 보면 날카로운 비판처럼 들리지만 사실은 교훈을 주기 위한 말이었다. 리델은 "잊지 마십시오. 나는 스코틀랜드를 위해 달린 게 아닙니다. 올림픽은 그런 게 아니라 해당 종목에서 누가 최고인지를 가리는 개인경기입니다. 나도 이 종목에서 내가 최고임을 입증하려고 나 자신을 위해 달렸습니다"라고 설명했다. "나 자신을 위해 달렸다"라는 말은 이기적으로 들릴 뿐 아니라 그의 핵심 신념에 근본적으로 어긋나 보인다. 그러나 리델의 부연 설명을 보면 달라진다. 그는 크리스티슨에게 "국가 간의 싸움이라면 이미 있었던 것만으로도 충분합니다"라고 말했다. 엘섬 칼리지에서 리델은 조회 시간의 서두에 사람의 이름부터 낭독되는 일을 너무도 많이 겪었다. 모든 전쟁을 끝내기 위한 전쟁이라던 제1차 세계대전의 또 다른 희생자를 엄숙히 기리던 순간이었다. 이 전쟁은 멀리서 지켜보기만 한 사람들의 삶에까지도 화인을 찍어 놓았다. 총 34명의 엘섬 칼리지 출신 졸업생이 전사했고 그중 최연소자는 겨우 스무 살이었다. 리델은 올림픽이 총격만 빠진 국가주의적 전투의 대용품이 되는 것을 원하지 않았다. 전쟁을 통해 그는 영웅이란 단어를 아주 조심해서 다루어야 함을 배웠다.

스톨러드는 파리에서 동메달 하나밖에 따지 못했다. 그러나 리델에게 중요한 것은 그가 메달을 딴 방식이었다. "우리 팀의 성취를 그보다 더 빛나게 한 사람은 없었다"라고 리델은 역설했다.

스톨러드는 800미터 종목의 압도적인 우승 후보였다. "우리 중 많은 이들은 그가 1위로 들어올 것을 예상했다"라고 리델은 설명했다. 리델도 알고 있었듯이 이 친구는 이번 파리 올림픽이 자신의 마지막 경기라고 발표한 상태였다. 그런데 그는 이전에 오른쪽 발등과 발목 부근의 뼈에 입었던 부상이 재발했음을 숨겼다. 경주에서 선두를 지키던 그는 마지막 구간을 앞두고 비틀거렸다. 더글러스 로가 휙 스쳐 지나갈 때 스톨러드는 "달려라. 너는 우승할 수 있다"라고 외쳤다. 스톨러드는 4위로 처졌고 나중에 모르핀으로 극도의 통증을 가라앉혀야 했다. 그는 지팡이를 짚고 절뚝거리며 팀의 숙소로 돌아왔다. 리델은 "그가 다시 달릴 거라고는 아무도 전혀 상상하지 못했다"라고 말했다. 그는 또 스톨러드가 자신이 우승할 수 없음을 알면서도 미국 선수들을 지치게 만들어 로의 우승을 돕고자 첫 바퀴를 전속력으로 달렸다고 확신했다.

스톨러드는 누르미의 또 다른 주 무대인 1500미터 종목에서 이미 결승전에 올라가 있었는데, 기권이란 그로서는 상상할 수 없는 일이었다. 노엘베이커가 그를 출전하지 못하게 말리려 했다. 그는 스톨러드가 셈법을 모른다는 듯 이번이 닷새 동안 진행되는 그의 다섯 번째 경주임을 지적했다. 또 그의 건강에 미칠 수 있는 장기적 피해도 강조했다. 스톨러드도 그런 위험을 잘 알고 있었다. 그는 성 바르톨로뮤 대학교의 의학도였으므로 인체의 생리는 그의 전공 분야였다. 하지만 그는 누르미를 상대하는 일을 자신의 의무로 여겼다. 기권하면 영국을 실망시킬 텐데 그에게 이는 생각할 수 없는 수모였다. 결국 스톨러드는 다시 모르핀을 맞았고 리델은 발과 발목을 반창고와 붕대로 동여매는 그를 지켜보았다. "발을 내딛을 때마다 그는 심히 고통스러워했다"라고 리델은 말했다.

누르미는 무적의 상대여서 적이라곤 오직 시계뿐이었다. 스톨러드는 120미터를 남겨 놓고 힘줄이 파열되었으나 그래도 기운이 진하도록 추격했다. 3위로 결승선을 밟은 그는 비틀거리다 트랙에 곤두박질하여 쓰러졌고 들것에 실려 나가 30분 이상 의식이 깨어나지 않았다. 깨어나서도 마지막 직선 구간을 끝마친 일을 기억하지 못했다. 그 마지막 10초의 기억을 아무리 끊기지 않게 되살리려 애써도, 그 후에도 두고두고 아무것도 떠오르지 않았다. 머릿속의 그 장면은 늘 텅 비어 있었다. 그는 "갑자기 내 뇌가 펑 타 버렸다. 정신을 차려 보니 누가 내 관자놀이를 얼음으로 문지르고 있었다"라고 설명했다. 스톨러드가 마사지 침상 위에서 돌아누우니 노엘베이커가 그의 어깨에 손을 짚고 눈살을 찌푸린 채 서 있었다. 노엘베이커가 우려를 표하려는데 스톨러드가 먼저 입을 열었다. "그것밖에 보여드리지 못해 죄송합니다."

친구가 그런 환경을 딛고서 따낸 메달이었기에 리델은 그 동메달의 가치와 비중이 자신의 금메달과 똑같다고 생각했다. 그는 스톨러드가 보여준 모습을 "육상 역사상 가장 영웅다운 장면 중 하나"라 표현했다.

현대의 금메달리스트에게 따라오는 음악은 현금이 쏟아지는 소리다. 후원사들이 그를 기다리고 있고, 제품마다 광고에 그의 이름을 집어넣으려 하며, 그의 계약을 맡아 줄 대행사도 있다.

에릭 리델에게는 D. P. 톰슨뿐이었다.

톰슨은 이때가 이 제자의 사람을 끄는 힘을 십분 활용할 기회임을 인식했다. 리델은 이타적으로 돈보다는 사람을 끌어모을 것이었다. 그의 강연 끝에 모자를 돌릴 때 은화보다 동화가 더 많은 기부금을 받기는 하겠지만 말이다. 행사 일지를 맡고 있던 톰슨은 서둘러 『글래스고 헤럴드』에 기사를 기고했는데 반은 인물 소개이고 반은 광고였다. 강연 신청을 호소하듯이 그는 "E. H. 리델의 이름은 젊은이들의 강사로 빠르게 알려지고 있다"라고 썼다.

금메달을 딴 직후의 일요일에 리델은 파리의 뤼 베이야르에 있는 스코틀랜드 교회에서 강연했다. 오늘날 올림픽 금메달리스트가 경주를 마친 지 48시간도 안 되어 강단에 선다면 웬만한 교회의 회중석은 기자들로 가득 찰 것이다. 통로마다 방송 케이블이 꼬여 있고 눈부신 아크등 불빛이 열기를 뿜어낼 것이다. 그러나 리델의 출현은 비교적 눈에 띄지 않았다. 남아 있는 거라곤 리델이 예배 후에 노령의 목사와 악수하는 빛바랜 사진과 통신사의 아주 짤막한 보도뿐인데, 그 보도마저 어찌나 대수롭지 않게 여겨졌던지 발행 부수가 많은 영국 신문들은 이를 기사로 채택하지 않았다. 교회는 청중들로 만원이었다. 리델의 강연을 들은 통신사의 기자는 "올림픽 세계 신기록을 세운 그가… 자신의 설교를 듣도록 끌어들인 팬은… 그의 육상을 보려고 콜롬베 스타디움에 모였던 무리에 맞먹을 정도로 많았다"라고 썼다.

「불의 전차」의 해당 장면을 보면 리델이 "달음박질하여도 곤비하지 아니하겠고 걸어가도 피곤하지 아니하리로다"라는 이사야의 말씀을 읽는 것으로 나온다. 실제로 그가 읽은 본문은 시편 119:18이다. "내 눈을 열어서 주의 율법에서 놀라운 것을 보게 하소서." 여기 "놀라운 것"이란 계명을 가리킨다. 그 연의 마지막 절에 "주의 증거들은 나의 즐거움이요 나의 충고자니이다"라고 선포되어 있다. 리델은 "인간이 여러 모양으로 스스로 눈멀어" 계명의 "진리를 보지 못할 수 있다"라고 경고했다. 이 시를 도약대로 삼아 예배자들에게 계명을 읽고 또 읽을 것을 독려한 것이다. 이어 그는—회의적인 사람들에게도 성경을 퍼뜨리고자—그리스도인들을 "고된 수고 끝에 자기 일에 성공한… 콜럼버스를 비롯한 발견자들과 개척자들"에 비유했다.

그날 저녁 BOA는 리셉션을 열어 국적 불문하고 원하는 사람은 누구나 참석하게 했다. 리델은 예의상 참석했다. 오전에 교회에서 그의 강연을 들었던 스코틀랜드의 한 여성 팬도 참석했다. 여자들은 늘 리델에게 끌리는 것 같았다. 전쟁 통에 오토바이 전령傳令으로 '잉글랜드 전역'을 누볐던 그녀는 이제 그와 함께 춤추며 무도회장을 '누비고' 싶었다. 그러나 그녀는 그 소원을 이루지 못했다. 일요일에 경주하지 않은 그는 일요일에 춤도 추지 않았다. 리델의 강론 내용과 더불어 그가 춤을 사양한 일은 그의 우선순위를 재차 확증해 주었다. 그의 우선순위는 스코틀랜드 회중 대학에서 곧 시작될 신학 강좌들을 듣는 것이었다.

일요일에 달리지 않는 리델을 우습게 여긴 비평가들은 공부를 마친 후 중국에 가려는 그도 똑같이 우습게 여겼다. 국내에서도 가난한 밑바닥 인생들을 도울 수 있지 않은가? 글래스고의 고벌스나 런던의 이스트엔드도 도덕적 교훈을 가르칠 곳이 아닌가? 육상을 더 오래 하면 올림픽을 통해 보장될 홍보 효과를 활용하여 자신의 메시지를 더 널리 전할 수 있는데 왜 그것을 마다하는가?

모두 일리가 있는 논지였다. 신나는 자극을 찾아 스포츠로 도피하려던 대중의 갈망은 전쟁이 끝나면서 극에 달했다. 프로 축구 FA 컵

결승전을 웸블리로 옮긴 첫해에 볼튼 원더러스와 웨스트햄 유나이티드가 맞붙었는데 12만 5000명을 수용하는 스타디움에 30만 명이 운집했다. 첫 골을 터뜨린 센터포워드 데이비드 잭[David Jack]은 나중에 세계 최고액인 1만 파운드에 이적했는데, 이는 런던의 파크레인에 부동산을 구입하여 드라마 「다운튼 애비[Downton Abbey]」에 나오는 하인들 같은 관리자들을 고용해도 될 만큼의 거액이었다. 축구 선수 연봉 상한제가 있던 시대에 잭은 기본급 연 468파운드 외에도 미공개 보너스가 따로 수백 파운드에 달했다. 당시 영국에서 최고액의 연봉을 받던 운동선수는 테스트 크리켓의 득점왕 잭 홉스[Jack Hobbs]였는데, 경기장마다 몰려드는 인파는 그가 우상화된 존재임을 입증해 주었다. 홉스는 스포츠 용품점의 소유주이면서 양복, 안락의자, 만년필, 시리얼, 담배, 강장제 등의 광고 모델이기도 했다. 그의 연 수입은 1500파운드로 의사나 지방의 사무 변호사보다 500파운드가 많았고 학교 교장보다는 1000파운드나 많았다.

　미국의 거물급 운동선수들은 그보다 더 부유했다. 각종 황금기의 한복판에는 거의 언제나 스포츠가 있다. 황금기가 진정성을 부여받을지 실패작으로 단죄될지는 나중에 냉정하게 뒤돌아보아야만 안다. 대부분의 황금기는 결국 빛 좋은 개살구로 판명된다. 그런데 이번은 이례적이고도 화려해서 그랜트랜드 라이스 같은 작가들로서는 호재였다. 우선 베이브 루스[Babe Ruth]가 있었는데 라이스는 그를 "번개를 뿜어내는 주피터"라 표현했다. 그가 타구를 대개 관중석 뒤쪽이나 아예 스타디움 바깥으로 자유자재로 날렸기 때문이다. 빌 틸든[Bill Tilden]도 있었는데 그의 서브는 넓이가 400제곱센티미터밖에 안 되는 라켓에서 양의 창자로 만든 줄이 윙 울릴 정도로 탄환처럼 튕겨 나갔다. 라이스는 틸든을 "완벽한 테니스 선수"이자 "몇 안 되는 무적의 스포츠 인물 중 하나"로 보았다. 멋쟁이 골프 선수 월터 헤이건 Walter Hagen 도 있었는데 그는 비단 셔츠와 캐시미어 스웨터와 고급 모로 된 반바지를 즐겨 입었다. 권투 선수 잭 뎀프시 Jack Dempsey 도 있었는데 라이스는 그를 "최고의 맹위를 떨치는 투사"이자 "그 바닥의 가장 볼 만한 챔피언"이라 칭했다. 라이스의 기자석 동료였던 폴 갤리코 Paul Gallico 도 뎀프시보다 인기 있는 프로 권투 선수는 일찍이 없었다며 그에게 경의를 표했다. 나중에 갤리코는 철갑상어 알을 너무 많이 먹은 사람처럼 스포츠에 대한 입맛을 잃고 그 세계를 떠나 소설가로 성공했다. 고별사에서 그는 "숱한 선수와 대회와 기록과 인물과 사연과 속도 등으로 현기증이 날 정도로 어지러운 스포츠의 세상, 모든 준비를 갖추고 빙글빙글 돌아가는 황금의 세계"를 되짚었다. 이 "황금의 세계"에서 정상에 오른 사람들은 돈방석에 앉았다. 틸든은 여러 신문에 기고하는 칼럼의 고료만으로 연 2만 5000달러를 벌어들였고, 헤이건은 연봉 3만 달러에 어느 골프장 겸 컨트리클럽의 명예 대표직을 맡았다. 그것도 그가 장비의 디자인에 협력한 뒤 광고한 대가로 윌슨 스포츠사로부터 대량으로 그러모은 돈에 비하면 푼돈에 불과했다. 루스는 기본 연봉이 5만 2000달러 이하로 내려간 적이 없었다. 『타임』지 표지에도 실렸던 뎀프시는 챔피언 출신의 백만장자가 되었다. 진 터니 Gene Tunney 의 연타에 맞고 참패한 그는 나중에 "어떻게 된 일이에요?"라고 묻는 아내의 걱정스런 물음에 즉석에서 "여보, 피하는 걸 깜빡했소"라고 답해 대중의 영웅이 되었다.

리델은 돈을 좇거나 재물을 얻는 데 결코 관심이 없었다. 최소 임금만으로 생존하는 게 그에게는 고생이 아니었다. 모닝사이드 교회의 생쥐를 백만장자처럼 보이게 만들 정도의 무일푼 신세도 그는 개의치 않았다. 그가 번 돈은 평생 연 300파운드를 넘은 적이 없었다. 그가 신었던 육상화의 제조 회사는 『육상 뉴스와 자전거 저널』에 급히 광고 문구를 실어, 리델의 것과 비슷한 수제 스파이크가 한 켤레에 17실링 6펜스부터 시작된다고 선전했다. 그 돈이면 평균 노동자 주급의 거의 절반에 해당하는 액수였다. 리델이 그 신발 때문에 얻은 재정적 이득은 전무했다. 그는 아마추어였으므로 자신의 스포츠와 조금이라도 관계된 제품을 광고할 수 없게 되어 있었다. 그랬다가는 신분에 저촉되어 AAA에서 즉각 그를 제명했을 것이다. 현역 선수가 아닌 사람들만이 변비부터 불면증까지 다 고치는 만병통치약이라는 포스퍼린이나 윌스 솔트를 대대적으로 선전했다. 편법으로 구린 돈을 받아 출장비와 생활비로 적당히 운용하는 이들도 있었으나 리델은 그럴 사람도 아니었다.

리델은 스타의 명성을 얻는 데는 더더욱 관심이 없었다. 적어도 그것 자체를 위해서는 아니었다. 그런데도 그는 명사가 되어 있었다. 편지와 전보가 쇄도했다. 에든버러의 거리를 지나다닐 때면 매번 사람들이 그를 알아보았다. 신문마다 아직도 그의 사진이 실리고 있었고, 시내 극장마다 그를 담은 파리 파테사의 뉴스 영화가 무한 반복인 양 두 주가 넘도록 매일 5-6회씩 상영되고 있었기 때문이다. 꼭 언론과 사진 기자가 찾아낼 만한 곳에만 숨는 인물들이 늘 있었다. 그들은 명성 속에 잠겨 그 물살에 자신을 맡긴다. 리델은 그런 사람이 아니었다. 명성의 가치는 청중이 그의 말을 경청할 소지가 훨씬 높아지는 데에만 있을 뿐이었다. 그는 성경책을 쾅쾅 내리치는 부류의 설교자가 아니었다. 그들은 성경책을 옆에 끼고 행상처럼 청중을 찾아 헤매야 했지만 리델의 경우는 청중이 그를 찾아왔다. 문제는 그들을 수용할 만한 큰 집회 장소를 확보하는 것이었다.

리델은 특히 미국을 비롯하여 어디에나 갈 수도 있었다. 겉보기에 괴짜 같지만 도덕적으로 흠잡을 데 없는 이 "나는 목사"에 미국인들은 매료되었다. 작은 마을의 신문들에까지 그 별명이 실려 그에게 따라붙어 다녔다. 한 신문은 헤드라인을 "주 엿새는 달리고 이레째는 예배한다"라고 뽑아 그가 '하나님의 주자'임을 내비쳤다. 다른 신문은 그가 "육상"만 아니라 "설교"도 할 수 있다고 말했다. 여기저기 그에 대해 나오던 말이 『리터러리 다이제스트 The Literary Digest』에도 보도되었다. 즉 그는 "아마도 근육질 기독교를 보여주는 현대의 가장 두드러진 대변자"로서 "육체와 영혼이 동시에 강건할 수 있음"을 늘 증명해 주었다.

미국은 파리에서 100미터, 400미터, 800미터 종목에 패해 상처를 입었다. 그래서 복수하려고 리델과 더글러스 로와 해럴드 에이브러햄스에게 미국으로 건너와 펜실베이니아에서 다시 맞붙자고 제의했다. 이어 동부를 순회한 뒤 샌프란시스코에서 결선으로 대미를 장식하자는 것이었다. 그러면서 리델의 경우는 언제 어디서나 자유로이 이탈하여 설교나 강의를 해도 좋다고 했다. 그는 올림픽 챔피언으로 명성이 자자하여 따로 소개가 필요 없었으므로 일일이 다 수락할 수 없을 만큼 초청이 들어올 것이었다. 파리 올림픽 이후에 조니 와이즈뮬러는 친선을 도모하는 대중 행사로 유럽을 순회하며 참석자 전원과 수영 시합을 벌였다. 비슷하게 리델도 이런 기획된 행사를 활용하여 자신의 신앙을 전하지 못할 이유가 무엇인가? 그의 성품까지도 미국의 남녀 중산층을 매혹하기에 유리했다. 그는 건실하여 나무랄 데가 없었고 루스나 헤이건과 달리 '술을 좋아하지' 않았다. 개처럼 사납게 공격적이지도 않았고 뎀프시와 달리 참전 징집을 회피하여 욕을 들은 적도 없었다.

저울질할 만한 제의도 많이 들어왔다. 리델은 톰 맥커처와 함께 육상 지침서를 쓸 수도 있었다. 스포츠와 신앙 둘 다를 주제로 신문에 칼럼이나 평론을 쓸 수도 있었다. 에든버러 대학교는 그가 원하는 자리로 그를 임용할 의사가 있었다. 은행과 보험회사 등 기업체들도 그를 표면상의 대표 인물로 내세우려 했다. 한 친구는 "그는 매력 있고 수지맞는 제의를 여럿 거절했다"라고 말했다. 기관들의 공식 편지지에 자기 이름을 넣도록 허락만 해도 리델의 수입은 홉스가 받은 연봉의 **최소한** 두 배는 되었을 것이다. 거기에 광고료와 원고료와 출연료까지 합하면 수입이 네 배로 뛸 수도 있었다. 홉스는 너무 숫기가 없어 거울 속의 자신도 잘 쳐다보지 못해 영화의 배역들을 사양했다. 이제 카메라는 리델에게 쏠렸다. 리델이 스크린을 통해 영향력을 미칠 수 있음은 이미 파리에서 그를 클로즈업했던 파테사의 단편 영화를 통해 증명되었다.

그의 케임브리지 대학교 친구들도 비록 부질없는 몸짓임을 알면서도 그에게 연줄을 대겠다고 나섰는데 하나같이 다 귀한 연줄이었다. 그 대학교의 일원이 되면 특혜가 더 많아질 것이었다. 그는 알렉 넬슨을 도와 차기 올림픽 챔피언들을 길러 내는 코치가 될 수도 있었다. 일요일이면 노란 촛불을 밝힌 킹스 칼리지 채플에서 설교할 수도 있었다. 미래의 계관시인인 존 베처먼 John Betjeman이 말한 "천개天蓋에 덮인 르네상스 구획의 아련한 침묵" 속에서 말이다. 덕분에 리델은 홍보 담당자로 칭송될 것이었다. 비록 그가 홍보차 회유해야 할 대상이 『인명사전 Who's Who』과 『더브렛 귀족 연감 Debrett's』에나 실린 인사들이겠지만 말이다. 그는 공식 행사나 비공식 파티에서 귀빈들에게 알랑거릴 수도 있었다. 누이 좋고 매부 좋은 상황이었다. 학교 측은 전국에서 가장 인기 있는 올림픽 챔피언과 손잡은 영화를 한껏 누릴 것이고, 리델은 리델대로 자신을 묶고 있는 그 끈들이 비단처럼 느슨하기에 마음이 편할 것이었다. 그야말로 누구나 얻고 싶어 안달할 만한 이상향이었다. 리델이 원한다면 런던 대학교의 교수가 된 노엘베이커가 다른 자리를 알아봐 줄 수도 있었다.

인품이 덜한 사람이었다면 유혹에 굴했을 뿐 아니라 그게 옳은 길이라고 자신을 다그쳤을 것이다. 쉽게 갖다 댈 만한 구실은 얼마든지 많이 있었고 각 구실마다 그럴듯해 보였을 것이다. 리델은 넓은 세상으로 나가기 전에 공부에 더 온전히 몰두하고 싶다고 말할 수도 있었다. 시급한 선교 사역이 국내에도 많이 있다고 말할 수도 있었다. 금메달을 하나 땄더니 또 따고 싶은 야망이 생겼다는 말이야말로 가장 설득력이 있었을 것이다. 그러나 리델은 그런 생각을 해본 적이 없었다. 어떤 값에도 자신을 팔 생각이 없었다. 한 회중에게 그는 "가장 큰 위험은 승리였습니다"라고 말한 뒤, 승리를 정의하기를 "사람을 자신의 성품으로 감당할 수 없을 만큼 높이는 일"이라 했다. 다른 청중에게는 "스포츠의 순수성과 가치를 떨어뜨리는 것들을 일체 멀리하십시오"라며 "스포츠를 할 때는 그 자체를 위해서만 할 것"을 호소했다. 또 다른 곳에서는 육상 관중의 어떤 환호도 자신에게 신앙만큼 큰 기쁨을 주지 못했다고 고백했다. 연설마다 알맹이는 다 똑같았다. 그는 거만해질 마음이 없었다. 스포츠를 이용하여 돈을 벌거나 출세해 볼 마음도 없었다. 그의 육상은 사실상 이미 끝났다.

올림픽 팀에 속했던 그의 친구들은 각자에게 맞는 삶의 방식으로 안정을 이루었다. 더글러스 로는 타고난 소질을 살려 법조계의 변호사가 되었다. 아서 마샬은 비행사가 되어 회사를 창업했고 기사 작위도 받았다. 해럴드 에이브러햄스는 기자, 작가, BBC 방송인을 거쳐 스포츠 행정가가 되었다. 가이 버틀러도 기자와 작가가 되었다. 헨리 스톨러드는 평소의 뜻대로 안과 의사가 되었다. 노엘베이커는 노동당 하원 의원, 장관, 일대^{一代} 귀족, 예일 대학교 강사, 노벨 평화상 수상자 등 모든 것을 가졌다. 장밋빛 길은 리델의 취향에 맞지 않았다. 그는 지켜야 할 약속이 있었고 중국의 선교 사역에 충성을 다짐한 사람이었다. 자신의 전부인 가족들과 합류하는 게 그의 도의였다. 본래 지체 없이 그러려고 했는데 오직 D. P. 톰슨의 개입으로 생각이 바뀌었다. 톰슨은 그에게 신학을 공부하여 "나라의 젊은이들"에게 전도할 때 그것을 결합하도록 설득했다. 그러면서 기회가 "다시는 오지 않을지도 모른다"라고 강조했다. 그래도 어떤 사람들은 리델이 다른 이유에서 중국행을 연기해야 한다고 생각했다. 그냥 조금이라도 삶을 누리라는 것이었다. 리델은 올림픽 덕을 볼 수 있는 것들을 왜 다 포기하려 하느냐는 질문을 받곤 했다. 그때마다 그는 "하나님이 나를 중국을 위해 지으셨다고 믿기 때문"이라 답했다.

리델은 수수한 임지에 만족했다. 그는 톈진의 영중^{英中} 학교(중국명 톈진 신학^{新學} 서원—옮긴이)에서 과학을 가르치고 스포츠 레슨을 맡기로 한 상태였다. 톈진은 그의 아버지가 샤오창에 이어 다시 파송되어 간 도시였다. 대부분의 운동선수들은 자신의 위대했던 순간이 희미해져 갈 때에야 아찔한 몰락이 두려워 운동을 그만둔다. 리델은 자신이 헌신한 나라를 위하여 전성기보다 최소한 4년 먼저 은퇴하려던 참이었다.

이는 그에게는 지극히 논리적인 일이었으나 그의 신앙을 이해하지 못하는 이들에게는 아주 비논리적으로 보였다.

2부

더
―

높
게

일곱 번째 달리기

미련 없는 작별

올림픽기가 깃봉에서 내려오기도 전부터 벌써 1928년 암스테르담 올림픽대회에 대한 추측들이 난무했다. 에릭 리델이 400미터 종목 선수인지 그 자체에 이의를 제기했던 언론이 이제는 가시적 장래에 이 종목에서 그를 능가할 사람이 없다는 예측을 내놓았다. 갑자기 그는 "무적의 나는 목사"가 되어 있었다.

올림픽의 기억이 아직 생생할 때 A. B. 조지는 극단의 배우처럼 지방을 순회하기 시작했다. 그는 파리에 대한 환등기 쇼를 제작했는데 이는 '전문가'의 해설과 안목이 곁들여진 흑백 슬라이드를 예고하는 광고였다. 위선자 조지는 리델이 "무엇이든 할 수 있다"라며 그를 지지했다. 그러나 올림픽 이전에는 자신이 그의 가망성과 달리는 동작을 조롱했다는 말은 쏙 빼놓았다.

리델의 금메달 외에도 조지는 그가 400미터 종목의 절대 강자라는 증거를 더 내놓았다. 불과 8일 만에 스탬포드 브리지에서 다시 달리는 리델을 보았던 것이다. 미국 팀이 대영제국과 시범 경기를 벌이려고 그곳에 들렀다. 파리에서 영국은 리델이 빠진 두 종목의 계주에서 모두 졌다. 400미터 계주에서는 아직 피로가 덜 풀린 해럴드 에이브러햄스가 첫 구간을 느리게 달린 데다 마지막 배턴 터치를 망치는 바람에 은메달에 그쳤고, 1600미터 계주에 나선 4인조는 동메달을 땄다. 동료들보다 훨씬 빠른 가이 버틀러가 최종 주자를 맡았어야 하는데 순서가 이상하게 꼬여 셋째 구간을 달렸기 때문이다. 버틀러는 리델에 대해 "그가 있었다면 거의 확실히 우리가 금메달을 땄을 것이다"라고 말했다.

파리에서 입증된 리델의 실력이 영국에서 열린 이 1600미터 계주에서 또 한 번 입증된다. 그에 맞서고자 미국 팀은 그의 적수인 호레이쇼 피치를 넣었다. 피치 역시 올림픽 때는 이상하게 계주 팀에서 빠졌었다. 리델은 이 경주를 올림픽 결승전과 비교하여 "최소한 그만큼은 훌륭했다"라고 보았으나 오히려 그때보다 나았다고 본 사람들도 있었다. 미국의 찰리 패독은 파리에서 리델이 피치를 '지치게 하며 달리는' 모습을 보았다. 패독은 리델에 대해 "나만큼 경쟁 상대에게 감동한 사람은 여태 없었을 것이다. 그는 날개를 편 독수리처럼 주로를 장악했다"라고 말했다. 패독은 이번 스탬포드 브리지에서 목격한 광경을 "전대미문의 가장 경이적인 400미터"라고 평했다.

올림픽의 열기 덕분에 관중이 4만 명도 넘게 입장했다. 나중에 입소문이 난 뒤로는 리델의 불가사의한 경주를 보았다는 사람들이 그보다 두 배는 더 되었을 것이다.

스토크에서 보여주었던 리델의 괴력이 재현된 경기였다. 배턴을 넘겨받을 때 그의 추산으로 피치가 "10야드"를 앞서 있었다. "불과 1주일 전에 세계 신기록을 수립한 사람에게도 그것은 불가능한 출발처럼 보였다"라고 리델은 말했다. 그는 바로 추격에 나섰다. 패독의 표현으로 리델은 마지막 모퉁이를 돌면서 피치를 따라잡은 뒤 "멋지게 미쳐" 그를 따돌리고 47.7초로 테이프를 끊었다. 곧 그를 위한 '고향의 백파이프' 연주가 울려 퍼졌다. 출발 때 피치에게 뒤져 있던 10야드도 리델에게는 걸림돌이 못 되어 마칠 때는 오히려 10야드를 앞서 있었다. 피치는 리델의 등밖에 보지 못했다. 경주를 직접 본 사람들, 특히 패독의 증언에 따르면 피치는 옆 레인의 리델에게 추월당할 때 휙 하는 옆바람만 느꼈을 뿐이다. 패독은 "영국인과 미국인 할 것 없이 다들 열광했다"라고 말했다. 『데일리 메일』에는 "만인을 전율하게 한 육상경기"로 보도되었다. 리델 자신도 "한동안은 결코 간격을 좁힐 수 없을 것 같았다. 후발 주자의 이점으로 점차 호각지세를 이루었는데 결승선을 바로 앞두고 그가 무너졌다"라고 털어놓았다.

    피치는 신체적으로나 심리적으로나 리델에게 완파되었다. 『육상 뉴스와 자전거 저널』의 1면에 리델이 골인하던 순간의 사진이 실렸는데, 그는 조금도 지쳐 보이지 않는 반면 피치는 정신을 잃은 듯 헐떡이는 모습이 꼭 다리가 금방 꺾일 것만 같다. 리델은 은근히 뻐기거나 관중의 환호를 더 자극하지 않았다. 피치가 얼마나 침통할지를 알기에 오히려 그의 패배를 유화하려 했다. "아마 그는 파리의 여파를 나보다 더 강하게 느끼고 있었을 것이다"라고 리델은 말했다. 자신도 끝없이 행사에 불려 다니느라 한 주간을 정신없이 보냈건만 그런 말은 입 밖에 내지 않았다. 사실 그는 워낙 녹초가 되어 있어서 에든버러에서 런던으로 이동했을 때는 경기가 채 24시간도 남지 않았었다. 패독은 리델의 기력이 믿어지지 않았다. "그러고도 그는 여전히 팔팔하여 이튿날 오전에 런던의 한 교회에서 긴 설교를 했다"라고 그는 회고했다. 자신의 400미터 구간에서 이긴 "비결"을 묻는 질문에 리델은 "나는 처음 200미터는 최대한 힘껏 달리고 나머지 200미터는 하나님의 도움으로 더 힘껏 달립니다"라고 농담처럼 답했는데, 보는 이들에게 그것은 순전히 농담만도 아니었다. 그가 어찌나 힘껏 달렸던지 나중에 미국 선수들의 생각은 자명한 사실에 미쳤다. 400미터 경주를 몇 번밖에 해보지 않고도 그들보다 압도적으로 더 빠른 리델이 앞으로 연습을 더 하면 무슨 성과인들 이루지 못하겠는가? 윈덤 할스웰은 런던 올림픽에서 우승할 때 스물여섯 살이었는데 리델은 1928년 올림픽 때 바로 그 나이가 될 것이었다. 리델은 몸 상태도 더 좋고 속도도 더 빠르니 암스테르담 올림픽에 출전하는 일은 식은 죽 먹기였을 것이다. 아무도 그를 위협하지 못했을 것이다.

선발 과정에 지원하겠느냐는 질문이 그에게 끊이지 않았다. 그는 공적으로 아니라고 밝힌 적은 없지만 속으로는 현실적 가능성이 없다고 보았다. 우선 톰 맥커처가 없는 영중 학교에서 충분한 훈련은 불가능할 것이었다. 4년 임기로 그 학교와 계약했으니 중간의 대회 때마다 유럽이나 미국에 오갈 수 없을 것이고, 따라서 적절한 준비도 요원했다. 그래서 리델은 교육 선교사의 직책과 올림픽 준비를 병행할 수 있을지는 중국에 가 봐야 알 것 같다고만 말했다. 남는 시간은 전도 사역에 대폭 들어갈 것으로 그는 예상했다.

리델은 출국일을 손꼽아 세며 일 중독자처럼 무엇 하나 빠뜨리지 않았다. 수업을 듣거나 신학 논문을 쓰지 않을 때는 혼자서나 D. P. 톰슨과 함께 순회 사역을 계속했다. 지칠 줄도 몰랐다. 톰슨에 따르면 그의 일정은 설교로 빡빡하여 매 주말은 물론이고 사흘 밤씩 연달아 할 때도 많았다. 강연 요청이 하도 많아서 1주일이 8일이라 해도 일일이 다 응하기에 부족했을 것이다. 후두염에 걸릴 것을 각오하고 24시간 안에 4-6회씩 강연할 때도 있었다. 톰슨은 "그렇게 거절할 줄 모르는 사람도 없을 것이다. 그에게는 어떤 곳도 너무 작지 않았고, 어떤 예배당도 너무 시시하지 않았고, 어떤 청중도 너무 장래성이 없지 않았다"라고 덧붙였다.

교회에 그가 절실히 필요했다. 전쟁 초기에만 해도 도움을 구하는 사람들 때문에 예배의 횟수가 늘어났다. 그러나 전쟁이 끝난 뒤로는 출석자 수가 천천히 줄다가 확 떨어졌다. 일부 군인들은 수동적인 종교 지도자들이 충분한 조치를 취하지 않아 살육을 더 일찍 종식시키지 못했다고 비난하며 불가지론으로 돌아섰다. 위안을 얻고자 강신술이 교회의 대안으로 떠올랐다. 유가족들은 망자와 소통하려고 신내림, 복술, 투시력 따위에 의존했다. 1920년대 들어서서 교회에 나가는 영국인은 100명 중 15명에 불과한 것으로 추정되었다. A. J. P. 테일러의 『옥스퍼드 영국사 Oxford History of England』에 전반적 기류가 약술되어 있다. "계시 종교의 교리—성육신과 부활—를 완전히 받아들이는 사람들은 극소수에 그쳤다. 많은 그리스도인들에게도 우리 주 예수 그리스도는 공공연하게 단지 가장 모범적인 선한 사람으로 전락했다. 이는 앵글로색슨족이 기독교로 회심한 이래로 영국사의 다른 어떤 사건 못지않은 중대사였다." 스코틀랜드 교회 총회의 의장은 교회가 "갈림길에 서 있는데 표지판이 일부 지워졌다"라고 더 노골적으로 말했다. 어느 목사는 사람들이 지옥을 이미 보았기 때문에 "지옥에 대한 두려움"이 사라졌다고 진단했다. 지옥은 바젠틴 고지와 아라스와 이프르와 파스샹달에서 주홍색과 검은색 옷을 입고 폭약과 독가스의 냄새를 풍겼다. 무수히 많은 지면의 포탄 구멍과 쥐가 들끓는 참호에서도 그랬는데, 이제 그곳들은 묘비조차 없는 무명용사 묘지의 흙으로 변했다. 다른 목사는 주말의 자동차 이용 때문에 회중의 수가 급감했다고 주장했다. 그래서 그의 교회는 차고와 세차 시설을 제공할 계획이었다. 진상을 조사한 한 보고서의 결론에 따르면 성직자들의 안일한 태도가 만연하여 일요일의 "스포츠와 오락"을 너무 용인했고, 그들 대신 목소리를 낼 "활동가"도 부족했다.

일요일 출전을 용인하지 않는 활동가 리델의 설교는 계속되었다. 교회는 물론 극장, 음악당, 공회당 등 그가 가는 곳마다 사람들은 앉을 자리가 없으면 기꺼이 서서 들었다. 킬마노크의 모임에 1700명이 모였고 페이즐리의 예배에는 1000명이 참석했다. 글래스고의 던더스 스트리트 회중 교회에도 600명이 끼어 앉았는데 그곳은 리델의 아버지 제임스가 목사 안수를 받았던 작은 교회였다. 리델의 명성이 스코틀랜드에만 국한되지 않는다는 증거로 런던의 YMCA 집회에서도 1000명이 그의 강연을 들었다. 점심시간마다 술을 마시는 사람들이 금주령을 지지하는 리델에게 어느 일요일에 술집에서 발언할 기회를 주기도 했다. 톰슨의 소견에 따르면 "우리는 다른 어떤 부류의 전도자도 쉽게 접근할 수 없는 청중들에게 다가갔다."

리델이 말한 내용은 감리교의 창시자인 존 웨슬리[John Wesley]와 비슷했다. 접근 방식도 웨슬리에 견줄 만했다. 야외 설교에 능했던 웨슬리처럼 리델도 필요하다면 어디서나 강연했고 환경적 조건을 따지지 않았다. 또 웨슬리처럼 그도 말에 군더더기가 없었고, 그가 가진 철학의 분명한 버팀목은 긍휼과 강직함이었다.

웨슬리가 회중에게 가르친 삶은 준엄한 이타주의였다. "최대한 모든 선을 행하라. 수단과 방법을 가리지 말고 행하라. 때와 장소를 가리지 말고 행하라. 평생 힘닿는 대로 모든 사람에게 행하라."

그것이 리델의 대망이기도 했다. 행사 때마다 그는 정치가의 연설문처럼 개략적 원고를 준비했다가 청중과 장소에 맞게 조정했다. 톰슨은 그것을 "진솔하고 남자다운 메시지"라 표현했다. 리델은 자신을 3-4대째 술 담배를 하지 않는 집안 출신이라 소개했다. 그러면서 "술고래 집안에서 제대로 된 운동선수가 나오는 경우는 드뭅니다"라고 경고하곤 했다. 이어 그는 스포츠와 힘겨운 일상생활을 비교했다. 믿음과 기도를 말하면서 경기장의 경쟁심과 공정함도 함께 말했다. "팀 스포츠에서 훌륭한 사람"은 타락한 삶을 살거나 규정을 어기지 않는다고 강조했다. 그런 사람은 순전히 "자기만을 위해" 경기하지도 않는다. 이상이 높아서 자기보다 남을 먼저 생각한다. 자신이 메달을 따지 못할지라도 언제나 힘써 "최선"을 다한다. 또 결과와 무관하게 몸과 마음을 용의주도하게 "최상의 온전한 수준"으로 유지한다고 리델은 덧붙였다.

리델은 항상 스포츠에 스포츠맨 정신을 접목했는데 그 첫 번째 요소를 "용기"로 꼽았다. 그는 용기가 일상생활의 시련 속에서 "최고조의 상태"에 도달한다고 보았다. "경기에서 스포츠맨 정신을 갖춘 사람은 일상의 활동에도 그 정신으로 임할 수 있습니다." 그가 제시한 예는 "직장을 잃은 나날"을 견디는 일이었다. 특히 큰 울림을 준 결정적 한마디가 있었다. 그는 "우리 모두 안에 훌륭한 스포츠맨이 있습니다"라며 청중에게 그런 사람이 될 것을 촉구했다. 이런 말을 들은 남자들은 대체로 빈곤층과 지독한 저임금에 시달리던 부류였다. 그들에게는 담배 한 갑만 있어도 그것이 주말의 사치였다. 그래서 리델은 이런 주제를 꺼낼 때마다 신중에 신중을 기했다. 자칫하면 비교적 부유한 사람이 주제넘고 거만하게 약 올리며 생색내는 것처럼 비쳐질 수도 있었다. 다행히 리델은 스포츠맨의 비유를 절묘하게 잘 한정했다. 1920년대 중반에 가정을 하나로 지키기가 얼마나 어려운지를 잘 알았기에 목표의 수위를 조절했다. 그 당시 영국은 마치 제1차 세계대전에서 패한 것 같았다. 산업은 각종 파업과 자금난으로 병들어 몸살을 앓고 있었다. 남성 중심의 노동력 중 120만 명 이상이 실직자로 등재되었다. 빅토리아 시대 중반에 지어진 주택들은 대부분 눅눅하고 비위생적이고 술 냄새가 진동하는 오두막이었다. 아직도 폭격의 상처와 죽음의 그늘에서 헤어나지 못한 재향 군인들은 지독히도 무시받았다. 그래도 리델은 남자들에게 말했다. "정말 남자다운 남자는 쉬운 일을 바라지 않습니다. 쉽게 이긴 경기에는 즐거움이 없습니다. 모든 근육과 힘줄로 기를 써서 승리를 얻을 때에야 진정한 기쁨이 있습니다."

리델은 "많은 사람들이 보기에 기독교가 일요일의 종교일 뿐 나머지 일상생활과 일에는 영향을 미치지 못하는" 점도 우려했다. 다른 설교자들과 달리 그는 교회에 "아무리 오래" 다녀도 참된 그리스도인이 될 수 없다고 확신했다. "예수를 통해 하나님과 친밀한 관계를 맺어야만" 그렇게 될 수 있다며 그는 이것을 "가장 위대한 스포츠맨"이신 그분의 "값없는 선물"이라 표현했다. 파리 올림픽에서 영국이 딴 모든 메달처럼 리델의 금메달도 배송이 지연되었다. 프랑스의 한 관리가 졸다가 우표값을 잘못 계산했기 때문이다. 소포가 중간에 정체되어 있었는데 분류 사무실의 한 직원이 내용물을 알아차리고 추가 요금 없이 배달되도록 조치했다. 메달을 보여 달라는 요청이 하도 많아 리델은 순회강연 때 가끔 그것을 가져갔다. 메달을 구경할 수 있을지 모른다는 점도 사람들을 그의 강연장으로 이끄는 또 하나의 동인이었다.

올림픽에 대한 질문을 받으면 그는 과거 시제를 썼다. 파리를 "번잡하고도 영광스러운 한 주간"이자 "내 평생 최고의 경험"으로 소중히 기억하겠다고 했다. 그러면서 마치 아무도 모른다는 듯이 자기 앞에 돌이킬 수 없는 변화가 임박했다고 덧붙이곤 했다. 그는 "중국에 제가 필요합니다. 저는 거기서 다른 경주를 할 것입니다"라고 말하곤 했다.

에릭 리델은 떠나기 전에 여기저기 작별 인사도 하고 빚도 갚아야 했다.

그의 형 롭은 올림픽 직전에 결혼하여 12월에 아내 리아와 함께 배편으로 상하이로 떠났다. 1925년 1월에는 톰 맥커처의 아내가 아들을 낳았다. 아이의 이름은 에릭 리델 맥커처로 지어졌고 리델은 그의 대부가 되었다. 코치는 리델의 주선으로 올림픽 기념물도 받게 되었다. 그전에 에든버러시의 고관들이 금메달에 더하여 리델에게 또 하나의 금붙이를 선사했었다. 뚜껑의 중앙에 유리가 끼어 있고 줄이 꽈배기 모양인 회중시계였다. 그는 맥커처도 똑같은 시계를 받게 해주었다. 시계에 새긴 문구도 리델이 직접 정했는데 "스코틀랜드 육상 후원회"의 이름으로 맥커처의 "충실한 봉사"에 감사하는 내용이었다.

그 후에 리델은 와일딩스까지 먼 길을 갔다. 아일린 소퍼에게 마지막 호의를 베풀기로 한 것이다.

아일린은 라푼젤처럼 머리가 길었으나 라푼젤과 달리 일부러 두문불출하며 거기서 벗어날 마음이 없었다. 그녀가 안전한 집에서 좀처럼 멀리 나가려 하지 않았던 것은 아버지 조지가 선의의 과보호로 높은 울타리 너머에 도사리고 있을지도 모르는 일부 위험을 과장한 결과였다. 조지는 세균과 질병을 질색했다. 그래서 유모에게 명하여 아기 때부터 **아무도** 딸에게 손을 대지 못하게 했다. 아기를 낯선 집에 데려가서도 안 되었다. 나중에 맹장염에 걸렸을 때도 소녀 아일린은 아버지의 작업실에서 수술을 받았다. 그가 병원을 병적으로 꺼렸기 때문이다. 의사는 정원사가 깨끗이 닦아 준 나무 탁자를 수술대로 썼다. 어린 시절의 이런 경험 때문에 아일린은 성인이 되어서도 건강 염려증이 상당했다. 그래서 스스로 고립되어 작업에만 몰두했고 차를 타고 시골로 나갈 때를 제외하고는 거의 작업실을 떠나지 않았다.

그래도 그녀는 성공하여 아버지의 친구들인 화단畵壇 실세의 후광 없이 스스로 화가의 입지를 굳혔다. 리델이 파리에서 우승하기 8주 전에 아일린은 로열아카데미의 서한을 받았다. 그녀가 「날아오르는 그네들Flying Swings」이라는 제목으로 놀이터의 세 어린아이를 그린 드라이포인트 동판화가 4.73파운드에 팔렸다는 것이었다. 그림을 산 사람은 메리 여왕이었다.

중국을 포기할 마음만 있었다면 리델은 그녀의 이상적인 남편이 되었을 것이다.

그러나 아일린이 상상했던 둘의 로맨스는 현실성이 없었다. 그래도 그녀는 관계를 몇 주 더 연장했다. 허영심과는 거리가 먼 남자를 설득하여 자리에 앉혀 놓고 그의 초상화를 그렸던 것이다. 그녀는 그에게 올림픽 때 입었던 조끼와 셔츠 대신 평소의 옷차림을 주문했다. 근육질의 운동선수가 아니라 자신이 알던 학구적이고 생각이 깊은 학도를 그려 내고 싶었던 것이다. 아일린은 그전에 정식 초상화를 그려 본 적이 없었고 대개 유화보다 수채화를 선호했다. 그런데 리델을 그릴 때는 유화를 택했다. 그녀는 사랑으로 수고했으며 그 사랑의 대상은 한동안 그녀의 작업실에서 포로가 되어 기역 자 모양의 창문 앞에 참을성 있게 앉아 있었다. 작업 시간이 끝날 때마다 둘은 걸으며 대화했다. 덕분에 그가 떠난 뒤에도 그녀는 그림 자체만 아니라 함께했던 마지막 날들의 추억을 위안으로 삼을 수 있었다.

초상화 속의 리델은 회색 스리피스 정장 차림이다. 가늘게 빨

유화 속의 리델
아일린 소퍼는 화가답게 초상화를 그리는 것으로 에릭에게 경의를 표했다.

간 줄무늬가 들어간 넥타이는 스코틀랜드의 색깔인 청색이고 흰 셔츠의 목깃에는 가느다란 금색 핀을 꽂았다. 왼손에는 두 번 접힌 편지가 들려 있다. 이상하게 배경도 양복과 거의 똑같이 연한 회색이다. 여러 사진들보다 이 그림 속의 그가 훨씬 젊고 팔팔해 보인다. 아일린은 그를 자신이 본 대로 지혜와 덕을 풍기는 미남으로 그렸다. 머리칼은 옥수수색이고 눈은 푸른빛으로 형형하다. 푹 파인 눈자위를 제외하고는 피부에 잔주름이나 흠이 하나도 없다. 아일린은 일부러 그의 이마 위쪽과 광대뼈 선에 조명을 강하게 쏘아 천상의 빛 같은 것이 묻어나게 했다. 미술 평론가 앤드류 그레이엄 딕슨 Andrew Graham-Dixon은 이 그림이 "걸작은 아니다"라면서 아일린이 유화에 경험도 없고 적성도 비교적 부족하다 보니 "질이 고르지 못하다"라고 덧붙였다. 딱 하나 그것을 상쇄해 주는 요소가 있다고 그는 보았다. 그는 "리델의 현존하는 모든

사진보다 그를 더 잘 담아낸 것 같다"라고 했다. 그거야 이론의 여지가 있지만 보는 이와 마주치는 리델의 눈빛이 생각에 잠긴 듯 강렬한 것만은 분명하다. 그래서 그레이엄 딕슨이 보기에 리델은 "무슨 비전에 넋이라도 잃은 듯 멀어 보이며… 어쩌면 그것은 신의 감화를 받은 목적의 불꽃이었는지도 모른다."

아일린은 이 그림을 무척 좋아했다. 그녀는 수수료를 계산하지 않았고, 또 가로 63.5센티미터, 세로 73센티미터의 이 캔버스를 살 만한 사람도 없었다. 그래도 괜찮았다. 어차피 그녀는 이 그림과 헤어질 마음이 없었다.

아일린은 아마추어 시인이기도 해서 존 메이스필드John Masefield를 아주 좋아했고 에드워드 토머스Edward Thomas와 존 클레어John Clare가 묘사한 전원생활과 그 풍경에 매료되었다. 그들의 시를 읽다가 자신도 마음이 동하여 시를 썼는데, 시의 소재는 와일딩스와 그 주변에서 본 새와 동물 등 그녀에게 감동을 준 동물군과 식물군으로 집중되었다. 대자연에게 바치는 사랑의 시인 셈이었다. 딱 한 편의 시에만 남자를 향한 사랑이 표현되어 있는데 「E. L.에게To E. L.」라는 제목의 그 시는 이렇게 시작된다.

6월의 들판을 우린 걸었네.

그녀는 "하늘이 높고 / 꼬리풀처럼 파랗던" 어느 멋진 날을 떠올린다. 구름은 "언덕배기 위를 / 날고" 있었고 "댕기물떼새의 울음소리"가 들려왔다. 아일린에 따르면 그녀와 리델은 언덕에 올라 골짜기를 내려다보다가 "나뭇잎에 움푹 가려진 그늘" 속을 걸었다. 거기에 둥굴레 속[1]의 흰 초롱꽃이 "눈물처럼 가지 위로" 축 늘어져 있었다. 그녀는 이 산책을 발전된 단계의 구애로 여겼으며 자신이 보기에 리델도 그랬다고 시에 밝혀 놓았다. 그가 주머니에서 은색 열쇠를 꺼내―"나무의 아름다움을 / 훼손하기 싫었지만"―너도밤나무의 껍질에 이끼처럼 깊게 둘의 이니셜을 새겼다는 것이었다. 아일린은 그곳에 "지난날의 연인들을 즐겁게 한 / 이름들이 많이 새겨져" 있었다고 강조했다.

그녀는 말로든 글로든 외설에 기겁했던 사람이므로 신체 접촉 같은 것은 감히 떨려서 생각도 못했을 것이다. 그런 그녀가 "연인들"이란 단어를 썼다는 것은 의미심장하다. 분명히 아일린의 생각에 자신과 리델은 곧 연인 사이가 될 것이었고 글씨를 새긴 일은 무언의 청혼이었다. 또 자신은 결혼할 의향이 있었다. 다음 두 행에서 그것을 볼 수 있다.

> 그대는 썼었네, 시간의 철자가
> E와 L일 수 있다고.

그녀가 아일린 소퍼보다 아일린 리델이 될 생각을 충분히 했었음을 엿볼 수 있다. 시를 쓴 날짜는 미상이지만 거의 확실히 그녀의 삶에서 리델이 떠나간 후였을 것이고 시에 언급된 여름도 거의 확실히 1923년 아니면 1924년이었을 것이다. 마지막 연에는 아쉬움과 애석함과 울적함이 묻어난다.

> 너도밤나무는 낙엽 위에 자고

그 아름답던 날은 사라져
남은 거라곤 외로운
댕기물떼새의 울음소리뿐.

그녀가 그림과 시 속에 리델을 간직한 것은 그만큼 그를 좋아했다는 증거다. 「E. L.에게」라는 시에는 과거에 대한 그리움이 있다. 다시 돌아오지 못할 시간에 대한 회한이 있다. 리델이 떠나면서 그녀는 뭔가 되찾을 수 없는 소중한 것을 잃었다. 달콤한 추억의 아픔만이 남았다.

...

실력 있는 경주마는 안장에 무거운 짐이 얹히는 핸디캡만 적용받지 않는다면 지는 법이 없다. 똑같이 에릭 리델도 처음부터 불리한 조건이 붙지 않는 한 트랙에서 지지 않았다. 그래서 육상 선수로서 그의 마지막 시즌은 쭉 영예의 연속이었다. 1925년 5월 중순부터 6월 말까지 그는 경주에 23회 출전하여 19회를 이겼다. 패한 4회 중 세 번은 핸디캡이 적용되었고 한 번은 계주였다. 그가 마지막으로 나간 대회는 햄든 파크에서 열린 스코틀랜드의 AAA 선수권전이었다. 100야드 종목에서 10초로 1884년에 수립된 스코틀랜드 최고 기록과 타이를 이루었고 220야드와 440야드 종목에서도 당연히 이겼다. 대회가 끝난 후에는 바리케이드를 쭉 쳐서 그에게 우르르 몰려드는 군중을 저지해야 했다. 그가 강단에서 설교할 때도 똑같이 그런 반응이 나오곤 했다.

D. P. 톰슨은 야심차게 에든버러의 어셔 홀을 예약했다. 위스키 제조업자의 수익으로 지어진 공연장이었지만 전혀 모순으로 보지 않

고 그곳에 금주禁酒 옹호자를 세우기로 한 것이다. 고전적으로 설계되어 지붕이 둥글고 벽이 원형인 어셔 홀의 수용 인원은 2500명에서 3000명 사이였다. 그보다 큰 공회당은 어느 도시에도 없었다. 한 비평가가 톰슨에게 리델로는 그곳이 다 차지 않을 거라며 "당신, 크게 실수한 겁니다"라고 경고했다. 리델이 빈자리에 대고 강연해야 할 난감한 일이 없도록 톰슨도 해법이 필요하다는 데 동의했다. 인근 교회의 교인들이 저녁 예배를 일찍 마치고 부리나케 어셔 홀로 걸어오는 방식으로 참석자 수를 웬만큼 확보하기로 한 것이다. 그러나 불필요한 보완 조치였다. 리델의 강연 시간은 저녁 8시였는데 5시 50분에 벌써 사람들이 45미터까지 길게 줄을 섰다. 7시 20분에는 자리가 없어 입장하지 못한 사람들을 위한 별도 모임을 계획해야 했다. 8시쯤 되자 미리 동원해 둔 교인들이 아무 데나 골라 앉으면 되겠거니 생각하며 나타났으나 톰슨에게서 어셔 홀이 "우리가 감히 꿈꾸었던 것만큼 꽉 찼습니다"라는 말을 들어야 했다. 별도 집회에도 공간이 없어 부득이 돌아선 사람이 수백 명이었다.

글래스고에서도 1000명의 사람들이 너무 늦게 와 그를 보지 못했다. 그들은 길바닥에 발이 묶인 채 나중의 별도 모임을 기다리는 수밖에 없었는데, 그들에게는 참 애석한 일이었던 게 그날의 강연에 리델의 진심이 가장 절절히 드러났기 때문이다. 설교라기보다 시간 순서대로 되짚은 자서전이었다. 자신의 삶과 동기를 설명하려는 것 같았는데 그가 자신에 대해 이토록 광범위하게 말하기는 처음이었다. 그는 톰슨이 난데없이 조지 스퀘어로 찾아와 아마데일에 가자고 했던 일을 회고했다. 낯선 사람들 앞에서 강연하는 일에 대해 처음에는 회의가 들었다는 고백도 했다. 그는 여동생 제니에게서 온 편지의 중요한 세부 사항을 털어놓으며 거기에 적혀 있던 이사야의 말씀을 암송했다. 그는 그 말씀을 자신의 길을 환히 비추어 주는 등불로 보았었다. 리델은 말할 때 과장하거나 소리치지 않았으며 전하려는 메시지를 억지로 주장하지 않았다. 사연 하나하나가 벽돌처럼 차곡차곡 쌓이면서 그 자체로 그 역할을 했다.

그로부터 2년쯤 전에 조지 버나드 쇼 George Bernard Shaw의 희곡 『성녀 조앤 Saint Joan』이 무대에 올려졌다. 그중 한 장면에서 조앤이 하나님의 음성을 듣는다고 말하자 의심 많은 로베르 드 보드리쿠르 백작은 의문을 제기한다. "그건 당신의 상상에서 오는 겁니다"라는 그의 말에 그녀는 "하나님의 메시지는 우리에게 그런 식으로 옵니다"라고 답한다. 리델도 그 메시지가 어떻게 육성의 명령만큼이나 확실하게 자신에게 왔는지를 말하면서 청중에게도 똑같이 그렇게 올 수 있음을 지적했다. 이것은 그에게 엄청나게 큰 모험이었으며 모든 큰 모험이 그렇듯이 시작은 단순하고도 단계적이었다. 우선 톰슨의 노크가 있었고 이튿날 아침에 편지가 왔다. 그리고 가까운 거리의 어느 특별할 것 없는 장소에 갔다. 다른 곳들과 너무 비슷해서 그의 청중이 옆집처럼 훤히 알던 곳이었다. 그렇게 이루어진 첫 강연은 목을 틔우려는 불안한 헛기침에 불과했다. 이제 그 모험이 그를 중국으로 데려갈 참이었다.

1주일 후에 통신사의 기자가 에든버러로 파견되어 리델을 위한 '대대적인 전송'을 취재했다. 이 기자는 "많은 여자 지지자들"이 리델이 탄 검은색 택시 뒤를 따라가고 있음을 강조했다. 그 랜도 자동차는 빨간색과 흰색과 파란색의 환송용 테이프로 장식되어 있었다. 요즘 같으면 '오빠부대'로 분류될 이들 여성 지지층이 따로 언급된 것은 리델의 청중 폭이 그만큼 넓었다는 증거다. 그는 마치 메리 픽포드 Mary

Pickford와 함께 출연하러 캘리포니아로 향하는 아이돌 영화배우 같았다. 수백 명의 팬들이 웨이벌리역까지 그를 따라왔고 이미 1000명도 넘는 사람들이 그곳에 운집해 있었다. 승강장에도 발 디딜 틈이 없을 정도였다. 리델은 '역의 소음을 꿰뚫는 날카로운' 목소리로 가장 짤막한 연설을 하면서 자신이 중국에 "대사大使"로 간다고 말했다.

자신의 지역을 벗어나 본 적이 없는 평범한 남녀에게 중국은 행성만큼이나 멀었고 그곳과 이곳을 갈라놓는 육지와 바다는 항행이 불가능할 정도로 은하수만큼이나 광활했다. 서구인들에게는 중국의 문자와 복장과 음식도 낯설었다. 그래서 사람들은 리델이 왜 그곳에 가려 하는지 의아해했다. 그가 미답의 영토를 찾아 나서는 탐험가 같았던 것이다. 초기의 지도 제작자들은 그런 지역에 "용 출몰 지역"이라는 경고를 휘갈겨 쓰곤 했었다.

조지 오웰George Orwell의 가장 잘 알려진 수필 중 하나인 「주간 소년Boys' Weeklies」에 보면 영국이 비영어권 국가의 국민들을 종류별로 구분하는 경향이 있다고 지적하고 있다. 잔인하고 모욕적이고 오만한 분류였다. 예컨대 "개구리 같은" 프랑스인, "변방의" 이탈리아인, "멍청한" 스칸디나비아인과 같은 식이었다. 최악의 경우로 중국인에게는 늘 "부정직하여 믿지 못할 되놈"이라는 꼬리표가 붙었다고 오웰은 설명했다. "변발에 접시 같은 모자를 쓰고 어설픈 영어를 쓰는 19세기 촌극 수준의 중국인"이라는 것이었다. 그가 빠뜨린 다른 고정 관념이 더 있었다. 쥐 꼬리보다 가늘게 늘어진 콧수염, 소매가 큼지막하게 내려온 긴 도포, 발끝이 말려 올라간 덧신, 옆으로 쭉 째진 눈 등이었다. 오웰은 또 "외국에서 벌어지는 일이 자기와 관계있다"라고 여기는 영국인은 거의 없다고 역설했다. 그가 그 글을 쓰던 1940년에 분명히 그랬으니 리델이 중국으로 돌아가던 당시에는 더 말할 것도 없었다.

구이저우^{貴州}성에 기근이 발생하여 "사람들이 나뭇잎을 따 먹고 쌀 한 줌에 자식을 팔았다"라는 보도가 나왔다. 다리푸^{大理府}에는 지진이 나서 집들이 재와 파편으로 변해 사람이 살 수 없었다. 그런데도 다음의 헤드라인에 여실히 드러나 있듯이 먼 나라의 참사를 대하는 서구의 우선순위 관심사는 달랐다.

지진으로 무너진 중국의 소읍: 외국인들은 무사함

그러나 다른 곳의 외국인들은 무사하지 못했다. 리델이 에든버러를 떠나던 6월 말의 그날 『더 타임스』 14면에 실린 논평 기사에서 전체 기류를 볼 수 있다. 중국의 혼란은 "아주 심각한" 상태로 묘사되었다. 필자에 따르면 "전문 선동 세력"이 "파렴치한 왜곡 운동"을 지휘하고 있었는데, 그들은 "악의적으로 과장된" 단편적 주장을 퍼뜨리는 일을 전문으로 했다. 중국인들은 과거에 강요당한 조약들이 근본적으로 불공정하다고 믿었고, 그래서 "외국인들, 특히 영국인들"을 비난하고 있다고 그는 말했다.

중국과 그곳의 권력 계보는 리델이 중국을 떠나 있던 18년 사이에 지독히도 얽히고설켜져 있었다. 17세기 중반에 처음 권력을 장악했던 청 왕조는 1911년에 신해혁명으로 전복되었다. 1912년 1월에 중국은 쑨원^{孫文}의 지도하에 공화국이 되어 그를 초대 임시 대총통으로 세웠다. 그러나 쑨원은 곧 위안스카이^{袁世凱}에게 권력을 이양해야만 했다. 군주제를 되살리는 데 실패한 독재자 위안스카이는 스스로 홍헌^{洪憲} 황제가 되었고 그 뒤로 쑨원은 중국 국민당을 이끌었다.

분열된 중국은 1916년부터 연립 군벌들의 지배하에 표류했다. 그러던 차에 전후의 베르사유 조약을 통해 산둥성에 대한 독일의 권리가 일본으로 넘어갔다. 중국은 발끈하여 산둥을 비롯한 독일 관할 영지를 반환받는다는 조건으로 1917년에 싸움에 가담하여 연합국을 지원했다. 그런데 연합국이 약속을 어기자 중국은 겉 다르고 속 다른 그들을 비난하며 원한에 사무쳤고, 그 여파로 학생 주도의 5.4 운동이 일어나면서 민족주의가 들불처럼 번졌다. 반기독교 운동이 다시 활발해져 과격한 양상을 띠었다. 러시아의 영향으로 공산주의의 선전 활동도 확산되었다. 새로 창당된 중국 공산당이 1921년에 제1차 전국 대표 회의를 열었는데 13명의 참석자 중 하나가 바로 27세의 마오쩌둥毛澤東이었다.

그동안 선교사들은 중국에 800만 부 이상의 성경을 배포했고 많은 교회와 병원을 세웠으며 가난에 찌든 지역사회를 섬겼다. 그러나 이제 기독교에 찬성하면 그것이 곧 중국을 대적하는 행위가 되었다.

리델은 이 모든 현실 속으로 자진하여 걸어 들어갔다.

여덟 번째 달리기

외국 땅이란 없다

특파원들은 거의 매일 자국에 속보를 보내 중국이 불안정한 상태이며 외국인들을 향한 적대감으로 나라가 요동치고 있음을 전했다.

 전후의 조약들에 대한 중국인들의 배신감은 갈수록 악화되었으며, 이를 파기하거나 개정하려 애쓰는 이들조차도 앙심과 경쟁심을 품고 쩨쩨하게 서열을 따지며 당파 싸움을 벌였다. 파업과 폭동, 시위와 약탈, 무력 강도질과 총격이 뒤를 이었다. 1925년 5월 말 상하이에서 점령국 경찰이 과격한 반외세 시위를 해산시키려고 수천 명의 군중을 향해 총을 무차별 발포하여 학생과 노동자 아홉 명이 죽었다. 이튿날 아침에 네 명이 더 총탄에 숨졌다. 『더 타임스』에 따르면 날이 갈수록 특히 외국인들이 표적이 되어 "심한 폭력"을 당했다. 전차에도 돌멩이가 날아들었다. 결국 계엄령이 선포되었다. 이런 사태가 곳곳으로 퍼져 나가 영중 학교를 포함한 많은 학교가 임시 휴교에 들어갔다. 불안정한 정세는 임박한 대학살을 불길하게 예고했다. 중국 북부는 화염에 휩싸여 있었고 에릭 리델이 도착했을 때는 그 불티가 어디에나 날리고 있었다.

애초부터 그의 아버지 제임스는 이런 현실을 포장한다든지 거짓된 약속들로 그를 구슬리려 하지 않았다. LMS의 선교사들은 매해 연말에 향후 12개월에 대한 잠정적 예측을 포함하여 해당 국가의 현황 보고서를 작성해야 했다. 이는 흐르는 역사를 붙잡으려는 일 같아서 대부분은 통례적 문건에 그쳤다. 1920년대 중반에 사회와 정치의 기류가 악화되면서 어차피 예측이란 것 자체가 바보짓이 되었다. 제임스 리델이 선교지에서 보낸 보고서들은 동료들에 비해 남달리 생생해서 불확실한 현실이 잘 반영되어 있다. 1924년에 그는 중국의 "안타까운 상태"를 언급하며 "다음에 무슨 일이 터질지 몰라 주변이 온통 긴장감에 싸여 있다"라고 썼다. 도처에 "혼란과 충격과 불편과 고통"의 격동이 있고 그 결과로 "불필요한 고생과 파괴와 낭비"가 뒤따르고 있다고 했다. "모두가 끔찍한 참상이다!"라고 덧붙인 한 문장 속에 그의 절망감이 내비쳐진다. 차마 일일이 열거하고 싶지 않은 광경들이 느낌표를 통해 전달된다. 1925년의 보고서는 더 암담했다. 어찌나 암담했던지 이전 해의 것은 차라리 생일 카드처럼 즐거워 보일 정도였다. 리델의 아버지는 사회적 불안이 "최고조에 이르렀다"라면서 "중국의 울분"을 말했고 중국의 기초를 무너뜨리는 "살인적 과부하"를 언급했다. "나라가 진통하고 있다"라는 것이었다.

하지만 이 중에 그 무엇도 그의 아들을 막지는 못했다. 어려서부터 리델은 중국인들에게 유대감을 느꼈는데, 이는 자신이 중국 태생이라는 사실과 아버지가 중국을 위해 불렀던 찬송가보다 훨씬 깊은 수준이었다. 거기서 단기간 누렸던 풍경과 생활이 그 나이 때의 그에게 다른 어디서도 느끼지 못한 확고한 소속감을 심어 주었다. 의문의 여지없이 중국은 리델의 고향이었다. 그에게 선교 사역은 가업이었고 이곳 말고는 어디도 그 가업을 이을 곳으로 생각해 본 적이 없었다. 어떤 희생이 따르더라도 말이다. 그는 하나님이 자신에게 일을 맡기셨으니 그 일을 이루려면 상당한 고생과 슬픔과 이별도 견뎌야 한다고 믿었다. 중국에 갈 때 그는 6주간 뱃길로 차분하게 가는 방법을 택할 수도 있었다. 대신 런던에서 파리까지 배를 탔고 연결되는 열차로 베를린을 경유하여 모스크바에서 시베리아 횡단 급행열차를 탔는데, 이는 그의 열정을 잘 보여주는 결정이었다. 고국에서 새 조국까지 전체 여행에 14일이 걸렸다. 시베리아 횡단 급행열차는 아무리 청록색으로 윤나는 차량에 화려한 금박 장식을 했어도 고급 호텔은 아니었다. 객차는 더럽고 비좁고 추웠다. 보통 하루에 세 번씩—옴스크, 이르쿠츠크, 베르흐네우딘스크 같은 데서—정차했는데 시골 풍경은 대체로 단조로웠다. 엔진은 대개 우랄산맥 같은 오지에서 걸핏하면 고장을 일으켰다. 침대가 붉은 벽돌만큼이나 딱딱하여 잠을 자기도 힘들었다. 그로부터 10년이 못 되어 피터 플레밍이라는 여행객이 똑같은 노선을 지나갔는데, 그는 "조잡한 교외"를 벗어나니 "자작나무와 전나무로 뒤덮인" 풍경이 나타났다고 썼다. "좌석에서 나는 뭔지 모를 냄새, 기차가 사정없이 덜컹거리는 소리, 길쭉한 유리잔의 묽은 차"도 언급했다. 그래도 그는 철도가 좋았다며 "어차피 좁은 곳에 갇힌 포로"임을 토로했다. 리델은 "아주 좋은" 여행이었다며 한 친구에게 이렇게 말했다. "나는 시종 아주 운이 좋아서 옆자리의 독일인, 러시아인, 중국인이 다 영어를 할 줄 알았다."

도착한 후에 그는 바닷가에서 일광욕을 즐기던 유년기의 아늑한 날들로 다시 돌아가 몸을 회복했다. 그늘진 베란다가 딸린 베이다이허의 방갈로에서 리델 일가가 3년 만에 다시 모인 것이다. 모두들 긴 대화와 산책과 독서와 수영을 즐겼다. 리델의 수영복은 위아래가 하나로 붙어 있었는데 다리 부분이 파리에서 입었던 반바지보다도 길었다. 리델, 형 롭, 남동생 어니스트, 여동생 제니, 부모, 형수 리아 등 모두 일곱 명이었다. 리델 가족만이 휴양객은 아니었고, 리델 혼자만이 스코틀랜드에서 갓 도착한 선교사도 아니었다.

애니 버컨 Annie Buchan 은 서른 번째 생일을 앞두고 있었다. 애버딘의 피터헤드 출신으로 집안의 제과점 위층에서 태어난 그녀는 던디와 에든버러에서 간호사와 조산사로 교육받은 뒤 LMS에 지원했다. "플로렌스 나이팅게일처럼 배우고 훈련하는 일이 힘들었다"라고 했다. 그녀의 중국행 계획은 온 마을의 화제였다. "마치 내가 달나라에라도 가는 것 같았다"라고 그녀는 설명했다. 리델보다 4개월 먼저 도착한 버컨은 베이징에 자리를 잡고 표준 중국어를 배웠고, 강도 높은 공부를 다시 시작하기 전에 베이다이허에서 아주 짧은 휴가를 보냈다. 겉보기에는 곱고 다감하고 활발하고 점잖은 여자였지만 속으로는 야무지고 포용력도 넓어 섬뜩한 응급 치료를 척척 처리해 내기에 제격이었다. 그런데도 몸집은 새처럼 가녀려서 반대로 소극적인 인상을 풍겼다. 150센티미터의 단신인 그녀는 얼굴이 말랐고 눈은 담갈색이며 잿빛이 도는 갈색 머리의 가르마를 오른쪽 끝에 탔다. 쇠테 안경을 썼는데 안경알이 우유병의 바닥만큼이나 동그랬다. 중국의 시골에서 아내를 구타하는 남편들이나 자녀를 학대하는 엄마들과 말싸움을 할 때면 그녀는 분명히 그들에게 만만한 상대로 보였다. 아무에게도 감히 조용히 하라고 말하지 못하는 소심한 도서관 사서처럼 말이다. 그러나 그녀가 그들에게 맞서는 순간 그 인상은 사라졌다. 그녀가 불만의 눈길을 한 번만 보내도 문제의 실마리가 풀릴 수 있었다. 버컨은 리델의 거의 모든 것을 알고 있었으나 그는 그녀에 대해 아는 게 거의 없었다. 그녀의 아버지가 글래스고에서 리델의 강연을 듣고 그에게 한 가지 부탁을 했었다. 자신의 애틋한 그리움이 담긴 편지를 딸에게 전해 달라는 것이었다. 리델의 손에서 편지를 받은 후에 버컨은 "너무 감격하여 감정이 북받쳐 올랐다"라고 눈물을 글썽이며 말했다.

LMS는 곧 그녀를 샤오창으로 파송했다. 그녀는 베이징의 소요 광경들을 이미 목격한 터였다. 학생들의 시위 행렬 때문에 거리를 통행할 수 없었다. 난무하는 현수막이며 허공을 치는 저항의 주먹질도 그녀는 보았다. 구호 소리와 즉석연설도 들었는데 모두 서구, 특히 영국을 배척하는 내용이었다. 샤오창에서 무엇이 기다리고 있을지 몰랐지만 버컨은 마음을 단단히 먹었다.

"외국 땅이란 없다. 여행자가 외국인일 뿐이다." 리델이 자주 인용했던 로버트 루이스 스티븐슨Robert Louis Stevenson의 말이다. 그때 그 자리에서 리델도 분명히 '외국인'이었다. 평소에 평화적이고 영국에 우호적이던 베이다이허의 현지인들까지도 변화에 몸이 달아 있었기 때문이다. 공공연히 반감을 드러내는 이들도 있었다. 도처에 나붙은 선전 포스터를 리델도 보았다. 메시지는 복잡하지 않았다. 중국인들은 영국 정부가 공모하여 오만하게 간섭하고 있다고 비난과 공격을 퍼부었다. 영국의 정치가들은 무법자이고 사업가들은 착취를 일삼으며 선교사들은 순진한 사람들을 꾀어 중국의 전통을 버리게 한다는 것이었

간호사복 차림의 씩씩한 애니 버컨
그녀는 거의 한평생을 중국에서 보냈다.

다. 베이징의 상황을 버컨에게 전해 들으면서 리델은 얼마나 몸가짐을 조심해야 할지 깨달았다. "영국에 대한 적대감이 보인다"라고 그는 말했다.

사람들이 서로의 삶 속에 오래 머물지 못하는 것은 우정을 늘 한결같게 가꾸지 않기 때문이다. 그런데 리델과 버컨은 둘 다 섬김에 헌신하여 중국에 왔으므로 금방 서로 마음이 통했고 선교 사역을 보는 눈도 비슷했다. 베이다이허의 백사장에서 가볍게 안면을 튼 계기로 귀한 동지애가 싹텄다. 그 후로 20년이 넘도록 리델과 버컨의 삶은 아무도 예상하지 못했던 방식들로 서로 맞물린다.

더 높게

가족의 재회
에릭이 중국에 도착한 후 톈진 내 프랑스 거류지의 집 앞에 모인 리델 일가
뒷줄 왼쪽부터 에릭, 제니, 롭의 아내 리아, 롭. 앞줄은 제임스, 어니스트, 메리

리델가의 재회를 기념하여 찍은 사진이 있다. 톈진에 있던 2층짜리 벽돌집의 정문 앞 계단 밑에 일가족이 반쯤 정식으로 포즈를 취했다.

얼굴 오른쪽에 햇빛을 받고 있는 에릭 리델은 면바지와 구두와 양말과 단추 달린 셔츠를 흰색으로 통일했다. 어깨 품이 약간 헐렁하고 거무스름한 양복 상의는 막 해안으로 산책을 떠나려는 당일치기 여행객을 연상시킨다.

앞쪽에 앉아 있는 제임스 리델은 전형적인 빅토리아 시대 사람, 충고를 베풀고 수표에 서명하는 현명한 족장 같다. 어느새 몸이 더 풍만해진 그 옆의 메리는 남편보다 훨씬 활기 있어 보이고 나이도 그보다 열다섯 살쯤 젊어 보인다. 늘 그랬듯이 머리칼이 검다. 어니스트가 팀 마스코트처럼 부모 사이에 책상 다리로 앉아 있다. 학생 가르마를 탔고 곧은 머리 한 줌이 이마로 삐져나왔으며 귀가 튀어나와 있다. 누구든 아무런 사전 지식 없이 이 사진을 본다면 롭을 운동선수로 생각할 것이다. 그는 키가 훤칠한 데다 장애물 경주 선수만큼이나 몸이 유연해 보인다.

사진만 보아서는 그곳이 중국인지 전혀 알 길이 없다. 나침반의 방위각도만큼이나 자리가 고정불변이었던 LMS와 영중 학교가 톈진 시내의 프랑스 거류지에 자리하고 있었기 때문이다. 그 거류지는 외국인 주민들을 위한 여덟 곳의 격리 구역 중 하나로 나머지 일곱은 각각 오스트리아-헝가리, 벨기에, 영국, 독일, 이탈리아, 일본, 러시아에 속해 있었다. 이 영지들은 중국이 주로 영국과 프랑스에게 군사적으로 패한 결과로 생겨났고 현지 법의 적용을 받지 않았다. 초기의 홍콩처럼 치안과 납세와 통치 등에서 다분히 독립 국가와 같았다. 거류지 내의 건축물은 그리스, 튜더, 에드워드 등 여러 양식이 아무렇게나 뒤섞여 있었다. 리델 일가 같은 외국인들은 거류지 내의 어디서나 자유로이 거주 및 사회 활동을 할 수 있었다. 가게와 은행과 도서관 등이 그 안에 따로 있었다. 경주로도 있어서 애스컷 경마 같은 여성의 날 행사가 거기서 벌어졌다. 컨트리클럽은 외국에서나마 런던 교외 같은 상류사회의 분위기를 자아냈다. 거기서 테니스도 치고 수영도 하고 무도회장에서 고전 관현악단이나 대규모 악단이나 재즈 음악가의 연주에 맞추어 춤도 출 수 있었다. 먹고 마시며 손님들과 친구들을 대접할 수 있었다. 손가락을 마주쳐 딱 소리만 내면 중국인 요리사들과 웨이터들이 응대해 주었다.

이런 풍경 속에서 고딕 양식의 영중 학교는 학문의 성채처럼 보였다. 회색 돌탑들과 그에 딸린 작은 탑들이 있었고 2.5미터 높이의 담장도 있었다. 『더 타임스』가 "중국 내 서구 교육의 선구자"라 부른 새뮤얼 래빙턴 하트Samuel Lavington Hart 박사가 설립자이자 교장이었다. 회중 교회 목사의 아들인 래빙턴 하트는 선교사일 뿐 아니라 물리학자였으며 본래 유성流星의 천재로서 1892년에 중국으로 건너갔다. 소르본과 케임브리지 대학교를 졸업한 그는 졸업 후 무엇이든 능히 성취할 수 있는 인재로 평가되었다. 케임브리지 대학 재학 시절에 앞바퀴가 크고 뒷바퀴가 작은 자전거를 직접 만들기도 했는데 앞쪽의 포크 부분을 굽어진 형태로 개발했다. 그는 그 자전거를 타고 대학의 건물 사이를 오갔는데 양손을 주머니에 꽂은 채 논문의 착상을 큰 소리로 말하며 페달을 밟았다. 리델처럼 그도 일찍 선교사로 부름받았다. 중국행은 그에게 출셋길이 아니라 항거할 수 없는 소명이었다. 그는 대학 교수직과 특별 연구원의 지위를 마다했다. 그의 친형제 부부가 중국에 도착한 지 22개월 만에 이질로 죽었는데 그 단장의 슬픔 속에서도 그는 한사코 중국을 떠나지 않았다.

1902년에 그는 50명의 학생으로 학교를 시작했다. 그가 바라는 목표는 중국의 정치가와 공무원과 사업가의 아들들을 교육하고 양성하여, 내일의 결정권자들을 기독교의 세례 쪽으로 이끄는 것이었다. 흔히들 워털루 전투를 "이튼의 운동장에서 이겼다"라고 귀가 따갑게 말하곤 했다. 웰링턴 공작이 한 말이 그렇게 절반쯤 와전된 것인데, 그럼에도 잘못 인용된 이 말은 래빙턴 하트의 접근 방식에도 비슷한 영향을 미쳤다. 학문적 탁월함과 성경적 가르침 양쪽 모두에서 그랬다. 톈진의 운동장은 그의 이튼 칼리지였고 거기서 그는 기독교 정신을 함양하려 했다.

  그 뒤로 학생 수는 열 배로 불어났고 래빙턴 하트는 어언 예순일곱 살이 다 되었다. 흰 턱수염의 끝이 짧고 성기어 꼭 염소수염 같았다. 그는 다정한 삼촌 같은 존재였지만 학교의 평판을 소중히 수호했다. 사람을 임용할 때도 실력만을 기준으로 삼았다. 그는 리델의 아버지와 아는 사이였지만 리델을 뽑은 것은 그래서가 아니라 그가 적임자라고 믿었기 때문이었다. 굳이 올림픽 챔피언이라는 지위가 아니더라도 말이다. 전에도 다른 믿을 만한 스승이 리델에게 똑같이 말해 준 적이 있었다. 엘섬 칼리지에서 리델을 가르친 지 10년도 더 지난 지금 A. P. 컬른은 영중 학교의 동료 교사가 되어 있었다. 리델은 운동에서 교육으로 쉽게 잘 전환했고, 여태까지의 삶은 집의 다락방에 과거의 전시물처럼 잘 정리하여 보존했다. 평소에 그는 부지런히 기록을 남기는 사람인지라 늘 신문 기사와 뉴스 사진을 오려 상자에 보관했었다. 이제 육상 선수의 삶은 끝났으니 더는 자신이 기사화될 일이 없겠다는 생각에 모든 자료를 두 권의 큰 스크랩북에 담았다. 자신만의 작은 박물관의 관리자가 된 것이다. 올림픽 금메달을 비롯한 거의 200개의 메달은 목수를 고용하여 짠 서랍장의 얕은 서랍들에 넣어 두었다.

  리델은 과학과 체육을 맡은 겸임 교사로서 교실을 통제하는 법을 배웠다. 그는 그 일을 실험실에서 나란히 근무한 다른 신임 교사인 에릭 스칼릿 Eric Scarlett 과 함께했다. 스물여덟 살의 스칼릿도 열정을 품은 선교사였다. 육군 공병대에 복무하며 전쟁에 환멸을 느낀 그는 포탄이 빗발치던 서부 전선의 살육으로부터 뭔가 의미를 찾고자 했다. 그래서 맨체스터 대학교에서 과학을 공부할 때 SCM Student Christian Movement, 학생 기독 운동 의 출장 총무가 되었다. 리델은 늘 공통 관심사를 찾아내 누구하고나 잘 어울려 지냈는데 스칼릿과는 그 일이 특히 더 어렵지 않았다. 다른 동료 교사의 말마따나 스칼릿은 "즐거운 사람"이었고 늘 밝은 면을 보려는 사나이였다. 그는 파란 실험복 차림의 학생들을 위해 완벽을 추구했고, 과학이 왜 과학자가 아닌 사람과도 연관되는지를 그들에게 알려 주려 했다. 그의 아내 도로시는 교회에서 피아노를 쳤다. 집에서 그는 아내의 반주에 맞추어 익살맞은 건전 가요를 즐겨 불렀다. 래빙턴 하트는 영국 학술원에 논문을 제출하는 것만큼이나 아주 가끔씩만 물리학 이론을 가르쳤다. 그의 수업은 정신적인 장애물 코스 같았다. 리델과 스칼릿은 과학을 덜 어려워 보이게 하려고 더 실제적인 수업을 고안했다. 가끔 리델은 긴장을 풀어 주려고 장난기를 발휘하기도 했다. 화학 용액을 제조한 뒤 시범 삼아 맛을 보며 학생들에게 "아주 좋다"라고 말하는 것이었다. 그러고는 학생 하나를 불러 용액을 손가락으로 찍어 맛보게 하곤 했다. 사실은 맛이 아주 고약해서 학생들은 그것을 뱉어 낼 수밖에 없었다. 능숙한 손재주로 눈속임을 하는 것인데 학생들은 좀처럼 그 수법을 알아차리지 못했다. 리델이 비커에 넣은 것은 집게손가락이지만 정작 입에 댄 것은 가운뎃손가락이었다.

리델과 스칼릿은 1주일에 두 번씩 개인 지도를 받았다. 현지어에 능통해야 할 필요성을 느낀 리델은 중국어를 다시 배우기 시작했고 스칼릿도 같은 교사에게 배웠다. 리델은 한자에 익숙해지려고 성경과 선교회 찬송가도 중국어로 공부했다.

그의 일과표는 곧 규칙적인 일상으로 굳어졌다. 그는 수업을 가르쳤고, 순번제로 아침 예배를 인도했고, 주중의 저녁 기도회에 나갔고, 주일학교 교장으로서 성경을 낭독했고, 성경 공부에 참석했다. 영

1930년대 초반 톈진의 에릭 리델
교사다운 말쑥한 옷차림을 했다. 학창 시절 과학을 좋아했던 리델은
톈진에서 체육 외에도 과학을 가르쳤다.

국인과 미국인을 대상으로 한 유니언 교회에서 간혹 설교도 했다. 마치 1928년의 암스테르담 올림픽이 아직 가능하기라도 한 듯 그는 훈련도 계속했다. 울타리가 쳐진 톈진의 멋진 초원에 여섯 레인의 신더트랙이 있었는데, 가장자리에 키 작은 나무들이 둘려 있었고 학교 건물의 높은 창문에서 한눈에 내려다보였다. 학생들과 경주할 때면 리델은 자신에게 핸디캡을 왕창 적용하여 수십 야드씩 너그러이 양보했다. 그리고 즐거이 져 주었다. 누구든지 올림픽 챔피언을 이기면 그 공을 인정받아 사기가 올라갔기 때문이다. 그는 혼자서 테니스도 자주 쳤다. 코트 끝에서 공을 톡 쳐올려 네트 쪽으로 보낸 다음 공이 두 번 튀기 전에 얼른 쫓아가서 다시 로브를 치는 식이었다.

리델의 식민지 생활은 질서 정연했다. 가르치는 일은 즐거웠고 설교하는 일도 과히 힘들지 않았다. 보너스로 해마다 8월이면 베이다이허로 휴가를 가 해수욕도 하고 조개도 줍고 바닷가의 피크닉도 즐겼다.
 이런 아늑한 삶 속에서도 리델은 톈진의 '또 다른 이면'을 의식했다. 일부 주변 사람들은 그런 세계의 존재를 외면하려 했다.
 톈진은 상업주의 때문에 부유하고 활기찬 국제도시가 되었다. 널찍한 간선도로마다 전차가 운행되었고 각종 상선과 증기선들로 혼잡한 부두에 배들이 후진하여 들어왔다. 그러나 이런 교역을 통해 호화로운 상품이 유입될수록 바로 옆에 존재하는 극도의 빈곤이 더 부각될 뿐이었다. 인구가 밀집된 서쪽과 북쪽의 외곽에는 문맹률이 아주 높았고 기본 위생도 거의 없었다. 그쪽에는 바퀴의 지름이 1미터나 되는 인력거와 목재 손수레가 나귀, 소, 말, 낙타와 함께 거리를 느릿느릿 기어 다녔다. 집들도 판잣집이었고 사람들은 노상과 부두와 논밭에서 막일과 융단 짜기와 육체노동 등으로 아등바등 생계를 이어 갔다. 농작물의 비료는 양동이로 져 나르는 인분이었다. 시골 쪽으로 나가면 상황이 더 열악했는데 이는 톈진뿐 아니라 다른 어디라도 마찬가지였다. 아버지를 통해서만 아니라 새 친구를 통해서도 리델은 그 사실을 확인했다.

애니 버컨은 기차와 딱딱한 노새 달구지를 타고 샤오창에 도착해 옷의 모래를 털어 냈다. 흙이 가루처럼 부서지는 연갈색의 대지는 고비 사막에서 대평원의 북부로 휘몰아치는 흙먼지 폭풍에 뒤덮였다. 눈에 보이는 거라곤 평지뿐이었다. 땅이 워낙 평평해서 하늘은 광활한 덮개로 변했다. 여름에는 시릴 듯이 파랗던 하늘이 겨울이면 차가운 잿빛으로 변했다. "고국에서 보던 것 같은 양털 구름은 없었다"라고 버컨은 말했다. 대평원의 지평선 쪽으로 수백 채의 토담집이 흩어져 있었는데 그녀의 표현으로 "나름대로 운치가 있었다." 그중 가장 먼 집은 신기루처럼 가물거렸다. 마을마다 점점이 수양버들이 잡목 숲을 이루었고 드물게 그늘진 땅뙈기의 과목에 복숭아와 딱딱한 배와 살구가 열렸다. 반쯤 굶주린 사람들에게 아주 귀한 과일이었다.

버컨이 보기에 샤오창은 "아주 중요한 곳이 아니라 그저 흙길로 이어진 많은 지역 중 하나"였다. "장이 서는 소읍이 한둘" 있었는데 "장"이라니까 물건을 사고파는 사람들로 북적댈 것 같지만 사실은 그 단어가 무색할 정도로 가게 몇밖에 보이지 않았다. 가게의 "내부는 어둡고 우중충했으며" 그나마 길 쪽으로 내놓은 물건도 볼품없고 빈약했다. 마을의 생활 주기는 철 따라 돌고 돌았다. 짧은 봄이 오면 버컨은 농사의 진행 과정을 주시했다. 농부들은 1224-6121평의 땅에 키

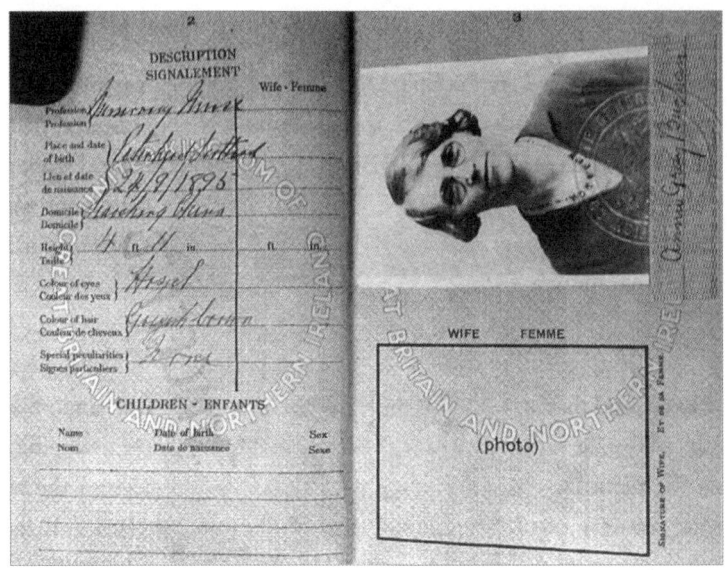

중국에서 에릭 리델의 가장 열렬한 지지자이자 가장 친한 친구 중 하나가 되었던 애니 버컨

가 4.5미터 안팎인 수수를 재배했고 기장과 목화와 사탕옥수수와 수박과 땅콩도 심었다. 초여름부터 기온이 43-46도까지 치솟아 버컨도 땀투성이가 되었고 누구나 매사에 눈에 띄게 나른해졌다. 그녀는 새들마저 "괴로워… 부리가 벌어지고 깃털이 늘어졌다"라고 말했다. 해마다 7월 중순이면 기상氣象의 작은 기적이 일어났다. "우선 멀리 지평선에 사람의 손만 한 구름이 나타났다. 지켜보노라면 말 그대로 구름이 점점 커지고 서로 뭉쳐져 순식간에 먹구름으로 변했다. 거기에 태풍급의 바람이 수반되면서 늘 "우르릉 쾅" 소리로 뇌우의 서곡을 알렸다. 댐이 터진 듯 퍼붓는 비가 "몇 주씩" 계속됐다고 그녀는 설명했다. "신기하게도 비가 하룻밤만 와도 개구리 떼의 울음소리에 다들 귀청이 떨어질 것 같았다."

농부들이 두려워하던 불청객도 있었다. 메뚜기 부대가 나타나 온 밭을 검게 뒤덮고는 한 시간도 채 안 걸려 작물을 말끔히 먹어 치우는 광경을 버컨도 보았다. 추수할 곡물을 조금이라도 건져 보려고 집집마다 온 식구가 밭으로 달려가 소리도 지르고 막대기로 여기저기 두들겨도 보았지만 부질없었다. 메뚜기 떼는 실컷 포식하고 나서야 날아갔다.

그러다 겨울이 왔다. 날씨가 아주 건조하여 눈과 서리가 잘 녹지 않았고 기온은 영하 20도에 육박했다. 버컨의 옷은 솜을 쟁여 넣어 이불처럼 불룩했다. 농부들은 염소나 양이나 고양이 가죽으로 방한복을 만들었는데 털을 벗겨 안쪽에 입었으므로 겉에는 분홍과 갈색이 섞인 동물 가죽만 드러났다. 보기가 흉하고 옷에서 썩은 고기 냄새가 나도 그들은 개의치 않았다.

간호사로 일하면서 버컨은 도저히 받아들일 수 없는 여러 풍습에 부딪쳤다. 그때부터 이후의 수십 년간 그녀가 남긴 사실적 기록을 보면 샤오창을 보는 그녀의 시선은 런던을 보던 새뮤얼 피프스Samuel Pepys의 시선과 같았다. 타자로 작성된 그녀의 글은 폭로 기사는 아니지만 그렇다고 대충 얼버무리지도 않았다. 그래서 어떤 대목들은 섬뜩하고 차마 믿어지지 않아 읽다 말고 돌연 멈추게 된다. "사람들의 생활 방식은 원시적이었다. 세월의 흐름을 따라가지 못했다." 완화된 표현이지만 전반적 실상을 엿보게 한다.

끔찍한 사연들이 많았다. 어떤 아버지는 아들이 말을 안 듣는다고 아들의 팔을 잘라 버렸다. "그래도 그 아버지는 법적으로 처벌을 받지 않는다." 딸들의 운명은 더 가혹하여 결혼 전에 임신이라도 하면 땅속에 생매장될 수도 있었다. "이를 금지하는 법이 없어 아무도 문제를 제기할 수 없다"라고 버컨은 전했다. 그녀의 기억 속에 있는 한 여자는 납치되어 집단 강간을 당했으나 다행히 죽음을 면했다. 버컨은 "악당들과 산적들이 흉악한 짓들을 저질렀다"라고 덧붙여, 밝혀지지 않은 사건들이 자주 있었음을 암시했다. 그 여자는 병원에 숨어 아기를 낳았고 아기는 입양되었다. 그래서 아버지에게 죽임을 당할 두려움 없이 집으로 돌아갈 수 있었다.

보건 교육이 드문 데다 중국인들은 서양 병원에서 치료받는 것을 꺼리기까지 했다. 마을 사람들은 대대로 전해 내려온 요법대로 식물의 줄기와 잎의 혼합물로 병을 고치려 했다. 눈꺼풀이 안으로 말려 들어가 실명의 위기에 처하기까지 백내장을 방치했고, 관절염이나 골다공증으로 척추가 휘어지거나 손이 오그라든 뒤에야 비로소 의사를 찾았다. 아편 중독자들은 악을 쓰고 땀을 쏟으며 눈자위가 까매진 누런 눈을 닦았다. 여자들의 발은 전족이라는 가공할 풍습 때문에 평생 기형이 되었는데, 일부 가난한 사람들까지도 동물 피와 약초즙에 흠뻑 적신 면 붕대로 발을 꽉 조여 가며 칭칭 감아 결국 발가락이 자꾸 부러지고 발등이 불구가 되었다. 심한 고통과 혹까지도 무조건 참는 바람에 절제 수술을 시도할 때쯤이면 이미 암과 종양이 말기 단계에 이르러 있었다. 소화불량을 호소하던 한 남자는 알고 보니 복막염이 있었다. 비참하게 절망적인 경우도 있었다. 어떤 아기는 손마디를 굶주린 쥐에게 뜯어 먹혔다. 어떤 남자는 싸움에 지자 "너무 약이 올라 자신의 손을 자르고 상대의 탓으로 돌렸다"라고 버컨은 말했다. 선교회 병원에 딸을 입원시켰던 일흔 살의 과부도 그녀의 기억에 남아 있었다. 임신 중인 딸은 복부에 말기 종양이 있었다. 아기가 죽자 과부는 "거의 실성"했다고 한다. "차마 눈뜨고 보지 못할 무서운 슬픔이었다.

에릭 리델이 자신이 출석하던 톈진의 유니언 교회에서 교인들에게 차를 대접하고 있다.

그녀는 바락바락 소리를 지르며 주먹으로 자기 머리를 쳤다. 아기를 끌어다 흔들어 다시 살리려 했다. 그러더니 욕과 비난을 퍼부었다. 그녀는 우리 모두를 저주했다."

아기의 죽음이 의료진의 잘못 때문은 아니었지만 그래도 버컨은 다른 환자들이 그 일 때문에 병원에 오기를 주저할 수 있음을 알았다. 그런 일은 입소문으로 마을마다 퍼져 나갔고 한번 전해질 때마다 자극적인 내용이 가미되어 급기야는 진실과 거의 무관한 이야기로 변하곤 했다. 버컨은 그런 낭패스러운 상황에 익숙해져 있었다. 선교사는 자신이 도우려는 이들의 불신을 이겨내야 한다는 것도 그녀는 배웠다. 배운 교훈은 그것 말고도 또 있었다. 어떤 일들은 그녀의 힘으로 고칠 수 없었고 10-20년 사이에 근절될 수 없었다. 예컨대 여아들이 출생 직후에 버려지는 일이 적지 않았다. 가정 내에서 남자를 선호하는 사상 때문이었다. 그런데 버컨은 한 남자아이가 더러운 누더기에 싸여 길가의 쓰레기 더미 위에 놓여 있는 것을 본 적이 있었다. 아기의 엄마는 이미 있는 네 아이도 먹여 살릴 수 없었다. 자신도 굶어야 했음은 물론이다. 아기는 너무 비바람을 맞은 데다 영양실조에 걸려 이틀 후에 죽었다.

가정 폭력이 흔했는데 남자들은 자신의 부당 행위를 "악귀" 탓이라 우겼다. 버컨에 따르면 그들은 "문화와 자존심과 역사" 때문에 진실에 눈을 뜨지 못했다. 그녀는 용감하게 계속 싸워 나갔다. 샤오창에서는 그 방법밖에 없었다.

그녀는 가끔 텐진에 가서 보급품도 챙기고 에릭 리델도 만났는데, 그곳의 외국인 거주자들은 철제 징으로 장식된 대문과 총구멍 무늬를 낸 담장 안에서 보호받고 있었다. 오후에 늘 차 마시는 시간이 있었고 만찬 때는 다들 야회복을 입었다. 이 세련된 도시인들은 문명인으로 행세했다. 그들에게 위기란 증류주에 넣을 탄산수가 떨어지는 것뿐이었고 나머지 중국은 딴 세상처럼 희미하게 보였다. 한번은 리델이 반바지 차림으로 유니언 교회의 강단에 섰다가 좌중에 한바탕 난리가 난 적이 있었다. 바지를 입기에는 너무 더워서 그랬는데 이 일은 의례를 어긴 충격적 사건이 되고 말았다. 텐진의 점잔 빼는 격리 구역 내에서 우선순위가 그만큼 뒤바뀌었다는 증거였다.

그러나 머잖아 그들은 아주 처참하게 거기서 깨어나게 된다.

아홉 번째 달리기

"다시는 돌아오지 못할 길인가?"

『텐진 타임스Tientsin Times』의 사진 기자는 에릭 리델이 전속력으로 달리는 모습을 사진에 담고 싶었다.

그는 무거운 카메라를 트랙에 세우고 렌즈의 초점을 잡기 시작했다. 목제 삼각대가 꼭 거미 발 같았다. 하지만 그의 계획에는 작지만 결정적인 착오가 있었다. 그는 올림픽 챔피언이 얼마나 빨리 달릴 수 있는지를 몰랐다. 무지한 기자가 사진의 구도를 잡고 있는데 금메달리스트가 순식간에 성큼 다가왔다. 그는 눈사태를 피하는 사람처럼 리델의 앞길에서 카메라를 치우고 자신도 비켜나려 했다. 리델도 옆으로 방향을 돌리려 했다. 그러나 둘 다 뜻대로 되지 않았다. 리델이 사진 기자에게 부딪치면서 기자는 나동그라졌고 카메라도 넘어졌다. 서로 머리를 충돌하는 바람에 둘 다 의식을 잃었다. 관중석에 앉아 있던 애니 버컨은 쿵하고 떨어져 '납작 엎드러진' 리델을 보았다. 텐트

안으로 실려 가서 깨어난 그는 멍한 모습으로 "그냥 숨이 차다"라고만 말했다. 한 편의 코미디 같은 이 사건은 1920년대 말 어느 신문에 실렸던 리델에 대한 말이 허세나 아첨이 아니었음을 입증해 주었다. 중국에서도 그는 "경이적인 주력을 전혀" 잃지 않았던 것이다

얼마 후에 또 다른 증인을 통해서도 그것이 확인되었다. 그는 톈진의 민위안民園 스타디움에서 계주에 출전한 리델을 보았다. 1926년에 개장한 이 운동장의 일부는 리델이 스탬포드 브리지를 모델로 삼아 설계한 것이었다. 이 팬에 따르면 "그는 양손을 허리춤에 짚고 섰고 성긴 머리칼이 높은 이마 위로 불어 날렸다. 배턴을 맨 나중에 받았는데도 트랙을 날다시피 하여 다른 선수들을 다 따돌렸다."

1928년 암스테르담 올림픽의 준비 과정과 경기 자체를 보면 그가 중국을 위해 무엇을 포기했는지 알 수 있다.

리델의 운동 기량이 영국에 수시로 전해졌다. 영중 스포츠 선교회Anglo-Chinese Mission Sports에서 타전한 한 속보에 따르면 그는 100미터와 400미터 종목에서 우승했고—이제 아무도 육상을 야드로 표기하지 않았다—800미터 계주의 최종 구간에서 엄청난 열세를 "단숨에 만회하여" 팀을 "낙승"으로 이끌었다. 기자가 문제점을 하나 지적했으나 그렇다고 이 대역전극의 이야기를 망쳐 놓지는 못했다. 스포츠 선교회는 순종 사냥개가 애완견과 경주하는 꼴이라며 리델에 대해 궁색한 반론을 제기했다. 400미터 경주 때 그는 중간에 멈추어 홍차 한 잔을 마셨더라도 거뜬히 1위로 골인했을 것이다.

리델은 최대한 기자들을 피했다. 한번은 부둣가에서 자기를 기다리고 있던 기자 무리가 보이자 그는 챙에 코르크를 줄줄이 매단 커다란 원뿔형 모자를 빌려 써서 얼굴을 가렸다. 그리고 그들이 피부을 질

문을 슬쩍 피해 지나갔다. 하지만 이제 암스테르담 올림픽이 1년밖에 남지 않았으므로 언론을 피하기가 힘들어졌다. 그래서 그는 출전 가능성에 대한 그들의 단도직입적인 질문에 비관적으로 답하는 수밖에 없었다. 리델은 자신을 밀어 주는 사람이 없어 최고의 기량을 되찾기 어렵다며 몇 가지 고충을 꼽았다. 그의 설명대로 중국인들은 경쟁에 어긋난다 하여 대회에 핸디캡을 적용하기를 싫어했고, 그래서 그는 경기를 일부러 더 어렵게 만들 수가 없었다. 그 결과 리델은 자신이 최고의 상태에 상당히 못 미침을 에둘러 표현했다. BOA는 이 문제에 전혀 무관심해 보였다. 리델의 몸 상태에 대해 굳이 그에게 직간접으로 연락을 취한 사람이 아무도 없었다. BOA는 눈에서 멀어지면 마음도 멀어진다는 말 그대로여서 파리에서 그가 딴 금메달은 그들의 기억 속에서 사라진 것 같았다. 영국 AAA 역시 리델에게 보인 관심이라고는 1926년 중반에 『올 스포츠 일러스트레이티드 위클리All Sports Illustrated Weekly』에 대작代作 기사가 연재로 나간 뒤에 그를 은근히 책망한 게 전부였다. 그 기사 중 한 편에 리델은 알렉 넬슨과 샘 무사비니가 콜롬베 스타디움의 탈의실을 드나들 수 있었더라면 도움이 되었을 거라고 말했다. 그러자 영국 AAA는 즉시 발끈하여 넬슨과 무사비니는 프로라서 "공식 임명된 트레이너들 사이에 필시 불만을 야기했을" 거라고 고압적으로 말했다. 리델은 필립 노엘베이커의 중요성도 지적했으나 영국 AAA는 신문사에 그마저도 무시하는 편지를 보냈다. 영국 AAA의 명예 총무는 "유감스럽게도 귀사의 기고자가 오류를 범한 것 같다"라며 노엘베이커가 "잘한 것은 틀림없다"라고 생색내듯 덧붙인 뒤 그의 공로를 헐뜯었다. 리델의 말은 대중 선동으로 해석될 만한 구석이 하나도 없었다. 그런데도 영국 AAA의 메시지는 더없이 분명했다. 아무리 금메달리스트라도 의견을 표현할 권리가 없다는 것이었다.

해럴드 에이브러햄스, 더글러스 로, 가이 버틀러 등 여남은 명의 스포츠맨들과 함께 리델도 암스테르담 올림픽대회 5개월 반 전에 『데일리 메일』에 게재된 서한에 서명했다. 영국 선수들에게 꼭 "최고의 실력을 발휘할 모든 기회가 부여될 수 있도록" 자발적 기부를 호소하는 서한이었다. BOA는 이를 몰랐을 리가 없는데도 그에게 올림픽 초대장을 띄우지 않았다. 심지어 리델을 제외한 영국의 400미터 종목 주자들 대부분이 간신히 50초 벽을 깨는 정도였는데도 말이다. 남에게 억지로 나서는 것은 리델의 성품이 아닌지라 그 역시 BOA에 접근하지 않았다. "나 좀 보라"라고 저속하게 외치는 그런 일을 리델은 결코 자신에게 정당화하지 않았을 것이다.

1928년 4월『데일리 메일』보도에 따르면 BOA는 리델이 암스테르담 올림픽대회를 위해 "휴가를 내지는 않겠거니 생각하고" 평소에 가장 잘하던 일을 계속했다. 아무런 조치도 취하지 않은 것이다.

5월이 중요한 달이었다. 리델과 편지를 주고받던 로는 친구가 암스테르담 올림픽에 출전하지 않을 거라는 말을 그달 첫 주에 무심코 입 밖에 냈다.『뉴욕 타임스』는 그가 "불참하면 가장 흥미진진한 선수 중 하나가… 차기 대회에 빠지는" 것이라고 말했다. 같은 달 12일에 에머슨 '버드' 스펜서Emerson 'Bud' Spencer라는 스물두 살의 미국 선수가 마침내 리델이 파리 올림픽에서 세웠던 기록을 경신했다. 그는 교통사고로 한쪽 눈을 실명하고 반대쪽 눈마저 다친 후라서 까만 선글라스를 끼고 달렸다. 스펜서가 스탠퍼드 대학교에서 기록한 47초 플랫은 예상 밖의 쾌거였다. 그로부터 1주일이 못 되어 리델은 로가 처음에 했던 말을 직접 확언했다. 한 보도에 따르면 그는 중국에서 휴가를 낼 수 없어 출전이 불가능했다. 영중 학교가 그를 보내 주지 않을 거였다면 왜 그는 진작 그 사실을 밝혀 모든 추측을 잠재우지 않았을까? 대단한 추적 보도가 필요한 것도 아닌데 아무도 그 이유를 캐지 않았다. 사실 리델은 암스테르담 올림픽에 출전할 수도 있었다. 올림픽을 단념한다는 그의 결정은 BOA의 무관심 때문이 아니라 개인적 요인들 때문이었다.

첫째는 악화 일로로 치닫던 중국의 상황이었다. 무질서와 불법이 계속 나라를 망쳐 놓았는데 리델이 가장 아끼던 사람들 중 둘이 거기에 아주 처참하게 말려들었다.

지난 1년 사이에 애니 버컨은 총에 맞았을 뿐 아니라—산적들의 교전에 휘말려 총알이 그녀의 모자 윗부분을 뚫고 지나갔다—다른 선교사들과 함께 샤오창을 떠나야만 했다. 라이벌 군벌들의 병력이 무차별 공격에 돌입하자 LMS 직원들은 노새 달구지에 짐을 싣고 피난길에 올랐다. 버컨은 뒤에 남은 현지인들이 걱정되어 "우리만 벗어나기가 부끄러웠다"라고 고백했다. 여러 마을에서 그녀는 군인들이 문짝을 발로 차서 부수거나 얇은 판자의 틈새로 칼을 쑤시는 것을 보았다. 안에서 "겁에 질린 비명 소리"가 들려왔다. 한 소대의 군인들이 금세 선교사들의 달구지를 따라잡아 짐을 다 몰수하고 버컨 일행을 걷게 했다. 1927년 9월에 샤오창의 선교회가 다시 문을 열었을 때 롭 리델도 상하이에서 와서 병원의 재건을 속개했다. 병원은 그전에 폭우와 홍수에 휩쓸려 볼품없이 망가져 있었다. 병원을 복구하고 정신적 충격을 입은 농부들을 돌보는 일에 비하면 금메달을 하나 더 따려는 노력은 그의 동생에게 순전히 에너지 낭비로 보였다. 한 친구에 따르면 "그는 이런 상황 속에서 장기간 자리를 비우는 것을 바람직하지 않게 여겼다."

어차피 리델은 자신이 올림픽에 나가기에는 너무 녹슬었다는 결론에 도달해 있었다. 톰 맥커처 이후로 아무도 그를 코치해 준 사람이 없었다. 1925년에 열린 스코틀랜드 AAA 선수권전 이후로 트랙에서 맹훈련을 받아 본 적도 없었다. 시베리아 횡단 철도로 암스테르담까지 1주일 반을 달리면 몸 상태가 어떻게 될지 본인을 포함해서 아무도 몰랐다. 게다가 본래 이기적이지 못한 리델은 남이 더 유익하게 활용할 수도 있는 자리를 빼앗을 마음도 없었다. 이전 대회의 챔피언이라는 이유만으로 이미 선발전을 통과한 다른 선수를 밀려나게 할 수는 없었던 것이다.

하지만 그것은 오산이었다. 또 다른 미국인인 레이 바뷰티^{Ray Barbuti}가 올림픽 예선에서 스펜서를 이겼고 결국 리델의 파리 올림픽 기록보다 느린 47.8초로 금메달을 땄다. 암스테르담에서 전송된 통신사의 보도들은 리델의 부재를 "큰 불운"으로 보았다. 정확히 얼마나 큰 불운이었는지는 10월에 랴오둥반도 남단의 항구 도시 다롄^{大連}에서 있었던 리델의 경주에서 밝혀졌다. 그는 보하이^{渤海}만을 건너 배편으로 갔다. 남만주 철도 회사에서 일왕의 즉위식을 기념하는 행사로 일본과 프랑스의 올림픽 선수 대항전을 벌였는데 리델은 초대 손님으로 출전하여 양쪽을 다 이겼다. 리델의 실적과 이후의 일화는 1920년대의 뉴스 배급이 원활하지 못하다 보니 보도마다 차이가 난다. 한 속보에 따르면 그는 400미터 종목에서 47.8초를 끊었다. 그게 사실이라면 훈련도 없이 암스테르담 올림픽의 우승 기록과 타이를 이룬 셈이다. 그러나 이보다는 다른 기사가 더 개연성이 높다. 그날은 맞바람이 너무 강해 마지막 모퉁이에서 선수들이 거의 뒤로 나자빠질 정도였는데 그 속에서도 리델은 암스테르담 올림픽 우승 기록을 "약간" 넘는 51초로 우승했다. 프랑스 팀의 주장은 1924년의 올림픽 동메달리스로서 파리에서 리델의 경주를 보았었다. 리델을 다시 보면서 그는 강풍의 훼방만 아니었다면 리델이 48초로 결승선을 통과했을 것으로 추정했다.

특이했던 결말을 빼놓을 수 없다. 경주 시간은 오후 2시 45분이었는데 리델이 타고 돌아갈 배의 출항 시간은 30분 후였고 선착장까지는 택시로 20분 거리였다. 그가 운동복과 운동화 차림 그대로 겉옷과 가방을 집어 들고 막 떠나려는데 악단이 영국 국가를 연주했다. "나는 기둥처럼 가만히 서 있어야 했다"라고 리델은 말했다. 마지막 음이 끝나자마자 다시 "내빼려" 하는데 이번에는 2위를 축하하는 프랑스 국가가 울렸다. 택시가 부두에 도착하니 증기선이 막 떠나는 중이었다. 트랙에서 그를 막던 바람이 이번에는 그의 표현으로 "작은 밀물"처럼 배를 다시 부두 쪽으로 떠밀었다. 리델은 나무 갑판 위로 가방을 휙 던진 뒤 한달음에 훌쩍 도약했다. 뛰어넘은 물이 적어도 4.5미터는 되었다. "그 순간 영양이 어떻게 뛰는지를 기억하려 했고… 결국 해냈다." 모든 낚시꾼들의 이야기처럼 리델이 뛴 거리도 세월이 가면서 상당히 늘어나 곧 그는 발끝 하나 적시지 않고 중국해의 절반을 날아서 건넌 사람이 되었다.

그날 오후에 리델을 본 사람은 누구나 그가 올림픽에 나갔어야 한다고 생각했다. 그랬으면 다시 금메달을 땄을 거라는 의견도 일치했다. 그는 나이가 들면서 다리와 어깨와 상체가 더 발달되고 강해졌으므로 이전보다 힘이 좋았다. 물론 반론이 불가능한 상황이니 자칫 예측이 도를 넘기 쉽다. 그러나 그에게 유리한 이런 주장들은 1929년 여름에 한층 더 신빙성을 얻게 된다.

    1900년 태생의 오토 펠처Otto Peltzer 박사는 1920년대 독일의 육상 영웅이었다. 호리호리하고 큰 키에 거의 희다시피 한 금발 머리의 왼쪽 끝에 가르마를 탄 그는 중거리 세 개 종목에서 세계 신기록 보유자였고 여덟 개 종목에서 독일 신기록을 세웠다. 암스테르담 올림픽에서 팀 주장을 맡았던 펠처는 800미터 종목의 우승 후보였으나 핸드볼 시합 중에 사고로 발을 밟혀 뼈가 하나 부러졌다. 그는 훈련 방법 때문에 "기인 오토"라 불렸다. 맥스 시크의 제자처럼 근육의 신축성을 매우 중시하여 뜨거운 물로 목욕했고, 맥커처 같은 코치를 찾아내 경기 전후에 마사지를 받았다. 누드 일광욕도 즐겼다. 수시로 잠깐씩 자는 재주가 있어 경기가 시작되기 몇 분 전에도 잠들곤 했다. 그는 다리를 강화하는 점프 연습도 개발하여, 선 자세로 계단참 아래서 중간까지 단번에 뛰어오를 수 있었다. 핀란드에 가서 파보 누르미에게 한 수 배우기까지 한 그는 1926년 베를린 올림픽 1500미터 종목에서 누르미를 물리치고 세계 신기록을 빼앗았다.

    펠처는 스포츠를 보는 관점이 리델과 비슷했다. 누르미를 이긴 그에게 두 사업가가 미국에서 재경기를 하자며 25만 달러를 제의했으나 그는 사양했다. 이는 그의 소신에 어긋나는 개념이었다. 그는 "행위 그 자체가 보상이 되므로 스포츠맨은 재정적 보상이 필요 없다. 운동을 직업으로 바꾸는 순간 운동의 이상적 근본과 운동할 때의 내면의 기쁨을 잃는다"라고 말했다. "옳소, 옳소" 하고 외치는 리델의 대답이 귀에 들릴 듯하다. 펠처는 전 세계를 돌며 독일 육상을 증진하던 차에 톈진에서 리델과 조우하게 되었다. 둘의 대결은 400미터와 800미터 종목 순의 연속 경기로 이루어졌다.

"다시는 돌아오지 못할 길인가?"

톈진에서의 경주
에릭 리델과 오토 펠처 박사가 나란히 시범 경기에 나섰다.

바람이 세서 두 경기 모두 지구력 싸움이 되었다. 그래도 리델은 400미터 종목에서 펠처를 쉽게 이겼고 800미터 종목에서도 그를 바짝 추격하여 대접전 끝에 겨우 0.1초 차이로 졌다. 시합 후에 둘의 대화 주제는 다음번 올림픽인 1932년의 로스앤젤레스 대회로 넘어갔다. 운동선수라면 거의 누구나 자기가 패한 구실을 찾아낸다. 리델은 늘 너그러운 이유를 찾아내 상대의 패배를 설명했다. 그는 펠처가 독일에서 "먼 길을 온" 뒤라 최고의 속도를 내지 못했다고 말했다. 펠처의 생각은 달랐다. 종목을 불문하고 육상에서 펠처를 이긴다는 것은 대단한 일이었다. 경쟁다운 경쟁이 사실상 전무한 이런 변방에서 리델이 자기를 이겼다는 사실에 펠처는 크게 놀랐다. 그가 예상했던 것은 두 차례의 시범 경기였지 막상막하의 대결이 아니었다. 그는 암스테르담의 올림픽 선수들이 한 수 아래였기에 리델도 그러려니 생각했다. 이제 펠처는 리델을 로스앤젤레스 올림픽에서 만날 최고의 라이벌로 보고 그에게 출전의 확답을 받으려 했다. 그러나 리델은 자신이 이미 "너무 나이가 들었다"라며 거부했다. 펠처는 당황했다. 리델보다 두 살 위인 자신도 서른두 살의 나이로 로스앤젤레스에 갈 텐데 도대체 왜 그는 달리지 않겠다는 것인가? 약간 서투른 영어로 그는 이렇게 조언했다. "800미터에서 훈련하면 당신이 그 종목에서 세계 최고다." 펠처처럼 육상이 삶의 전부였던 열성분자에게 리델의 태도는 상상할 수 없는 것이었다.

그러나 리델이 말하지 않은 중요한 사실이 하나 있었다. 마치 퍼즐의 마지막 몇 조각을 상자 밑에 감추어 둔 것과 같아서 그게 없이는 펠처는 그림을 제대로 볼 수 없었다.

에릭 리델은 누구보다도 아버지를 가장 존경했고 선교사의 귀감으로 여겼다. 제임스 리델을 규정한 것은 말보다 삶이었다. 그는 늘 자신의 이익보다 교인들의 이익을 앞세우며 헌신적으로 애썼다. 취미로 찍는 사진조차도 중국인 농부들을 위한 것이었다. 가난에 찌든 시골을 담아낸 그의 사진들은 현지 사정을 모르던 LMS 행정 요원들의 마음과 생각을 뒤흔들었다.

어렸을 때 아버지가 들려준 한 성경 본문이 리델에게 가장 큰 영향을 미쳤는데 그것은 바로 산상설교였다. 이 설교는 팔복과 주기도문 등 예수의 말씀과 가르침의 주요 원리들을 마태복음 5-7장에 시적으로 농축해 놓은 것이다. 교회에 다니지 않는 사람들도 때로는 자기도 모르게 거기에 익숙해져 있다. 가난한 자는 복이 있나니, 온유한 자는 땅을 기업을 받을 것이요, 다른 뺨도 돌려 대라, 네게 구하는 자에게 주라, 원수를 사랑하라, 비판받지 않으려거든 비판하지 말라, 찾으면 찾아낼 것이요 등 그 속의 인용구들이 일상적 표현으로 굳어졌기 때문이다. 아버지를 통해 리델은 이 설교를 자신의 헌장으로 삼았다. 특히 그가 날마다 이루려 한 일이 "너희도 온전하라"라는 두 단어에 압축되어 있었다. 이는 그가 아마데일에서 D. P. 톰슨 곁에 섰던 그 금요일 이후로 늘 전한 메시지이기도 했다.

    온전함이 도달할 수 없는 목표인 줄은 알았지만 그래도 그는 노력조차 단념해서는 안 된다고 생각했다. 그래서 오늘 부족하면 내일 또 힘쓰곤 했다. 아버지가 본을 보여주었다. 그의 아버지는 원수를 사랑했고 다른 뺨도 돌려 댔으며 아무리 적대적인 사람도 축복했다. 그렇게 늘 온전하려 애썼다.

    아버지의 콧수염은 희어진 지 오래였고 머리칼도 아주 듬성듬성해졌다. 위장병 때문에 나들이를 취소해야 했는데, 30년도 더 전에 수습 선교사로 도착한 이후로 이렇게 병약해지기는 처음이었다. 자녀들은 대부분 부모를 불멸의 존재로 믿는 경향이 있다. 리델도 그렇게 생각했다. 아버지는 의화단 사건 때도 중국을 떠나지 않았고 홍수와 기근도 피하지 않았다. 자신이 파송받아 회심시키러 온 현지인들이 초기에 회의와 냉대를 보일 때도 마찬가지였다. 그는 흙먼지 폭풍과 낯선 음식을 견뎌 냈고, 지도 제작자들의 정확한 측량을 기다리고 있는 여러 오지를 날마다 노새나 달구지를 타고 느릿느릿 다녔다.

그런데 1929년 초에 제임스 리델은 LMS의 지방 회의에 참석차 창저우滄州에 갔다가 뇌졸중을 일으켜 얼마 동안 말도 잘 못하고 한쪽 팔을 못 쓰게 되었다. 그때 그의 나이가 쉰여덟 살이었다. 다음 휴가는 6월로 예정되어 있었으므로 그는 톈진에서 회복하기를 원했다. 그러나 의사는 환자가 허약한 상태임에도 불구하고 당장 스코틀랜드로 돌아가 요양을 취해야 한다고 말했다.

LMS를 형제로 여기던 제임스는 은퇴할 뜻이 없었다. 조기에 후임자를 세워야 하는 불편을 끼치고 싶지 않았기 때문이다. 그는 자신의 회복이 오래 걸리지 않으리라 확신했고 18개월 내로 중국에 돌아올 참이었다. 아들도 똑같이 확신하긴 했지만 아버지의 부재가 크게 느껴졌다. 그래도 이 이별 덕분에 리델은 자신이 앞으로 무엇을 해야 할지를 더 분명히 깨달았다. 그의 향후 10년이 지도상의 도로만큼이나 확실히 그려진 것이다. 그는 LMS의 회원이 될 계획이었다. 이듬해 여름이 끝나면 스코틀랜드의 회중 대학으로 돌아가 한동안 신학을 더 공부한 뒤 에든버러에서 목사 안수를 받을 참이었다. 그리고 중국으로 돌아와 그때쯤에는 다시 건강해져 있을 아버지와 함께 서로를 보완할 생각이었다. 그래서 그는 펠처와 달리 1932년 올림픽을 멀리서 뉴스로 접하는 정도로 만족하려 했던 것이다.

리델은 기억력이 아주 좋았다. 식충食蟲 식물의 꽃잎처럼 정보를 꽉 봉쇄한 뒤 삼켜 버렸다. 덕분에 장문의 설교도 암기할 수 있었다. 성경뿐 아니라 그는 소설이나 시의 일부도 종종 토씨 하나까지 다 기억했고 수열數列이나 화학 공식도 마찬가지였다. 집에 묵어가는 손님들의 여흥을 돋우는 소위 '18번'으로 그는 디킨스나 특히 로버트 번즈Robert

Burns의 작품을 암송하곤 했다.

그가 가장 자주 인용하던 번즈의 시구는 장래의 계획을 의지할 수 없다고 경고하는 내용이다.

온갖 생물이 아무리 계획을 잘 세워도
어긋나기 일쑤이며
우리에게 슬픔과 고통만 남길 뿐이다.

리델의 경우도 정말 그렇게 되었다.

중국 내의 선교사들은 이동의 두려움이 갈수록 더해져 늘 폭력 행위나 죽음의 위험 속에서 다녔다. 이런 사건들은 날카로운 메아리처럼 의화단 사건을 연상시켰다. 1929년 4월에 해적들이 후난湖南성 서부의 첸시辰溪에서 미국인 주교 세 명을 살해했다. 그로부터 두 달도 못 되어 노상강도들이 허난河南성 서치전社旗鎭에서 CIM China's Inland Mission, 중국내지 선교회 소속 영국인 다섯 명과 아기 하나를 인질로 잡았다. 거리의 집들이 다 불탔고 주민들은 '구타와 고문과 총살'을 당했으며 사방에서 약탈이 자행되었다. 인질들은 결국 풀려났다.

다른 데서도 무죄한 이들이 불운을 겪었다. 한 선교사는 창투푸에서 인력거를 타고 가다가 등에 칼을 맞았다. 다른 선교사는 금고의 돈을 내놓지 않는다는 이유로 복부를 칼에 찔렸다. 『더 타임스』에 따르면 푸젠福建성 남서부의 룽옌龍岩에서는 산적들이 "극악무도한 고문을 즐기다가 사람들을 죽였다. 일부는 배를 갈랐고 일부는 목매달았고 일부는 물속에 던졌고 일부는 머리를 부수었다." 목이 베이거나 사지가 잘리거나 생매장된 사람들도 있었다. "여자들을 고문해서 죽인 방식들은 차마 기록할 수 없다"라고 신문은 덧붙였다. 이런 일들이 끊이지 않았다. 1930년대 초에는 이탈리아인 주교 둘과 수녀 셋이 홍콩에서 살해되었다. 신문의 헤드라인들은 빅토리아 시대에 인기를 끌며 세상을 떠들썩하게 했던 삼류 범죄소설들의 표지 같았다. "양쯔강변의 약탈"이나 "광란에 휩싸인 중국"도 있었고, 특히 "잔학한 살인"과 "다시 위험해진 외국인" 이 둘은 매달 단골로 등장했다. 예컨대 윈난雲南성에서는 강도에게 돈을 바치지 않거나 돈이 없는 사람들이 파라핀에 적셔져 "횃불처럼 탔다"라고 한 기사는 전했다. 톈진과 그 주변의 LMS 소속 선교사들은 아직 자신들이 비교적 안전하다고 생각했다. 그 도시는 철통같이 방비되어 있었다. 8500명의 외국군이 주둔하고 있었으며 그중 거의 절반에 해당하는 미군은 각종 항공기, 탱크 다섯 대, 야전포 다섯 대를 동원할 수 있었다. 제정신이 아닌 다음에야 그들을 건드릴 사람은 없었다.

그러나 1930년 4월에는 만행이 외국인 거류지에까지 흘러들었다. 이로써 모든 것이 바뀌었고 특히 에릭 리델에게 그랬다. A. P. 컬른과 에릭 스칼릿은 LMS의 일을 즐거이 맡아 베이다이허로 가던 중이었다. 해안의 방갈로에 수리가 필요한지 점검하는 일이었다. 기차역에서 해변까지는 8킬로미터 정도밖에 되지 않았다. 컬른과 스칼릿이 각각 나귀를 타고 중간쯤 갔을 때 복면을 쓴 깡패 셋이 권총을 휘두르며 나타났다. 험한 길 양편의 키다리 잡목 숲에서 불쑥 튀어나온 기습 공격이었다. 그들은 귀중품과 돈을 요구했다. 스칼릿보다 몇 미터쯤 앞서가던 컬른은 조끼 주머니에 매달린 금시계의 줄을 풀기 시작했다. 그러면서 셋 중 하나와 대화를 시도했다. 강도들은 모두 '경험이 없어'

보였고, 이번 노상강도 행위가 처음 시도하는 강력 범죄인 양 '몹시 안절부절못하는' 것 같았다. 어찌나 긴장했던지 그중 하나가 실수로 방아쇠를 당겼다. 안장에 앉아 있던 컬른은 총소리가 나는 순간 본능적으로 몸을 홱 틀었다. 바닥에 쿵하고 떨어지는 스칼릿이 보였다. 그의 심장 위로 5센티미터쯤 되는 곳에 총알이 박혔다. 스칼릿이 피를 흘리자 컬른 못지않게 깡패들도 당황했다. 그들은 우왕좌왕 허둥대며 각자 금품을 되는 대로 움켜쥐거나 자루에 담았다. 컬른을 나귀에서 끌어내려 아직 단추 구멍에 걸려 있던 회중시계의 사슬을 조끼에서 뜯어냈고, 지폐 몇 장밖에 들어 있지 않은 지갑도 용케 끄집어냈다. 나귀 등에 싣고 묶었던 짐 가방과 손가방도 다 뒤졌다. 옷가지며 종이가 길바닥에 흩어졌다. 깡패들은 컬른까지 죽이려 하기보다는 겁만 주려는 듯 총을 한 방 더 쏘고는 발자국만 남기고 사라졌다. 5분 후에 스칼릿은 컬른의 품 안에서 숨졌다.

그해 1월부터 9월까지 보도된 것만 총 97명의 선교사가 납치되었고 그중 33명은 살해되었다. 스칼릿도 어지러운 세태의 통계 수치에 파묻혀 곧 망각되었고 톈진에서 그를 알던 이들의 기억 속에만 남았다. 그의 살해범들은 끝내 잡히지 않았다. 리델은 장례식에서 그의 관을 운구했다. 훗날 스칼릿의 죽음을 회고하면서 그는 "우리가 통과해 온 어두운 나날"을 언급했다. 그 나날은 리델에게 직접적 영향을 미쳤다.

1925년에 그가 탄 기차가 웨이벌리역을 떠날 때 친구들은 승강장에서 그에게 「다시는 돌아오지 못할 길인가? Will Ye No Come Back Again?」라는 스코틀랜드의 옛 민요를 불러 주었었다. 그가 차창 밖으로 외친 대답은 "너무 늦지 않게" 돌아오겠다는 것이었다. 이제 스칼릿의 수업까지 나누어 맡은 그는 이번 피살 때문에 귀국을 예정보다 늦출 수밖에 없음을 깨달았다. 적어도 12개월 동안 스코틀랜드나 아버지를 다시 볼 가망은 없어졌다. 자신이 원래의 일정을 고수하면 영중 학교와 LMS의 "처지가 아주 곤란해질" 거라고 그는 말했다.

귀국을 연기한다는 그의 결정은 아버지가 했을 행동을 똑같이 한 것이었다.

...

D. P. 톰슨은 1931년 9월 4일 자 일기에 에릭 리델을 6년 만에 처음 보았다고 썼다. 톰슨이 보기에 리델은 전보다 "약간 살이 탔고 머리도 더 벗겨져 있었다."

언론은 그의 선교 사역보다 육상에 더 관심이 많았다. 톰슨이 강조했듯이 "수많은 사람들에게 그는 아직도 국민적 영웅이었다." 리델은 겨우내 훈련을 받을 것인가? 서른을 앞둔 나이에 내년 여름의 스코틀랜드 AAA 선수권전에 나갈 것인가? 리델은 자신이 거의 1년 동안 경기다운 경기를 해본 적도 없을 뿐더러—북중국 선수권전의 단거리와 400미터 종목에서 우승하긴 했다—12개월간 아주 빡빡하게 들어차 있는 학업과 설교가 우선이라서 육상을 재개할 마음도 없다고 설명했다. 그를 보고 그의 말을 들으려는 아우성이 "하도 커서 나라의 거의 모든 강단이 그를 부를" 태세였다고 톰슨은 덧붙였다. 강연 날짜가 미정인데도 몇 달 전부터 초청이 쇄도했다. 위원회가 결성되어 실행 가능한 일정표를 짰다. 그러지 않았다면 리델은 몇 주 만에 탈진했을 것이다. 정기적인 일요일 설교 외에도 공적인 '귀국 환영' 모임, 금주

및 주일 성수 집회, 스포츠맨들의 예배, 런던 선교사 학교와 여성 연구소 회합 등이 계속 줄을 이었다. 이렇게 전국을 누비고 다니는 동안 전에도 그랬듯이 초과된 인원들을 위한 별도 집회까지 마련되어야 했다.

불과 3년 전에 목사 안수를 받은 톰슨은 프랭크 부크먼 및 옥스퍼드 그룹과 전보다 더 친해져 있었다. 이제 리델도 그들을 보는 눈이 바뀌었다. 부크먼은 1878년에 펜실베이니아에서 태어나 제1차 세계대전 때 중국에 갔다. 부크먼을 사랑하여 선견지명이 뛰어난 그리스도인 정치가로 칭송하는 사람들도 있었고, 그를 혐오하여 "독재자"니 "사기꾼"이니 하는 말을 서슴없이 퍼붓는 사람들도 있었다. 남아공의 언론은 1928년에 부크먼의 사도들에게 옥스퍼드 그룹이라는 이름을 붙여 주었다. 그들 중에 그 대학교의 재학생이나 졸업생이 아주 많았기 때문이다. 『더 타임스』에 따르면 "이 운동을 싫어하고 옥스퍼드 대학교의 명예로운 이름을 중시하는 사람들은 부크먼이 그 별명을 덥석 받아 자기네 운동의 위신을 높이려 한다며 그를 비난했다."

이 그룹은 절대 정직, 절대 순결, 절대 무사無私, 절대 사랑을 "4대 덕목"으로 추구하며 "예수 그리스도도 그것을 온전히 지키셨다"라고 말했다. 대중 전도를 "취주 악대로 토끼를 사냥하는 일"에 빗댄 부크먼은 그 대신 집에서 며칠씩 파티를 열었다. 이런 친밀한 모임에서 죄의 공개적 자백을 촉구했다.

리델은 강연 일정을 소화하느라 곧 힘겨워졌다. 잠깐 쉬려고 부모의 집에 가 있던 그는 옥스퍼드 그룹의 한 멤버의 말을 들으며 새 힘을 얻었다. 그는 산상설교의 가르침이 "4대 덕목"에 잘 설명되어 있다며, 이 운동 자체가 자신에게 "내 삶의 가장 깊은 것들을 나누려는 마음"과 또 강사로서의 "능력을 더해 준다"라고 말했다.

청중에게 중국이 그들과 관련이 있음을 설득하려면 그 능력이 필요했다. 귀국 후 첫 몇 달 동안 중국에서 들려온 소식들은 그 나라를 우습게 보던 영국 대중의 시각을 더욱 굳혀 주었다. 그곳은 온통 시대착오이자 무법천지로 비쳐졌다.

한 여자는 시어머니를 학대한 죄로 사형선고를 받았는데 시어머니는 이미 아편을 잔뜩 먹고 자살한 뒤였다. 사형 방법은 1000번을 칼질하여 죽인다는 능지처참이었다. 몸값을 뜯어내려고 일부 선교사들을 유괴한 사건도 있었다. 거의 같은 시기에 열아홉 살의 영국 남자가 가슴과 얼굴에 피를 흘리며 경찰에게 납치되었다. 심문자가 질문하다가 홧김에 총을 쏘는 바람에 이 청년은 잡힌 지 48시간도 못 되어 목숨을 잃었다. 이런 사건들 때문에 중국에 대한 선입견이 더욱 굳어졌다.

리델은 교육자의 역할을 자임했다. 그는 끊임없이 꼬리를 무는 위기를 인정하면서도 중국이 "외국인들을 원한 게 아님"을 밝혔다. 또 지독한 악천후 때문에 그곳의 빈곤 수준이 영국 최악의 빈민촌과 비교해도 상상이 안 될 정도라고 설명했다. 그것은 정치적 불안정으로 이어졌다. 그가 또 분명히 밝혔듯이 "중국은 다른 나라들, 특히 영국이 중국의 것들을 빼앗아 간다고 확신했다." 리델은 자신이 중국인의 근본적인 품위를 여전히 믿는다고 말했다. 여태 그가 보았거나 전해 들은 모든 참사에도 불구하고 당시 영국 성서 공회British and Foreign Bible Society는 중국에 매년 거의 500만 실링 상당의 성경을 배포하고 있었다. 쩍쩍 갈라지거나 홍수에 잠기는 땅에서 근근이 목숨을 부지하다 보니 문맹인 가정들이 너무 많았다. 농부들이 여전히 호미질을 글공부보다 더 중요하게 여겼기 때문이다. 그런데 이제 집에 성경책이 있으니 드디어 글을 깨쳐야 할 동기가 생겼다. 리델은 성경책의 보급을 씨뿌리기에 비유했다. 한 세대가 더 걸릴지라도 분명히 거기서 싹이 틀 것이었다. 남들 눈에 아무리 가망 없는 일처럼 보여도 그 일을 이루는 게 리델의 사명이었다. 그가 목사 안수를 받은 뒤에 중국으로 돌아가려는 것도 그 때문이었다.

리델에게 학업은 강연하다가 잠시 한숨 돌리는 시간이었다. 그는 신학 지식이 이미 박학했으므로 평소에 늘 비공식으로 읽던 내용을 공식적으로 읽는 일이 전혀 힘들게 느껴지지 않았다.

아버지를 다시 보는 일도 즐거웠다. 그전에 LMS는 제임스 리델을 강제로 은퇴하게 했다. 몇 차례 더 병이 도지면서 건강이 서서히 악화되었기 때문이다. 늙은 리델 목사는 중국 땅을 다시 밟지 못하게 된 것을 받아들였다. 남은 것은 그 나라의 사진과 추억뿐이었고 또 젊은 리델 목사가 곧 자신을 대신할 것을 알았기에 그것으로 만족했다.

리델의 휴가는 너무 짧아 보였다. 본래 24개월을 요청했으나 LMS는 가정의 상황과 아버지의 아낌없는 봉사를 무시한 채 그 절반만 허용했다. 그래도 제임스 리델은 몇 가지 위안을 받았다. 어렸을 때 다녔던 드리맨의 교회에서 아들이 설교할 때 자랑스럽게 맨 앞자리를 지켰고, 또 아들의 목사 안수식에도 참석했다. 그리고 마침내 웨이벌리역의 승강장에 서서 아들을 전송했다. 그는 7년 후에 아들이 중국에서 돌아올 때도 거기서 기다리겠노라고 약속했다.

아무리 이역만리에 떨어져 있어도 리델은 늘 아버지가 아주 가깝게 느껴졌다. 1933년 현충일 주말에는 그 느낌이 유난히 강했다. 아버지는 드리맨에 있었고 그는 톈진의 유니언 교회에 있었다. 그런데 나중에 그는 그날 설교할 때 아버지가 "지척에 계신" 것 같았다고 고백했다. 함께 있는 것 같은 주체할 수 없는 느낌을 그때는 설명할 수 없었다. 이튿날 아침에 스코틀랜드에서 전보가 왔다. 24시간 전에 아버지가 운명했다는 내용이었다.

돌아가신 경위는 나중에야 알려졌다. 그는 편안한 의자에 앉아 오후의 낮잠을 청했다가 깨어나지 않았다. 선량한 사람답게 평화롭게 눈을 감은 것이다. 사인은 재발한 뇌졸중이었다. 리델은 전보를 뜯어 군더더기 없는 간결한 메시지를 읽은 후 경건한 침묵에 싸였다. 아버지가 "고된 선교 일에 헌신했던" 동안 베풀었던 "모든 사랑과 희생과 섬김"이 생각났다고 그는 말했다. 짤막한 부고가 여기저기 실렸다. 제임스 리델은 유명한 아들 덕분에 여러 신문에 언급되었다. 그중에는 고인의 성의 첫 글자 L이 R로 바뀐 치명적 오타도 있었다. 부음을 들은 지 15일 후에 리델은 아버지의 마지막 편지를 받았다. "기력이 아주 좋다"라며 아들을 안심시키는 대목도 있었다.

여태 리델은 사별을 겪은 남녀들을 수없이 많이 위로하고 상담했었다. 그런데 이번에는 죽음이 그를 직접 강타했다. 이에 리델은 아버지가 주문했을 법한 방식으로 반응했다. 수업을 가르치고 교인들을 돕는 일에 열중한 것이다. 다른 사람들의 관심사에 장시간 몰두할 수 있음에 그는 감사했다. 어머니에게 쓴 편지에도 "계속 일에 매진하고 있습니다. 저한테는 최선의 방법입니다"라며 이것이 대응 기제임을 고백했다.

그는 아버지의 삶을 자신의 모형으로 삼았었다. 아버지는 그의 멘토 못지않게 친구이기도 했었다. 그런 그가 없으니 이제 세상이 리델 위로 무너질 수도 있었다.

"다시는 돌아오지 못할 길인가?"

그러나 옛날이나 지금이나 많은 남자들을 살린 그것이 그도 살렸다. 바로 한 여자였다.

열 번째 달리기

너에게 할 말이 있다

아내가 필요한 남자는 돈 많은 독신자만이 아니다. 자금이 쪼들리고 세상의 재물이 부족한 선교사도 결국 아내가 필요하다. 이 부분에서 에릭 리델은 유명해진 이름 덕을 보았다. 칵테일파티, 아침의 커피 모임, 저녁 식사, 멋진 만찬, 교회 축제, 시 낭송회 등에 초대되곤 했던 것이다.

성품은 늘 우리를 따라다니게 마련이다. 에든버러에서 거절할 줄 몰랐던 리델은 톈진에서도 마찬가지였다. 손님들의 목록마다 그가 빠지지 않았다. 강연을 부탁하거나 그의 이름으로 행사장을 빛내 달라는 공식 초청은 오전의 우편물을 통해서 왔다. 비공식 초청은 단지 내를 산책할 때 전해졌다. 식사나 차를 함께하자는 요청도 있었고 그냥 아무 때나 "들러 달라"는 부탁도 있었다. 톈진 지역의 상류층인 유니언 교회 문학 친목회에서는 그에게 올림픽 이야기를 들려 달라고 조르기도 했다.

어떤 모임에 가든 리델은 은근히 마음에 쏙 드는 신붓감을 찾곤 했다. 하지만 그는 까다롭고 참을성이 있었다. 여태 와일딩스에 틀어박혀 그림을 그리고 있을 아일린 소퍼가 그 사실을 누구보다도 잘 알았다.

부모의 결혼 생활을 보았으므로 리델은 중국에서 선교사 부부로 살려면 무엇이 필요하며 남편과 아내가 얼마나 똘똘 뭉쳐야 하는지 잘 알았다. 위험, 혼란, 부재 등 자신의 아버지와 어머니가 겪은 일이라면 자신도 다 겪으리라 예상했다. 부모가 중국의 모든 격랑을 통과할 수 있었던 것을 리델은 부부가 참된 동반자 사이였기 때문이라고 말했다. 둘은 서로의 신앙적 소울메이트, 제일 친한 친구, 상담 상대, 무조건적 지지자였다. 어머니가 아니었으면 아버지가 그토록 광범위하게 선교에 전념할 수 없었음을 리델은 알았다. 어머니는 결코 자신에게 주목을 끌지 않으면서 아버지가 현장 사역에 집중할 수 있는 여건을 조성했다. 아버지를 위해 실생활 전반을 책임진 어머니의 평범한 수고는 바깥세상에서 주목받지 못했다. 아버지보다 어머니를 찾아온 일부 현지 여성들을 따뜻하게 상담하던 일도 누가 알아주지 않았다. 마치 어머니의 직무는 당연시되는 듯했다. 아들처럼 그 수고를 바로 곁에서 지켜본 사람들만이 알았다. 어머니의 귀감에 감화를 받은 리델은 자신도 똑같은 자질을 갖춘 신부를 찾으려 했다.

톈진에서 아내를 찾기란 어렵지 않았다. 리델 부인의 자리를 자청할 만한 매력 있는 독신 여성들이 적지 않았다. 그렇지만 아버지처럼 '참된 동반자'를 고르려면 분별력이 필요했다. 리델은 미모도 미모지만 내면의 아름다움을 원했다. 그래서 플로렌스 진 맥켄지 Florence Jean MacKenzie를 택했다. 흔히 플로로 불리던 그녀는 키 170센티미터에 머

1930년대 중반에 찍은 플로렌스의 인물 사진

리칼은 적갈색, 눈동자는 담갈색이었고 운동 신경이 발달했으며 쾌활했다. 리델은 그녀의 "열정"이 얼마나 뜨거운지도 알게 되었다고 말했다. 그녀는 7남매 중 장녀였다. 아버지 휴 맥켄지와 어머니 애그니스는 둘 다 캐나다에서 온 선교사였다. 그는 LMS라는 삐걱거리는 기계의 주요 정비사이자 믿을 만한 충복이었다. 거의 모든 일 특히 회계장부와 때로 아주 복잡한 여행 계획이 그를 중심으로 돌아갔다. 애그니스는 본래 전도자로 중국에 왔다가 이제 톈진에서 맥켄지가의 방 여덟 칸짜리 집과 하인 직원들을 관리하고 있었다. 불룩한 가방을 든 선교사들이 그랜드센트럴역의 중앙 통로를 가로지르는 통근자들처럼 그 집을 드나들었다.

리델과 플로렌스는 1926년 가을에 유니언 교회에서 만났다. 그러나 그의 구애가 시작된 것은 3년이 지나서였다. 이런 지연을 설명하려면 다른 정보가 더 필요하다. 톈진에 처음 왔을 때 플로렌스는 겨우 열네 살로 학교에서 리델의 동생 어니스트와 같은 반이었다. 리델은 주일학교에서 그녀를 가르치다가 열일곱 번째 생일을 앞둔 그녀에게 반했다. 그녀는 교회에서 오르간과 피아노 반주를 맡았고 주일학교 유아부에서도 성경 이야기를 가르쳤다. 간혹 리델은 구실을 만들어—책을 빌려야 할 일, 벽장을 뒤져야 할 일, "깜빡 잊고" 두고 간 물건을 가져가야 할 일 등—그녀가 가르치는 교실에 들어가곤 했다. 그녀를 힐끗 볼 뿐 아니라 말도 엿듣고 싶었다. 그는 플로렌스가 어린 청중에게 공감하는 모습에 감동했다. 아이들은 잘 듣다가도 금방 싫증을 냈으므로 비위를 맞추기가 늘 힘들었다. 플로렌스가 그들의 상상력을 사로잡지 않았다면 그들은 광택을 낸 마룻바닥에서 몸을 배배 꼬았을 것이다. 리델은 플로렌스를 볼수록 그녀가 더 좋아졌다. 그녀의 독립심도 좋았고 매일의 새로운 도전에 패기만만하게 당당히 맞서는 모습도 좋았다. 주변 상황에 대해 우쭐대지 않고 조리 있게 말할 때는 그녀의 성숙한 시각이 부각되어 좋았다.

그럼에도 그는 자신의 구애에 신중하게 공을 들였다. D. P. 톰슨은 리델을 "천성적인 신사"라 표현했는데 그의 아버지도 똑같은 말을 들었으므로 놀랄 일은 아니었다. 플로렌스에게 다가갈 때도 그는 철저히 예의를 갖추었다. 20세기 초보다 18세기 말에 더 가까운 소심한 구혼자였다. 사실은 구애라 할 것도 없었다. 차를 마시거나 친구처럼 대화를 나눌 때도 둘은 사람들이 북적대는 맥켄지가의 저택이나 교회에서 만났다. 여동생 제니가 플로렌스에게 고급반 피아노 레슨을 해 줄 때면 리델은 자신의 일기장을 치웠고 그들을 놓치지 않으려고 집에 일찍 들어갔다. 열정적인 구애가 고작 그 정도였다. 플로렌스에게 반한 리델의 마음은 발끝걸음으로 살살 걷고 있었다. 그러지 않으면 자칫 겉으로 확 드러나 둘 중 하나나 둘 다 구설수에 휘말릴 수도 있었다. 톈진의 사회는 점잖은 중산층의 반듯한 도덕성에 가려져 있었지만 도리에 어긋나는 이들을 늘 따가운 비판의 눈총으로 주시하는 곳이었다. 플로렌스가 10대 후반에 들어섰을 때도 리델은 열 살 가까운 둘의 나이 차이에 신경을 썼다. 그는 모세의 갈대 상자에서 그녀를 낚아채 간다거나 '사제 간의 연애'에 착수하는 것처럼 비쳐지고 싶지 않았다. 차라리 다른 사람과 연애하고 결혼하는 게 덜 힘들었을 것이다. 그러나 그는 플로렌스가 어떤 여자가 될지 알았기에 결코 뜻을 굽히지 않았다.

1929년 여름에 둘은 휴일을 맞아 베이다이허 근처의 산으로 여행을 갔다. 나흘 동안 가파른 산길도 걷고 돌투성이의 마른 강바닥도 걸었다. 플로렌스는 이제 어린아이 취급 대신 여성으로서 남자들의 보호를 받았다. 열 명의 일행 중에 그녀의 여동생과 남동생도 하나씩 있었다. 바닷가로 돌아와서야 리델은 비로소 용기를 내서 맥켄지가의 방갈로 정문까지 찾아가 그녀에게 청하여 단둘이 해변을 걸었다. 둘은 아직 손도 잡아 본 적이 없었다. 그날도 리델은 그녀를 향한 자신의 마음을 입 밖에 내지 못하다가 결국 그해 말쯤 상황에 떠밀려서야 표현하게 되었다.

그때 플로렌스는 불과 몇 주 전에 열여덟 살이 되었다. 리델의 어머니처럼 그녀도 간호사가 되고자 했다. 그래서 토론토에서 3년간 공부할 예정이었다. 대학에 가려면 수학을 떼어야 했으므로 리델이 그녀에게 수학을 지도하던 중이었다. 이제 그는 그녀에게 간호사가 된 후의 계획이 있는지, 있다면 무엇인지 물어서 답을 들어야 했다. 자격증을 따서 중국으로 돌아올 생각인지 여부를 그가 몰랐기 때문이다. 아울러 그는 그녀가 자기와 결혼할 마음이 있는지, 그런 가능성을 생각이라도 해봤는지 아직 확실히 몰랐다. 어느 날 저녁에 그녀가 수학에 집중이 안 돼 힘들어하자 리델은 속내를 숨긴 채 바람이나 쐬자고 했다. 지금이 아니면 영영 기회가 없을 것 같았다.

리델은 퇴짜 맞을까 봐 두렵다는 듯이 못내 조심스럽게 결혼 문제를 꺼냈다. 망설이며 에둘러 말하다가 부연 설명으로 확실한 뜻을 내비쳤다. 그녀는 그녀대로 다시 말해 달라며 재차 확인을 받아 냈다. 행여 그의 말을 잘못 듣거나 잘못 해석하고 싶지 않았던 것이다. 플로렌스도 리델을 "굉장히 사랑했다"라고 고백했지만 그래도 그가 결혼을 거론할 줄은 상상도 못 했었다. 그녀가 보기에 더 확실한 후보들이 있었고 그중 누구라도 리델의 청혼을 받을 가능성이 자기보다 훨씬 더 높았다. 그날 리델이 아주 어색하게 했던 말을 그녀는 몇 년 후에 이렇게 회고했다.

"너에게 할 말이 있다. 오랫동안 생각한 건데… 네가 내 아내가 되었으면 좋겠다고 생각했어. 네 나이가 아직 어린 줄은 알지만."

그녀는 두 가지를 물었다. "정말요? 진심이에요?"

리델이 정말이라면 두 번째 질문은 불필요했다. 그는 "그럼, 정말이지"라고 대답했다.

그제야 둘은 처음으로 키스했다.

그의 약혼녀는 청혼에 "깜짝 놀랐다"라며 이렇게 말했다. "정말 몰랐다. 그가 나와 함께 보내는 시간이 아주 많았으므로 내가 그에게 특별하다는 것은 알았지만 그래도 청혼할 줄은 꿈에도 몰랐다. 그 또래의 여자들이 많이 있었다. 내게 청혼한 것을 알면 그들이 나를 죽일 것 같았다." 그녀의 가족들도 똑같이 놀랐다. 한 남동생은 말하기를 "'왜 플로랑 결혼하겠다는 거지? 플로는 아주 평범하잖아.' 그게 우리 생각이었다"라고 했다. 형제자매 사이는 워낙 허물없는 사이라 서로의 장점을 잘 모른다고 했던가.

리델이 플로렌스에게 사 준 약혼반지는 그의 어머니의 것과 거의 똑같이 다이아몬드 다섯 알이 박힌 가락지였다.

리델의 청혼을 즉시 수락한 것으로 보아 나이 차이는 그녀에게 문제가 되지 않았다. 중요한 것은 그의 성품과 품행 그리고 둘의 공통점이었다. 서로의 출생 시기는 중요하지 않았다. 혹시 누가 충격을 받아 눈살을 찌푸렸다면 그는 리델과 그의 민감한 처신을 모르는 사람이었다. 그런 면 때문에 그녀는 그를 더욱 사랑했다. 굳이 말하자면 리델을 사랑하기는 쉬웠다. 플로렌스는 그를 "아주 착한 사람"이자 "천성적으로 착한 사람"이라 한 문장으로 표현한 적이 있다. 두 번째 문구는 사실을 확인해 줄 뿐 아니라―마치 의심스럽기라도 하다는 듯―설명해 주는 역할까지 한다. 그녀는 리델이 착한 심성을 타고났다고 확신했고 그것이 그녀가 매료된 본질적 요인이었다.

리델이 플로렌스를 관찰했듯이 그녀도 우정이 결혼 약속으로 발전하기 전에 그를 유심히 관찰했었다. 자신의 모습을 실제와 다르게 꾸미는 사람들이 많이 있다. 그들은 잘 보이거나 비위를 맞추려고 겉으로만 연극을 한다. 사교적 감각이 시키는 대로 당장의 상대나 상황에 맞추어 행동한다. 플로렌스는 리델이 그런 사람이 아님을 보았다. 그는 그저 자기 자신일 뿐 그 이상은 없었다. 말씨나 행동이 뒤바뀌지 않았고 소신을 굽혀 식탁의 청중이나 실내의 손님에게 엉뚱한 인상을 풍기지도 않았다. 플로렌스의 눈에 띈 그의 모습은 늘 온유함과 관대함이 주조를 이루었다.

그는 새벽마다 혼자서 조용히 성경을 공부했는데 그녀는 이 시간을 "그의 삶의 주요 동력원"이라 표현했다. 그녀에 따르면 그는 신앙에 타협을 몰랐지만 그렇다고 신앙의 실천에 대해 말할 때마다 엄숙한 체하거나 설교를 늘어놓지도 않았다. 또 신앙에 확신이 없는 사람을 대할 때도 상대를 지겹게 만들거나 야단치지 않았다. 자살을 기도

했다가 회복 중이던 플로렌스의 한 친구는 행여 리델에게 냉대당할까 봐 그를 다시 보기를 겁냈다. 하지만 플로렌스는 그가 따뜻한 마음으로 이해해 줄 거라며 친구를 다독였다. 그녀는 그가 "아무도" 비판하지 않는다고 말했다.

그런 리델이 "자기 자신에게는 엄격했다"라고 플로렌스는 설명했다. 그는 하다 만 일이 있으면 가만히 있지 못했고 한 시간만 허비해도 자신을 질책하며 다음번에는 "더 잘할" 각오를 다졌다. "늘 남을 위해 뭔가를 하느라" 통 쉴 줄을 몰랐다. 그녀는 그가 "화평하게 하는 자"이기도 했다고 덧붙였다. "분쟁과 오해가 발생하면 나는 그가 친구들과 동료들은 물론 모르는 사람들까지도 화해시키는 것을 보았다." 그러다 보니 그의 아량을 파렴치하게 악용하는 사람들도 가끔 있었고, 더러는 그가 맞서지 않을 것을 알고 그에게 오만하고 난폭하게 굴기도 했다. "그에게 사납게 대들거나 독설을 퍼붓는 사람들을 보면 나는 어이가 없었다. 그래도 그는 그냥 웃어넘겼다. 용서하는 마음이 대단했고 화를 내서는 아무 일도 되지 않는다는 주의였다." 플로렌스에 따르면 리델이 참으로 남달랐던 것은 웬만한 사람들에게 없는 한 가지 자질 덕분이었다. "그는 남에 대한 이해심이 아주 많았다. 항상 입장을 바꾸어 놓고 생각할 줄 아는 것 같았다."

그의 작은 행동들이 좋은 예인데 그중 두 가지를 D. P. 톰슨도 전해 들었다.

파리는 각종 병을 옮길 수 있는 곤충이라서 중국에서는 골칫거리였다. 한번은 리델이 친구들 집에 초대받아 가서 커피와 과자를 대접받았다. 맨 위의 과자에 파리가 앉자 그들은 손대지 말라고 했다. 그러나 그는 그 조언을 무시했다. "면박을 주려는 행동이 아니었다. 그는 그런 것을 생각조차 못할 사람이다." 말을 전한 사람은 톰슨에게 그렇게 말했다. 리델은 파리가 "더럽힌" 과자 하나를 먹었다 해서 "다른 누구도 불편해해서는 안 됨"을 확실히 보여주었을 뿐이다.

늘 남을 배려하는 리델의 두 번째 예는 더 감동적이었다. 그는 어느 교회에 설교하러 갔다가 방명록에 중국어로 "미소를 잃지 말자"라고 썼다. 그 교회 목사가 그것을 보고는 리델에게 다가와 산업재해를 당한 한 교인의 사연을 들려주었다. 그녀는 머리 가죽과 한쪽 눈이 뜯겨 나갔는데 원시적 수준의 피부 이식 수술에 2년이 걸렸다. 남은 눈의 속눈썹이 자라 안구를 덮지 않도록 매달 속눈썹을 뽑아 주어야 했다. 그런데도 그녀는 편지를 쓸 때마다 맨 밑에 "미소를 잃지 말자"라고 휘갈겨 썼다. 목사는 말하기를 그녀는 리델이 그 문구를 "특별히 자기를 위해 남겼다"라고 느낄 거라고 했다. 리델은 그녀를 만나 보겠다고 자청했고 "바쁜 와중에도 그녀의 작은 방에서 한 시간을 함께" 보냈다고 목사는 설명했다. 나중에 그녀는 장문의 편지를 써 그에게 감사를 표했다. 이 일화의 속편은 리델 자신을 포함해서 모든 듣는 이들에게 우연보다는 섭리로 보였다. 그녀의 편지가 배달된 것은 그가 기차를 타러 집을 나서기 직전이었다. 객차는 비어 있었는데 용케 그의 맞은편에만 훨씬 젊은 청년 하나가 외롭고 괴로운 모습으로 앉아 있었다. 점차 그의 입에서 역경과 실패와 개인적 좌절에 대한 가슴 아픈 사연이 흘러나왔다. 청년은 "모든 믿음과 희망을 잃었다"라며 "심각하게 자살을 생각 중"이라고 설명했다. 나중에 고백했듯이 리델은 잠시 "무슨 말이나 행동을 해야 할지 몰랐다." 그래서 주머니에서 그 여자의 편지를 꺼내 그에게 "읽어 보라"라고 했다. 이어 그녀의 "극심한 시련과 사고事故와 신앙"을 감동적으로 들려주었다.

목사의 표현으로 "그 여정이 끝나기 전 그 청년에게 새로운 여정이 시작되었다."

기차에 탄 두 낯선 사람이 또 다른 낯선 사람의 편지 덕분에 소통할 수 있었다.

플로렌스가 사랑한 리델은 그런 사람이었다.

LMS의 가장 희한하고 터무니없이 시대착오적인 구속拘束 중 하나는 결혼과 관련된 계약서상의 조항이었다. LMS는 "결혼을 전제로 한 약혼이 성사되려면" 각자가 선택한 배우자에 대해 이사회의 사전 승인을 얻어야 한다고 정해 놓았다. 도덕적으로 우월한 입장에서 보란 듯이 조종하는 말투였고, 배우자가 부적합해 보이면 LMS가 거부하겠다는 의미가 깔려 있었다. 이렇게 선교회가 양심에 대한 재판관과 배심원을 자임했지만 그것은 에릭 리델에게 걱정거리가 못 되었다. 그의 유일한 관심사는 양가 부모—아직 그의 아버지가 살아 있을 때였다—의 반응이었다. 휴 맥켄지는 사윗감이 "아주 겸손하고 온유하다"라며 하나의 조건만 제시했다. 딸이 공부를 다 마친 뒤에 결혼 절차에 들어갈 수 있다는 것이었다.

청혼부터 혼인 서약까지 3년 4개월이 걸렸으니 그 정도면 웬만한 다른 연인들은 열정이 진작에 다 식어 불길이 서서히 꺼졌을 것이다. 1930년 6월 중순부터 1934년 초까지 리델과 플로렌스는 두 번밖에 해후하지 못했고 그 기간은 총 8주였다. 단지 그가 휴가의 처음과 끝에 스코틀랜드에서 배편으로 캐나다까지 다녀왔을 뿐이다. 그 외에는 얼굴을 마주하는 대화를 편지로 대신했다. 리델이 편지에 쓴 내용은 성경 공부반을 편성하고 "암송 카드"를 제작한 일 등이었다. 암송 카

휴가 중에 토론토에서 옷을 상아색으로 맞춰 입은 에릭 리델과 플로렌스

드는 낱장마다 그날의 성경 구절이 적혀 있어 누구나 주머니에 넣고 다니면서 어디서나 읽고 싶을 때 "묵상용으로" 활용할 수 있도록 되어 있었다. 그녀가 쓴 내용은 병상에 침대보를 씌운 일, 요강을 비운 일, 소아과에서 정신과까지 부서별로 병동을 돌고 나서 다리가 아팠던 일 등이었다. 마침내 플로렌스가 중국에 돌아오던 날 리델은 텐진의 다구大沽 선착장에서 기다리고 있었다. 플로렌스의 한 남동생은 리델이 뒷짐을 지고 왔다 갔다 하며 배가 시야에 들어올 때까지 바다만 뚫어져라 쳐다보는 것을 보고는 이 약혼자가 누나를 얼마나 애틋하게 사랑하는지 깨달았다. "그렇게 활기찬 에릭의 모습은 처음 보았다. 누나를 어서 보고 싶어 고무공처럼 톡톡 튀어 다녔다. 이윽고 배가 나타나자 그는 어쩔 줄을 몰랐다. 할 수만 있었다면 헤엄이라도 치고 나가서 누나를 만났을 것이다."

리델과 플로렌스는 1934년 3월 27일에 텐진의 유니언 교회에서 결혼했다. 8년 전에 두 사람이 처음 만났던 곳이었다.

결혼 앨범용 촬영이 으레 그렇듯이 교회 바깥에서 찍은 공식 사진은 딱딱하다. 리델 씨는 번쩍이는 실크 모자에 풀 먹인 윙 칼라며 프록코트까지 꼭 조상들이 입었음 직한 혼례복으로 흠잡을 데 없이 말쑥하다. 왼쪽 단추 구멍에 분홍색 카네이션이 꽂혀 있다. 새댁인 리델 여사의 손에서 길게 늘어뜨려진 분홍색 카네이션과 푸른 가지는 크기가 어찌나 큰지 이 꽃다발을 내준 뒤로 텐진의 한 꽃 가게가 텅 비었을 것만 같다. 꽃다발의 혜성 같은 꼬리는 베일과 공단 드레스만큼이나 길어 보인다. 이 부부의 모습을 가장 잘 담아낸 스냅사진 두 장이 있다. 결혼식 날에도 아직 함께 있는 게 어색해 보이는 커

에릭과 플로렌스의 결혼식
1934년 3월 27일 텐진의 유니언 교회 바깥에 선 리델 부부

플들이 있는데 리델 부부는 달랐다. 결혼에 대해 알아야 할 모든 것을 이 두 장의 사진이 말해 준다. 흔히들 남자는 여자를 웃기기만 해도 마음을 얻는다고 말한다. 리델이 그랬다. 플로렌스에 따르면 그는 "환상적이고 매우 독창적인" 유머 감각을 지닌 "구제 불능의 낭만파"였다. 두 사진 속에 그 증거가 들어 있다. 그의 성품과 마음씨 그 이상보다 훨씬 많은 것이 담겨 있고, 긴 축제의 오후로 접어들려는 어느 아침 녘 생의 환희까지 묻어난다. 사진에서 보듯이 리델 부부는 서로가 편했으며 함께 있는 게 지극히 만족스러웠다. 첫 번째 사진 속의 리델은 가볍고 야들야들한 소재로 만든 아내의 널찍한 모자를 쓰고 있다. 그녀가 친구의 결혼식 때 썼던 것이다. 그의 얼굴은 어린아이처럼 마냥 기쁘다. 그것도 가장 큰 소원을 갑자기 성취한 아이의 표정이다. 남편의 장난에 대한 플로렌스의 미소는 반사적이고 꾸밈이 없다. 두 번째 사

친구의 결혼식에 참석한 후에 톈진의 유니언 교회를 나서는 에릭과 플로렌스 부부

진은 각본에 없는 순간이 포착되어 있어 더 좋다. 리델은 아내를 간질이려 하고 그녀는 뿌리치는 시늉을 한다. 그녀는 피하는 척하느라 고개를 반쯤 돌려 얼굴 표정이 보이지 않지만 그의 표정은 기쁨에 차 있다.

리델 부부는 베이징 교외의 시산西山에 있는 LMS의 작은 산장으로 열흘간 신혼여행을 갔다가 톈진으로 돌아왔다. 새로 꾸민 방 세 칸짜리 아파트는 이임 선교사들에게서 싼값에 산 가구로 다 채워졌다. 모든 신혼부부처럼 이들도 서로에게 흠뻑 취했고 마침내 독립된 거처를 얻은 데 감사했다. 함께 있는 것보다 더 중요한 일은 없었다.

그러나 이 모든 더없는 행복 위에 중국의 일상생활이라는 먹구름이 드리워져 있었다.

(좌) **친구의 결혼식에서 썼던 플로렌스의 모자를 대신 쓴 에릭 리델**
그의 성격의 해맑은 단면을 보여준다.

(우) **사랑의 몸짓**
에릭은 장난스럽게 플로렌스를 간질이려 하고 그녀는 달아나려는 척한다.

되돌아보면 사건에 대한 논란 여부를 떠나 역사 속의 사건 자체보다 그에 대한 낱외주나 신문 보도가 더 많은 것을 말해 줄 때가 있다. 1934년 6월 중순에 『더 타임스』에 실린 짤막한 세 문단이 아주 좋은 예다. "중국에서 피살된 선교사"라는 기사 제목은 너무 낯익어 마치 오래된 신문을 다시 보는 듯했고 "산적에 대항하던 중에"라는 부제도 그런 인상을 더욱 굳혀 주었다. 숨진 선교사는 일흔다섯 살로 베이징에서 의화단의 공격을 받고도 살아남았으며 반세기 가까이 중국에서 달동네의 빈민을 돌보았다. 현지 의사들을 위해 내과와 외과의 의술을 선도했고 중국어 의학 교재들을 집필했다. 중국 내 "최고의 외국인 친구" 중 하나로 불리던 그는 중국어를 배우려는 외국인들을 위한 지침서도 펴냈다. 강도단은 그런 걸 몰랐고 알았다 해도 상관하지 않았을 것이다. 한밤중에 그는 아내와 두 손자를 보호하려다 머리에 두 발의 총을 맞았다. 이 속보에서 눈길을 끈 아주 섬뜩한 대목은 충격이 벌어진 장소였다. 그 선교사가 머물고 있던 시산의 휴가용 산장은 바로 리델 부부가 불과 10주 전에 신혼여행을 갔던 곳이었다. 나라가 크다고 해서 누구에게도 안전이 보장되는 것은 아니라는 또 하나의 예증이었다.

중국은 가정을 이루고 자녀를 기를 곳이 영 아닌 것 같았다. 그래도 가정은 이루어졌고 곧 자녀도 태어났다. 리델은 30대 초반이었는데 친구들은 이미 오래전에 아버지가 되었고 그의 형 롭도 1930년에 아들을 낳았다.

결혼한 지 16개월 만에 플로렌스는 딸을 낳아 이름을 패트리샤라 지었다. 1937년 1월 첫 주에 둘째 딸도 태어났는데 작명에서 부부의 의견이 갈렸다. 본래 출산 예정일이 12월이라서 플로렌스는 절기에 맞게 캐럴이라 짓고 싶었으나 리델은 스코틀랜드를 연상시키는 헤더가 더 좋았다. 결국 제비뽑기로 결론을 내기로 합의하고 리델이 나서서 준비했다. 종이 두 장을 접어 플로렌스의 움푹한 모자에 넣고 먼저 고르게 했다. 그녀가 눈을 감고 뽑아 큰 소리로 읽은 이름은 헤더였다. 그녀는 패배를 받아들였는데 아무리 악의 없는 거짓말도 차마 할 줄 모르는 리델이 자수했다. 두 종이에 다 헤더라고 써서 승부를 조작했다는 것이었다. 플로렌스는 "남편에게 방석을 집어 던졌다. 그러면서도 헤더라는 이름을 그토록 원한다면 막지 말아야겠다는 생각이 들었다"라고 말했다.

맏이도 세 살이 안 됐고 둘째는 아직 요람에 있으니 웬만한 부모라면 최대한 평온한 가정생활에 안주했을 것이다. 그런데 또 다른 길이 손짓하며 리델을 불렀다. 평온함이나 아늑함이 전혀 보장되지 않은 길이었다.

에릭 리델은 아버지처럼 시골 선교사가 될 작정이었다. 이동할 시점만 불확실했을 뿐인데 LMS가 그를 들볶아 예상보다 훨씬 일찍 그 길로 떠밀었다.

플로렌스와 결혼한 지 14개월도 안 된 1935년부터 벌써 선교회는 중국 북부의 LMS 인력이 "줄었다"라며, "그 결과로 시골 현지의 필요를 채우기에 부족함"을 우려했다. 해법은 리델 같은 전도자들을 전근시켜 숫자를 채우는 것이었다. LMS는 리델이 그의 어린 시절 고향이자 아버지의 이전 교구였던 샤오창으로 가기를 원했다. 그의 형 롭이 아직 거기서 의사로 일하고 있었고 그의 친구 애니 버컨도 여태 그 병원의 수간호사였다. LMS 집행 위원회는 기독교적이지 못한 방식으로 리델에게 압력을 가하며, 그의 양심은 물론이고 하나님을 향한 의무감까지 교묘하게 이용했다. 증원을 요하는 "심각한 비상사태"이니 그로서도 "일단 도와야 할 소명"이 아닌지 "생각해" 보라는 것이었다. 표현만 정중했을 뿐 도박꾼의 주사위 같은 유도 질문이었다. 게다가 "소명"이란 단어를 대문자로 표기한 데는 더 세게 압박하려는 속셈이 깔려 있었다. 처음에 그는 LMS의 타이밍이 자신과 플로렌스에게 맞지 않다고 생각되어 거절했다. 영중 학교에 자신이 교사로 필요하며, 이 시점에서 샤오창으로 떠나면 자신의 교육적 노력이 "무척 아깝게 될" 것이라고 말했다. 시골 오지에서 잘 대처해 나갈 만큼 그의 중국어가 유창하지도 못했다. 보다시피 그는 자녀를 키워야 한다든가 가족들과 떨어지고 싶지 않은 마음을 구실로 삼지 않았다. 사실 선교사가 이별의 아픔에 대해 불평하는 것은 선장이 바다에 대해 불평하는 것과 같았다. 무엇보다 리델은 아직 학교를 떠나라는 "확실한 부름이 충분히 느껴지지" 않았음을 강조했다.

LMS는 불쾌감을 드러냈다. 집행 위원회가 취한 행동은 어떤 일이나 사람이 뜻대로 따라 주지 않을 때 독재적인 기관들이 으레 취하는 방식과 같았다. 우선 규정을 선교회 측에 유리하게 고친 뒤 결국 원하는 결과를 억지로 끌어낸 것이다. 협공 작전으로 선교회는 영중 학교의 "모든 정책과 실무"를 재검토하기로 했고 "상황"이 허락되는 대로 즉시 교직원을 감원하겠다고 밝혔다. 이 발표의 의미는 굳이 해석이 필요 없었다. 기어이 리델을 샤오창으로 보내겠다는 것이었다. 12개월 내로 LMS는 다시 두 번째 계책을 시도했다. 리델에게 1937년 가을이나 1938년 봄에 "임시 파견 근무"로 그곳에 가라고 권고한 것이다. 조급한 LMS는 그중 이른 날짜를 선호했다.

리델은 계속 망설이며 이번 이동에 대해 꼼꼼하게 심사숙고했다. 10년 넘게 근무한 학교의 장래가 걱정되었고, 적어도 1-2년은 더 '전공으로나 기질로나 자신이 교육 쪽에 더 적합하다'라는 생각도 했다. 그러나 LMS가 워낙 완강하여 리델은 플로렌스의 표현으로 "충분히 기도하며 생각하는" 기간에 들어갔다. "그는 매사에 하나님의 뜻을 분별하여 그대로 결정했기" 때문이다. 기도 후에 리델의 생각이 바뀌었다. 플로렌스는 "옳은 길이라는 확신이 들기까지 오랜 시간이 걸렸지만 결국 그는 하나님이 자신을 시골로 부르신다고 느꼈다"라고 말했다.

마침 그 부름을 받은 때는 시기적으로 가장 위험한 때였다.

시어도어 H. 화이트Theodore H. White 는 미국의 대통령 선거에 대한 논픽션 시리즈물로 퓰리처상을 받기 전에 『타임』지의 중국 특파원으로 일했다. 중국사를 어지럽힌 숱한 전쟁터를 바라보며 그는 잇따른 왕조들이 "난세에 태동하여 혁명으로 끓어올랐다"라고 진단했다. 리델처럼 1920년대와 1930년대에 중국에 있던 사람들도 그런 난세 속을 살아가며 10년 동안 대량 살육과 광기로 점철된 내전을 목격했다. 리델은 민족주의자들과 공산주의자들의 이념 싸움을 보았으며 그 양쪽 모두가 어질러 놓은 잔해 속을 살얼음을 딛듯 지나가야 했다.

민족주의 진영은 쑨원이 이끌었고 공산주의 진영은 지식인 리다자오^{李大釗}가 공동 창당자인 천두슈^{陳獨秀}와 함께 이끌었는데 1922년에 양측이 손을 잡았다. 중국의 군벌들을 제거하기 위한 편의상의 동맹이었다. 군벌들은 조지 R. R. 마틴$^{George\ R.\ R.\ Martin}$의 『왕좌의 게임$^{Game\ of\ Thrones}$』에 나오는 독불장군식 무왕들처럼 제멋대로 통치하며 결투를 일삼았다. 1925년에 쑨원이 간암으로 사망한 뒤로 결국 당시 서른여덟 살이던 장제스^{蔣介石}가 그 자리에 올라 국민당을 지휘하는 브레인이 되었다. 약삭빠르게도 장제스는 18개월 만에 기독교인인 쑹메이링^{宋美齡}과 결혼했다. 그녀의 언니는 죽은 쑨원의 부인이었다. 장제스는 실천하는 감리교도가 된 뒤로 날마다 부인의 성경을 읽고 둘이서 함께 기도했다. 그에 대해 화이트는 "그는 거룩한 집사로 위장했고… 말끝마다 청교도의 진실성을 풍겼다. … 그가 죄를 몹시 못마땅해한 것은 죄를 시험해 보아 경건보다 이득이 적음을 알았기 때문이다"라고 말했다. 화이트는 이어 기독교의 신성한 전사인 척하는 장제스의 이미지를 이렇게 쇠망치를 휘둘러 박살내 버렸다. "그는 구약의 여호수아처럼 잔인했다. … 정치가 장제스는 정견이 아니라 무력으로 승부했다. … 자기와 의견이 다르면 무조건 적군을 대하듯 적의를 품었다."

장제스가 군벌들을 치려고 '북벌'에 착수한 1926년에 그들의 추종 세력은 총 150만 명으로 알려져 있었다. 『뉴욕 타임스』의 특파원은 북벌을 "가망 없는 어리석은" 행위라 일축했다. 조너선 펜비 Jonathan Fenby 가 『근대 중국사 The Penguin History of Modern China』에 지적했듯이 장제스는 국내외의 비판자들이 생각했던 것보다 더 교활했다. "그는 재정과 자원과 정치적 지배와 동맹 등의 중요성을 알았으며 덕분에 일시적으로나마 적들을 고립시킬 수 있었다." 공산주의자들의 지지를 등에 업은 그는 군벌들을 일부는 몰락시키고 일부는 상당히 약화시켰다. 그리하여 난징에 수립된 국민정부 휘하에 중국의 대부분을 재통합했다.

하지만 승자들도 그 승리에 망한다는 말이 이번에도 그대로 입증되었다. 협곡만큼이나 넓은 정치적, 군사적 단층선이 남아 있었다. 중국은 음모와 부패, 오만과 자존심, 원한과 적의 등이 통제 불능으로 얽히고설켜 있었고 그 속에 이기주의자들과 권력에 미친 사람들이 상상을 초월할 정도로 뒤엉켜 있었다. 결국 모든 게 와해되었다. 민족주의와 공산주의를 하나로 묶어 줄 공동의 적이 없어지자 양측 사이에 존재했던 '상호 이해'가 급속히 허물어졌다. 장제스의 이른바 '백색 테러'가 1927년 4월부터 시작되어 공산주의자들과 반체제 인사들이 대거 숙청되었다. 그는 자신의 독재하에 철옹성 같은 자본주의 국가를 세우려 했는데, 상하이의 범죄 조직인 청방青幇이 이를 방조하는 가운데 그곳에서만 5000명이 살육되었다. 화이트는 "폭동과 유혈과 학살"이 있었다고 기술했다. 장제스는 공산주의 지도자들에 대해 두당 생포 5만 달러, 사살 2만 달러라는 현상금까지 내걸었다. 리다자오는 베이징에서 체포되어 교수형에 처해졌고 그의 정치적 동지였던 천두슈는 세력을 잃고 결국 당에서 축출되었다.

그해 여름 공산주의자들은 혼란 중에 홍군紅軍을 결성하고 마오쩌

등을 총사령관으로 추대했다. 한 사진 속의 그는 마른 몸에 얼굴이 유난히 갸름하며 숱이 많은 검은 머리는 가운데에 가르마를 타서 귀 위로 바짝 쳐올렸다. 마치 광대의 베레모와 가발을 쓰고 있는 것 같다.

의화단 사건 때도 그랬듯이 이런 내전은 외국인들을 상대로 혐오 범죄를 자행하는 그럴듯한 구실이 되었다. 선교사들은 라이벌 군대들이나 군벌들 사이에 끼어 있었고, 또한 혼란을 틈타 꾀죄죄한 행색으로 공격을 일삼는 각종 강도단의 표적이 되었다.

해마다 새로운 끓는점이 등장했다. 1930년 말과 이듬해 9월 사이에 장제스는 공산주의 병력을 고립시켜 우위를 장악할 목적으로 3차에 걸친 '포위 토벌'을 지휘했다. 그들의 식량 보급을 끊고 군수 물자를 탈취할 작정이었다. 하지만 홍군은 공격을 당할 때마다 적을 격퇴했다.

그런데 공산주의와 민족주의 진영이 하나같이 막아 내지 못한 것은 바로 영토를 확장하려는 일본의 야욕이었다.

1931년 9월에 일본의 관동군이 쳐들어와 만주를 점령했다. 정세가 불안한 다른 지역들로 침투하려는 포석이었다. 일본 소유의 상업용 철도 일부를 중국이 폭파했다는 게 침략의 구실이었으나 사실 폭발물 설치는 관동군의 자작극이었다. 침략국은 현지에 만주국이라는 괴뢰정부를 세워 멀리 도쿄에서 조종했다. 명백히 영토의 침탈인데도 서방 정부들과 국제연맹은 속수무책이었다. 장제스도 마찬가지였다. 이미 벌여 놓은 싸움을 지탱하느라 새로운 전선에 뛰어들 여력이 없었던 것이다.

『차이나 타임스 The China Times』에 실린 「원수를 죽여라 Kill the Enemy」라는 노래 가사에 중국의 격노와 복수심이 잘 드러나 있다. 그러나 일본은 코웃음을 쳤다. 4개월도 못 되어 천인공노할 상하이사변이 터지면서 온갖 만행이 줄을 이었다. 일본은 무지막지한 폭격으로 그 도시를 완전히 초토화시켰다. 처음에는 해군 구축함으로 하다가 나중에는 반경을 점점 넓혀 가며 저공 공습을 퍼부었다. 아비규환 속에 도로는 거대한 구덩이로 변했고 가옥과 상점과 공장은 포탄에 까맣게 불탔다. 눈의 흰자위를 드러낸 남녀노소의 시체들이 잔해 속에 널브러져 피사체가 되었다. 군인들이 민간인들을 운동장으로 끌고 가 총검으로 찔러 죽이기도 했다.

1933년에 일본이 다시 싸움을 도발하는 바람에 중국은 아직 내전 중인 채로 만리장성을 방어해야만 했다. 그전에 일본은 신축 조약을 통해 한 수비대의 관할권을 얻었는데 그 안에서 폭탄 두 개가 발견됐다는 이야기를 날조했다. 그래서 이를 빌미로 러허熱河 지방을 폭격하여 만리장성에 이르는 이동로를 확보했다. 중국은 베이징까지 공격당하는 사태를 막으려고 거의 30만 제곱킬로미터 경내의 병력을 철수하기로 합의했다. 중국은 일본 때문에든 내전 때문에든 늘 어딘가에 일촉즉발의 위험이 도사리고 있는 화약고였다. 이 와중에도 장제스는 공산주의 진영의 저항을 궤멸하고자 1933년 3월과 10월에 두 차례 더 포위 토벌을 단행했다.

공산당 홍군의 퇴각은 리델 부부가 결혼하여 정착 중이던 1934년 가을부터 이미 전개되기 시작했다. 이것이 나중에 대장정으로 불리며 대의에 걸맞은 한 편의 "서사시"였다고 칭송되었다. 중국 남부에서 북서부를 거쳐 북부에 이르기까지 368일 동안 엄청난 지구력을 구사한 이 행군은 12개의 성省을 지나고 24개의 강을 건너고 18개 이상의 산맥을 넘으며 62개의 도시를 점령했다. 어느 쪽의 계산을 믿느냐에 따라 총 거리는 6400킬로미터에서 최대 9600킬로미터에 달했다. 그 뒤로 이 일이 회자될 때마다 각종 신화와 허구가 섞여 들었는데 마오쩌둥은 이를 선전에 이용했다. 대부분의 구간을 그는 직접 걷지 않았다. 짐꾼들이 그의 귀하신 엉덩이를 로마 황제처럼 가마에 싣고 날랐다. 그런데도 그는 온갖 이야기를 지어내 홍군을 미화했고 자신의 퇴각군을 "영웅"으로 칭송했다. 있지도 않았던 전투를 날조해 냈고 소규모의 대담한 접전을 크게 부풀렸다. 주로 자신의 정치와 위세와 후일을 위해서였다. 대장정에 참여한 인원이 8만-10만 명이었다고 하는데 살아남은 사람은 열에 하나도 못 되었다. 살해나 굶주림이나 폭행이나 유린을 당한 민간인 사상자는 이루 헤아릴 수도 없었다.

내전은 영중 학교의 리델에게 많은 불편을 야기하여 분통 터지게 했고, 이런 현상은 그의 결혼 후 몇 달 사이에 더 현격해졌다. 국민당 정부는 열네 살 아이들에게 2주간의 병영 입소 훈련을 의무화했고, 나중에는 주 2회의 교련 수업도 필수가 되었다. 아울러 영중 학교는 날마다 국기를 게양했다가 하강해야 했고, 이 의식이 무슨 신성한 상징이라도 되는 양 전교생이 깃대 앞에 모여 지켜보아야 했다. 정부의 간섭은 갈수록 더 심해졌다. 지령을 어기면 학교를 폐교한 뒤 고분고분한 새 운영진에게 맡겨 다시 열겠다고 했다. 새로운 지시들은 교육 일정까지도 야금야금 갉아먹었다. 1935년 초에는 한 학년 전체가 '징병'에 끌려가는 바람에 3개월분의 교실 수업이 무산되었다. 정부의 다음 번 조치는 더 기가 막혔다. 영중 학교의 중학생들에게 스카우트 제복을 지급하라는 것이었다. 스카우트 운동의 창시자 베이든 파월Baden-Powell처럼 자립심과 야성을 길러 주려는 이타적 시도가 아니었다. 이 제복을 입고서 캠프파이어가 그려진 공훈 배지를 수집하는 아이는 아무도 없었다. 이 스카우트는 내일의 보병을 양성하기 위한 예비반이었다.

온통 암울한 징조뿐이었다. 민족주의와 공산주의의 불화는 타협이 불가능했다. 일본은 계속 영토를 삼키며 중국 북부로 더 깊숙이 침투했고, 신축 조약을 무시한 채 요새의 병력을 강화하고 지배권을 장악했다.

결과는 예측된 것이었다.

청일전쟁은 1894년 늦여름에 발발하여 9개월 만에 끝났지만 1937년 7월에 터진 중일전쟁은 훨씬 더 피비린내를 풍겼다. 조너선 펜비가 『근대 중국사』에 쓴 아래의 두 문장은 가공할 만한 수치 때문에 적어도 두 번은 읽어야 한다. 눈에서 머리로 정보가 정말 제대로 전달됐는지 재차 확인해야 된다. 중일전쟁에 대해 그는 "군인과 민간인의 사망자 수는… 영영 알 길이 없다. 1000만 명에서 많게는 그 두 배까지도 추산되며 대개는 1500만-2000만 명으로 본다"라고 말했다. 공산당 대 일본군의 전투를 뺀 국민당 측의 공식 역사로만 계산해도 "주요" 전투가 1117회, "작은 교전"이 3만 8931회였다고 그는 덧붙였다.

수많은 전쟁이 그렇듯이 이 전쟁도 사소한 소란에서 발단했다. 무대는 융딩허永定河에 놓인 루거우차오卢沟桥라는 석조 다리였다. 일본군 몇이서 야간 운동을 하고 있었는데 마침 베이징 하늘의 달은 쫙 퍼진 구름에 가려 잘 보이지 않았다. 한 발의 총성에 이어 한 발의 맞대응이 있었고 일본군 전령이 잠시 실종되었다. 곧 공방전이 뒤따랐는데 일본은 중국이 먼저 공격했다고 비난했다. 동이 트면서 총격전이 더 벌어지다가 어설프게 맺어진 정전 협정은 명색뿐이었고 불확실했다. 긴장 속에 열아흐렛날이 흘렀다. 일본은 24시간 내에 두 개 사단을 철수하지 않으면 결과를 각오하라고 중국에 최후통첩을 날리고는 답변을 기다릴 새도 없이 이허위안(頤和園)을 공격했다. 지상군과 공군의 폭격으로 중국군 수백 명을 몰살시켰다.

이미 샤오창행을 결심한 리델은 다음 날 태평하게 텐진을 걷고 있었다. 멀리서 펑 소리가 들렸는데 꼭 새해맞이 폭죽이 터지는 소리 같았다. 그러나 건물이 흔들릴 정도로 요란하고 둔탁한 폭발음이 뒤따르면서 축제 따위에 대한 생각은 깨끗이 사라졌다. 일본이 다이너마이트로 대학교를 폭파했던 것이다. 이어 28대의 비행기가 윙 소리를 내며 날아왔다. 네 시간 동안 텐진은 공군의 융단폭격으로도 모자라 지상에서 날아오는 맹렬한 포탄까지 감수해야 했다. 700명 이상이 죽고 1000채 이상의 가옥과 공공건물이 파괴되었다. 외세의 응징을 피하려고 외국인 거류지는 포격하지 않았는데 2000명 이상의 집 잃은 중국인들이 거기로 들어오려 했다.

나중의 어느 통신사 보도에 따르면 "건물들이 불타며 우지끈 무너지는 소리"가 그 도시의 "딴 세상 같던 적요"를 깨뜨렸다. 바람 한 점 없던 무더운 오후에 깔때기 모양의 짙은 회색 연기가 텐진의 온 사방에 수직으로 피어올랐다. 살육의 현장을 지붕 위에서 지켜보던 리델은 중국에 새로운 현실이 도래했음을 알았다.

새로운 현실은 리델 앞에도 성큼 다가와 있었다.

열한 번째 달리기

까마귀는 어디서나 까맣다

에릭 리델은 자신이 어떤 선교사가 되고 싶은지를 정확하고 분명하게 알았다. 성경책을 배부하는 데는 유능하지만 자신의 청중인 세상과는 냉정하게 동떨어져 있는 그런 자선가로 비쳐지고 싶지 않았다. 리델이 보기에 종교적 열정만으로는 누구도 애초에 선교사가 될 자격이 없었다. 거기에는 확고한 목적이 결합되어야 했고 그 목적을 이룰 방법도 알아야 했다. 선교사들이 해외로 나가기 전에 자문해야 할 질문이 하나 있다고 그는 믿었다. 특히 중국의 경우는 그 질문이 더욱 요긴했다.

"내가 주려는 것이 정확히 무엇인가?"

리델은 "누구든지 중국에 가려면 이 물음을 장기간 숙고해야 한다. 거기서 상대할 이들이 위대한 철학자들을 배출한 민족이기 때문이다. 철학자들에게 배운 삶의 도를 따라 이 민족은 당당히 유구한 역사를 이어 왔다"라고 설명했다.

리델이 아버지에게 배웠듯이 중국은 결코 갑작스럽게 변할 나라가 아니었다. 거기서는 노자와 공자와 손자가 살던 아득한 과거도 현재에 필수적인 영향을 미쳤다. 이는 나라의 유산을 존중하거나 옛 풍습을 고수하는 정도의 문제가 아니라 중국인들에게는 뼈이자 피이자 숨결이었다. 그러나 전진하지 않는 것은 다 후퇴하는 법이다. 이 고향 땅에 돌아오기 오래전부터 리델은 중국을 다른 노선에 올려놓으려면 그들에게 얼마나 '자극'이 필요한지 인식하고 있었다. 또 그 자극이 아주 부드러운 설득력을 담지 않으면 자신이 현지인들과 멀어지리라는 것도 알았다.

본인이 공공연히 밝혔듯이 리델은 늘 중국을 자신의 "숙명으로 느꼈다." 덕분에 미리 계획도 세웠고 자신이 이루려는 일도 정리할 수 있었다.

그는 "위대한 메시지"를 전하는 것을 자신의 궁극적 사명으로 꼽았다. 이 메시지가 "워낙 위대해서 그 위대한 철학자들이 이미 중국에 남긴 것들에 이것을 더할 가치가 있다"라고까지 말했다. 이것을 그는 한 문장으로 "우리가 중국인들의 마음속에 주어야 할 것은 하나님의 사랑이다"라고 요약했다.

첫 단계는 교육이었다. 일단 문맹이 적이었기 때문이다. 아버지를 통해 생겨난 회심자들에 대해 그는 "글을 깨치지 않는 한 그들에게 성경은 있으나 마나였다"라고 말했다. 다음 단계도 교육이었다. 그는 불운한 사람들이 평등과 존중과 더 나은 대우를 얻게 되기를 바랐다. 그곳의 부자들이 가난한 이들을 깔보는 게 때로 섬뜩할 정도임을 잘 알았기에 리델은 "생명의 가치와 섬김의 개념"을 중국에 보여줄 작정이었다. 그렇게 해서 "자립 능력이 없는 사람들을 돕지 않는" 풍조를 고

처야 했다. 그는 중국에서 거의 무가치한 존재로 모욕당하는 장애인들을 우선으로 여겼다. 중국은 "연약한 사람들에게 공감을 보여야 한다"라고 그는 말했다.

리델은 어떤 프로그램이든 먼저 젊은이들을 상대로 시작해야 한다고 확신했고 그래서 아주 장기간 래빙턴 하트 박사의 영중 학교에서 가르쳤다. 그의 선교사 인생에서 첫 번째 부분은 이제 지나갔다. 그는 두 번째 부분이 어서 시작되기를 간절히 고대했다.

처음에 샤오창에 파견되기를 주저하던 마음은 학교를 사임하기로 결정하자마자 사라졌다. 그 뒤로 중국이 그에게 새롭게 열리는 듯했다. 그 무엇도 마침내 시골로 가려는 그의 생각을 바꾸어 놓을 수 없었다. 점점 고조되던 처참한 중일전쟁도 예외는 아니었다.

1937년 8월에 장제스는 일본에 대한 중국의 "인내심"이 "한계"에 달했음을 선언했다. 이제 "죽을 때까지" 싸우는 수밖에 없었다. 이후 6개월 동안 매주 일본이 전진하고 중국이 패퇴했다는 소식만 무자비하게 끊임없이 전해졌다. 특히 북부에서 그랬다. 베이징이 함락되었고 65킬로미터 전선을 따라 상하이 전투가 개시되었다. 48시간 동안 그 도시에 2526개의 폭탄이 떨어졌고, 해안에도 포격이 가해지다가 육해군 합동 공격으로 커졌다. 3만 명이 항저우(杭州) 만에 운집해 있는데 일본은 배후 공격까지 개시했다. 조너선 펜비는 "인근 고을들이 초토화되어 개들이 시체를 뜯어먹고 통통해졌다"라고 썼다. 난징(南京) 대학살이 벌어지기 얼마 전이었는데 난징과 상하이 사이의 농지는 대학살의 서곡으로 거의 '100만' 시체의 묘지로 변했다.

난징이 점령되면서 각종 만행이 뒤따랐다. 군인과 민간인을 가리지 않은 잔인한 계획적 살상이었다. 이견이 있긴 하지만 이 대학살로 30만 명이 목숨을 잃었다. 사망자를 10만 명 이하로 추산하는 당시의 기록물들도 있다. 분명한 사실은 일가족이 몰살된 경우가 많았다는 것이다. 생매장된 이들도 있었는데 대개 고개만 흙 밖으로 내놓아 굶주린 개들이 얼굴을 뜯어먹게 했다. 일본인들은 또 피해자를 기둥에 묶거나 판자에 못 박아 놓고 총검으로 찔렀다. 난징은 거대한 고문실이었다. 펜비는 "무방비 상태의 민간인들을 상대로 검술을 연습했다"라고 쓴 뒤 다른 살해 방법들도 열거했다. "차로 치기도 했고, 사지를 절단하고 배를 가르기도 했고, 산(酸)을 뿌리기도 했고, 혀를 매달기도 했다." 점령 후 첫 몇 달 동안 일본인들은 약 2만 명의 여자들과 소녀들을 강간한 뒤에 죽여서 범행을 은폐했다. "음부에 막대기가 꽂힌 채 죽은 여자들도 있었고, 임신부의 몸속에 있는 태아들까지 파헤쳐졌다. 이런 만행을 저지르면서도 살해자들은 수치를 몰랐다. 살상 장면을 사진으로 찍어 필름을 상하이로 보내 현상하는 사람들까지 있었다"라고 펜비는 말했다.

텐진이 일본에 함락될 때 플로렌스와 아이들은 무사히 베이다이허에 있었다. 샤오창으로 갈 일에 대해 그녀도 남편만큼이나 두려움이 없었으므로 그와 동행하기로 결심했다. "나는 중국에서 자라 샤오창 같은 곳의 사정을 잘 알았다"라고 그녀는 말했다.

새 학년이 시작되면서 영중 학교도 문을 열었다. 마치 새로 터진 전쟁의 여파에 영향을 입지 않은 것 같았다. 학생 수는 600명에 달했고 리델은 계속 거기서 가르쳤다. 세상이 조금이나마 정상임을 느끼게 해주는 또 다른 위안거리도 있었다. 형이 그의 곁으로 온 것이다. 중일전쟁의 발발로 도로와 철도가 막히기 한참 전에 롭 리델은 병든 아들의 엑스레이를 찍으러 샤오창에서 텐진으로 왔다. 결과가 척추

결핵으로 밝혀졌는데 중국에는 이 병의 치료 시설을 갖춘 병원이 없었다. 아이는 전신 깁스를 하고 엄마와 함께 영국으로 보내졌다. 롭은 에릭 부부와 함께 샤오창으로 돌아갈 예정이었다.

플로렌스는 활기차게 짐을 꾸리기 시작했고 리델은 성인 셋과 아이 둘의 교통편을 알아보았다. 그녀는 가재도구를 챙기고 집을 청소하고 친구들과 작별까지 했다. 그런데 뻔뻔스럽게도 LMS는 마치 플로렌스를 통제할 정당할 권리라도 있다는 듯 막판에 그녀의 이동을 막았다. "너무 위험하다"라는 것이었다. 이는 두 가지 사실을 무시한 오만이었다. 위험은 LMS가 아닌 그녀의 몫이었고 그 위험을 감수할지 아닐지 여부를 정할 권한도 그녀에게 있었다. 플로렌스는 격노했다. 그래도 한바탕 소란을 피우고 싶지는 않아 방으로 들어가니 이미 끈으로 묶어 둔 수하물이 눈에 들어왔다. 애꿎은 짐 가방에 화풀이를 했다. "가방을 발로 차며 온 방 안을 휘젓고 다녔다"라고 그녀는 말했다.

에릭 리델을 찍은 단연 최고의 사진을 보면 가장 한창때의 그의 모습이 담겨 있다. 운동복 대신 구겨진 민간인 복장을 한 그가 렌즈를 똑바로 쳐다보고 있다. 초점이 고정된 상자형 카메라로 찍은 사진인데 리델이 포즈를 취한 것도 아니다. 사진을 찍은 그의 형 롭이 마치 몰래 필름을 끼운 뒤 리델에게 신호를 주지도 않고 장난삼아 셔터를 누른 것 같다. 어느 유난히 화창한 날의 정오 무렵이었다. 리델의 까만 그림자가 그리 길지 않다. 그는 거무스름한 터틀넥 스웨터에 정강이까지 내려오는 똑같이 거무스름한 외투를 입고 지저분한 흙더미 위에 앉아 있다. 외투의 넓은 목깃은 추위를 막느라 약간 위로 올라가 있고 두꺼운 회색 면바지는 당장 다림질을 해야 할 것 같다. 손가락이 없는 털장

한 선교사의 초상
1937년 늦가을에 샤오창으로 가던 길의 에릭 리델은
약간 헝클어진 복장에 수염을 깎지 않았지만 결의에 찬 모습이다.

갑도 끼었고 머리에 쓴 헝클어져 보이는 털모자는 귀 끝을 살짝 덮었다. 중국보다는 러시아의 시골을 걸어서 횡단하는 탐험가처럼 보인다. 배경의 앞쪽에는 맨바닥에 돌만 보인다. 좀 더 뒤로 가야 낮은 관목 울타리, 앙상한 겨울나무, 가장자리가 들쑥날쑥한 풀밭, 묵은 작물의 그루터기 등 식물의 흔적이 보인다. 하늘이 우윳빛으로 희어 먼 배경은 희미하다. 건물과 곡식 창고의 형체만 어렴풋이 보일 뿐이다.

이 사진에서 마음을 끄는 부분은 리델의 얼굴 표정이다. 달구어진 땅에 반사되는 햇빛 때문에 실눈을 떴고 턱 끝에 패인 보조개는 깎지 않은 짧은 수염과 대비되어 돋보인다. 굳게 다문 입에서 억세고 강인한 매력마저 풍겨난다. 하지만 가장 인상적인 것은 그 표정 속에 담긴 아주 투명하고 날카로운 무엇이다. 이 정사각형의 아마추어 사진 속에서 그의 굳센 결의를 볼 수 있다. 마치 깊은 사색에 잠겨 있다가 잠시 끊겼는데, 미처 거기로 돌아가기 전에 한순간 카메라 앞에서 머릿속의 생각을 얼굴에 들킨 사람 같다. 리델은 지금 하나의 고뇌를 통과 중이며 이보다 훨씬 힘든 다른 고뇌들이 그를 기다리고 있다. 이를 제대로 이해하려면 사진의 배후 사연을 알아야 한다. 그는 플로렌스와 패트리샤와 아기 헤더를 두고 떠나왔다.

마침내 그는 샤오창으로 가는 길 위에 섰다.

중국과 일본의 무력 충돌이 계속 악화 일로로 치닫고 있었으므로 에릭 리델이 톈진을 벗어나 LMS가 지정해 준 임지로 간다는 것은 본래 불가능한 일이었다.

그해 가을에 그와 롭은 홍수로 대부분 황폐해진 샤오창으로 일찍 가려고 두 차례나 시도했었다. 난리 통에 너무 많은 교량이 폭격으로 심히 파괴되었거나 일본의 진군을 막으려는 중국의 조치로 일부 철거되는 바람에 곳곳의 막힌 길들이 여행자들을 낭패에 빠뜨렸다. 샤오창 단지는 거의 기능이 마비된 채 직원 선교사 한 명만 남아 지키고 있었다. 과로에 지쳐 걱정이 된 그는 리델 형제에게 편지를 보내 증원을 호소했으나 그 요청은 끝내 그들에게 도달하지 못했다. 모든 게 혼란에 휩싸인 와중에 편지가 유실되었던 것이다. 그래도 리델 형제는 그의 고충을 알았기에 꼭 필요한 짐 몇 가지만 검은 천 가방에 넣고 길을 떠났다. 역시 일본을 저지하려고 중국이 선로를 부분적으로 뜯어냈거나 교전 중에 철도가 파괴되었기 때문에 기차 시간표가 제멋대로였다. 변덕스러운 운행 탓에 중간에 아무 데서나 발이 묶일 수 있음을 알면서도 리델 형제는 일단 기차로 최대한 샤오창 근처에까지 가보기로 했다. 거기서부터 나머지는 걸어갈 수 있다면 다행이었다. 기차 노선도 직행이 아니었다. 첫 기차는 그들을 960킬로미터 거리인 창저우까지만 데려다 놓았다. 1주일 후에 리델 형제는 더저우德州까지 160킬로미터를 더 갔는데 거기서 일본인들이 다시 길을 막더니 형제의 운임을 환불해 주고 불편에 대해 사과까지 했다.

    도로나 철로로는 샤오창까지 갈 수 없었으므로 리델 형제는 생각을 바꾸어 배를 타고 가기로 했다. 위험한 방법이었다. 홍수 후라 아직 곳곳의 강물이 불어나 있었고 제방이 무너진 데도 많았다. 다리들이 보수되지 않아 물길이 더 험해졌고 흩어진 파편들 때문에 장애물 코스가 되었다. 강의 해적들도 문제였다. 무장한 그들은 카리브해의 해적 블랙비어드처럼 무인 지대의 강둑을 배회했다. 상대가 응하지 않는다고 그냥 순순히 보내 줄 그들이 아니었다. 하지만 그 무엇도 리델 형제를 막지 못했다. 그 결과 존 버컨의 모험소설이나 탐정소설에 들어갈 법한 대담한 여행담이 나왔다.

　1937년 11월 말에 배에 오른 리델 형제는 열흘 만에 두 번이나 총구에 떠밀려 강탈을 당했다. 주변이 아직 전쟁 중이라는 처참한 증거였다. 나중에 그들은 이 여정에 대한 기록을 5페이지 반 분량으로 깔끔하게 타자로 작성하여 LMS로 보냈다. 둘이 함께 쓴 것이고 문서 서두에 리델의 이름이 형보다 먼저 나오지만 그래도 공식 저자는 롭이다. 그는 산적들의 습격을 별일 아닌 듯 덤덤하게 기술했다. 구사일생의 충격쯤이야 종이에 살을 살짝 벤 정도에 불과하다는 식이었다. 그는 "우리는 전체 과정을 완전히 즐겼다"라고 결론지었고, 또 무기를 휘두르는 산적들의 귀찮은 방해는 "맑은 공기, 충분한 수면, 적당량의 운동"으로 보상되고도 남았다고 했다. 이야기를 읽노라면 두 형제가 얼마나 가까운 사이였는지 알 수 있다. 둘은 무던히도 서로를 챙기며 협력했고 이런 위험한 상황 속에서도 둘이 함께 있음을 즐겼다. 리델 형제는 크게 힘들이지 않고 잘 해냈다.

　샤오창까지 가려면 배를 두 번 타야 했는데 첫 번째 배의 선장은 "시쟝西江의 대장"이라 불리는 현지인이었다. 그는 그 대단한 별명을 무공 훈장처럼 자랑스러워했다. 그런 이름이 붙은 것은 그 배의 돛대가 높이 17미터로 근방에서 가장 컸기 때문이다. 배의 자랑거리는 돛대뿐이었다. 길이 33.5미터의 볼품없는 목선은 다 쓰러져 가는 작은 배 둘을 이어 붙인 것처럼 생겼다. 리델에 따르면 돛은 "꽤 조잡했고… 온갖 풍파에 시달린" 듯 보였다. 대장은 선미에 따로 낸 자신의 선실을 리델 형제에게 내주었다. 돛처럼 선실도 여기저기 때워 그런대로 봐줄 만했다. 어차피 호화 크루즈는 아니었다. 천장과 벽에 갈라진 데가 많아 선장이 종이를 발랐는데 하도 엉성해서 계속 덧대야 했다. 그나마 집처럼 꾸몄다는 게 한쪽 벽의 아랫부분에 커튼처럼 친 천이었는데 마룻바닥 쪽에 질질 끌리는 끝자락이 꼭 안 어울리는 카펫 같았다. 나머지 바닥에는 돗자리가 깔려 있었다. 난방이 없어 형제는 겨울옷을 대부분 그대로 입고 자야 했다. 속도까지 느려서 후투오허(滹沱河)를 떠가는 대장의 배는 어떤 사람이 일요일에 운전하는 신차만큼이나 답답했다. 다리를 쭉 펴려면 옆으로 펄쩍 뛰어내려 힘차게 걷는 수밖에 없었다. "우리의 성미상 배가 너무 느려" 둘이 앞쪽에서 밧줄로 배를 잡아끈 적도 여러 번 있었다. 홍수로 흙둑이 폭삭 주저앉거나 조금씩 터진 곳을 지날 때는 대장과 그의 선원들이 긴 장대를 삿대처럼 써서 막힌 수로를 열기도 했다.

　전쟁은 주로 중국의 농부들을 파멸에 몰아넣어 그 상흔이 시골에 널려 있었다. 리델 형제는 그것을 신문 기자들보다 더 똑똑히 보았다. 기자들은 일본의 우위와 중국의 패배를 분석하려 했고 양측의 전선을 지도상에 정확히 표시하려 했다. 첩보는 대개 믿을 수 없었고 모순될 때도 많았다. 그만큼 전황의 파악이 부실했다는 뜻이다. 진실은 조각조각 새어 나왔다. 리델 형제는 일본군이 농경지를 쓸고 지나간 처참한 흔적을 직접 보았다. 부서지거나 버려진 자동차와 트럭과 버스가 하늘을 배경으로 실루엣을 이루었다. 폐기된 전쟁 쓰레기였다. 그들에 따르면 "실전"이 벌어진 증거는 "별로 없었고" 방어용 참호도 파 놓기만 하고 별로 쓰지는 않았다. 그러나 형제는 눈앞의 광경이 못내 걱정스러웠다. 단기적, 장기적 파장이 생각만 해도 끔찍했기 때문이다.

　일부 마을과 소수의 소읍은 홍수 덕분에 침공을 면했다. 어떤 곳들은 너무 원시적이어서 희한한 구닥다리 소총이나 소형 화기 외에는 주민들이 무방비 상태였고, 괜히 불필요한 발포와 많은 사상자를 초

래할까 봐 별로 저항을 시도하지도 않았다. 덕분에 오두막과 초가집과 소수의 콘크리트 건물이 대체로 아무런 전흔도 없이 멀쩡하게 남아 있었다. 일본군이 대포나 총을 쏘지 않고 점령했기 때문이다. 그들을 보기만 해도 항복할 수밖에 없었다. 그전에 남자들은 남아서 인간 방벽을 치고 있었다. 아녀자들을 보호하여 피난을 보내기 위해서였다. 리델 형제를 기겁하게 한 것은 일본군이 동네마다 귀중품은 물론이고 생필품까지 조직적으로 "전부 몰수해 갔다"는 사실이었다. 집집마다 텅 비어 껍데기만 남았다. 그들은 찬장과 창고의 양식을 깨끗이 걷어 갔고, 가구를 빼앗아 장작으로 팼고, 문짝과 창틀도 뜯어 땔감으로 썼고, 식기와 농기구까지 징발했다. 모든 가축, 특히 닭과 병아리는 일본식 냄비에 들어갈 하사품으로 즉시 채어 갔다. 달리 갈 데가 없어 잔류한 주민들은 그나마 남은 나뭇조각이나 쓰레기를 모아 태워 가까스로 추위를 면했다. 먹을 것이 거의 전무했고 새로 채워질 가망도 없었다. 일본군에 약탈당한 이 피해자들은 더는 사고팔거나 맞바꿀 게 없었기 때문이다. "용케 밀을 심었던 사람들이 봄에 무사히 수확할 때까지 이 겨울에 가난이 시골을 활보할 것이다." 리델 형제가 LMS에 보고한 암울한 예측이었다. "닭 한 마리도 보이지 않았고 계란 하나도 살 수 없었다."

형제는 떠날 때 가져온 갈색 빵 열 덩이로 하루에 두 끼씩 아껴 먹었다. 이따금씩 잡풀과 나무 뒤에서 행상들이 나타나면 대장은 배를 둑으로 바짝 대 그들이 갑판에 올라와 음식을 팔게 했다. 소쿠리와 쟁반에 담은 현지의 쿼쓰$^{kuo\ tzu}$라는 곡물 따위였다. 한 행상은 배가 갑자기 흔들리는 바람에 물속에 빠졌는데 강물에 떠내려가는 곡물을 건지려다 하마터면 배 밑에 깔릴 뻔했다. 생계를 위해 선뜻 목숨까지 걸었다는 것은 그만큼 기본 식량이 부족하다는 증거였다. 리델 형제는 보따리를 건져 오는 그를 보면서 내용물이 아무리 물에 젖었어도 능히 팔 사람임을 알았다.

그래도 비상식량 체제, 달팽이 같은 진행 속도, 배 안팎의 으스스한 한기 등은 산적들의 위협에 비하면 그저 조금 불편한 정도였다. 산적들은 다리 부근에 잠복해 있거나 강굽이에 숨어 있었다.

전쟁은 언제나 허다한 비행의 온상이며 도덕 기강의 저하를 공공연히 부추긴다. 산적들은 때로 로빈 후드로 행세하며 자신의 절도 행각이 불우한 자들을 돕는 자선 행위라고 우겼다. 거짓말이었지만 그렇게라도 선전하면 그들 나름의 공평성과 정의감이 채워졌다. 이 강도들은 자기네 동포들과 여자들에게까지 악을 저지르며 착취하는 최악의 기회주의자들이었다. 리델 형제는 이런 상황을 맞닥뜨릴 가능성에 대비했었고 막상 상황이 벌어질 때면 냉정하고 침착했다. 산적들이 보기에 의사와 선교사는 피라미이자 안전한 먹이였다. 총을 숨기고 있거나 싸우려 들지 않았기 때문이다.

산적 떼와 처음 마주치던 날 아침에 리델 형제는 "아주 무례한 소리에 잠에서 깼다"라고 썼다. 대장의 배가 어느 다리에 접근하고 있는데 행색이 추레한 패거리가 "평화 유지군"을 자처하며 길을 막았다. 아무도 대항할 수 없었다. 모두 소총을 움켜쥐고 있었고 쏠 줄 아는 게 분명했다. 그들은 배가 벗어날 수 없게 20미터 간격으로 쭉 서 있었다. "배를 강가로 대는 수밖에 없었다"라고 형제는 썼다. 산적 중 하나는 수건으로 코와 입을 가렸고 그가 휘두르는 소형 화기도 손수건에 덮여 있었다. 그가 잡동사니 패거리의 두목이었다. 이를 증명이라도 하듯 그는 강둑을 달리며 부하 산적들과 리델의 배를 향해 지시를 내리며 소리쳤다. 자신의 말소리에 쾌감을 느끼는 것 같았다. 그의 주요 공범이 손에 마부의 채찍을 들고 갑판에 올라섰다. 대장은 그를 말로 잘 구슬리려 했다. 그러나 "짐 가방은 가져가지 마시오"라는 그의 말에 오히려 그 속에 대단한 귀중품이라도 있는 것처럼 되고 말았다. 실수를 깨달은 대장은 대신 뇌물 공세를 펴려다가 즉시 한 대 맞았다. 산적들은 700달러어치의 담배를 낚아챘고 승객들의 돈 70달러를 훔쳤다. 리델 형제는 소동이 시작되자마자 선실에서 나왔으나 산적들이 다시 들어가라고 했다. "잠깐의 의논" 끝에 둘은 복면한 산적과 협상을 해보기로 했다. 그는 복면을 벗기를 거부하면서 말끝마다 두 형제에게 권총을 "마구 휘둘렀다." "비웃음과 공손함은 잘 섞이지 않는데 그는 그 둘로 우리를 대했다"라고 리델 형제는 말했다. 그는 둘의 돈 20달러를 더 훔치더니 짜증을 부리며 아무 이유도 없이 1달러 60센트를 돌려주었다. 케이크 한 상자와 담배 한 보루도 똑같이 짜증을 부리며 둘에게 주었다. 이렇게 리델 형제는 위기를 모면했다. 그들에 따르면 "우리 배보다 훨씬 작은 다른 배가 동시에 그들에게 잡혀 있었다." 그 배의 중국인 갑판원 하나는 산적들이 배에 오르기도 전에 총에 맞았다.

리델 형제와 대장은 약탈당한 두 배에서 산적들의 전리품을 그들의 배로 날라 주어야 했다. 복면한 두목은 그들이 지켜보는 가운데 뒤도 돌아보지 않고 배를 타고 사라졌다. "우리는 그 친구들과 말없이 헤어졌다. 거창한 애정 표현은커녕 짜이젠 즉 다시 보자는 다정한 인사조차 없었다." 리델 형제는 아슬아슬했던 위기를 태평하게 유머로 유화시켜 말했다. 그들이 해를 면한 것은 오로지 순순히 응하면서 외교적 수완을 발휘했기 때문이었다.

얼마 못 가서 다른 산적 떼가 나타났다. 가는 방향이 달랐던 대장은 그전에 리델 형제의 뱃삯을 정중히 거절했고, 대장과 헤어진 그들은 샤오창까지 데려다 줄 다른 선장을 만난 터였다. 생각에 잠긴 리델의 사진은 배를 갈아타던 짧은 막간에 찍은 것이다. 형제의 표현으로 "평생 잊지 못할 그날", 더 많은 산적들이 그들을 노렸다. 이번에도 총이 줄줄이 둘을 겨누었다. 산적들은 자기네에게 "이 길을 통행하는 모든 사람과 배로부터 무엇이든 빌려 쓸" 권리가 있다고 주장했다. 리델 형제는 그들이 "누구이며 무슨 일을 하고 있는지" 설명했으나 산적들은 아랑곳없이 신분증을 빼앗으며 둘을 검문소로 끌고 갔다. "전원"이 무장한 듯 보였으므로 리델 형제는 그곳을 "사실상의 요새"라 칭했다. 소총이 없는 사람들은 권총을 들었고 그중 하나는 보란 듯이 기관총을 휴대하고 있었다. 평화를 유지하기는커녕 그들은 자기네 영역을 무모하게 침범했다는 이유로 모두의 평화를 어지럽히고 있었다. 리델 형제를 붙들어 둔 채로 그들은 배를 샅샅이 뒤졌다. "나중에 보니 거의 모든 사람이 약간의 돈, 옷가지, 물건 등 뭔가를 잃었다."

 15킬로미터도 못 가서 세 번째 무장 깡패들이 기다리고 있었다. 진저리가 난 승객들은 일이 어서 끝나기만을 바라며 두렵고도 조심스럽게 배에서 내렸다. 이런 주기적인 긴장의 시련─산적들의 위협과 명령은 앵무새처럼 다 똑같았다─이 아무래도 끝없이 계속될 것만 같았다. 한 승객이 산적의 물음에 답한 말은 리델 형제가 보기에 지혜롭지 못했다. 그러자 공중에 총알이 발사되었고 싸우려 들던 그 승객은 메아리치는 총성만 듣고도 대번에 고분고분해졌다. 깡패들은 이전의 검문소들에 대한 말을 들어 보더니 결국 문을 열듯이 쫙 갈라져 배를 지나가게 했다. 더 건질 만한 게 없다고 생각했던 것이다.

 사오창에 가까워질수록 행로는 더 평화로워졌다. 물난리가 나서 내륙의 많은 부분의 통행이 불가능해진 탓이었다.

여정의 마지막 3분의 1을 보고하는 대목에서 리델 형제는 한 흥미로운 현지인을 등장시켰다. 여관 주인인 타챠오라는 여인인데 형제의 글에 묘사된 그녀는 마치 무공 수훈자 명단에 오른 모범 병사와도 같았다. 타챠오를 번역하면 큰 발이므로 결코 좋은 뜻은 아니었다. 아직도 중국에서는 작은 발이 여성미의 중요한 상징으로 통했다. 리델 형제에 따르면 "거구"의 그녀는 "언제고 자신의 뜻을 관철시킬 수 있었고 말하는 데 두려움을 몰라", "태풍"에 비견되었다. 타챠오의 말은 중간에 쉬거나 끊기지 않는 속사포 같아서 누구나 그 위세에 나가떨어졌다. 그녀의 말을 듣는 사람들은 18세기 올리버 골드스미스Oliver Goldsmith의 「황폐한 마을The Deserted Village」이라는 대구對句 영웅시에 나오는 "촌뜨기"가 된 기분이었다고 리델 형제는 덧붙였다. 형제는 그녀의 비범한 모습과 달변을 "계속 바라보면서도 그들의 경이감은 더해만 갔다"라는 그 시의 한 소절을 인용하여 요약했다. 무서운 인상과 달리 그녀는 형제에게 강한 인상을 남겼고 그들이 보기에 "실무적"이었다. 그녀를 언급한 몇 문단의 글 속에 안도가 깔려 있었다. 리델 형제의 노정에서 최악의 시련은 이제 끝났다. 타챠오의 여관은 안전한 안식처였다.

형제는 더럽고 꾀죄죄한 행색으로 샤오창까지 마지막 15킬로미터를 걸었다. 여정을 마칠 때 그들의 몸과 옷은 거의 보름째 물과 비누로 씻지 못한 상태였다. 큰 부츠도 흙먼지에 찌들어 있었고 수염도 다듬지 않아 엉망이었다. 혼자 남아 그들을 맞이한 선교사는 처음에 환상인가 싶었다. 새해가 밝고도 한참이 지나기까지는 아무도 오지 못할 줄로 알았던 것이다. 그의 앞에 선 두 사람은 무료 급식소를 찾는 뜨내기 같았고 그야말로 비누가 필요한 부랑자 냄새를 풍겼다. 그래도 그는 그들을 끌어안았다. 애니 버컨도 마찬가지였다. 그녀는 특히 리델을 보며 당황했는데, 이는 그녀의 말에 따르면 그가 일찍이 선교사가 되기로 결단했다는 사실에 "모든 사람이 놀랐기" 때문이었다.

그러나 그녀의 놀라움은 오래 가지 않았다.

에릭 리델이 강단에서 말할 때는 말투가 부드러워 사람들이 그의 온유함 뒤에 가려진 강인함을 보지

먼 길을 온 두 형제
샤오창에 도착한 후 아직 흙먼지를 씻지 못해 지저분한 모습이다.

못했다. 그런데 이제 애니 버컨의 표현으로 "산적과 군인이 들끓는" 지역에 묶이게 되자 수제 못만큼이나 단단할 수 있는 그의 진면목이 드러났다. 상황에 떠밀려 그럴 수밖에 없었다.

"흠, 여기가 샤오창이군." 그곳에 도착한 그가 심드렁하게 한 말이다.

어린 시절을 보낸 곳인데도 그때의 잔상은 대부분 가물가물하고 반 정도만 낯이 익었다. 선교 단지의 높다란 담장 안에는 석조 교회당, 초등학생들을 위한 기숙학교, 평소에 살림집으로 쓰인 별채 넷, 청중 500명이 들어갈 수 있는 강당이 있었다. 지붕은 다 골함석이었다. 80개 병상의 남녀별 병원과 기숙사는 뒤쪽에 따로 자리하고 있었다. 이곳에는 테니스장도 없었고, 칵테일이 나오는 시간을 딩동댕 알리는 피아노도 없었고, 소규모 관현악단에 맞추어 남의 파트너와 춤을 추

어도 되는 무도회도 없었다. 사실 단지 내의 거주자들이 축제처럼 시간을 허비할 만한 활동은 거의 전무했다. 반면에 근처에 일본군 기지가 있었다.

대평원의 풍경은 10여 년 전 버컨이 처음 보았을 때와 다를 바 없었다. 흙벽돌로 지어진 마을들과 점점이 흩어진 소읍들을 중심으로 한 해의 농사가 파종에서 수확까지 느리게 진행되었고, 그나마 자연이 허락해야만 가능했다. 리델이 도착하기 직전의 몇 달 동안은 전쟁으로 형편이 훨씬 악화되었다. 일본 측이 늘 우세한 가운데 지금도 빠르게 계속 악화되고 있었다.

버컨은 그동안 자신이 보고 들었던 바를 리델에게 생생히 들려주었다. 칼을 든 일본군들이 집집마다 대문을 발로 차서 열고는 주민들을 위협했고 마을을 몽땅 약탈한 뒤에 불을 질렀다. 어떤 마을에는 개 한 마리만 살아남아 주인을 위해 날카롭게 짖어 댔고, 다른 마을에는 버컨의 추산으로 사망자가 100명에 부상자는 "부지기수"였다. 그녀는 결박된 포로들이 무리 지어 길거리를 지나 망나니 앞으로 끌려가는 광경을 목격하곤 했다. 그의 "칼날이 파인 긴 칼"에서는 이미 그전에 목을 베인 사람들의 "피가 뚝뚝 떨어지고" 있었다. "가끔씩 행렬이 멎는가 싶으면 그는 몇 사람의 목을 더 동강 내 양동이에 던져 넣었다"라고 그녀는 말했다.

일본군들은 예고도 없이 샤오창 선교 단지를 침범하기 일쑤였다. 수술 대기 중이거나 수술 후 회복 중인 남자들이 병상에서 잡혀갔다. 군인들은 이미 알려진 공산주의자나 게릴라 단원을 체포하는 것이라 주장했다. 절개한 부위를 꿰매기도 전에 환자를 내놓으라는 통에 수술이 중단되곤 했다. 한번은 병세가 심한 환자를 진찰할 의사가 필요하여 버컨이 의사를 찾았으나 허사였다. 결국 수술실에 들어가 보니 일본군이 곤봉으로 의사의 머리를 때리고 있었다. 버컨은 본능적으로 그의 손에서 곤봉을 홱 쳐낸 뒤 당장 의사가 필요하다고 침착하게 말했다. 군인은 그녀를 공격하기는커녕 자기를 겁내지 않는 그녀에게 흠칫하며 뒤로 물러섰다. 또 한번은 심심했던 군인이 고주망태가 되어 갈지자걸음으로 버컨의 막사에 들어와 그녀를 옆으로 밀치고 위층으로 향했다. 그녀가 나가라고 소리를 지르자 그는 전신 거울 앞에 서서 거울 속의 자신에게 경례를 붙인 뒤 말없이 돌아서 나갔다. 버컨은 리델에게 길가에 꽃보다 시체가 더 많이 보일 거라는 말도 해주었다.

리델이 사명을 맡은 샤오창은 그나마 전체의 참혹상 중 빙산의 일각에 불과했다. 남쪽의 대격전과 동쪽과 서쪽의 소규모 접전에 비하면 샤오창 주변의 상황은 리델의 표현으로 "맛보기" 정도였다. 그래도 사람들은 겁에 질려 무서워했고, 단 하루도 멀리서 닭 울음처럼 총성이 희미하게라도 들리지 않는 날이 없었다. "산적과 군인이 들끓는" 다던 버컨의 말은 리델 같은 선교사들이 양쪽의 싸움에 꼼짝없이 끼어 있다는 뜻이었다. 한쪽에는 일본이 있었고 다른 쪽에는 국민당 군대, 공산당 팔로군, 산적 떼, 그리고 카멜레온처럼 유리한 쪽으로 왔다 갔다 하는 용병이 있었다.

서로 평행을 이루는 두 개의 주요 철도 노선이 있었는데 텐진과 상하이를 잇는 것은 샤오창에서 동쪽으로 65킬로미터쯤 떨어져 있었고 베이징과 한커우漢口를 잇는 것은 서쪽으로 비슷한 거리에 있었다. 일본은 이 두 철로를 장악했고 중국은 그 사이의 땅을 지배했다. 양쪽 다 관할 지역 내에서 상대국의 통화通貨 사용을 금지한 뒤로 리델처럼 둘 사이에 낀 사람들의 삶은 더욱 복잡해졌다.

톈진은 일장기가 휘날렸어도 웬만큼 기본 예의가 지켜지던 곳이었으나 샤오창은 언제 폭발할지 모르는 데다 극도의 내핍이 요구되는 곳이었다. 그래서 이번의 이주移住에는 심한 마음고생이 뒤따랐다. 이곳은 위험 지대로 변해 있었고 문제에 문제가 꼬리를 이었다.

의화단 사건 이후로 선교 단지의 정문 위에는 "중국인과 외국인이 모두 한 가족"이라는 뜻의 중외일가中外一家라는 현판이 걸려 있었다. 그러나 리델이 보기에 이제 그 정서는 전쟁이 빼앗아 간 것들 때문에 더는 사실이 아니었다. 그에 따르면 "홍수는 백성의 슬픔 중 아주 작은 일부에 불과했다." 더 큰 슬픔은 "시골 전역"의 마을에 진을 치고 "기생하며" 곡물과 돈을 "수시로 뜯어내는… 비정규병들의 무리"였다고 그는 덧붙였다. 그의 말은 이렇게 이어진다. "두려움이 사방을 지배하고 있으며 무엇보다 그들을 비탄에 빠뜨리는 것은 큰 국난의 와중에 이런 고초를 동족에게 당한다는 사실이다. 날마다 곤궁과 고생의 사연들이 끊이지 않는다."

리델은 샤오창 사람들이 "먹고살기 힘들어 허덕이고 있다"라고 말했다. 농사도 흉작인 데다 콜레라까지 만연했다. 여든 살의 한 목수―리델이 보기에 "옛 중국의 훌륭한 예법"을 갖춘 사람이었다―는 극빈자들의 관을 짜느라 계속 나무를 벴는데도 늘 공급이 수요를 따라가지 못했다. 농부들의 가옥은 대체로 똑같았다. 가로세로 2.5미터 정방형의 방 셋에 커튼으로 칸막이를 했고 때로 벽에 회반죽을 발랐으며, 부엌은 그 절반 크기였다. 벽돌을 쌓아 만든 한 침대에서 어머니와 할머니와 아이들이 함께 잤다. 기초적인 홍수 대비책으로 집을 땅에서 약간 뜨게 올렸고, 노 젓는 작은 배가 집집마다 적어도 하나씩은 있었다. 가구는 탁자 하나, 의자 두엇, 간혹 옷장이 전부였다. 골방은 조상의 위패를 모시는 더 사적인 공간이었고, 요리는 대부분 바깥 화덕에서 했으므로 장작 타는 연기의 향긋한 냄새가 사방 가득 진동했다. 안에서는 항상 솜을 자아 실을 뽑고 옷감을 짰다. 상자 모양의 창문에 창호지까지 발라서 채광이 "하도 나빠 빛이 닿는 주변만 환하고 멀리 있는 물체는 흐릿했다"라고 리델은 말했다. 아주 침침한 방에서 "딸깍딸깍" 물레 잣는 소리가 들리곤 했다. 여자들이 옷감을 짜서 팔았으므로 물레는 물과 빵만큼이나 생존에 꼭 필요했다.

중압감이 심했다. 일본군이 산적들을 공격할 때면 선교 단지의 지붕 위로 포탄이 자주 날아다녔다. 담장 옆에서 박격포 포탄이 터지기도 했다. 리델이 예배를 인도하거나 심방하러 어디를 가든 군인들이 그에게 시비를 걸거나 일장 훈시를 늘어놓거나 불필요한 검문검색을 실시할 위험이 있었다. 어느 쪽 군대이든 기분 내키는 대로 그를 막아서거나 매복해 있다가 덮치면 그만이었다. 유탄이든 일부러 그를 겨냥한 것이든 총알에 맞아 다치거나 죽을 가능성이 늘 있었다. 마을 사람들은 행여 부역을 빌미로 일본군에게 보복당할까 봐 리델에게 기초적인 정보조차 알리기를 두려워했다. 어디를 가나 그런 불안이 역력히 보였다. 뭔가 새로운 격변이 곧 닥칠 거라는 불안이 일상생활 속에 팽배해 있었다. 너무 두려워 마을 어귀에 보초를 세우는 곳들도 있었다. 보초는 서판에 두세 글자를 써서 높이 쳐들어 보였고, 단어 쉽볼렛의 발음처럼(사사기 12:6-옮긴이) 그 글자를 정확히 발음하는 외부인만 마을에 들여보냈다.

전쟁을 피해 숨을 곳은 아무 데도 없었다. 크리스마스를 앞둔 일요일에 리델은 어느 오지 마을에서 세례 예배를 인도하고 있었다. 그에 따르면 24시간 전에 "멀리서 요란한 총성"이 나더니만 그날 아침에 일본군 정찰기가 공중을 선회하기 시작했다. 공격이 임박했다는 소문이 돌면서, 교회에 나온 사람들의 숫자는 리델이 예상했던 것보다 "쾌 적었다." 그가 한참 말씀을 전하고 있는데 집중 포격이 시작되었다. "굉음"을 울리며 포탄이 쏟아졌다고 그는 말했다. 그의 "지척에도" 포탄이 떨어졌으나 "잠시 침묵이 흐른 뒤 우리는 계속했다." 그가 설교를 재개했고 모두들 짐짓 폭격을 무시한 채 그의 말을 들었다는 뜻이다. 예배가 끝난 뒤로도 40명의 강건한 회중은 아무도 교회를 떠나려 하지 않았다. 리델이 계속 찬송을 인도하고 있는데 군인들을 실은 트럭이 31대나 당도했다. 그들은 큰길가에 공고문을 쭉 나붙여 마을 사람들에게 두려워하지 말라고 말했다. 그러나 중국인 산적들을 추격하는 게 아니라 구하려는 것이라는 일본군의 말은 누가 보기에도 거짓이었다. 이후로 세 시간 동안 전면적 수색이 벌어졌는데 리델이 보기에 약탈은 비교적 "별로" 없었다. 그렇다고 이것을 작은 호의에 대한 무언의 감사로 해석할 것은 아니었다. 여전히 군인들은 그나마 잃을 것도 없는 사람들의 집기를 훔쳐 갔다. 한 교인의 경우 집에 돌아와 보니 앞쪽 담장에 거대한 포탄 구멍이 나 있었고 가재도구가 온데간데없었다.

 샤오창의 상황이 위험해질수록 리델은 시골 사람들을 매일 심방할 각오를 더욱 굳혔고 실제로 굽힐 줄 모르고 그렇게 했다. 동료 선교사들의 말로 그는 "전혀 겁이 없었다." 그렇다고 만용은 결코 아니었다. 그는 차분하고 참을성 있게 일했고 큰 전쟁의 와중에서도 작은 삶들을 돌보았다. 그에게는 선행 하나하나가 주변에 난무하는 악행에 대한 반격이었다. 겨울이면 그는 낡은 양가죽 외투나 격자무늬로 솜을 누빈 점퍼를 입었고 여름이면 반소매와 반바지 차림에 종아리까지 올라오는 양말을 신었다. 군인들은 총과 트럭이 있었으나 그는 곳곳이 함몰된 샤오창의 위험한 길을 자전거로 누볐고 적십자 완장을 차 자신이 중립임을 알렸다. 다른 선교사가 무장하려고 주머니에 권총을 넣자 리델은 이렇게 그를 말렸다. "총일랑 치우고 만지지도 말게. 총을 꺼내기 훨씬 전에 먼저 총에 맞을 걸세."

리델이 배낭에 넣고 다닌 것은 꼭 필요하다고 생각된 성경책과 기도서와 나침반뿐이었다. 그의 머릿속에는 다른 것도 있었다. "까마귀는 어디서나 까맣다"라는 중국 속담이었는데 그는 이를 "인간의 본성은 어디서나 똑같다"로 번역했다. 어디를 가서 무엇을 보고 누구를 만나든 리델은 그 말을 기억했다. 그 진리를 전심으로 믿으면 마음에 위로가 되었다.

그러나 전쟁은 무엇이든 닿는 것마다 변질시켰고, 가장 먼저 비뚤어지는 것 중 하나는 인간의 본성이었다. 리델이 겪은 평생의 어떤 경험보다도 그 사실을 더욱 부각시켜 준 특정한 사건이 있었다.

열두 번째 달리기

가장 예리한 칼날

시골 전도는 에릭 리델의 강점이었다. 그는 이를 위해 태어난 사람이었다. 6개월 만에 그는 톈진을 떠나 샤오창으로 온 것이 결국 자신의 '숙명을 완수하는' 결정이었다는 확신이 들었다. 그때쯤에는 중국어 실력도 눈에 띄게 늘기 시작했다. 언젠가 호기심 많은 애니 버컨이 그에게 이 이동을 후회한 적이 있느냐고 대놓고 묻자 리델은 "한 번도 없습니다"라고 답한 뒤 그 이유를 이렇게 설명했다. "일을 통해 이보다 더 큰 기쁨과 자유를 누려 본 적이 없거든요." 그는 "신기하게도 사람들과 하나가 된 기분입니다"라고 말했다. 플로렌스 리델도 남편의 변화를 보며 "그 길이 옳았음이 아주 분명해졌다. 그는 그 일을 무척 좋아했으며… 새롭게 활짝 피어난 것 같았다"라고 말했다.

리델은 중국인들이 "침착하고, 참을성 있고, 큰 고생도 별 불평 없이 감수하고, 아주 적은 것에도 자족한다"라고 보았다. 그 자신에 대한 묘사로도 손색없는 말이다. 당연히 그는 샤오창의 선교 단지 안팎에서 믿을 만한 친구, 위로자, 슬플 때의 상담자, 사회복지사, 외교관, 문제 해결사가 되었다. 분쟁이 생기면 다들 그를 "중간에 내세웠다"라고 버컨은 회고했다. 처음에 그녀는 리델이 학교 교사에서 선교사로 변신할 수 있을지 의아했으나 그런 회의는 금세 사라졌다. 중국인들에게 그는 리 목사로 불렸다(그의 중국어 이름은 李愛銳였다―옮긴이). 그들은 그를 깊은 애정으로 바라보았다. 무슨 결정을 내려야 할 때면―특히 논쟁을 야기할 소지가 있거나 중재가 필요한 경우에―으레 "리 목사의 생각이 어떤지 물어보자"라는 말이 버컨에게 들렸다. 설교자들과 간호사들과 학생들과 중국인들이 다 "그의 말을 귀담아들었다"라고 그녀는 덧붙였다.

현지인들 사이에서 그의 성姓은 다른 선교사들이 누리지 못한 이점으로 작용했다. 그는 현지인들에게 낯선 사람이 아니었다. 버컨이 지적했듯이 리델의 아버지 제임스는 샤오창에서 "여전히 존경과 사랑을 받았다." 제임스 리델이 알았던 아이들은 어느덧 부모와 조부모가 되어 있었고, 그가 베푼 친절은 물론 중국을 향한 그의 뜨거운 헌신을 기억하고 있었다. 리델은 그들에게 자신이 올림픽 챔피언이었다는 말을 한 적이 없었다. 말해 봐야 부질없을 일이었다. 샤오창의 오지에 올림픽과 리본으로 장식된 금메달을 조금이라도 아는 사람은 아무도 없었다. 그에 대한 신망은 가문에서 왔다. 현지인들에게 그의 아버지는 나무랄 데 없는 성품의 소유자였으므로 아버지에 대해 말하면 서로 마음이 통하면서 금방 신뢰가 싹텄다. 과거의 공통분모에 대한 이야기를 주고받을 수 있었기 때문이다.

버컨은 또 리델이 아버지의 "매력 있는 성품"을 닮았으며 일할 때 늘 철저하고 짜임새 있고 혁신적이었다고 말했다. 그는 그 지역의 지도도 여럿 그렸는데 아주 기초적인 약도 말고는 기존에 지도가 하나도 없었기 때문이다. 일본군의 알려진 순찰대를 피하는 안전한 지름길이 지도마다 표시되어 있었다. 버컨에 따르면 그는 각종 일람표와 예정표도 작성했고 덕분에 "체계적으로" 교회들을 방문하여 꾸준히 모임을 가질 수 있었다. 그의 교구에 홀대당한다고 느끼는 사람은 아무도 없었다. 그는 애써 시간을 내서 평소에 늘 심방을 다녔고, 그렇게 교인들의 집에 들를 때면 "결코 복잡한 이론을 늘어놓지 않고 성경에 기초하여 하나님의 통치를 받는 생활 방식의 가능성을 제시했다"라고 버컨은 역설했다. 리델의 열렬한 지지자였던 버컨이 보기에 그에게는 "느리게 움직이는 민족"이자 "새벽부터 밤중까지 사람의 진을 빼놓으며 동요하는 무리"를 회심시키는 데 "필요한 긍휼과 인내심이 있었다." 플로렌스의 말대로 남편에게 피어난 것은 사실 새로운 자신감이었고, 이 자신감은 샤오창에서 얻은 목적의식에서 비롯되었다.

  마치 이전의 모든 일은 이때를 위한 준비인 것 같았다.

  리델은 중국어 찬송가를 즐겨 가르쳤고 자전거를 타고 뒷골목을 다닐 때도 혼자 흥얼거리곤 했다. 「세상을 아름답게 하시는 하나님God Who Touches Earth with His Beauty」과 「풍성하신 하나님의 자비These's a Wideness in God's Mercy」를 아주 좋아했고, 특히 가장 좋아하여 영어와 중국어로 늘 부른 노래는 「잠잠하라 내 영혼아Be Still」였다. 표현력이 풍부한 독일의 루터교인 카타리나 폰 슐레겔Katharina von Schlegel이 1752년에 작사한 「잠잠하라 내 영혼아」는 한 세기가 지나서야 영어로 번역되었다. 그만큼 교회의 이해가 느렸던 것이다. 리델이 이 노래에 심취한 것은 슐레겔의 서정적인 네 절의 가사가 얀 시벨리우스Jean Sibelius 작곡의 교향시

가족용으로 만든 자전거
톈진에서 말쑥한 차림으로 집을 나서는 에릭을
플로렌스와 패트리샤(왼쪽)와 헤더가 배웅하고 있다.

「핀란디아Finlandia」에 붙여진 1927년부터였다. 리델은 그 곡의 "선율이 차분하고 평온하고 아름답다"라면서 아무리 들어도 싫증을 내지 않았다. 「잠잠하라 내 영혼아」의 한 소절에는 리델이 늘 교인들에게 강조하려 했던 메시지도 들어 있다. "가시밭길 지나 기쁨의 나라로 인도하시리."

샤오창에서 가시밭길은 삶의 일부였다. 리델이 친구들에게 보낸 편지나 LMS에 보낸 연례 보고서에 처참한 상황이 계속 묘사되어 있고, 거기에 대응하기 위해 요구되던 생활력과 정신력과 원초적 용기도 함께 볼 수 있다. 샤오창에 대해 그는 "장면이 하도 빨리 바뀌고 문제가 워낙 가지가지라서 내가 만화경을 보고 있는 게 아닌가 하는 의문마저 들 정도다"라고 썼다. 그게 사실이라면 그 만화경 속의 광경은 더없이 참담했다. 리델은 한없이 슬픈 일들을 처리해야 했고 한없이 비참한 장면들을 목격해야 했다. 남자들은 총살되어 도랑과 개천에 버려지거나 산울타리의 덤불 위에 걸쳐져 있었고, 여자들은 굶주림에 배가 부어오른 모습으로 먹을 것을 구걸했다. 아기들과 아이들은 벌거벗은 채 유기되어 있었는데 이 광경이 그에게 가장 고통스러웠던 것은 자신의 딸들이 떠올랐기 때문이다. 특히 가슴 저미는 세 사례가 있어 그는 증언이 필요하다는 듯 간략히 기록으로 남겼다. 부모에게 버림받은 한 소녀는 심한 동상에 걸려 두 발을 잘라 내야 했다. 목수가 나무토막으로 의족을 만들어 주었다. 다른 소녀는 노예로 팔려가 "어찌나 지독하게 학대를 당했던지 중병에 걸렸다"라고 리델은 말했다. 구조되어 병원으로 실려 온 소녀는 몸의 "멍과 흉이 소름 끼칠 정도"였고 치료를 받고 나서야 건강을 회복했다. 게릴라 공격 후에 집이 불살라졌을 때, 영양실조에 걸린 어느 두 가정의 식구들은 검게 뼈대만 남은 집에 웅크리고 있었다. 리델이 "그 가슴 아픈" 전쟁의 현장 속에 들어가 보니 목조 가옥은 불타 없어지고 방 둘만 남아 있었다. 화마가 남긴 거라고는 "불탄 서까래의 기다란 잔해"뿐이었고 그 속에 과부가 된 두 엄마와 두 자녀가 살아 있었다. 일본군은 두 남편 중 하나를 잡아가 몸값을 요구하다가 아내가 돈을 내지 못하자 그를 처형해 버렸다. 리델은 "다른 어디서도 전쟁의 참상이 이렇게까지 사무치게 느껴진 적은 없었다"라고 말했다.

상업적으로나 문화적으로 일본의 영향력은 파죽지세였다. 일제 물건이 중국 시장을 지배했고 가격도 헐값이라서 다른 수입업자들이 끼어들 수 없었다. 새로 들어선 일본 은행은 자체 지폐를 발행하여 환차익으로 중국 통화를 쓸어 담았다. 일본이 전승할 때마다 많은 학교의 학생들이 축하 행진을 벌여야 했다. 일장기나 가로줄 다섯 개의 옛 중국 국기를 아이들에게 주어 흔들게 했다. "침략국은 자신들이 정복자로 온 게 아니라 단지 새로운 중국을 세우러 왔다고 사람들을 설득하려 했다"라고 에릭은 설명했다. 통신은 제멋대로였다. 영자 신문이 샤오창에까지 들어오는 일은 거의 없었다. 중국어판은 폐간되거나 검열을 받아야 했고 일본이 통제하는 언론의 광신적 선전이 시장을 지배했다. 그런 신문만 중국인들의 집에 강제로 배달되었고 월말이면 정보에 대한 세금인 양 구독료를 내야 했다. 대평원 지역은 라디오 전파도 약했고 뉴스 영화는 아예 볼 길이 없었다. 국내 전선의 전황 소식은 선교회에 새 사람이 부임한다든지 누가 출장 갔다가 복귀할 때에나 단속적으로 전해졌다. 유럽의 소식은 더 감감했다. 단편적 정보가 인간 사슬을 통해 전달되다 보니 말과 소문이 유실되거나 오해되거나 잘못 전달되곤 했다. 오스트리아 합병, 주데텐란트 점령, 뮌헨 조약, 공약條約의 종잇장만 흔든 네빌 체임벌린 Neville Chamberlain 총리, 유리창을 깨고 낙서를 휘갈긴 '수정의 밤' 등 모든 것이 샤오창에는 뒤늦게 일부분만 들려왔을 뿐이다. 그래도 그런 사건들의 배후 의미를 의심한 사람은 없었다. 그것은 히틀러가 던진 앞날에 대한 예고였다. 그러나 당시의 리델에게 다른 곳에 닥쳐올 앞날보다 더 중요했던 것은 바로 눈앞에서 벌어지는 공격과 압제였다.

예절만큼 인품을 드러내 주는 것은 없다. 약간 잘못 인용된 시인 스펜서의 그 말을 에릭 리델은 늘 잊지 않았다. 그는 샤오창의 점령군에게도 예의를 보였는데 이는 단지 내 머리에 총을 겨누는 사람에게 정중해서 손해날 게 없기 때문만은 아니었다. 리델은 일본 군인들을 대할 때 두 가지 자체적 원칙을 따랐다. 첫째는 "다 웃으며 받아 준다"였다. 고의로 겁박하여 화를 돋우려는 그들의 유치한 시도를 두고 한 말이었다. 둘째는 "아무리 괴롭혀도 화내지 않는다"였다.

. . .

일본은 서방 정부들의 심기를 건드리지 않으면서 선교사들을 제거하기 원했다. 샤오창의 첫 지휘관은 캘리포니아에서 자라 영어가 흠잡을 데 없었다. 휘하 군사들이 듣지 않는 데서는 그는 의사들과 선교사들을 "친구"라 칭하곤 했다. 또 그의 어머니가 독실한 기독교인이라서 그는 선교회에 재량을 많이 주면서 종종 출입을 눈감아 주었다. 그러나 그의 후임자는 달랐다. 후임자는 결코 총명하지 못했으나 그래도 그가 사용한 방책이 사람들의 신경을 건드렸으므로 효과는 좋았다. 그는 날마다 교란 정책을 시행했다. 선교 단지 정문 밖에서 반영反英 시위를 지휘했고 선전하는 소리가 담장 너머에 들리게 하려고 무대까지 설치했다. 다행히 강풍이 불어 단 한 번의 연설도 해보지 못하고 무대가 무너졌다.

그는 선교사들의 이동을 고역으로 만드는 쪽에 더 능했다. 순찰대가 증원되었고 트집을 잡으려는 불심검문이 시작되었다. 공격은 교활한 방식으로 수행되었다. 이 일본군 지휘관은 리델 일행이 순전히 화가 나서 선교회를 닫거나 아니면 이런 소소한 불편과 작은 박해에 지칠 줄로 착각했다. 그래서 선교사들을 자극하여 어디서든 감정적 충돌을 유발하려 했다. 그들이 불복하거나 통제력을 잃거나 금지된 물품이 발각되면 이를 정당한 빌미로 삼아 그들을 영구적으로 몰아낼 심산이었다.

그의 지시대로 군인들은 '닥치는 대로' 선교사의 신분증을 요구한 뒤 위조품이라도 되는 양 꼼꼼히 확인하고 또 확인했다. 5분이면 끝날 일이 30-45분으로 늘어지기 일쑤였다. 그들은 증서를 빛에 비추어 보고 선교사의 몸까지 수색했다. 가방을 열어 마치 쓰레기 자루를 내던지듯 내용물을 땅바닥에 퍽 쏟아 놓고는 물건 하나하나를 번잡스럽게 느릿느릿 검사했다. 자전거 안장 속까지 뒤졌다. 리델은 샤오창 일대를 워낙 널리 돌아다녔으므로 군인들이 늘 그를 알아보았다. 그런데도 똑같은 절차가 항상 뒤따랐다. 질문도 늘 지겨울 정도로 뻔했다. 행선지는 어디인가? 누구를 만날 예정인가? 그 외에 대화한 사람이 있는가? 언제 돌아올 것인가? 이런 심문이 하루에 적어도 두 번씩은 있었다. 유난히 미숙한 군인들은 제시된 증서나 답변에 뭔가 미흡한 게 있다며 선교사를 지역 본부로 소환했다. 모욕감을 주려는 일본군의 졸렬한 수작이었다. 다행히 리델은 거기에 맞서는 법을 알았고 그들을 난감하게 만들 말의 무기도 있었다. 그는 악의를 긍휼로 대했고 그러면 군인들은 어찌할 바를 몰랐다. 상대가 화를 낼수록 그의 반응은 더 신중해졌다. 전시에도 리델은 그들을 평시에 대했을 것과 똑같이 대했다. 그가 아는 처신 방법이 그것뿐이었다. 그의 재치와 활기와 따뜻한 성품은 상대의 적의를 누그러뜨렸다. 그는 양손을 펴 보이는 몸짓을 했고 누가 보기에도 진실한 미소로 관용의 뜻을 내비쳤다.

의례상 일본인들에게 절도 했으나 허리까지 굽히지는 않고 목만 숙였다. 그는 지혜롭기도 해서 지갑 속에 두 딸의 사진을 넣고 다니다가 가정적인 일본인들에게 보여주곤 했다. 그러면 그들은 반사적으로 그를 더 우호적으로 대했고, 자기도 가족사진을 꺼내 똑같이 향수와 가족애를 드러내는 군인들도 있었다.

그는 자기를 못살게 굴려는 군인들을 단죄하거나 비난하지도 않았다. 그의 한 동료가 이것을 아주 잘 표현했다. 그에 따르면 리델에게 일본인은 "두려움이나 미움의 대상이 아니라 우리 안에 들지 않은, 찾아야 할 양이었다." 리델은 그들의 잘못이 아무리 사악해도 다 용서했다. 그가 유능하고 위기 중에도 늘 침착했으므로 일본인들도 결국 그를 받아들였다. 그는 교회 예배를 한 번도 빼먹지 않고 도보나 자전거로 샤오창의 길을 끝없이 누볐다.

인력 부족으로 리델은 결국 병원장 대행으로 임명되었다. 그는 "웃지 말라"라면서 자신의 의학 지식이라곤 "요오드와 황산마그네슘"의 사용이 전부인지라 이 새 직함이 "우습긴 하다"라고 덧붙였다.

그 직위 덕분에 그는 의료품이나 중국 돈을 조달하러 톈진에 잠깐씩 다녀오게 되었고, 그때 잠시나마 플로렌스와 자녀들과 함께 지낼 수 있었다. 오가는 길에 "거의 모든 부류의 일을 경험한 것 같다"라고 그는 고백했다.

일본군들은 밀서가 들어 있는지 보려고 그의 신발을 뒤졌다. 어떤 군인은 그의 나침반을 훔치려다가 리델이 "나한테 더 귀한" 물건이라고 냉정하게 말하자 요구를 거두었다. 또 한번은 그의 중국어 신약성경이 군인의 눈에 띄었다. 리델은 "내가 늘 가지고 다니는" 책이라고 말했다. 엉터리 영어로 떠듬떠듬 말하던 군인은 문법과 무관하게 세 단어로 용케 물었다. "성경책. 당신. 기독교인?" 적십자 완장과 국적에다 성경책이라는 물증까지 나왔으니 군인은 리델이 뭐라고 답할지 이미 알고 있었다. 대답을 들은 그는 리델과 악수한 뒤 지나가라고 비켜 주었다.

샤오창에는 석탄이 부족하여 다이아몬드처럼 귀해졌다. 일본군은 마을을 급습하여 석탄을 마지막 한 덩이까지 찾아내 군용으로 충당했다. 리델은 톈진에 가 석탄 60톤을 발동기가 달린 까만 바지선에 실어 오는 일을 자원했다. 성공 가망성이 거의 없는 데다 화물 때문에 각목이나 총에 맞을 확률은 아주 높아서 아무도 가려는 사람이 없었다. "다들 불가능한 일이라 했지만 시작은 늘 그런 법이다"라고 그는 회고했다. 이전에 대장의 배를 탄 이후로 강을 항행하는 일은 더 어려워졌다. 위험한 물길의 굽이마다 산적을 피해야 했다. 그런데 자석에 쇠붙이가 끌리듯이 리델에게도 산적들이 유독 꾀는 것만 같았다. 왕복 여정에 우여곡절이 많았다. 일본군이 리델을 36시간 동안 억류했고 중국인들도 그를 붙잡아 두었다. 도중에 네 번이나 강도를 당해 남은 돈이라곤 달랑 동전 몇 개뿐이었다. 샤오창으로 돌아가는 중이던 리델은 서둘러 배를 돌려 도로 톈진으로 가 돈을 더 조달해야 했다. 일본군이 신발을 뒤지기 전까지만 해도 그는 현금을 신발 속에 숨겼었다. 그러나 에드거 앨런 포 Edgar Allan Poe가 단편소설 『도난당한 편지 The Purloined Letter』에 증명했듯이 가장 숨기기 좋은 곳은 오히려 눈에 잘 띄는 곳이다. 결국 플로렌스에게 기발한 생각이 떠올라 그것으로 문제가 깨끗이 해결되었다. 길쭉한 바게트 빵의 속을 파낸 뒤 거기에 둘둘 만 지폐를 끼우는 방법이었다. 그녀는 빵을 꼭 배낭 밖으로 튀어나오게 하라고 말했다. 그녀의 논지는 두 가지였다. 빵이 잘 구워졌나 보려고 빵 덩이를 쪼개 볼 사람은 아무도 없다는 것과 그렇게 눈앞에 빤히 보이는 물건이 일본군의 의심을 살 리가 없다는 것이었다. 그녀의 말이 옳았다. "그 뒤로 그에게 아무런 문제도 없었다"라고 플로렌스는 말했다.

전쟁이 사람의 본성을 버려 놓는다는 사실이 에릭 리델에게 재차 확인된 사건이 있었다. 그가 어느 상이군인을 돌보러 갔을 때였다. 그는 그때 본 광경을 영영 잊지 못했는데, 이에 대응한 그의 행동에는 냉철한 용기가 요구되었다. 당연히 공로를 인정받아 마땅한데도 나중에 어떤 훈장도 그에게 수여되지 않았다. 리델은 자신이 눈앞의 상황에 긍휼로 반응했을 뿐이라 믿었기에 이런 일을 대수롭지 않게 여겼다. LMS가 그토록 꼼꼼하게 기록을 보존하지 않았다면 아무도 몰랐을 것이다. 리델은 샤오창에서 자신에게 벌어진 모든 중요한 일처럼 이 일도 LMS에 알릴 수밖에 없었다. 이 편지는 타자가 아니라 암청색 잉크의 자필로 되어 있어 아무래도 급히 작성하여 이동 중에 런던으로 부쳤던 것으로 보인다. 리델이 전한 이야기는 사실상 두 부분으로 나뉜다. 이를 통해 시골 지역이 얼마나 위험해졌고, 일본군들이 얼마나 흉포하고 악했으며, 리델이 위험 중에도 얼마나 침착했고, 끝으로 그가 발각과 처벌을 피하려면 얼마나 운이 좋아야 했는지를 알 수 있다.

    이 일은 1939년 초에 리델이 톈진에 갔다가 샤오창으로 돌아오던 중에 일어났다. 오는 길에 들으니 총상을 입은 한 남자가 선교 단지에서 32킬로미터쯤 떨어진 어느 폐사廢寺에서 닷새째 얇은 요 위에 누워 있다고 했다. 리델의 말로 그곳은 "누가 청소한 적도 없고 외풍과 흙먼지에 노출된 불결한 곳"이었다. 밤 기온이 빙점까지 떨어지는

데 난방도 없었다. 큰 바퀴가 달린 노새 달구지가 있는 현지인들 중 누구도 감히 그 남자를 병원으로 싣고 가지 않은 것은 그가 군인인 까닭이었다. 중간에 행여 일본군과 마주칠까 봐 그들은 너무 무서웠다. 그리되면 그 남자는 죽은 목숨이고 그들도 고문을 당한 후 죽을 것이었다. 결국 리델이 한 손수레꾼을 어렵사리 설득하여 생각을 돌려놓았다. 손수레꾼은 자기 혼자서는 못 가겠고 리델이 동행해야 한다며 조건부 수락을 했다. 리델은 평소의 그답게 이것이 자신보다 손수레꾼에게 "아주 위험한" 일이라고 말했지만 어불성설이었다. 둘 중에 누가 잡히든 일본군은 똑같이 처단할 것이었다.

둘은 곧 길을 떠났다. 손수레꾼이 앞서고 리델은 뒤에서 자전거로 갔다. 몇 킬로미터쯤 가서 리델이 손수레를 앞질러 먼저 갔다. 특별히 "이장을 만나" 환자를 수송할 "절차를 밟기" 위해서였다. 가서 보니 마을 사람들은 부상병이 한시바삐 옮겨졌으면 좋겠다며 초조해했다. 친구 하나가 날마다 가서 음식만 먹여 주었을 뿐 아무도 그를 집으로 들일 마음은 없었다. 리델의 설명대로 "일본군이 불시에 들이닥쳤다가 군과 내통하는 집이 발각되기라도 한다면 그 집은 당장 쑥대밭이 되고 식구들은 위험에 처해질 것이었다." 거기서 불과 2킬로미터도 안 되는 곳에 일본군이 탱크 한 대와 트럭 열 대를 갖추고 주둔해 있다고 했다. 절에 들어간 리델은 그 사람이 며칠 밤의 혹한을 이기고 살아 있음에 놀랐다. 리델은 그에게 조금만 참으면 새벽에 손수레가 올 거라고 말해 준 뒤 자기도 양가죽 외투를 입은 채 누워 잠을 청했으나 이후에 벌어질 일들로 머릿속이 어지러웠다. 그는 "일본군과 마주친다면 뭐라고 말할 것인가?"라고 자문하던 일을 회고했다. 성경책을 꺼냈는데 "누가복음 16장이 펴졌다"라고 했다. 10절을 읽었다. "지극히 작은 것에 충성된 자는 큰 것에도 충성되고 지극히 작은 것에 불의한 자는 큰 것에도 불의하니라." 이 구절이 "내게 답해 주는 것 같았다"라고 그는 말했다. 리델이 거기서 뽑아낸 의미는 "사실대로 솔직하게 말하면 된다"였다.

일본군이 접근해 오고 있었다. 이튿날 아침에 리델과 손수레가 어느 마을을 통과하고 있는데 마침 차량에 탄 군인들이 그 마을을 빙 돌아 지나갔다. "다행히 서로 부딪치지 않았다"라고 리델은 말했다. 길마다 바퀴 자국과 구멍이 깊이 패여 있어 다니기가 힘들었고 그중 어떤 것들은 리델의 말에 의하면 "넓은 도랑 같았다." 한번은 바퀴가 도랑에 빠져 손수레가 삐걱삐걱 흔들리다가 뒤집어졌다. 리델과 손수레꾼은 손수레를 일으켜 세운 뒤 다른 사찰에서 쉬어 갔다. 승객을 실은 손수레가 선교 단지에 도착했을 즈음 음력으로 묵은해가 가고 새해가 밝아 오고 있었다. 설을 쇠던 중에 리델은 또 다른 전쟁 피해자의 소식을 들었다. 이 두 번째 "부상자를 실어 올 때는 우리가 가까운 거리를 다녀오는 수고만 하면 되었다"라고 그는 말했다.

그러나 그 담백한 문장 뒤에 첫 부상병 때보다 훨씬 더 흉측한 비극이 숨어 있었다.

일본군은 폭력배 여섯 명을 지하의 저항 세력이라며 검거했다. 증거도 없었고 재판도 없었다. 장교 하나가 큰 소리로 혐의를 외쳤을 뿐이다. 판사이자 검사이자 배심원인 그는 처형을 판결했다. 무릎을 꿇으라는 일본 군인들의 명령에 다섯 명은 그대로 따랐고 즉시 칼에 목이 날아갔다. 그러나 나머지 하나는 무릎을 꺾지 않고 그냥 서 있었다. 그 장교는 그를 억지로 주저앉힌 게 아니라 똑바로 마주 섰다. 그러더니 앞사람들을 죽인 피가 여태 묻어 있는 칼을 도로 뽑아 그를 두 번 베었다. 그 사람이 땅에 풀썩 쓰러지자 군인들은 죽은 줄로 알고 가 버렸다. 시체를 묻는 일은 마을 사람들의 몫이었다. 그러나 그는 상대가 휘두른 칼에 죽기는커녕 치명상도 입지 않았다. 왼쪽 귀에서 오른쪽 귀까지 아주 깊고 각진 자상을 입었을 뿐이다. 의식을 되찾은 그에게서 끙끙 신음 소리가 새어 나왔다. 그래도 마을 사람들은 그가 어차피 출혈로 죽을 줄로만 믿고 사찰의 불상 뒤에 숨겼다가 캄캄한 헛간의 평상에 옮겨 놓았다. 아쉬운 대로 더러운 천 조각을 붕대 삼아 목과 얼굴만 감아 두었다.

리델과 손수레가 당도했을 때 그 사람은 이미 그곳에 있은 지 며칠째였다. 리델은 그를 샤오창의 병원으로 데려가기로 약속했다. "그의 안전을 보장할 수는 없었다. 일본군과 마주친다면 그의 운에 맡겨야 했다"라고 그는 말했다. 또 손수레가 "기껏해야 작은" 1인용이라는 그의 설명에 환자는 끌채에 앉기로 했다. 손수레는 거의 30킬로미터를 굴러갔는데 두 승객의 무게로 속도가 느린 데다 길마저 좁고 울퉁불퉁했다. 리델은 일반 도로를 피하려고 일부러 그런 길을 택했다. 떠날 때 그가 하늘을 올려다보니 "우리보다 약간 남쪽을 선회하는" 일본군 비행기가 보였다. 그는 비행기가 뜬 의미를 익히 잘 알았다. "일본 병력이 2-3미터 거리에서 우리와 거의 평행으로 이동하고 있었다." 그들과 기타 순찰대를 피할 가능성은 불행히도 전혀 없었다. 예상대로 체포된다면 온정에 호소하는 수밖에 없는데 일본군이 들어줄 리 만무했다. 그는 적의 친구로 간주될 것이었다. 샤오창 병원은 철저히 인도주의를 표방했다. 히포크라테스의 선서는 전쟁 통에도 퇴색되지 않아 그곳의 의료진은 수술대에서 어느 한쪽을 편들지 않았다. 중국군과 일본군과 반군과 게릴라 전사를 모두 똑같이 대했다. 이런 공평

성과 의료 윤리는 리델이 내놓을 수 있는 두 가지 희망적인 방어 수단 중 하나였다. 또 하나는 두 환자를 모두 길가에서 우연히 만났는데 싸움에 휘말려 든 무죄한 이들로 보였다고 주장하는 것이었다.

기적처럼 리델은 어떤 구실이나 설명도 동원할 필요가 없었다. 손수레꾼과 손수레, 리델과 자전거, 그리고 두 전쟁 피해자는 도중에 단 한 명의 군인과도 마주치지 않고 무사히 도착했다. 나중에 전해 들은 사람들에게 이런 결과는 신기하기 짝이 없고 한없이 신비로워 보였다. 일본군과 마주치지 않고는 샤오창을 반 마장도 나다니기 어렵다는 것을 직접 경험으로 알았기 때문이다.

첫 번째 부상병은 이틀 만에 운명했으나 이 사람은 얼굴에 영구적 흉터가 남은 채로 살아남았다. 성품이 강직한 그는 남달리 굵은 근육질의 목 덕분에 목숨을 건졌다. 이 생존자는 그리스도인이 되었는데 이는 리델이 그에게 긍휼을 베풀었을 뿐 아니라 지뢰밭 같은 위험 지대를 그를 위해 주저 없이 나서서 통과했기 때문이었다. 그런데도 리델은 자신이 주인공이 아니라 그저 멀리서 본 관찰자인 양 행동하면서 이후에 LMS를 위해 설교할 때 그 사람의 회심을 감동적 예화로 소개하곤 했다.

그가 항상 사회를 위해 행동한 것처럼 사회도 그에게 그만큼만 해주었다면 얼마나 좋았을까.

톈진에서 며칠 쉬며 보충한 것과 베이다이허에서 한 번 휴가를 보낸 것 외에 에릭 리델은 18개월이 넘도록 플로렌스나 패트리샤나 헤더를 거의 보지 못했다. 강박적인 의무감 때문에 그는 부재하는 남편과 아빠가 되었다. 애니 버컨은 리델이 이런 별거 때문에 겪은 고뇌를 잘 알

앉기에 "그에게 힘든 일이었다"라고 말했다. 샤오창에 정착한 후에 그는 아내와 자녀들도 그곳으로 이주하게 해달라고 LMS에 다시 강력히 요청했다. 선교회는 처음에는 그의 상황에 좀 더 동정적이어서 일단 수락했으나 결국에는 또 거부했다. 이 기관의 사무총장이 리델과 함께 기차를 타고 가던 중에 철로가 폭파된 구간 때문에 객차가 급정거해야만 했다. 이 일로 가슴이 철렁했던 그는 나중에 시골 지역이 여전히 플로렌스에게 "안전하지" 못하다고 일방적으로 결정했다. 세 번째 신청을 할 기회조차 없었다.

　이때부터 불운한 타이밍이 이들 일가를 끈질기게 쫓아다녔다. 유럽이 전운에 휩싸이던 그 무렵 리델의 두 번째 휴가가 예정되어 있었다. 그는 휴가의 윤곽을 이미 대강 그려 두었다. 그들은 일단 캐나다로 가 토론토에서 한 달을 머물 예정이었다. 다음 경유지는 스코틀랜드였다. D. P. 톰슨이 리델의 많은 사적인 행사와 강연 일정을 잡아 두었다. 리델의 어머니는 손녀들 보기를 기다리고 있었다. 그때까지 그녀에게 손녀들은 벽난로의 선반에 놓인 사진에 불과했다. 8개월 전에 귀국한 롭 리델도 기다리고 있었다. 아들의 척추 결핵에 아직 전문의의 치료가 필요한 상태였으므로 롭의 머릿속에서 이 질문이 떠나지 않았다. 중국으로 다시 돌아가야 하는가?

　그러나 히틀러 때문에 리델의 일정이 바뀌었다. 제2차 세계대전을 유발한 일련의 사건들—체코슬로바키아 점령, 독일과 이탈리아의 강철 조약, 폴란드 침공 등—은 아주 잘 알려져 있어 따로 설명이 필요 없다. 그러나 리델은 이동 경로를 저울질할 때 그런 불쏘시개들을 각각 별개로 보았다. 우리에게는 그것이 역사의 기록이지만 그에게는 매일의 경험이었다. 객관적으로 평가할 방도가 없었다. 아무도 그다음 사건을 예견할 수 없었고 정확히 어떻게 또 다른 사건이 촉발될지 몰랐기 때문이다. 이런 흉보를 하루 단위로 접했던 모든 사람들이 그렇듯이 리델도 자신이 우려하는 바가 합리적 협상을 통해 미연에 방지되기만을 간절히 바랐다.

뮌헨에서 돌아온 네빌 체임벌린 총리는 마치 집주인이 아래층의 보수를 약속했다고 으스대며 발표하는 에드워드 시대의 집사執事처럼 보였다. 또 그가 국민들을 라디오 앞에 모아 놓고 독일을 향해 선전포고를 할 때는 마치 국장國葬의 절차를 설명하는 장의사의 말처럼 들렸다. 그때 리델 일가는 토론토에 있었다.

리델은 LMS에 항공편으로 편지를 보냈다. 그의 제안은 현명하고 논리적이었다. 독일의 잠수함들이 대서양을 사격장으로 만들어 배들을 침몰시키고 있으니 휴가를 캐나다에서 보내는 게 좋겠다는 것이었다. 체임벌린의 방송이 나가고 불과 11시간 만에 아일랜드 북서쪽 해안으로부터 400킬로미터 지점에서 영국의 1만 4000톤급 여객선인 아테니아호가 어뢰에 맞고 침몰하여 승객과 선원 117명이 죽었다. 전쟁에 쓰일 금괴나 화기나 군수품이 전혀 실려 있지 않은 배였다. 당시의 해군 장관 윈스턴 처칠은 무장 호위 함대에 명하여 뱃길을 지키게 했다. 그래도 항해는 리델이 보기에 "지극히 지혜롭지 못한" 일이었다. LMS의 답변은 성의 없고 둔감했다. 늘 가난했던 LMS는 "선교회의 수입을 유지하는" 문제만 늘어놓았는데, 이는 리델의 모금 실력을 간접적으로 인정하는 말이었다. 리델이 손수레로 구해 주었던 사람은 화가였는데 그는 회복기에 리델이 마련해 준 물감과 종이로 한 송이의 작약 장미를 그렸다. 이 한 장의 수채화로 수백 장의 석판화가 만들어져 리델은 LMS를 위해 그것을 장당 1실링에 팔 예정이었다. 하지만 캐나다에서 팔면 왜 안 된다는 것인가?

LMS가 내놓은 답은 사실상 편지의 마지막 한 문장에 압축되어 있다.

"최종 결정은 당신에게 맡겨야겠지만 우리는 한편으로 당신이 영국에 올 것과 또 한편으로 당신의 부인과 자녀들이 여행의 불필요한 위험을 피할 것을 간절히 바랍니다."

문장의 후반부에 표현된 LMS의 정서는 전반부와 모순된다. "불필요한 위험을 피할 것"을 진정으로 원했다면―그 대목에 리델은 분명히 빠져 있다―LMS는 그에게 캐나다에 있으라고 확실히 말했어야 했다. 아니면 적어도 이런 상황에서는 그곳에 남아 있는 게 얼마든지 이해가 되며 그의 위신에 누가 되지 않는다고 밝힐 수도 있었다. 그러나 그들 자신에 대한 우려가 충직한 소속 선교사에 대한 우려보다 우선이었다. "최종 결정은 당신에게 맡겨야겠지만"이라는 첫 문구는 약간 다루기 힘든 아이에게 넌더리를 내는 부모의 탄식 소리처럼 들린다. "우리는… 당신이 영국에 올… 것을 간절히 바랍니다"라는 말은 뻔히 그의 양심과 투철한 의무감에 호소한 것이었다. LMS의 이런 반응은 비겁한 조종이었다. 그들은 너무 두려워 자기네가 정말 원하는 바를 솔직히 말하지 못했다. 만약 일이 잘못될 경우 책임을 면하겠다는 의도도 깔려 있었을 것이다. 대신 그들은 마치 리델의 죄책감을 조장하듯이 그가 오지 않으면 팀을 실망시키는 일이라고 슬쩍 흘렸다. 그나저나 리델이 연락하기 전에 LMS 쪽에서 먼저 연락하지 않은 것부터가 수치스러운 일이었다. 결과적으로 답신이 캐나다에 도착하기까지 너무 오래 걸려 그는 편지를 받아 보기도 전에 결정을 내리지 않을 수 없었다. 리델은 혼자 스코틀랜드로 가는 수밖에 없다고 느껴졌다. 플로렌스와 아이들을 위험에 빠뜨릴 수는 없었으므로 다시 이산가족이 되어야 했다.

리델은 1939년 11월에 에든버러에 도착했다. 톰슨이 보기에 그는 "7년 전에 작별할 때와는 여러모로 달라져" 있었다. 언젠가 그가 베이다이허에서 수영할 때 다른 선교사가 그의 벗어진 정수리를 손바닥으로 탁 때린 적이 있었다. 리델이 파도를 가르고 있는데 동료가 그의 반짝이는 이마를 톡 쏘는 해파리의 반구형 몸체로 착각했던 것이다. 톰슨이 보기에 그가 유난히 늙어 보였던 것은 바로 대머리 때문이었다. 리델의 관점도 "더 진지해졌다"라고 톰슨은 덧붙였다. 그때까지만 해도 톰슨은 리델이 샤오창에서 보았거나 겪었던 충격의 규모를 잘 몰랐다.

이후 9개월 반 동안 리델은 국방색 일색인 나라에서 자신이 할 바를 다했다. 정전停電이 잦았고 방독면이 나돌았으며 폭격과 배급제 실시와 여러 고생에 대한 불안이 고조되었다. 국민에게 "오래 쓰고 고쳐 쓰자", "땅을 파서 이기자", "평정심을 잃지 말고 하던 일을 계속하라"라고 당부하는 포스터들이 나붙었다. 리델의 막내 동생 어니스트는 은행에서 일하고 있었는데 스물일곱 살의 나이로 육군에 지원했다. 그는 선교사가 될 생각이 한 번도 든 적이 없었다. 리델도 비록 비행기에 타 본 적은 없어도 항공병으로 공군에 입대하려 했으나 복무하기에는 서른일곱 살의 나이가 너무 많다는 판정이 나왔다. 공군 측은 리델을 정훈 교육의 적임자로 보고 제복과 사무직을 제의했으나 그는 사양했다. 감화를 끼치는 일이라면 양복 차림으로 강단에서도 쉽게 할 수 있었다.

"전시의 집회 기획은 이전과는 아주 달랐다"라고 톰슨은 말했다. 큰 인파의 운집은 재현되기 힘들었다. 단골로 참석하던 남자들은 군에 입대했고 여자들은 그들을 대신하여 공장에 투입되었다. 정전 때문에 겨울의 야간 집회도 줄었다. 리델이 파리에서 금메달을 딴 뒤로 올림픽도 세 번이나 더 치러졌다. 그래도 톰슨이 보기에 리델을 둘러싼 관심은 식지 않았다. "누구나 여전히 그와 악수하기를 원했다"라고 그는 말했다. 리델은 중국에 대해 강연했는데 주된 이유는 유럽의 전쟁 때문에 중국 쪽의 싸움이 전보다도 더 청중과 무관해 보였기 때문이다. 그래서 그는 그들에게 이를 상기시켜 주고 싶었다. 그는 샤오창의 "돌파구"가 선교사들의 눈앞에 다가와 있다고 확신했다. "지금처럼 기회가 좋았던 적은 없었습니다. 집집마다 우리에게 마음이 열려 있습니다. 현지인들은 우리가 그들과 함께 일한다고 느끼고 있으며, 따라서 어디서든 우리의 메시지를 들을 것입니다." 그가 어느 강연에서 한 말이다.

1940년 봄에 리델은 플로렌스의 애원에 굴복했다. 대서양의 위험은 조금 잦아들었고 그동안 무장 호위 함대가 여객선을 잘 보호했다. 영국 해군과 독일의 잠수함은 서로 과격한 행동을 삼가고 있었다. 그래서 플로렌스와 딸들이 마침내 캐나다에서 왔다. 수용 인원 2000명 이상인 화이트스타 정기선에 그들을 포함하여 승객은 147명뿐이었다. 리델 부부가 애초에 구상했던 스코틀랜드의 평화로운 휴가는 뒤늦게 시작되어 순식간에 지나갔다. 140일밖에 남지 않았던 것이다.

휴가의 절정은 에든버러에서 남쪽으로 30킬로미터쯤 떨어진 카컨트에서 한 달 가까이 보낸 시간이었다. 스코틀랜드 남단에 위치한 2.4제곱킬로미터 넓이의 그 땅은 리델의 매제 소유였다. 제니는 8년 전에 찰스 서머빌 여사가 되었다.

카컨트라는 이름에는 '보석 목길이'라는 뜻도 있었는데, 기상청에서 "풍성한 햇빛"을 예보한 그해 여름에야말로 그곳이 리델 일가에게 바로 그렇게 보였다. 80여 년 만에 가장 더운 6월을 맞은 스코틀랜드는 온통 햇볕에 타고 그을었다. 기온이 최고 32도까지 올라갔다. 카컨트는 베이다이허의 시골판으로 넓은 세상 속에 감추어진 전원이었다. 모래밭 대신 초원과 건조한 관목과 물기 없는 돌담이 있었다. 바다 대신 작고 얕은 호수가 있었는데 호수의 모양은 웨일스의 지도를 대충 그린 것과 비슷했다. 외곽에는 평지 대신 남색에서 짙은 황갈색을 거쳐 온갖 싱그러운 녹색으로 철따라 색이 바뀌는 무어푸트 산자락이 있었다. 양 떼와 토끼들과 소 떼, 드문드문 작은 농지들과 거기서 나선형으로 피어오르는 연기 외에는 카컨트 전체가 거의 리델 일가의 독차지였다. 하늘이 모든 것을 품은 듯 더 커 보이는 곳이었다. 높이가 낮은 방갈로는 거무스름한 판자로 지어졌고 흰 창틀의 창문에는 망사 커튼이 드리워져 있었다. 석조 굴뚝과 석탄불과 큼직한 초록색 구리 욕조도 있었고 베란다에는 철쭉이 피어 있었다. 카컨트에는 호젓한 적막이 끊이지 않아 같은 세상 어딘가에 전쟁이 둘이나 숨어 있다가 금방 하나로 합쳐지리라는 게 믿어지지 않을 정도였다. 낙농가의 갓 짠 우유를 쇠 주전자에 받아 오거나 호수에서 미역을 감거나 시원한 샘물을 마실 수 있었다. 아이들은 에니드 블라이턴Enid Blyton의 『페이머스 파이브Famous Five』에 나오는 아이들처럼 행동할 수 있었다. 모든 게 모험이었다.

그때만 해도 여름이 영영 끝나지 않을 것만 같았다.

롭 리델은 중국에 돌아가지 않기로 했다. 가족들에게 그가 너무도 절실히 필요했다. 그러나 그의 동생은 이미 일편단심 돌아갈 뜻이 분명했다. 에든버러의 한 회중에게 설교할 때 그는 "우리는 돌아갈 것이며 가능한 한 오래 머물 것입니다"라는 공언으로 말을 맺었다. 8월 초에 리델 일가가 탄 배가 리버풀을 떠났다. 55척의 배가 다섯 대열을 이루어 호위를 받았는데 그들의 배를 비롯하여 다른 여객선, 해군 전함, 상선, 소해정掃海艇 등이 있었다. 리델은 갑판에서 이를 보며 "볼 만한 장관"이라고 말했다.

선단이 아일랜드 해안을 벗어나기가 무섭게 저녁 8시 반에 뭔가가 선체에 쾅 부딪치면서 배가 요동했다. 선실이 기울면서 흔들리는 바람에 리델의 가죽 트렁크가 바닥에서 미끄럼을 탔다. 그들의 배가 어뢰에 맞았는데 어뢰가 터지지 않아 배와 300명의 승객이 모두 무사했다. 리델은 셋 중 하나로 추정했다. "뇌관만 터진 불발탄이었을 수도 있도, 사정거리가 너무 멀어 위력이 다했을 수도 있고, 배 바로 밑의 수중에서 폭발했을 수도 있다. 확실히는 우리도 모른다." 리델과 플로렌스와 아이들은 커다란 원형 구명대를 들고 갑판으로 나갔다. 배는 즉시 방어 운항에 나서 지그재그로 움직였다. "우리 배가 필사적으로 달아나고 있었다"라고 플로렌스는 말했다. 선단은 풍랑이 이는 바다를 이틀 더 항해하다가 또 공격을 받았다. 후미의 배 한 척이 침몰했고 리델의 배에서 400미터쯤 떨어져 있던 작은 보트가 폭파된 지 2분 만에 시야에서 사라졌다. 리델이 보기에 폭발음이 굉음과 같았으니 '엔진 보일러'에 직통으로 맞은 게 분명했다. 리델이 탄 배의 승객들은 갑판으로 나오면서 이번 어뢰는 자기네 배 쪽으로 물살을 가르려나 하는 생각도 했으나 아무 일도 일어나지 않았다. 정오쯤에 경보 해세 신호가 울리면서 다들 줄을 서서 점심을 먹으라는 안내가 나왔다. 첫 구간의 절반쯤 갔을 때 다시 경보가 울렸다. 세 번째 배가 명중되더니 초저녁에 네 번째와 다섯 번째 배도 어뢰에 맞았다. 저녁 9시에 영국 해군은 수면으로 올라온 독일 잠수함 한 척과 격전을 벌였다. 리델은 "밤새 사람들이 구명대를 옆에 놓고 옷을 입은 채로 잤다"라고 말한 뒤, 주변의 어른들과 대조적으로 자신의 딸들은 무슨 일인지 몰라 "전혀 무서워하지 않았다"라고 덧붙였다.

배는 전속력으로 달려—리델에 따르면 "평균 속력보다 훨씬 빨랐다"—일반 잠수함 지역을 벗어났다. "그렇게 멀리까지 나올 수 있는 잠수함은 원양 항해 잠수함뿐인데 그런 기종은 거의 없었다"라고 그는 설명했다. 그 일요일에 리델은 1등석 라운지에서 감사 예배를 인도해 달라는 부탁을 받았다. 바다 한복판에서 돌연 고상한 복장이 요구되기라도 한다는 듯이 그는 "내 옷은 스포츠 코트와 면바지뿐이었다"라고 말했다.

하나의 전쟁 지역이 그의 뒤에 놓여 있었다. 그러나 앞에 놓인 또 하나의 전쟁 지역은 그가 휴가를 가 있는 동안 적잖이 악화되어 있었다. 중국에 주둔 중인 일본군은 약 100만 명에 달했다. 그들은 해안 지역과 철도 노선들을 따라 쫙 퍼져 있었고 내륙의 전략적 요충지들을 점거했다. 인력으로는 열세였지만 아주 중요한 통신에서 우세했다. 중국이 꼼짝 못한 데는 도로 사정이 열악하고 병력 수송이 부실한 데다 일반 물자와 군수품이 부족한 탓도 있었다. 취약한 지역마다 다수의 군인들이 둘레에 참호를 파서, 이동이 신속한 일본 사단들을 막아야 했다. 일본군은 힘으로 중국의 저지를 뚫고 나아갔다. 5월부터 9월까지 국민당 점거 도시들에 일본이 퍼부은 포탄만 3만 발에 육박했다. 리델이 중국으로 떠날 즈음에는 공산당이 백단대전百團大戰을 개시해 일본군 3000명과 싸우다 2만 2000명의 군사를 잃었다.

열세 자녀의 아버지인 톰 맥커처가 에든버러에서 찍은 가족사진
올림픽 챔피언의 이름을 따 그의 무릎 사이에 선 아들의 이름을 에릭이라 지었다.

리델은 개인적 비보도 감당해야 했다. 그의 코치였던 톰 맥커처가 향년 예순세 살에 뇌졸중으로 사망했다는 소식이 여정의 중간 기착지인 토론토에서 그를 기다리고 있었다. 그는 리델 일가가 리버풀의 부두를 떠나던 날 에든버러 왕립 병원에 입원했었는데 하루도 못 되어 숨을 거두었다. 『에든버러 이브닝 뉴스』에 실린 유료 부고에는 리델과 올림픽은커녕 맥커처가 코치로 활동했던 이력조차 언급되지 않았다. 리델이 부음을 들었을 때는 이미 맥커처의 화장이 끝난 뒤였다. 조문객들은 부탁받은 대로, 꽃을 가져가지 않았다.

. . .

에릭 리델이 샤오창의 선교회와 병원에 다시 돌아간 것은 늦가을이었다. 그곳은 그의 표현으로 "수비대 주둔 마을"이 되어 있었다. 일본군이 그 지역에 대규모로 투입되어 전보다 확 눈에 띄었다. 리델은 플로렌스와 아이들이 톈진에 있기를 다행이다 싶었다. 보급품을 조달하러 갈 때마다 가족들을 보면 되었다. 그는 이전과 똑같이 하려 했고 바깥의 상황에 대해 아주 태연한 척했다. 자전거를 타고 시골을 다니며 예배를 인도했고, 상처 입고 긴장해 있는 마을들과 다시 소통하려 했다. "바깥에 나가면 나는 항상 주고 또 주어야 했다"라고 그는 썼다. 그에 따르면 이것은 "외적인 평화가 전혀 없는 시대에 격려와 평화의 메시지를 남기기" 위한 노력이었다.

리델은 무력감을 느꼈다. 그의 말대로 일본인들은 아무런 보상도 해주지 않고 토지를 "가차 없이" 징발했다. 고분古墳이나 묘지도 군화나 군용차에 짓밟혀 더럽혀졌다. 박해도 리델이 이전에 보았던 것보다 심해져 이제 일본군은 이런 공격을 굳이 숨기거나 남 탓으로 돌리지도 않았다. 현지인들은 시키는 대로 재산과 양식과 가축을 내놓아야 했다. 거부한 사람들은 총살되거나 구타당했고, 리델이 구해 주었던 화가처럼 장교의 예리한 칼날을 받기도 했다. 남자들은 육체노동에 징용되어 참호를 파고 길을 닦고 담장을 쌓고 일본군의 잔심부름을 했다. "노동하는 그들을 보노라면 옛날 로마의 강제 징집 부대가 생각난다"라던 리델의 말에 암울함과 당혹감이 묻어난다. 그는 군인들이 "더 심한 혐오감과 반항심"을 조장했다고 말했다. 그래도 현지인들은 굴욕을 당할 때마다 무방비 상태였다.

그즈음에 밝은 일도 하나 있었다. 어느 쌀쌀하고 바람 불던 날 리델은 결혼식 주례를 맡았다. 신부는 의자 가마에 실려 교회에 들어왔는데 예복과 가마는 전통에 따라 빨간색이었다. 신랑의 복장에도 빨간색이 섞여 있었고 허리와 어깨에 장식 띠를 둘렀다. 그 자리에 와 있는 게 아주 즐거웠던 리델은 "누구나 결혼식을 좋아한다"라고 말했다. 그러나 이런 행사에도 아랑곳없이 일본과 공산당은 금세 지루한 총격전을 벌였고, 그날 저녁 피로연 때도 불과 1.5킬로미터 거리에서 맹렬한 총소리가 들렸다. 이튿날 일본군은 리델을 두 번이나 쏘았다. 그는 군인들이 자신을 자전거를 타고 가는 팔로군의 일원으로 착각했다고 보았다.

 선교회와 군대 사이의 대등하지 못한 씨름이 그만큼이라도 오래 간 것은 순전히 일본이 아직 그대로 방치했기 때문이었다. 그러나 샤오창의 선교 단지가 언제까지나 무사하리라고 믿은 사람은 리델을 비롯해서 아무도 없었다. 늘 뭔가가 희생되게 마련이었고, 또 다른 전쟁이 유럽과 북아프리카를 갈가리 찢고 있던 그때는 더 말할 것도 없었다. 윈스턴 처칠은 중국을 "4억의 변발" 국가로 일축한 적이 있었다. 그러니 그 나라의 벽촌에 자리한 미약한 선교회에 무슨 일이 벌어지든 처칠의 관심이 거기로 쏠릴 리는 없었다. 밤마다 독일이 런던에 맹폭격을 퍼붓고 있던 그때는 더더욱 아니었다. 이런 상황에서 일본군이 저지르지 못할 범죄는 없었다. 일본의 범죄를 폭로하는 일이 영국 정부의 급선무가 아님을 일본 측은 잘 알고 있었다.

 선교사들은 늘 기한에 쫓기듯 일하고 있었는데 결국 1941년 초에 그들의 시간이 다 되었다. 국외 추방이나 수용소 수감이 임박했다는 소문이 이미 나돌고 있었다. 마침 일본군이 명백한 경고장을 내놓았다. 선교회 학교의 중국인 교장과 교사들 몇을 체포한 것이다. 죄목은 반일 교육이었다. 심지어 리델도 샤오창의 직무를 더는 지속할 수 없음을 실감했다. 선교사들이 제 발로 나가지 않는다면 일본군의 다음 과녁은 그들이 될 것이었다. 사건의 흐름은 무고와 심문과 가해와 투옥이 될 게 뻔했다.

선교 단지는 1941년 2월 중순의 어느 추운 아침에 문을 닫았고 선교사들은 텐진으로 향했다. 일본군은 가구와 장비의 목록을 일일이 작성한 뒤 그동안 선교회가 자기들에게 끼친 불편에 대한 배상으로 압수했다. 애니 버컨은 군인들이 자신과 모두가 "무엇 하나도" 가져가지 "못하게 했다"라고 말했다. "우리에게 그토록 소중했던 일을 비롯하여 모든 것을 빼앗긴" 후의 "지독한 허탈감과 좌절감"도 토로했다. 오랜 후에 선교회는 "완전히 파괴되어 모든 벽돌이며 판자며 쇳조각이 산산이 흩어졌다"라고 버컨은 말했다. 선교사들이 떠난 후에 교장과 교사들은 풀려났다.

하나의 강제 퇴각은 항상 또 다른 퇴각을 낳고 또 낳아 결국 선교사들이 안전하게 활동할 만한 기반을 하나도 남기지 않을 것이었다. 일본의 행동으로 보아 그것만은 기정사실이었다. 그런데도 여전히 주위 사정에 어두운 LMS의 결정권자들은 "전원 철수할" 만한 상황은 아니라는 어이없는 발표를 내놓았다. 하지만 텐진에서 버컨은 보복의 또 다른 예를 보았다. 5개월 전에 일본은 삼국동맹 조약을 체결하여 독일과 이탈리아의 공식 동맹국이 되었다. 그 뒤로 순전히 독일을 만족시킬 목적으로 반유대주의가 흔치 않게나마 조금씩 출현했다. 독일이 일본을 편들어 준 결과였다. 버컨은 수백 명의 유대인들이 검거된 장면을 목격했다. 그녀에 따르면 그들의 여권은 "쓰레기통에 버려졌다. 유대인들은 그것이 무슨 뜻인지 알았다. 그들은 이제 소속이 없어졌다. 일부는 돌아서서 대성통곡했고 일부는 낯빛이 핏기 없이 사색이 되어 그 자리에 얼어붙은 채 말 못할 공포에 사로잡혔다."

LMS는 선교사들에게 새로운 임무를 맡겼다. 리델은 현장 일에 도로 투입되었다. 그는 본부의 윗사람들이 모르는 사실을 알고 있었다. 시한폭탄 같은 톈진도 머잖아 샤오창만큼이나 안전하지 못한 곳이 될 것이었다. 결국 거기서도 쫓겨난 선교사들은 본국으로 추방되면 다행이지만 최악의 경우에는 투옥될 것이었다.

그때 플로렌스가 그에게 비밀을 알려 왔다. 셋째 아기를 임신했다는 것이었다. 출산 예정일은 9월이었다.

3부

더

강하게

열세 번째 달리기

아버지의 빈자리

부두나 기차역은 떠나는 사람이나 남는 사람 모두에게 눈물의 자리가 될 수 있다. 에릭 리델도 거기서 작별의 전문가가 되었다. 어린 시절부터 시작하여 이별은 그의 인생의 주제였다. 포옹, 입맞춤, 억지로 짓는 미소, 진부한 위로의 말 등 이별에 으레 따라붙는 의식도 마찬가지였다.

그런 그도 이번의 이별에는 미처 준비되어 있지 못했다. 긴장된 한 달 동안 리델과 플로렌스는 그녀가 아이들을 데리고 캐나다로 돌아가야 하는가를 두고 고심했다. 운신의 폭이 너무 좁아 물음의 답도 뻔했으나 오직 사랑이라는 것 때문에 복잡해졌다.

중국은 플로렌스가 아기를 낳기에 너무 위험한 곳이 되었으나 리델은 LMS와의 계약에 꼼짝없이 묶여 있었다. 양심상 그는 그 연줄을 끊을 수 없었다. 가장 사랑하는 이들에게 아무리 마음의 고통이 따른다 해도 리델은 톈진에 남아야만 했다. 중국인들을 늘 "내 민족"이라 칭하던 그는 그들을 버리지도 않고 본부의 요구에 대한 자신의 의무를 저버리지도 않기로 다짐했다. 굳이 이를 플로렌스에게 밝힐 필요도 없었다. 그에게는 임무가 먼저임을 그녀도 알았다. 애초에 그와 결혼하기로 한 것도 그가 그런 사람이어서였다.

불가피한 일을 외면하고 싶으면 누구나 질질 끄는 경향이 있다. 머리와 가슴이 서로 어긋나면 누구나 머리가 결국 가슴의 뜻에 굴복할 것처럼 행동한다. 결정을 내리기가 꺼려지면 누구나 막연한 희망에 매달려, 속수무책이 되기 전에 **어떻게든** 문제가 해결되기를 바란다. 리델의 경우도 그랬다.

1941년의 첫 몇 달 동안 유럽의 전쟁은 북아프리카로 빠르게 확산되었다. 독일 공군의 런던 공습도 계속되었고 독일 보병은 그리스와 유고슬로비아로 진격했다. 이런 속도로 퍼져 나간다면 아시아도 전쟁을 피할 가망이 없었다. "화산의 가장자리에 앉아 있는 것 같았다"라고 플로렌스는 말했다. 일본은 이미 은밀히 정탐꾼을 파견하여 지도상의 진주만이라는 곳을 엿보았다. 연합국이 히틀러를 추격 중이었으니 곧 그에게 타격이 미칠 것이었지만, 이 못지않게 리델은 바로 주변의 어지러운 싸움에 전보다 더 신경이 쓰였다. 먹이를 찾는 개처럼 도처에 깔린 용병 깡패의 역할도 빼놓을 수 없었다. 그는 자신이나 가족들 특히 새 아기가 이전의 다른 서양인들처럼 유괴될 것에 대한 두려움이 점점 커졌다. 그리되면 그의 직무를 지속할 수 없을 것이었다.

누구보다도 합리적이고 실제적인 리델인데도 플로렌스를 토론토로 귀국시키는 일에는 영 마음을 정하지 못했다. 어찌해야 할지를 잘 아는 플로렌스도 마음이 갈팡질팡하기는 마찬가지였다. 남편과 다시 떨어진다는 것은 생각만 해도 괴로웠다. 결혼 생활 8년 동안 부부가 떨어져 지낸 시간이 절반을 넘었다. 물론 이런 부재의 세월은 서신 교환으로 채워졌고, 그동안 거기에 들어간 잉크와 종이를 다 합하면 어마어마한 양이었다. 하지만 리델 부부가 원한 것은 편지 봉투에 담긴 사랑 이상이었다.

LMS는 지독히도 서툴러서 전쟁 때문에 또는 일본이 전쟁에 개입할 공산 때문에 굳이 선교회가 중국에서 철수할 만한 상황은 아니라고 우겼다. 그러면서 "형편상 불가능해질" 때까지 일을 지속하는 게 목표라고 말했다. 세상 물정에 어둡고 중국을 잘 몰랐던 LMS는 현실 인식이 지극히 모호했던 기관으로 보인다. 여러 위험을 감안할 때 LMS는 탈출이 불가능해지기 전에 리델을 비롯한 선교사들을 놓아주어 그 나라에서 나오게 했어야 했다. 어차피 일본의 방해 때문에 명목상의 잔류에 그쳤을 뿐인데 그런 지역에 남아 있어 득이 될 게 없었다.

리델 부부는 모든 대안을 따져 보았으나 고통만 연장될 뿐이었다. 똑같은 과정이 자꾸 되풀이되어 매번 논의의 암울한 출발점으로 되돌아갔기 때문이다. 패트리샤와 헤더와 곧 태어날 아기를 지키는 일이 가장 중요했다. 결국 리델 부부는 이산가족이 되는 것만이 가족의 안전을 보장하는 유일한 길임을 받아들였다. "아이들만 아니었다면 나는 돌아가지 않았을 것이다"라고 플로렌스는 말했다.

리델은 결국 둘 중 하나가 될 것 같다며 그녀를 애써 안심시켰다. 하나는 중국이 안정을 되찾아 그들의 재결합이 가능해지는 것이었고, 또 하나는 상황이 악화되어 되돌릴 수 없을 경우 LMS가 그에게 철수할 길을 마련해 주는 것이었다. 리델은 또 다른 야망까지 아내에게 말했다. 북미와 캐나다의 원주민들을 섬기는 것이 장래의 계획이었는데, 그는 그런 날이 자신들을 기다리고 있다고 확신했다. 아무리 좋게 본다 해도—리델은 자신과 플로렌스의 슬픔을 달래려 했다—그의 밝은 낙관론은 큰 위기 속에서 침착한 체하는 전형적 사례였다. 중국과 일본 사이에 화친의 가능성은 없었다. 그러기에는 양쪽의 증오가 너무 깊었다. LMS의 고위 간부들은 위험을 감지하는 안테나가 부실했고 위험에 대응할 줄도 몰랐다. 강하고 명확한 신호가 들어오고 있는데도 말이다.

리델은 우선 지혜로운 전략적 결정을 내렸다. 1만 7163톤급의 니타마루호에 가족들의 선실을 예약한 것이다. 길이 170미터의 이 원양 정기선에는 검은색 굴뚝이 하나뿐이었고 인상적인 대형 유리를 통해 상갑판에 햇빛이 쏟아져 들어왔다. 불과 두 달 전에 첫 항해를 마친 신조 선박이었다. 니타마루호의 핵심 장비는 대서양에서 중립성이 보장되는 일장기였으므로 그 어떤 잠수함도 이 배를 함부로 건드릴 수 없었다. "그래도 친구들 몇은 우리가 공연한 짓을 하는 거라고 생각했다"라고 플로렌스는 회고했다.

리델 부부는 재회의 날이 머지않을 거라고 서로 힘주어 말했지만 정작 짐을 꾸릴 때는 그 반대인 것처럼 했다. 리델이 육상경기에서 탄 상품들이 장식장에 전시되어 있었는데 그중 절반 이상이 치워졌다. 플로렌스는 그의 올림픽 금메달과 동메달도 다시 싸 트렁크에 넣었다. 그만큼 톈진의 장기적 안전을 확신할 수 없는 상황이었다.

니타마루호는 고베에 정박되어 있었으므로 일가족은 배편으로 황해를 건너 일본으로 갔다. 두 딸 패트리샤와 헤더에게 5월의 그 청명한 날들은 기억의 편린으로 남아 있다. 그들에 따르면 리델은 반팔 셔츠와 긴 바지를 흰색으로 맞췄고 흰 양말은 무릎 밑에 가지런히 접혀 있었다. 정박된 니타마루호의 육중한 회색 선체, 아빠가 승선하여 자리를 찾아 준 뒤 갑판을 한 바퀴 둘러보러 나가던 일, 꼬리표가 붙은 채 선실에 쌓여 있던 자신들의 짐 가방 등도 기억했다.

이런 상황에서 말은 일시적 위안에 불과하다. 리델이 플로렌스에게 무슨 말을 해도 둘의 비참한 심정을 덜어 줄 수는 없었다. 다독이는 말마다 그저 침묵을 메우려는 부질없고 진부한 소리로 들렸다. 대신 리델은 패트리샤를 무릎에 앉히고 골똘히 바라보며 말했다. "착한 아이가 되어야 한다. 엄마를 잘 보살펴야 한다. 새 아기도 잘 보살펴야 한다. 약속할 수 있지?" 임신 6개월이 다 된 플로렌스는 하염없는 눈물을 주체할 수 없어 고개를 숙이고 최대한 소리를 죽여 흐느꼈다. 리델은 감정을 억누른 채 딸들에게, 아빠가 그리워지기 전에 다시 만날 거라고 말했다. 그러나 이별의 순간이 오자 그의 단장의 슬픔이 겉으로 드러나고 말았다. 그는 아이들과 아내에게 키스한 뒤 미련 없이 떠났다. 배의 트랩을 빠른 걸음으로 내려가면서 뒤도 한 번 돌아보지 않았다. 적어도 아이들의 기억에는 그랬다. 부둣가에서 손을 흔들지도 않았다. 떠나가는 배를 차마 바라볼 수 없는 것 같았다. "무너져 내렸을 그의 심정을 우리로서는 가히 상상할 수 없다. 엄마한테는 우리라도 있었지만 그는 텐진으로 혼자 돌아갔다"라고 패트리샤는 말했다.

배 안의 플로렌스는 멀어져 가는 부두를 바라보며 딸들을 위해 이를 악물었다. "슬픔을 떨쳐야 했다. 주저앉아 내 생각만 하고 있을 수는 없었다"라고 그녀는 말했다. 후지산의 눈 덮인 정상이 금방 배의 창문 너머로 희미해졌다. 유리에 비치는 일몰의 각도 때문에 흰 눈이 빨갛고 푸른 오색빛으로 얼룩지는 게 꼭 색색의 물감 통만큼이나 찬란했다.

플로렌스는 그 해안을 다시는 보지 못했다.

9월 중순에 셋째 딸의 출생을 알리는 전보가 왔다. 아기의 이름은 모린이었다. 에릭 리델은 즉시 두 단어에 느낌표를 붙여 회신 전보를 쳤다.

"멋진 소식!"

그는 이전에 자신의 교사였던 A. P. 컬른과 함께 아파트에 살고 있었다. 컬른의 존재는 리델의 삶에 늘 힘이 되어 주었던 또 한 사람의 부재를 보상해 주었다. 애니 버컨이 일본의 특면 조치를 받아 베이징으로 이주했던 것이다. 거기서 그녀는 한 병든 친구를 간호하며 지냈다.

이역만리에 갇혀 있으면 고향이 그리워지는 법이다. 컬른은 상하이에서 송출되는 BBC 방송을 즐겨 들었다. 가수 베라 린 Vera Lynn 의 노래「영국은 영원하리 There'll Always Be an England」가 흘러나와 애국심을 고취시켰기 때문이다. 그는 시골길과 크리켓 시합과 교회 첨탑과 초가지붕의 오두막을 머릿속에 그렸다. 전쟁 소식도 정부의 검열 당국에서 허용하는 정도만큼은 BBC를 통해 생생히 보도되었다. 리델이 뉴스를 쭉 들은 바로는 빠른 종전이나 평화 협상은 불가능해 보였다. 윈스턴 처칠이 군 출신 정치가답게 강경한 연설로 이미 교착 상태를 경고한 상태였다. 독재자와 타협점을 찾으려 해봐야 소수의 미치광이에게 화근만 던져 주는 꼴임을 처칠은 알았다. 6월 중순에 독일이 소련을 침공했고 계절이 여름에서 가을로 접어들 무렵 레닌그라드 포위전이 개시되었다. 독일의 유대인들에게는 다윗의 별 문양을 옷에 부착하라는 명령이 떨어졌다. 미국의 프랭클린 D. 루스벨트 Franklin D. Roosevelt 는 독일의 잠수함이 미국의 전함을 공격한 데 대한 대응으로, 또 다른 배가 유사한 위협을 받을 시에는 대응사격을 하도록 해군에 지시했다. 자국의 참전에 대한 미국 내의 찬반 대립은 여전히 공전을 거듭하고 있었다. 중국에서는 리델에게 아기의 출산 소식이 전해질 무렵 12만 명의 일본 병력이 비행기 100대, 선박 20척, 모터보트 200척의 대대적인 지원하에 창샤(長沙)를 향해 진격했다. 결정적 통제권을 장악하려는 또 다른 시도였다. 이런 화력을 당해 낼 수 없던 중국은 교묘한 전략으로 가까스로 일본군을 격퇴했다.

일본의 방해로 선교사들이 톈진 주변의 마을들로 심방을 다니는 일은 샤오창에서만큼이나 종잡을 수 없고 번거로워졌다. 리델의 일도 이제 아무런 체계나 예정표가 없었다. 그날의 기상 시간에 심통이 사나워진 보초의 말 한마디면 심방 계획이 무산될 수 있었기 때문이다. 연신 절을 하며 온갖 서류를 공들여 제시해야 어쩌다 한 번씩 군인들이 리델에게 먼 농장까지 자전거를 타고 가도록 허락해 주는 정도였다. 리델을 비롯하여 선교사들이 할 수 있는 일이 별로 없었다. 이는 LMS가 그들을 톈진에 묶어 둔 게 얼마나 잘못인지를 보여주는 또 다른 증거였다. 리델이 토론토나 하다못해 공습에 불탄 런던에 있었다면 LMS에 훨씬 유용했을 것이다.

12월 7일 일요일의 새벽이 밝으면서 모든 것이 달라졌다.

동부 표준 시간으로 오후 2시 22분에 AP 통신사를 통해 진주만 공습이 알려졌다. 속보가 타전되자마자 중앙과 지방의 라디오 방송국들은 생방송 연속극과 다큐멘터리와 스포츠 중계와 토크쇼를 일제히 중단하고 이 음산한 긴급 발표를 내보냈다. 당시만 해도 그런 발표는 정말 중대한 비극이 발생했을 때만 이루어졌다. 비극은 아직 진행 중이어서 공습이 있었다는 명백한 사실 외에는 아무것도 확인되지 않았다. 항구가 불타고 있었고 일부 소실되었거나 침몰 중인 배들에서 새카만 기름 연기가 피어오르고 있어 피해 규모나 사망자 수의 전모를 파악할 수 없었다. 초기에는 추산조차 불가능했다. 누구나 뉴스 속보를 들으면 감각이 멍해져 혼돈에 빠질 수 있고 처음에는 그 여파를 소화하기 힘들다. 그러나 일단 보도 내용이 머릿속에 접수되고 미국의 태평양 함대에 대한 공격 규모가 밝혀지자 아무도 이것이 미국에게 어떤 의미인지 의심하지 않았다. 이미 미국은 전쟁의 밀물에 휩쓸려 든 셈이었다. 진주만 공습은 굳이 루스벨트의 표현이 아니더라도 치욕의 날이었다. 미국 항공기가 200대 가까이 파괴되었고 전함 여덟 척을 포함한 선박 18척이 폭파되거나 파손되었다. 사망자는 일본군을 포함해 2500명이고 부상자는 1178명이었다. 펜실베이니아호급의 애리조나호에 승선해 있던 1400명의 장교와 승무원 중 1177명이 네 차례의 폭격에 전사했다. 『타임』지는 진주만 공습을 "마각을 드러낸 계획적 살상"으로 규정했고, 미국이 마침내 참전한다는 발표—루스벨트가 일본에 선전포고를 하자 독일은 미국에 선전포고를 했다—를 "크게 안도할 일"로 반겼다. 이어 그 여파를 "역순의 지진"에 빗대며 "한 번의 무서운 진동으로 모든 분열되고 뒤틀리고 굽어진 것들이 도로 맞추어졌다. … 일본의 폭탄이 결국 미국에 국가적 연합을 가져다주었다"라고 역설했다. 루스벨트는 백악관에서 점심을 먹다가 이 살육의 소식을 처음 접했고 처칠은 그때 총리 별장에서 미국 대사와 만찬을 나누던 중이었다. 루스벨트는 이 동맹국과의 전화 통화 중에 "이제 우리는 다 한 배에 탔소"라고 말했는데 그 상황에 이런 은유는 아무래도 무신경한 것이었다. 하지만 그것이 아무리 부적절한 표현이었을지라도 이와 똑같이 생각한 사람이 또 있었다.

진주만 공습 소식을 들은 장제스는 축음기에 레코드판을 하나 걸었다. 음악은 「아베 마리아 Ave Maria」였는데, 적국 일본에 다른 적들이 생긴 것과 그 적들이 중국의 우군이 될 것을 안도하며 축하하는 의미였다.

톈진에는 마치 철문이 쿵 닫힌 것 같았다. 일본군은 그 도시로 원군을 수송했고 철조망을 쳐서 외국인 거류지를 다 고립시켰다. A. P. 컬른은 리델의 고뇌를 보았다. 컬른에 따르면 그는 이제 플로렌스와 자녀들에게 갈 길이 막혔음을 알고 "그냥 거리를 배회했다." 다른 모두처럼 그도 가택 연금을 당했고 다른 모두처럼 그도 신고하여 심문에 응해야 했다. 일본군은 귀중품 목록을 요구한 뒤 집집마다 돌며 수거해 갔다. 적국인들이 소유해서는 안 될 만한 것들은 모조리 빼앗아 갔다. 컬른은 라디오를 내놓아야 했다. 그래도 그에게 영국은 영원하겠지만 이제부터는 베라 린의 노래를 머릿속으로만 들으며 따라 부르는 수밖에 없었다. 플로렌스가 올림픽 금메달을 가져가지 않았더라면 일본군이 그것마저 빼앗아 녹였을 것이다. 리델은 영국 국적을 알리는 주홍색 완장을 차야 했고 컬른과도 갈라져야 했다. 그는 감리교 선교회에 소속된 어느 가정과 함께 숙소를 지정받았다. 그 밖에도 이런저런 제약과 금지가 하도 엄격하여 그는 무직자 신세가 되었다. 가르칠 수도 없었고 설교도 해서는 안 되었다. 가게에서 물건을 사거나 하인에게 말할 때를 제외하고는 중국인들과의 교류도 전면 금지되었다.

진주만 사건은 리델에게서 셋째 딸의 얼굴을 볼 기회마저 앗아 갔다. 이것은 그 공습의 여파치고는 가장 얕은 잔물결이었고 남들에게는 대수롭지 않은 일이었지만 리델과 플로렌스에게만은 달랐다.

11월에 플로렌스는 사진관에서 컬러로 가족사진을 찍었다. 패트리샤와 헤더는 깨끗이 씻고 나들이옷으로 단장했다. 둘이 똑같이 흰색 둥근 칼라가 달린 장밋빛 원피스 차림이고, 플로렌스는 어깨를 부풀린 수수한 초록색 드레스를 입고 둘 사이에 앉았다. 품에는 세례식 숄에 싸인 모린을 안았다. 가정마다 액자에 담아 벽난로의 선반에 놓

아버지 없는 가족
어두운 표정의 플로렌스가 에릭에게 보내려고
1941년에 세 아이—왼쪽부터 헤더, 모린, 패트리샤—와 함께 찍은 사진이다.

거나 벽에 걸던 그런 사진이고 경사를 기리는 기념물이다. 그런데 이 사진은 함께함보다 부재를 환기시킨다. 한 자리가 비어 있는 식탁을 보는 것처럼 슬픔이 감도는 미완의 가족이다. 플로렌스는 카메라를 보며 웃지도 않는다. 마치 사진사의 플래시가 터지는 순간 남편을 생각하다가 그대로 사진에 찍힌 것 같다.

이 사진을 리델에게 전해 주려던 계획은 완벽해 보였다. 캐나다에 먼저 돌아와 있던 휴 맥켄지가 직접 사위에게 가져다줄 참이었다. 그는 그 지역의 여러 제약에도 아랑곳없이 톈진으로 돌아가기로 했다. 그런데 잇달아 발생한 두 사건 때문에 다시는 중국 땅을 밟지 못하게 된다. 그럴 개연성이 어찌나 희박했던지 소설가조차도 우연의 일치에 과도히 의존했다는 비난을 피하고자 줄거리에 넣기를 망설일 법할 정도였다. 맥켄지는 샌프란시스코의 안개 낀 부두를 산책하다가 자동차에 치였다. 몇 시간 후에 의식이 깨어난 그는 자신이 타려던 배편이 취소되었다는 말을 들었다. 그가 사고를 당했던 날이 하필 일본이 진주만을 폭격한 그날이었던 것이다. 그는 이 만행을 가장 마지막으로 전해 들은 미국인 중 하나였다.

톈진에 갇힌 삶은 무인도에 난파된 것과 비슷했다. 구조를 바라고 기다리면서, 그때까지 고립의 병폐를 피하고자 무엇에라도 열중하는 수밖에 없었다. 중국의 우편 제도는 이상해서 편지보다 차라리 병 속에 넣어 띄운 메시지를 받을 확률이 거의 더 높았다. 편지가 도착한다 해도 거기에 적힌 소식이 반년이나 지난 것도 있었다. 에릭 리델은 플로렌스의 편지 두 통을 동시에 받은 적이 있었고 그의 편지도 그녀에게 다섯 통이나 한꺼번에 배달되었다.

리델은 복잡한 경로들을 통해 용케 아내에게 연락을 취했다. 우선 일본의 지배하에 있지 않은 중국 내 타지방의 친구에게 편지를 보내 거기서 다시 캐나다로 부쳐 달라고 하곤 했다. 또 비밀리에 다른 지인들의 도움으로 무선 중계국을 통해 기발하게 몇 줄의 통신문을 보내기도 했다. 중국 국제 방송국을 떠난 메시지는 로스앤젤레스의 청음초聽音哨를 거쳐 토론토의 연합 교회 사무실로 전해졌다. 플로렌스는 뜻밖의 소포인 양 메시지를 열어 보며 적이 안심했다. 리델은 자신과 동료들에 대해 "우리는 다 잘 있으니 걱정할 것 없소. … 늘 당신을 생각하고 있소"라고 썼다.

A. P. 컬른은 이전 어느 때보다도 리델을 지지해 주었다. 그에 따르면 둘은 "거의 매일" 오랜 산책을 나갔다. 이렇게 가깝게 지내다 보니 리델의 사고에 대한 그의 통찰이 남달리 깊어졌다. 리델은 이 친구에게 자신의 생각을 대부분 거리낌 없이 털어놓았다. 결국 컬른은 리델의 신앙에 대해 누구보다도 정확하게 말할 수 있게 되었다.

선교사들은 거류지 안을 돌아다닐 자유는 있었으나 10인 이상의 집회는 실내외를 막론하고 금지되었다. 다행히 일본군의 인력 부족으로 그런 지시가 늘 강행될 수는 없었으며 설교와 교육에 대한 금지령도 마찬가지였다. 선교사들은 은밀하게 예배와 그룹 공부를 계속했다. 가정에서 교제 모임도 있었다. 가정은 진지한 토론과 강연의 장이 되었을 뿐 아니라 신빙성 여부를 떠나 이런저런 통로로 조금씩 새어 든 뉴스를 모두 교환하는 곳이기도 했다. 군인들이 선교사들을 더 빈틈없이 감시하는 일요일이면 부인들이 오후에 다과회를 열어 거기서 설교문을 읽었다. 대개 리델이 설교 내용을 써서 미리 등사기로 종이에 복사하여 나중에 각 회중이 한 부씩 가져갈 수 있게 했다.

설교문 작성은 그가 고안한 자기 수양 프로그램에서 2순위에 불과했다. 작업량이 스스로 정하기 나름이다 보니 리델은 일을 줄이고 나태에 빠질 수도 있었다. 최소한의 필수 업무 외에는 꼭 해야 한다는 부담이 없었다. 플로렌스에게 보낸 편지에도 그렇게 고백했다. "자칫 이 시간을 무위도식하며 보내기 쉽다오. 정말 건설적인 일을 전혀 하지 않고 하루하루 허송하기 쉽지요." 그러나 리델은 이 유폐를 기회로 삼아 제2의 대학 교육을 받기로 했다. 스스로 자신의 교사가 되어 광범위하게 책을 읽고 필기했다. 컬른은 리델이 이후 14개월 동안 "꾸준히 연구했다"라고 말했다. 컬른에 따르면 "직무와 여러 관심사와 추진력 등 매사에 그의 꼼꼼하고 철저한 면모가 그대로 드러났다."

리델은 늘 공책이나 종잇장에 사색과 아이디어를 끄적였고 자신에게 감화를 주었던 짤막한 인용문들도 적었다. 그는 누구에게나 "펜과 종이를 가지고 다니며 생각나는 것을 적어 두라"라고 조언했다. 리델은 계속 신학 지식을 넓혔고 성경의 책들 중 아직 통달하지 못한 몇 권을 세심히 공부했다. 이 일을 그는 천천히 했다. "서둘러 읽지 말라. 단어 하나하나가 소중하니 잠깐잠깐 멈추어 자신의 것으로 소화해야 한다"라고 그는 말했다. 리델은 기도문 선집을 엮어 멋진 감색 판지로 제본했다. 소형 탁자 위에 타자기를 빌려다 놓고 자신이 직접 고른 기도문들을 두 손가락으로 공들여 타자를 쳐서 습자지에 인쇄했다. 이 풋내기 작가는 『제자도Discipleship』라는 제목의 다른 요약집도 펴냈다. 여러 읽을거리를 모아 한 해 동안 다달이 읽도록 배열한 책인데 나중에 제목이 『그리스도인의 삶의 훈련The Disciplines of the Christian Life』으로 바뀌었다. "대단한 책은 못 된다 해도 나 자신의 사고에는 유익할 것이다"라고 그는 말했다.

리델이 보기에 『제자도』는 자신의 매일의 기도를 '돕는 소책자'였다. 그는 자신이 즐겨 읽던 경건 서적들에서 인용문을 뽑았을 뿐이라며 내용을 자신의 공으로 돌리지 않았다. 하지만 컬른의 생각은 달라서 "내용의 대부분이 실제로 그 자신의 것"이며 리델의 "성격과 성품이 페이지마다 숨 쉬고 있다"라고 보았다. 이런 책들을 보면서 컬른이 확신하게 된 것이 있다. 중국에 도착한 이후로 발전된 리델의 모습은 컬른이 믿기에 그가 올림픽 챔피언이 되기까지 거쳤던 경주들에 얼마든지 비견될 수 있었다. 자신의 이 유추를 사뭇 진지하게 대하면서 컬른은 경주자 리델이 "출발선을 떠날 때는 늘 조금씩 느렸다"라고 설명했다. 마찬가지로 리델은 유망한 선교사의 자질을 드러내는 데도 속도가 느렸다고 그는 덧붙였다. 사실 초기에 리델이 선교사가 되려고 내딘은 걸음은 컬른이 보기에 "대단할 게 없었다." 그가 역설했듯이 리델은 "탄력이… 꾸준히 붙으면서" 그제야 입지를 굳혔다. 이 평가는 정확했다. 리델도 『제자도』에서 그 점을 인정하며, "모든 새로운 주제"를 배울 때에든 "모든 시합에 탁월해질" 때에든 "그 방법"은 "세심한 주의와 반복"이어야 한다고 썼다. 그는 자신을 육상 선수로 훈련할 때도 처음에는 서서히 하다가 점차 목적을 아주 확고히 했다. 선교사로 훈련할 때도 마찬가지였다. "그리스도인의 삶은 성장하는 삶이어야 한다. 내가 믿기로 성장의 비결은 경건 생활을 가꾸는 것이다"라고 그는 말했다.

컬른은 그런 경건 생활이 무엇을 뜻하는지 바로 옆에서 보았다. 즉 리델은 "하나님과 사람을 섬기는 데 철저히 헌신되어" 있었다. 리델은 이를 최대한 명백하게 "하나님의 뜻에 대한 절대적 순복"이라 표현했다. 컬른은 그에게서 "절대적 순복"이란 말을 어찌나 자주 들었던지 "그의 머릿속에 늘 그 개념이 있었다. … 그의 삶의 모든 부분을 하나님의 절대 주권 아래에 두어야 했다"라고 힘주어 단언했다. 리델도 똑같이 강조했다. "모든 그리스도인은 하나님이 인도하시는 대로 살아야 한다. 하나님의 인도하심을 받지 않으면 다른 것이 인도하게 되어 있다." 그러면서 자신의 방법까지 소개했다. "고요한 마음속에 뭔가 할 일이 느껴지거든 그것이 예수님의 성품과 가르침에 일치하는지 멈추어 생각해 보라. 일치한다면 그 감화에 순종하여 그대로 행하라. 일단 행하면 하나님이 인도하신 일임을 알게 될 것이다." 그 인도하심을 받는 그의 '비결'은 늘 '순종'이었다.

리델은 다양한 출처로부터 감화를 받았다. 예컨대 그는 "아리스토텔레스가 분노의 감정을 통제했다"라고 말했다. 또 흑인이라는 이유로 비열한 야유를 받을 때도 맞대결을 삼갔던 미국의 흑인 교육가 부커 T. 워싱턴Booker T. Washington도 있었다. 리델의 『제자도』에 그의 사례가 하나 언급되어 있다. 그날도 워싱턴은 자신에게 흑인이라고 욕하는 자들을 정중히 대했다. 이를 보던 한 동지가 기가 막혀서 "당신을 경멸하는 자들에게 왜 인사를 합니까?"라고 묻자 워싱턴은 "남들이 신사답지 못하게 군다고 해서 나까지 그럴 이유가 무엇입니까?"라고 대답했다. 리델도 일본인들을 똑같이 대했다.

산상설교는 늘 그의 신앙의 구심점이었다. 리델은 이 말씀의 모든 대목을 "몇 번이고 계속" 읽어야 한다고 역설했다. 본인의 고백처럼 처음에는 그도 이 말씀 앞에 철저히 무력감을 느꼈다. 거기에 제시된 기준들에 도달할 수 없어 보였기 때문이다. "처음 읽을 때는 불가능하게 느껴진다"라고 그는 말했다. 본문으로 다시 돌아가 새롭게 본 후에야 그는 명료히 깨달았다. "두 번째로 읽으면 이것 말고는 모든 삶이 불가능해 보인다"라고 그는 덧붙였다. 산상설교는 리델의 헌장이 되었고, 그는 이를 글자 그대로 지키는 본보기가 되었다. 이 말씀 속에 "그리스도인답게 사는 기술"과 "실용적인 생활 철학"이 담겨 있다고 그는 믿었다.

덴마크의 화가 칼 블로흐 Carl Bloch 의 작품 「산상수훈」은 19세기 말에 프레데릭스보르 궁의 예배실에 걸고자 의뢰된 23폭의 회화 중 하나인데, 리델은 엽서 크기만 한 그 그림을 책갈피로 썼다. 그림 속의 예수는 발목까지 내려오는 빨간색 겉옷을 입었고 어깨에 두른 숄은 그분이 앉아 있는 바위보다 훨씬 더 짙은 색이다. 그분이 오른손을 들어 올리고 하시는 말씀을 많은 무리가 듣고 있다. 리델의 카드는 닳았고 귀퉁이가 약간 접혔다. 성경책 속에 끼워진 채로 아주 먼 거리를 돌아다닌 흔적이었다.

리델은 "그리스도인 여부를 떠나 누구나" 예수에 대한 "좋은 책을 적어도 한 권은 읽어야 한다"라고 보았다. 그가 추천한 책은 1931년에 출간된 『산상의 그리스도 The Christ of the Mount』였다. 그는 이 책을 검은색 목제 책장의 계속 불어나는 개인 장서에 두고 아꼈다. 블로흐의 그림 카드처럼 이 책도 리델이 수시로 참고하고 또 흔쾌히 빌려준 결과로 종이가 너덜너덜해지고 모서리가 접혔다. 미국의 신학자이자 선교사였고 간디와 프랭클린 D. 루스벨트의 상담 상대이기도 했던 E. 스탠리 존스 Stanley Jones 가 쓴 『산상의 그리스도』는 리델이 산상설교를 이해하는 데 큰 보탬이 되었다. 존스는 산상설교가 "예수의 초상화"라면서 "에베레스트산"만큼이나 웅대하다고 말했다. 리델이 이전의 다른 책을 펴내기로 마음먹은 것도 존스의 책이 촉매제가 되었기 때문이다. 산상설교를 직접 분석한 24페이지짜리 소책자인데 제목도 『주일학교 교사들을 위한 설명』이라고 수수하게 붙였다. 전쟁이 확대되어 모든 것을 집어삼킬수록 그의 견해는 존스의 견해와 일치했다. 존스는 "산상설교는 군국주의가 표방하는 무력의 개념에 송두리째 도전장을 날린다"라면서 "공격은 공격을 낳고 증오는 증오를 낳아 악순환에 이를 뿐이다"라고 역설했다.

텐진에서 최종 완성된 『제자도』는 지금도 리델의 가장 중요한 글로 남아 있다. 그 안에 제시된 생각마다 산상설교가 흠뻑 배어 있기 때문이다. 리델이 털어놓는 속마음도 그 책에서 가장 근접하게 들을 수 있다.

그는 자신이 "성품"과 "관점" 둘 다에서 예수를 닮으려 한 이유를 "예수의 삶이야말로 사상 최고로 아름다운 삶이다"라는 말로 설명했다. 리델에게 그것은 절대로 "일부러" 무례하게 굴거나 "화내지" 않는다는 뜻이었다. "겸손의 큰 적"이라 여긴 교만을 경멸한다는 뜻이었다. "기꺼이 일부러 돕고" 또 "사람들의 짐을 덜어 준다"라는 뜻이었다. 그리고 재차 말하지만 "온전해지려" 애쓴다는 뜻이었다. 리델이 신봉하던 이런 높은 도덕 기준이 그의 말을 듣는 일부 사람들에게는 터무니없이 도달 불가능해 보였다. **그렇게까지 경건할 수 있는 사람이 누가 있겠는가 말이다.**

그러나 그는 아무리 큰 대가를 치르더라도 늘 자신의 말대로 실천하는 사람이었다. 이제 불과 몇 달 후면 역경 중에 그 사실이 입증될 것이다.

1942년 늦여름에 선교사들에게 본국 송환의 가능성이 전해졌다. 미국 내 수용소들에 수감된 일본계 민간인들을 중국 내 연합국의 일반 시민들과 교환할지도 모른다는 것이었다.

이즈음 일본은 싱가포르를 폭격하여 항복시켰고, 버마 루트를 차단하여 곧 그 나라도 인수했고, 네덜란드령 동인도 제도를 점령했고, 솔로몬 군도와 파푸아 뉴기니 같은 남태평양의 표적들을 빼앗거나 통제권을 유지하려 싸우고 있었다. 호주의 곳곳에도 공습이 개시되어 북부 특별 지구의 다윈에서는 개시 공격만으로도 항구와 두 비행장에서 거의 200명이 사망했고, 항공기의 공중 급유소이자 난민들의 경유지인 웨스턴오스트레일리아주의 브룸에서는 단 20분간의 기습 공격에 70-100명이 죽었다.

이런 배경에서 톈진의 선교사들은 대수롭지 않게 여겨졌으므로 그들을 몰아내려는 계획은 일리 있었다.

에릭 리델은 한시도 쉬지 않았다. 거류지 전역에 이제는 뜸해진 우편물을 배달했고, 자기와 한 집에 살던 선교사 가정의 자녀들이 하는 운동 시합에 무한한 인내심으로 참여했다. 기온이 숨 막힐 듯 높아져 어떤 때는 그늘 속이 38도에 이르는데도 그는 남자아이들과는 크리켓을 했고 여자아이들과는 테니스를 쳤다. 남는 시간에는 그들의 앨범에 중국 우표를 끼워 주기도 했다. 다른 선교사들의 4인조 브리지 게임에 한 사람이 모자랄 때면 리델은 숫자를 채워 달라는 부탁을 한 번도 거절하지 않았다. 집 안이 잘 돌아가도록 허드렛일도 했고 새벽 5시에 빵집에 가서 빵도 사 왔다. 지독한 흙먼지 폭풍으로 먼지와 흙이 문틈과 창틈으로 날아들어 바닥과 가구를 뒤덮었을 때는 새벽 4시 반에 일어나 비와 쓰레받기와 먼지떨이로 청소도 했다. 그것도 다른 사람들이 깨지 않도록 최대한 조용조용히 말이다.

출발 날짜만 정해지기를 기다리는 상황이 되자 리델은 플로렌스에게 캐나다에서 새로운 직무에 지원할 거라고 말했다. LMS도 그의 귀환을 기정사실로 보고 그녀에게 편지를 보냈다. LMS는 중국 이후의 계획이 리델에게 있더냐고 물으면서 이런 경솔하기 그지없는 말로 편지를 맺었다. "당신에게 안부를 전하며, 혹시 에릭이 이미 집에 도착했다면 그에게도 전합니다." 희망은 심령을 상하게 할 수 있다. 플로렌스는 낙관론을 애써 억제했으나 LMS는 그녀에게 리델이 당장이라도 올 것처럼 말했고 크리스마스 전까지는 반드시 올 거라고 했다. 그녀는 확정된 날짜가 전보로 전해지기만을 기다렸다. 그러나 본국 송환은 결국 거짓으로 밝혀졌다. 관리들에게 뇌물로 바칠 돈이 있는 부자들만 석방을 보장받아 중국을 떠나는 배의 침대칸 표를 살 수 있었다. 선교사들은 1차 집단만 겨우 상하이까지 갔으나 거기서 그들의 처지는 처참하리만치 명백해졌다. 리델을 비롯한 2차 집단은 부유한 사업가들과 경쟁할 재력이 없는지라 아예 톈진을 떠나지도 못했다. 일본군은 이 낙오자들을 한 번에 처리하기로 했다. 안전한 통행권을 주기는커녕 감시병이 덜 필요한 수용소에 선교사들을 가두기로 한 것이다.

리델은 "우리가 걱정하는 일의 절반은 결코 일어나지 않는다"라고 말한 적이 있다. 이번 일은 그 절반에 들지 않았다. 1943년 3월 중순에 리델은 2주 남짓한 기간에 신상과 서류와 재산을 정리하라는 지시를 받았다. 그는 산둥성의 '주민 회관'으로 보내질 것이었다.

이 새 집의 이름은 웨이셴 수용소였다.

열네 번째 달리기

금지된 생일 축하

가장 끔찍한 악몽은 자신이 깨어 있다고 느껴지는 꿈이다. 웨이셴 수용소의 포로 신세가 그 느낌과 비슷했고 특히 초기에는 더했다. 정문 위에 내걸린 "행복한 길의 뜰"이라는 글귀는 그 안에 들어가는 사람들을 기다리고 있는 현실을 흉측하게 왜곡한 말이었다.

그 수용소가 기억에 선할 만큼 나이가 든 사람치고 아무도 그곳의 첫 광경을 잊은 사람은 없었다. 벽의 회반죽은 뜯겨져 나갔고 수도관과 라디에이터는 터져 있었다. 벽의 벽돌에 구멍이 숭숭 뚫렸고 창은 깨져 있었다. 교실에서 쓰던 책걸상은 산산이 부서지거나 쪼개진 채로 옥외에서 쓸모없이 썩거나 녹슬고 있었고, 그 밖에 창틀과 옷장과 탁자와 서랍장도 마찬가지였다. 우물들은 일부러 더럽혀져 쓰레기통이나 변소로 쓰였다. 한때 산뜻하고 깨끗한 미국 장로교 선교회였던 웨이셴 수용소는 이제 잔해로 변해 통로마다 파편들이 너저분했고 쓰레기가 수북했다. 마치 무시무시한 대지진이 훑고 지나간 것 같았다.

배후의 실상은 더 재미가 없었다. 이곳이 주민 회관으로 지정되기 오래전에 이미 중국 산적들과 일본 군인들이 차례로 웨이셴 수용소를 샅샅이 털었다. 난동을 부려 건물의 골격을 망가뜨렸고 구내의 병원과 학교와 주방과 교회와 합숙소에서 귀중품이라는 귀중품은 거의 다 약탈해 갔다. 화장실까지 다 부수어 물을 내릴 수 없었으므로 변기마다 차서 넘쳤고 대소변의 냄새로 숨이 막혔다. 수돗물도 나오지 않았고 난방도 없었다. 전깃불은 어찌나 희미한지 빅토리아 시대 중반의 가스등보다 나을 게 없었다.

웨이셴 수용소는 2.5미터 높이의 회색 담장에 둘려 있었고 나중에는 전기 철조망이 빙 둘러 쳐졌다. 모퉁이의 원뿔형 망루들에서 탐조등이 밤의 어둠을 갈랐고 간수들이 총구멍으로 기관총을 내놓고 서 있었다. 지상에도 30여 명의 간수들이 총검과 소총을 들고 있었는데 아직 검은색 동계 군복에 종아리까지 오는 군화 차림이었다. 더러는 독일산 셰퍼드를 줄에 매어 끌고 다녔고 혁대의 칼집에 칼도 꽂혀 있었다.

에릭 리델은 수용소의 상황을 전혀 몰랐고 함께 있을 사람들이 누구인지도 몰랐다. 일본군이 톈진에서 예비 수감자들에게 주었던 것은 정보라기보다 지시였다. 웨이셴 수용소에 도착하기 전에 침대와 매트리스와 큰 짐 가방 셋을 미리 부칠 수 있다고 했고 나머지는 다 등에 지거나 손에 들어야 한다고 했다.

톈진으로 되돌아올 생각은 아무도 하지 못했다. 전쟁이 잘 풀리면 수감자들은 해방되어 본국으로 돌아갈 것이고 전쟁이 잘못되면 일본군이 그들에게 어떤 고문을 가할지 누가 알겠는가? 무엇이든 지금

두고 가면 곧 영영 잃을 것이었다. 그래서 웨이셴 수용소로 가는 사람들은 실용 필수품만 아니라 애틋한 기념품과 작은 애장품도 챙겼다. 리델은 옷가지와 성경책과 기도서 몇 권을 쌌고 E. 스탠리 존스의 『산상의 그리스도』와 적색 가죽으로 제본된 존 버니언 John Bunyan의 『천로역정 The Pilgrim's Progress』 등 다른 책들도 더 골라서 쌌다. 만약의 경우에 대비해—일본군은 부엌용품을 언급하지 않았다—컵과 접시 몇 개씩 그리고 나이프와 포크도 하나씩 챙겼다. 군인들은 행여 리델이 그것들로 무기를 만들까 싶어 날카로운 정도를 일일이 검사했다. 그는 쿠션과 커튼 세트도 가방에 넣었다. 커튼으로 여분의 침대 시트를 만들면 좋을 것 같았다. 가족들의 사진과 나머지 육상 메달과 시계 두 개도 담았다. 뚜껑의 중앙에 유리가 끼워져 있는 금시계는 올림픽 금메달을 땄다고 에든버러시의 원로들이 준 것이었고, 스톱워치도 거의 20년 전에 중국에 올 때 가져온 것이었다. 1920년대 말과 1930년대 초에 착용했던 모교의 유니폼 상의와 스파이크 육상화 한 켤레—몸체는 진회색 천이고 긴 끈은 회색이었다—도 짐 가방에 넣었다.

 리델은 운이 좋아서 수용소에 도착할 때까지 짐이 그대로 있었지만 중간에 뻔뻔스러운 일본군에게 물건을 도둑질당한 수감자들도 있었다. 매번 군인들의 구실은 수하물로 부적절한 물건—특히 금붙이나 은제품—이 있으니 압수해도 죄가 아니라는 것이었다. 반박해 봐야 소용없었다. 점령군이 무슨 생각으로 빼앗든 수감자들은 순순히 굴복해야 했다.

 웨이셴 수용소로 떠날 때 모두에게 가해진 작은 모욕을 리델도 면하지 못했다. 일본군은 사진사들을 시켜 예비 수감자들의 이동을 인증하게 했다. 그들은 불안하여 얼굴 표정이 침울했고 몸은 짐 가방의 무게에 눌려 구부정했다. 그렇게 그들은 떼거지처럼 그룹별로 줄지어 이동했다. 중국인들이 눈물로 그들을 전송했는데 그중에는 집의 하인으로 일했던 사람들도 많았다. 전송은 대체로 말없이 이루어졌다. 포로에게 말을 걸다가는 형벌로 앞뒤에서 단장이나 죽장이 날아들 수 있었다.

텐진에서 웨이센까지는 480킬로미터였다. 리델은 털모자와 외투 차림으로 기차역까지 걸었다. 거기서 3등석에 올라 열 시간을 가서 기차를 갈아탔다. 다섯 시간을 더 가니 드디어 웨이센시가 눈앞에 나타났다. 여정의 마지막 구간인 약 5킬로미터는 40분 동안 트럭을 타고 갔는데 자갈길의 바퀴 자국을 따라 다른 수감자들과 함께 덜컹덜컹 흔들렸다. 도착해 보니 웨이센 수용소는 이미 리델과 똑같은 사람들로 북적북적했다. 다들 낯빛이 물 묻은 진흙처럼 창백하고 어두웠다. 몰골이 말이 아닌 데다 잠이 턱없이 모자라 눈까지 퀭했다. 일부는 멍하니 잡석을 고르고 있었고 일부는 갓 캐내서 아직 반쯤 흙이 묻은 야채의 껍질을 벗기고 있었다. 그들 앞에 쌓여 있는 야채는 마치 농부가 가축 앞에 여물을 쏟아 놓은 것 같았다. 일부는 엉뚱한 곳에 발이 묶인 여행객처럼 아직도 짐 가방을 붙든 채 망연자실했고 일부는 위로받을 길 없는 절망에 겨워 무작정 주변을 배회했다. 나약하고 비루해진 인간 군상을 그들은 차마 눈뜨고 볼 수 없었다. 바로 그날 런던의 윈스턴 처칠은 샹들리에가 걸린 화려한 월도프 호텔에서 말하기를 "하나님의 모든 법을 짓밟은 악마의 세력에 맞서 자유의 정신과 인간의 존엄성이 반드시 승리할 수 있도록… 치열하고 가차 없는 전투를" 벌이는 중이라고 단언했다. 그러나 웨이센 수용소에서 자유와 인간의 존엄성은 승리하지 못하고 있었다. 하나님의 법은 멀리 담장 너머에나 있는 것 같았다. 담장 안에는 길이 150미터, 너비 200미터도 안 되는 공간에 꽉 들어찬 1800명 가까운 수감자들의 혼돈만 있었을 뿐이다.

이 수용소의 풍경을 랭던 길키$^{Landon\ Gilkey}$보다 더 잘 묘사한 사람은 없다. 하버드 대학 출신의 교사였던 길키는 자신이 그곳에 수감된 경험을 바탕으로 1960년대 중반에 『산둥 수용소$^{Shantung\ Compound}$』를 썼다.

그의 맞은편에 있던 "큰 무리는 지저분하고 꾀죄죄한 게 꼭 난민들 같았고… 분노에 찬 호기심으로 우리를 차갑게 노려보고 있었다." 길키가 보니 그들의 옷차림은 "축축하고 구겨져" 보이는 데다 "방금 막 도로 보수를 하다 온 사람들의 모습처럼 때와 먼지에 찌들어 있었다." 그는 자기보다 먼저 그곳에 온 사람들이 이미 모두 생각해 보았던 질문을 자신에게 던졌다.

"어떻게 사람이 하다못해 잠깐이라도 이 좁은 공간에 갇혀 **살아갈 수 있을까?**"

평소에 늘 밝은 낙관론자였던 에릭 리델은 긍정적인 면에 초점을 맞추었다. 웨이셴 수용소에서 보낸 그의 편지들에 그것이 가장 잘 나타나 있다. 자신의 서신이 집에서 어떻게 받아들여질지 잘 알았기에 그는 수용소의 실상을 숨겼다. 말해 봐야 건설적 목적에 부합하는 데 아무런 도움이 되지 않을 뿐더러 슬픔이 아내의 영혼에 독이 되리라 믿었기 때문이다. LMS에서 플로렌스에게 그의 수감 소식을 알렸으므로 그가 짐작하기로 아내는 최악의 상황을 우려하고 있을 것이었다. 그래서 그는 그곳의 끔찍한 환경을 아내가 알지 못하도록 우선 말을 아꼈다.

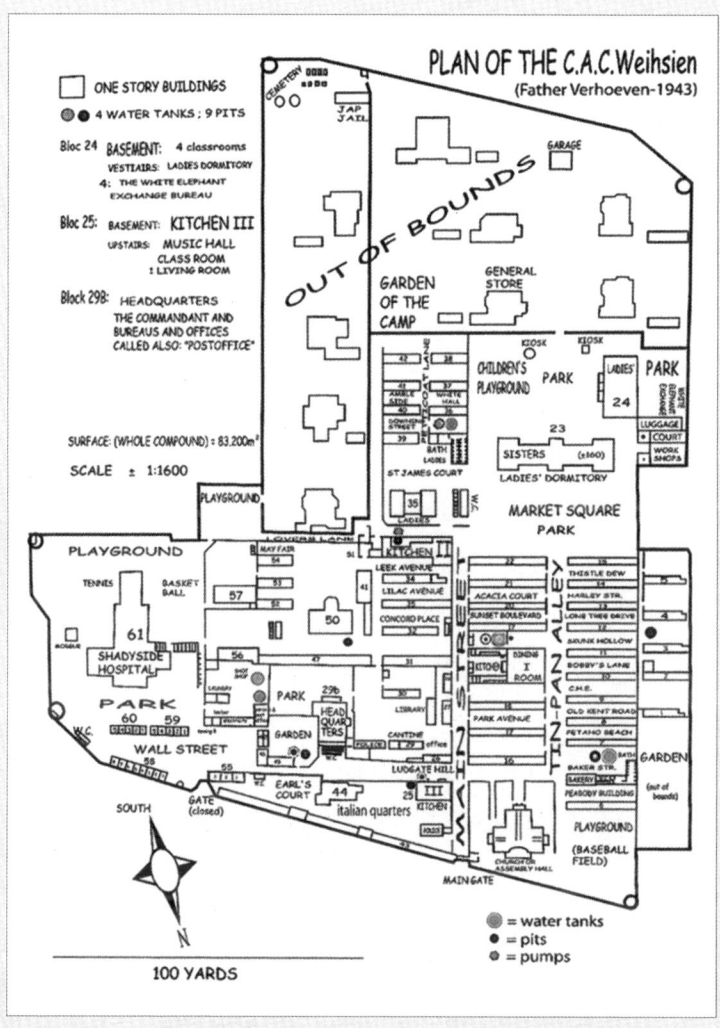

1943년의 웨이셴 수용소

천주교 신부 레너드 버호번이 그린 도면으로 "웨이셴 주민 회관 평면도"라는 제목이 붙어 있다.

한 달에 한 번씩 수감자들은 적십자사를 통해 25개 단어 이내로 메시지를 보낼 수 있었다. 1940년대판 트위터와도 같았다. 메시지는 "수신: 국제적십자위원회"라는 프랑스어 제목이 붙은 가로 25센티미터, 세로 15센티미터의 백지 양식에 대문자로 써야 했다. 발신자는 이름과 국적과 입소 번호—리델은 3/88이었다—를 기입해야 했고 내용은 "지극히 사적인 가족 소식"만 허용되었다. 이런 여러 지침이 빨간 글씨로 인쇄되어 있었다. 발신 메시지든 수신 우편물이든 일본군들은 중의적 표현을 적발하는 법을 익혔다. 예컨대 "엉클 샘에게 다시 말하고 싶다"거나 "존 불이 곧 너를 볼지 모른다" 등이 그런 경우였다(각각 미국과 영국을 뜻하는 이름—옮긴이). 그러나 간수들도 은유적 표현은 잘 짚어 내지 못했다. 어떤 수감자는 "골칫덩이 옆집의 텃밭에 비둘기가 날아들었다"라는 편지를 읽고 독일에 폭격이 개시되었음을 알기도 했다. 부적절한 정보다 싶으면 일본군이 굵은 검은색 펜으로 해당 문장을 덧칠했다. 그러면 글자나 형체를 통 알아볼 수 없게 되어 본국의 가족들이 뜻을 파악하느라 애를 먹었다. 그 얇은 종이를 불빛에 비춰 보아도 소용없었다. 일본군이 싫어하는 어휘들은 완전히 지워졌다. 그 작업에 싫증이 나거나 시간이 너무 많이 걸리면 간수들은 아예 적십자사 메시지를 파기해 버리거나 그냥 창고에 쌓아 두고 보내지 않을 때도 있었다.

리델이 쓴 메시지 중 다음 네 편에서 의연하게 역경을 헤쳐 나가는 그의 전형적 태도를 볼 수 있다. 수용소에 도착한 지 14일 만에 쓴 첫 메시지는 "원시적 상태의 단순하고 체력을 요하는 삶"으로 시작된다. 얼마 후에 보낸 두 번째 글에도 "단순하고 체력을 요함"이라는 말이 반복된 뒤 "옥외"에서 경험하는 "공동체 생활"이 강조되어 있다.

결혼 10주년을 기하여 쓴 세 번째 메시지에는 "건강하고 바쁘며 불만이 없음"이라고 단언되어 있다. 그로부터 5개월 후의 네 번째 글은 "건강하며 독서도 좀 즐기고 있음 … 늘 당신과 아이들을 기억하며 떠올림 … 모든 게 충분함"이라고 되어 있다. 리델이 전쟁 포로임을 모르는 사람은 그가 해변에서 그림엽서라도 보낸 줄로 알 것이다. "원시적"이라는 말만 빼고는 어떤 문제도 감지할 수 없다. 그가 일본군을 의식해서 내용을 검열했거나 제한된 공간에 맞추어 문장 수를 줄여야 했기 때문만은 아니었다. 이는 아무리 고생스러워도 우울하거나 부정적이 될 수 없는 그의 성품과 신앙 때문이었다.

웨이셴 수용소에서 보낸 리델의 총 694일을 기억하고 있는 한 동료 수감자는 그가 "차분한 기질"의 "평온한 사람"이었고 "늘 얼굴에 미소가 떠나지 않았다"라고 말했다. 다른 사람이 기억하는 그는 마치 쾌활하지 못한 게 나쁜 본보기이자 직무 유기라도 된다는 듯 "늘 쾌활했다." 또 다른 사람은 "그는 아무에게도 어두운 기색을 보인 적이 없었다. 하루하루를 여전히 소중히 여겼고, 그 속에 뛰어들어 우리 모두가 처했던 상황에 대해 남들의 기운을 북돋아 주었다"라고 술회했다. 랭던 길키는 리델이 "유명한 운동선수처럼 보이지 않았다. 아예 자신을 그런 사람으로 생각하지 않는 것 같았다"라고 말했다. 길키는 그를 "단연 사상 최고로 겸손한 사람"으로 보았고 그것이 "그의 놀라운 삶의 비결 중 하나"임을 곧 깨달았다.

웨이셴 수용소는 육군이나 헌병대의 관할이 아니라 일본 영사관의 관할이었다. 그래서 간수들의 배경도 다양했고 나이도 곧바로 전선에 배치된 군인들보다 많거나 적었다. 생체 실험, 고문과 참수, 행군의 강요, 사람들을 굶겨 죽이는 일 등 도처에서 일장기 아래 자행되던 온갖 만행과 잔혹한 일이 웨이셴 수용소에서는 재현되지 않았다. 그래도 상황은 처참했다.

일본군은 웨이셴 수용소의 실제적 운영 방안을 미리 충분히 생각하지 않았다. 그들에게 수용소는 한 문제―전시의 특정한 민간인 집단을 처리하는 일―의 즉답으로 보였으나 오히려 다른 문제들을 야기했을 뿐이다. 생각이 조급하고 해이했던 결과였다. 수용소의 수감자들은 베이징, 칭다오, 톈진 등 중국 각지에서 왔다. 그런데 그들이 "행복한 길의 뜰"에 들어선 뒤에 벌어질 일에 대한 종합 대비책이 전혀 없었다. 처음부터 웨이셴 수용소는 보급상의 난제가 있는 지역이었는데 일본군은 이 난제를 풀 방책도 의지도 자원도 없었다. 우선 기초 시설이 부족했고 정규 보급품도 모자랐다. 무엇보다 폐소공포증을 불러일으킬 정도로 공간이 협소했다.

수감자들의 면면도 사회 각계각층을 망라했다. 거의 귀족처럼 살아온 거부들은 운전사와 웨이터와 요리사를 따로 두었었고 자녀도 보모가 돌보았다. 아침마다 침실의 커튼을 휙 걷는 일조차도 하인이 다 해주었다. 어떤 사람은 롤스로이스가 적어도 두 대에 저택 같은 집이 여러 채였다고 했다. 상류나 중상류로 자처한 사람들은 부유한 상업 분야의 종사자로 은행 관리직, 사무직, 주식 중개인, 회사 중역, 하청 회계사, 건축가, 공무원, 상인, 광산 기술자 등이었다. 또 일반 의사, 외과 의사, 간호사, 치과 의사, 실험실 병리학자, 교사, 강사, 재단사, 요리사 등도 일본의 그물망에 걸려들었으니 수용소로서는 다행인 일이었다. 목수, 석수, 잡역부 등으로 기재된 '장인들'도 마찬가지였다. 미국 출신 흑인인 재즈 음악가 네 명은 나이트클럽 무대에서 웨이셴 수용소로 끌려왔다. 직업을 "재봉 교사"라고만 쓴 여자, "등대지기"라고 밝힌 남자도 있었다. 종교계도 다양하여 천주교 신부, 개신교 목사, 트라피스트회 수사와 수녀, 구세군 요원, 평신도 교사 등이 있었다. 리델은 거의 200명 가까이 되는 선교사들 중 하나였다.

수감자의 국적은 미국과 영국이 주를 이루었지만 그 밖에도 이란, 파나마, 팔레스타인, 백러시아 등 전 세계의 27개국이 섞여 있었다. 특히 백러시아 사람들은 1917년의 공산 적화로 나라가 없어져 돈을 다 빼앗기고 갈 곳이 없는 상태였다. 중국계나 심지어 일본계 수감자들도 있었다. 사람이 모인 곳은 다 그렇듯이 웨이셴 수용소에도 매춘부, 알코올과 마약과 아편 중독자, 지독한 게으름뱅이 등 문제 시민들이 없을 리가 없었다. 평소 같으면 누구나 빙 돌아 피해 갔을 지독히 추잡한 난봉꾼들도 있었으나 웨이셴 수용소에서는 그들을 피할 수 없었다. 인구 과밀의 결과는 불을 보듯 뻔했다. 물자가 턱없이 부족했고 특히 음식과 연료와 옷과 비누가 모자랐다. 게다가 무엇이든 받으려면 끝없이 줄을 서야 했다.

"매사에 기다려야" 했다는 한 수감자의 회고에 따르면 배식을 받으려고 선 줄에서 거의 날마다 "인간의 최악의 모습"이 시연되었다. 그 자리는 "불평과 신경질이 삶의 방식"인 곳이었다. 음식을 퍼 주는 사람들은 양이 적다고 호통을 듣기 일쑤였고, 불공평하다는 비난은 순식간에 시끄러운 말싸움으로 비화되었다. 머리끄덩이를 잡고 주먹을 휘두르고 옷을 찢기도 했다.

프라이버시가 없다 보니 개인 공간에 대한 분쟁이 비일비재했다. 자녀가 둘 이상인 부부에게는 가로 3.6미터, 세로 2.7미터의 방 둘이 주어졌다. 방마다 앞쪽에 정방형 창문과 뒤쪽에 채광창이 하나씩 있었다. 대개 이쪽 벽에서 저쪽 벽까지 줄을 매고 칸막이처럼 시트를 쳐서 거실과 침실로 나뉘었다. 겨울이면 벽의 회반죽이 벗겨지고 창틀이 갈라졌다. 수감자들은 종이를 반죽하여 구멍과 틈새를 메웠고, 밀가루로 만든 찰기 없는 풀로 신문지를 겹쳐 발랐다. 리델처럼 혼자 수감된 사람들은 "무소속"이라 하여 역시 코딱지만 한 방이나 창고 같은 합숙소에 단체로 함께 살았다. 크고 작은 가방은 침대 밑에 두거나 의자와 탁자로 썼다. 어떤 침대는 벽돌로 괴어 흔들거렸다. 합숙소가 어찌나 비좁은지 한 침대의 머리가 다른 침대의 발에 닿기 일쑤였다. 침대와 침대의 간격이 45센티미터로 정해져 있다 보니 영역 다툼이 벌어졌다. 어떤 수감자들이 조금씩 침대를 밀어 이웃의 공간을 침범한 뒤부터 분필로 바닥에 경계가 표시되었다. 무사히 속임수를 들키지 않기를 바라며 분필 자국을 지우고 옮겨 그리는 사람들도 간혹 있었다. 어떤 수감자들은 침대 틀이 없어 트렁크나 판지 상자 위에 매트리스를 놓고 잤다.

화장실은 사실상 땅에 판 구멍에 불과했는데, 설사나 병이나 심지어 구더기가 수용소에 쫙 퍼질 때면 사정이 더 악화되었다. 한 포로는 그 조악한 변소에 대해 "비위가 강해야 쓸 수 있었다"라고 말했다.

웨이셴 수용소장은 호놀룰루에 부영사로 잠깐 있다 왔기 때문에 영어를 거의 할 줄 몰랐다. 일본 주재 미국 영사가 미 국무부에 보낸 문건에 보면 그는 "실무에 극히 무능하고 협조할 생각이 없는 아주 평범한 지능의 인물"로 혹평되어 있다. 그의 영어가 워낙 부실해서 수감자들에게 말하는 일은 한때 런던에 살았던 다른 간수가 대신했다. 영국인들이 늘 그에게 잘해 주었으므로 그도 답례로 호의를 약속했다. 단 조건이 있었다. "잊지 마시오." 그는 효과를 노려 잠깐 뜸을 들인 뒤 "당신들이 협력해야 하오. 도발하거나 무례를 범하면 엄단에 처할 것이오"라고 말했다. 수감자들은 수감자 번호가 찍힌 네모난 천 조각을 받았다. 반항보다 재기再起가 중요했으므로 다들 그것을 옷에 붙였다. 붙이지 않는 사람들은 무사하지 못했다.

일본군은 수감자들의 제반사를 그들 스스로 처리하게 했다. 일상 행정을 운영할 위원회들이 아홉 개 분과로 기민하게 조직되었다. 그중 일곱은 징계, 교육, 기술, 인사, 보건, 주거, 보급이었다. 나머지 둘인 재정과 서무에는 '거물급'으로 자처하는 중역 출신의 수감자들이 몰려들었다. '재정'과 '서무'라는 단어에서 높은 권력의 기미가 풍겨 일부 다른 분과들과 달리 손에 때를 묻히거나 육체노동을 하지 않아도 될 것 같았다. 그러나 '서무'가 쉬운 보직으로 통함을 일본군이 간파하면서 상황이 달라졌다. 수용소장은 그 분과에 변소 청소 및 관리도 포함시키도록 지시했다. 그러자 득달같이 나서서 그 일을 자원하던 사람들이 얼른 뒷걸음질을 쳤다.

그래도 수용소는 대강이나마 점차 모습을 갖추어 갔다. 수감자들은 폐기물 중 고쳐 쓸 만한 것들만 골라서 남기고 나머지는 버렸다. 통로의 쓰레기도 서서히 다 치워졌다. 방과 합숙소도 약간 모양을 냈는데 반 통쯤 남은 페인트로 살짝 새 단장을 한 곳도 있었다. 우물도 다 파냈다. 수감자들은 손재주도 좋아서 버려진 벽돌로 화덕을 여럿 만들었다. 부서진 가구 같은 부스러기 땔나무를 화덕의 연료로 썼고 나뭇가지와 잔가지도 꺾어서 땠다. 석탄가루와 생각지도 못했던 귀한 코크스 조각을 주워 모아 진흙과 물을 섞어 장방형 조개탄이나 마르면 당구공만 해지는 동그란 덩이로 만들었다. 연기를 빼는 통풍관은 깡통으로 급조했다. 구두약병에 땅콩기름을 붓고 중국 실을 길게 잘라서 심지로 박아 조잡하나마 양초도 만들었다.

일을 할 수 있을 만큼 건강한 사람이라면 누구에게나 특정한 업무가 할당되었다. 자격증이 있는 장인들의 전문 기술은 큰 선물이었고 기술이 없는 사람들은 대부분 육체노동을 맡았다. 각각 500명 이상을 먹일 수 있는 주방 셋이 곧 가동되어, 음식을 준비하거나 나누어 주는 데 많은 요리사와 보조 요원이 필요했다. 벽돌을 쌓아 만든 거대한 화덕들로 매일 약 400개의 빵을 구워 냈는데, 팔 힘이 좋은 화부들이 주방과 빵집의 가마에 불을 붙인 뒤 불이 꺼지지 않도록 중노동을 했다. 우물물도 아침 6시부터 밤 9시까지 펌프질을 하기로 일정이 짜여졌다. 여섯 개의 펌프는 철도 손수레의 쇠 손잡이와 비슷한 데다 꼭 그만큼의 수고로 땀을 쏟아야만 작동되었다. 166리터들이 수조에 저장된 물은 늘 끓여야만 마실 수 있었다. 반 시간을 끓여도 먹을 수 없을 만큼 오염이 심한 우물도 있었다.

부유층 사업가들은 변기를 뚫는다는 생각만으로도 기겁했으나 손에 장갑도 끼지 않고 그 일을 하는 수녀들과 선교사들을 보고는 머쓱해졌다. 수녀들은 청색 또는 흑색 수녀복의 긴 옷단과 소매를 걷어 붙이고 장화를 바짝 올려 신은 뒤 청결함과 경건함이 이웃 사이의 덕목임을 증명해 보였다. 그렇게 끙끙대며 흐트러진 머리카락 뭉치를 뽑아낼 때마다 그들의 풀 먹인 흰색 두건은 점점 더 뒤로 젖혀졌다. "위생 경비대"로 불린 그들 중에 자칭 "말괄량이"인 메리 스캇도 있었다. 서른네 살의 그녀는 키가 157센티미터였고 둥근 얼굴에 건장한 새우등이었다. 목소리는 차분했고, 걸음걸이는 뚜벅뚜벅 활기찼으며, 검은 곱슬머리를 이마에서부터 뒤로 훌쩍 빗어 넘겼다. 불과 2년 반 전에 미국의 안정된 교직을 버리고 나사렛 교단의 선교사가 된 그녀는 변기의 냄새가 "너무 고약해" 코가 "얼얼했다"라고 시인했다. 일부

수녀들은 구토를 막으려고 손수건에 향수를 발라 얼굴에 둘렀다. 일본군이 여성 수감자의 수를 잘못 계산한 탓에 남자용 변소가 여자용 변소보다 두 배나 많아졌는데 이 또한 군의 계획이 부실했다는 증거였다. 각 변기를 다시 쓸 수 있게 된 뒤로는 캉^缸이라는 볼록한 질항아리에 담아 둔 구정물을 손으로 부어 물을 내렸다.

밤 10시면 통행이 금지되었으므로 수감자들은 요강을 써야 했다. 요강은 다음 날 아침에 분뇨 구덩이에 비워졌는데 지름이 3.6미터쯤 되는 그 구덩이들에는 울타리가 없었다. 척추가 굽어진 한 신부가 거기에 빠졌다가 구조되었고, 다른 수감자도 빠져 심각한 공황 발작을 일으키다가 밧줄로 끌어 올려졌다. 단지 옆에 흐르는 강이 있어 일본군들은 수감자들을 시켜 도랑을 파서 배설물이 강으로 곧장 흘러들게 했다.

한편 병원은 당번을 뽑아 의사들과 간호사들을 보조하게 했고 모든 수감자의 의약품과 반창고를 거두어 약방을 일원화했다. 3주도 못 되어 병원이 가동된 것이 가장 경이로운 변화였다. 지하에 세탁장도 만들어 여자들은 함지박에 빨래판을 놓고 쉴 새 없이 교대로 빨래를 했다. 작은 비누만으로 안 되는 부분은 털이 금방 닳아 없어지는 세탁용 솔로 문질러 보충했다.

리델은 공식적으로 수학과 과학 교사였으나 비공식적으로 무엇이든 다 했다.

입소 전의 소임에 맞게 그의 '기타 직무'는 아마도 교회 예배와 봉사를 조직하고, 성경 공부반과 성경 낭독을 맡고, 수용소 남서쪽 모퉁이의 좁은 맨땅에서 스포츠를 기획하는 정도로 국한되었을 것이다. 그는 이 모든 일을 용의주도하게 해냈고 약방의 감초 같은 존재가 되었다. 「양 아흔아홉 마리」라는 찬송가를 주일학교에서 계속 가르치면서 자신도 그 노래 속의 목자처럼 되었다. 리델은 늘 웨이셴 수용소의 잃어버린 양들을 찾고 있었다.

샤오창에서 지냈던 배경 덕분에 그는 불편한 삶에 익숙해져 있었다. 그때 그는 며칠씩 똑같은 옷을 입고 잔다든지 대야의 찬물이나 미지근한 물로 씻은 적이 많았다. 농부들의 집에 심방을 가면 돌판처럼 딱딱한 침상에서 잤고, 가난에 찌든 시골에서 차려 낼 것도 별로 없었지만 무엇이든 주인이 주는 대로 먹고 마셨다. 웨이셴 수용소에 온 것도 리델에게는 본래 자신이 맡은 사명의 연장선으로 보였다. 그래서 그는 물의 펌프질을 몇 번씩 더 맡았고, 변소를 청소했고, 장작을 팼고, 조개탄 덩이를 뭉쳐 그 연료를 노인들에게 가져다주었다. 바닥을 쓸었고, 쓰레기를 치웠고, 수레로 짐 부대와 식료품을 날랐고, 부엌일을 거들었다. 포로로서 체념하고 포기한 듯한 사람들의 경쟁심을 돋우고자 함께 장기도 두었다. 또 가구를 옮기고 빨랫줄을 걸고 힘든 수리를 마치는 등 잡일도 많이 했다. 어느 매춘부에게 선반 몇 개를 달아 준 적도 있는데 나중에 그녀는 "몸을 요구하지" 않으면서 자기 방에 들어온 남자는 리델뿐이었다고 말했다.

몸으로 일하지 않을 때면 리델은 수감자들에게 정서적 지원을 베풀었다. 그는 수용소의 위로하는 사마리아인이었고 선한 이웃의 전형이었다. 사람들은 그에게 문제를 쏟아 놓았고, 그러면 그는 친구와 낯선 이를 가리지 않고 들어주었다. 한 수감자는 "인간관계가 도저히 불가능해지면 우리는 그를 찾아갔다. 그는 온유하고 유머러스한 방식으로… 지난날의 행복이나 당장 임박한 앞일에 대한 전망을 일깨워 주곤 했다"라고 말했다. 웨이셴 수용소에서 남이 엿듣지 못하게 어느 정도 혼자 있으려면 담장 바로 안쪽을 빙 둘러 걷는 수밖에 없었다. 그래서 사람들은 늘 리델에게 "산책"을 나갈 시간이 있느냐고 물었다. 그렇게 걸으면서 그는 수감자들이 그들 자신이나 멀리 두고 온 사랑하는 이들을 향해 품고 있던 그리움, 외로움, 우울, 원망, 두려움 따위를 상대했다. 리델은 자신이 목회적으로 돌보는 이들에게 플로렌스의 부재로 인한 자신의 불안이나 쓰라린 아픔을 털어놓은 적이 없었다. 자신의 불평이나 한탄까지 들으면 사람들이 더 우울해질 뿐이라고 그는 생각했다. 그는 남을 비판하거나 헐뜯는 말도 하지 않았다.

리델은 나무랄 데 없이 정직하고 공평한 중재인으로 인정받아 말싸움을 해결하는 데도 불려 다녔다. 싸움이 일촉즉발의 위기로 치달을 때도 있었다. 적십자사를 통해 플로렌스에게 보낸 메시지에 그는 마치 웨이셴 수용소의 작업량이 고르게 분배된 것처럼 "모두가 일꾼임"이라고 쓴 적이 있었다. 하지만 꼭 그렇지만은 않았다. 메리 스캇은 "남녀 불문하고 외부의 직업으로 알려진 게 아니라 각자 맡은 일을 얼마나 자발적으로 열심히 탁월하게 해내느냐로 금세 알려졌다"라고 말했다. 수용소에서 "사람을 판단하는 기준은 소유가 아니라 **됨됨이**였다"라는 말도 덧붙였다. 특정인―주로 남자였지만 간혹 여자도 있었다―이 직무를 게을리하고 있는지 아닌지의 여부로 입씨름이 벌어지면 리델이 중재해야 했다. 때로는 쩨쩨한 좀도둑질에 대한 시비를 가리기도 했다. 음식이나 연료나 소지품이 수시로 없어졌다. 재론의 여지 없이 유죄가 입증되면 도둑들의 이름이 게시판에 적혔다. 손버릇이 나쁜 사람들에게 창피를 주어 재발을 방지하려던 조치였는데 그것이 그만 긴장을 고조시켰다. 그래서 근거와 무관하게 의혹이 난무했다. 어떤 이들은 탐욕을 채울 목적이 아니라 배고픔이나 추위를 면하려고 경솔한 행동을 저질렀을 뿐인데도 계속 기피 인물이 되었다. 1940년대는 어디까지나 자중과 자제가 특히 당연시되던 때라서 아무리 전쟁 포로라도 그게 없으면 나쁜 부류로 통했다. 사람들은 갈수록 더 파벌끼리 뭉쳤다. 부유층으로 자처하는 무리는 수용소의 밑바닥으로 간주되던 이들을 피했다. 중립을 엄수한 리델은 사회적 단절선의 양쪽 모두에 받아들여져 둘 사이를 자유로이 오갔다.

리델은 결코 약해지지 않았다. 날이 밝기 전에 동료들보다 한참 먼저 일어나 조용히 기도했다. 땅콩기름으로 켠 그의 등잔을 행여 간수가 보고 탈출을 도모하는 줄로 생각하지 않도록 그는 탁자에 앉을 때 커튼으로 창을 완전히 가렸다. 리델의 조언은 늘 "첫째로 기도 시간을 정하고 둘째로 그 시간을 지키라"였다. 그가 이 부분에 엄격했던 이유는 "누구든지 정해진 기도 시간을 등한시하는 사람은 말로는 항상 기도할 수 있다지만 아마도 필경은 전혀 기도하지 않을 것"이라 믿었기 때문이다. 리델의 설명에 따르면 그의 기도에서 처음 몇 분은 "진지한 도덕적 성찰"의 시간이었다. "무슨 일이든" 자신이 잘못한 게 있으면 거기서 생각이 멎기를 기다렸다. 그다음에 그는 제일 먼저 플로렌스와 패트리샤와 헤더와 아기 모린을 위해 기도했다. 그가 사용한 『일일 기도서 Prayers for Daily Use』에 보면 "부재중인 사랑하는 이들"이라는 단락의 여백에 그들의 이름이 정성스레 적혀 있었다.

리델은 이렇게 조용히 묵상하고 공부하는 시간을 눈의 "비늘"을 씻어 내는 일에 비유했다. 그것부터 하고 나서야 하루를 맞이했다.

리델이 일하는 모습을 본 사람들에게 그는 마치 "네가 없어도 세상은 잘 돌아간다"라는 이론에 극구 반대하는 사람처럼 비쳐졌다. 당시에 호기심 많은 아이였던 한 수감자는 "짐수레 뒤에서 보급품을 내리는 그를 본 적이 있다. '다른 사람의 책임인데 왜 그가 이 일을 하지?' 하는 생각이 들었다. 나중에 알고 보니 그는 **안 하는 일이 없었다.** 열 사람 몫을 한다고들 했다. 그 말이 그대로 믿어졌다"라고 말했다.

또 다른 관찰자가 더 잘 표현했다. "사람이 그런 일정을 소화할 수 있다는 게 정말 놀라웠다."

수감자들은 웨이셴 수용소를 조금이라도 더 고국처럼 만들려 했다. 그래서 수용소 내의 통로들에 장난스럽게 이름을 새로 붙였다. 중앙의 길은 메인 스트리트, 그와 평행을 이루는 길은 취향에 따라 틴 팬 앨리 또는 로키 로드가 되었다. 그 밖에 월 스트리트, 다우닝 스트리트, 선셋 블러바드, 올드 켄트 로드, 베이다이허 해변은 물론이고 사랑의 산책길도 있었다. 거기서 목격되던 초현실적인 대혼란의 장면들을 화폭에 옮기려면 이상야릇한 공상적 장면들을 그린 화가 히에로니무스 보스Hieronymus Bosch가 제격이었을 것이다.

일본군은 수감자들에게 옷을 새로 지급한 적이 없었다. 그들이 입은 옷은 금방 더러워졌고 특히 폭우가 쏟아져 큰길들까지 진흙탕으로 변할 때는 더했으며, 그렇게 매일 입는 사이에 결국 해어져 못 쓰게 되었다. 이미 기워서 너덜너덜해진 옷을 자꾸 또 수선하다 보니 결국 더는 수선이 무의미해졌다. 옷을 기울 때는 어떤 천이든 가리지 않고 잘라서 꿰매야 했다. 커튼, 시트, 담요, 베갯잇 등이 쓰였고 가장 흔한 것은 닳아져서 일부만 남은 다른 옷들이었다. 아무것도 그냥 버려지지 않았다. 꽃무늬 식탁보는 팬티 두 장으로 변했고, 팔꿈치가 뚫어진 스웨터는 털실이 점점 풀려 그것으로 새 옷을 짰다. 부엌의 커튼 한 쌍에서는 셔츠 한 장이 나왔다. 신발 밑창이 떨어지려 하면 긴 노끈이나 삼실로 묶었고, 그마저도 여의치 않으면 나무 밑창에 천 조각을 대고 징을 박았다. 여름이면 일부 남자들은 웃통을 벗고 맨발로 다녔다. 겨울에는 중국의 나막신을 신었다. 외관에 신경 쓰는 사람은 아무도 없었다. 옷을 최대한 오래 입는 게 관건이었고 옷의 구실만 다하면 되었다.

당황해서였든 딱히 무엇을 가져와야 할지 아무도 몰라서였든 수감자들이 애초에 옷장에서 챙겨 온 의복은 정말 가지각색이었다. 그러다 보니 수용소가 존재한 2년 반 동안 사육제만큼이나 희한한 옷차림의 광경이 연출되었다. 마치 아이의 소꿉놀이 옷상자에서 다들 아무거나 꺼내 입은 것 같아서 그곳이 정신병원으로 혼동될 수 있을 정도였다. 한 여자는 모피 코트에 진주 목걸이를 맸다. 다른 여자는 야회복을 입었는데 주름진 넓은 목깃이 때가 타고 닳아져 결국 잘라 내 다른 것을 만들었다. 한 남자는 말쑥한 정장 셔츠에 재킷 차림으로 설거지를 했고, 그의 친구는 뱃놀이할 때 쓰는 분홍색 리앤더 목도리를 두르지 않는 날이 없어 보였다. 폭이 넓은 넥타이를 시도 때도 없이 맨 사람도 있었다.

옷을 제대로 다릴 방도가 없어 수감자들은 침대의 스프링과 매트리스 사이에 옷을 깔고 잤다. 메리 스캇은 "나중에 옷을 꺼내면 구김이 많이 갔지만 그래도 납작해져 있긴 했다"라고 말했다. 또는 옷을 빨아 "바람에 주름이 조금이라도 사라지기를 바라며" 그냥 널어 말렸다고 그녀는 덧붙였다.

웨이셴 수용소에 도착했을 때 에릭 리델은 흰 셔츠에 외투를 걸치고 국방색 반바지에 기다란 흰 양말을 신은 차림이었다. 그가 가져온 커튼―주황색 한 쌍, 불타는 빨간색 한 쌍―은 결국 잘라져 흰 셔츠를 대신했는데, 그 옷을 입은 그의 모습은 꼭 성냥개비 끝에 불이 붙은 것 같았다. 리델만 그런 게 아니었다. 다른 포로가 입은 반바지도 한때 커튼이었는지라 양쪽 엉덩이에 해와 달의 무늬가 그대로 드러났다. 리델은 양말을 포기하고 아무거나 발에 맞는 대로 신었다. 낡은 육상화도 바닥의 스파이크를 뽑고 신었다. 그래도 옷은 그에게나 다른 모두에게나 수용소에서 가장 덜 불편한 문제였다.

수감자들은 아무 시설도 없는 공동 구역에서 매주 한 번씩만 샤워를 할 수 있었다. 알몸을 가려 프라이버시를 지켜 줄 거라곤 겨우 시트뿐이어서 정식 커튼을 대신할 수는 없었다. 먼지와 검댕으로 뒤덮인 화부들과 열기에 땀범벅이 된 빵 굽는 이들만은 예외여서 수용소도 그들에게는 샤워를 매일 허용했다. 웨이셴 수용소는 각종 벌레와 해충에게도 정다운 집이었다. 아무리 소독약을 뿌려도 시원하게 몰아낼 수 없었다. 부엌의 파리와 쓰레기 주변을 바삐 오가는 쥐 외에도 통통한 구더기, 모기, 전갈 등이 있었다. 또 골칫덩이인 각종 적갈색 빈대는 사람의 살갗을 진미로 알아 시트 안쪽에 핏자국을 남겼다. 수감자들은 해충 박멸에 안간힘을 썼다. 침대 틀과 매트리스와 담요는 물론 트렁크와 옷까지 내다가 털었다. 벽과 바닥을 물로 씻었고, 물을 끓여 침대 틀에 부었고, 손톱으로 빈대를 눌러 죽였다. 그래도 소용없었다. 빈대 군단은 그날 안으로 다시 쳐들어 왔고, 수감자들은 빈대를 홱 쳐내거나 찰싹 때리거나 털어 버리느라 늘 밤잠을 설쳤다. 웨이셴 수용소에는 하멜른의 쥐잡이인 피리 부는 사나이도 없었다. 쥐들은 정교한 쥐덫에 걸리거나 물에 빠져 수백 마리가 죽었지만 빈대와 파리처럼 쥐도 언제나 더 있었다. 사실 수없이 많은 쥐 떼가 죽은 자리를 대신했다.

기후도 수감자들을 힘들게 했다. 겨울은 너무 추워 부엌에서 채소를 다듬던 이들은 칼이 미끄러져 손을 베도 때론 느낌이 없었다. 손가락의 감각이 사라진 탓이었다. 여름은 너무 더워 땀을 쏟느라 일꾼들의 진이 빠졌다. 어느 계절이든 웨이셴 수용소의 삶은 엄격하고 고역스런 일과가 주를 이루었다. 그것이 사람을 지치게 했지만 그러면서도 이상하게 꼭 필요한 일이었다. 수용소의 엄격한 체계 덕분에 수감자들은 필연적 생존 욕구로 하루하루에 임할 수밖에 없었다. 맡은 일들이 지겹도록 단조로웠지만 그래도 무의미한 일은 하나도 없었다. 다만 지루한 강제 점호만은 예외였는데 그것을 텐코點呼라 했다.

리델은 점호 책임자 중 하나였다. 아침마다 종소리가 나면 수감자들은 7시 반까지 집합해야 했는데 전체 과정 자체가 고역일 수 있었다. 한 수감자는 "몇 시간씩 줄을 서 있어야 할 때가 많았다. 간수들은 인원 파악에 서툴러 긴 줄을 몇쯤 세다가 명부와 비교해 보고는 다시 세곤 했다"라고 말했다. 간수들에게 부족한 것이 쉬운 산수만은 아님이 곧 명백해졌다. 그들은 생각도 기민하지 못했다.

수감자 몇이 모자라자 간수들은 다른 수감자를 보내 그들을 찾아오게 했다. 그러고도 점호가 어찌나 오래 걸리던지 노인들 몇이 중간에 쓰러졌다. 결국 간수들은 딱 한 사람만 빈다는 계산을 내놓았다. 지긋지긋하게 질질 끌며 다시 세어 본 후에야 비로소 진상이 밝혀졌다. '실종된' 수감자는 바로 그들이 처음에 다른 사람들을 찾아오라고 보냈던 그 사람이었던 것이다. 그는 여태 찾으러 다니고 있었다. 그 뒤로 수감자들은 서 있지 않으려고 등받이 없는 헝겊 접이의자나 가볍게 흔들리는 야외용 접이의자를 들고 나왔다. 책을 읽으며 시간을 보내는 이들도 있었고, 아코디언이나 하모니카 같은 작은 악기에 맞추어 여럿이 노래를 부르는 이들도 있었다. 남자아이들은 얕은 구멍을 파고 구슬치기를 했고 중년 여성들은 뜨개질을 했다. 이런 번거로운 점호는 수감자들과 간수들 사이에 적대감을 유발했다. 점호를 마치는 데 걸리는 오랜 시간을 양쪽 다 상대방 탓으로 돌렸다.

일본군들은 처음에는 위협적인 존재였다. 한 수감자에 따르면 수용소에 처음 갔을 때는 "뾰족한 대검을 찬 그들이 큰 소리로 툴툴거리면 아무리 반골 기질이 센 사람도 덜컥 겁이 났다." 영어를 할 줄 아는 간수는 거의 없었다. 그들은 팔을 휘저으며 알아들을 수 없는 명령을 외쳐 댔는데 꼭 당황하여 버럭 내지르는 폭언 같았다. 데시벨의 수위만이 긴급성을 가늠하게 해주었다.

그러나 몇 달이 지나자 간수들이 우스운 광대처럼 보여 수감자들은 전만큼 기가 죽지 않았다. 180센티미터가 넘는 일부 미국인과 유럽인이 간수들 앞에 서면 훨씬 단신인 그들은 연극 복장을 입은 소년들처럼 보였다. 간수들은 때로 과민성을 드러내기도 했다. 수감자들끼리 서로 놀려 대는 장난이나 웃자고 하는 농담을 자신들을 향한 무례한 행위로 착각한 것이다. 그러면 간수들은 예의가 없다며 불평하곤 했다. 그들의 비위를 맞추려고 수감자들은 길을 "양보해야" 했는데, 한 수감자에 따르면 이는 "머리의 충돌을 피하려고 왼쪽이나 오른쪽으로 진로를" 바꾼다는 뜻이었다.

하지만 그것으로도 부족했다. 한 간수는 치과에서 해넣은 두 앞니 때문에 금이빨로 불렸는데, 늘 단장을 들고 다녔고 성질이 "더럽다 못해 지독히 가학적"이었다. 그의 자존심은 "현실의 범위를 넘어 폭발하곤" 했다. 아예 그에게 "정신적 결함"이 있다고 본 사람들도 있었다. 창고를 관장하고 있던 그는 누가 요구 사항을 이해하지 못하면 이를 외국어 실력이 빈약한 자신의 탓이 아니라 수감자들 탓으로 돌렸다. 금이빨은 격노하여 부르르 떨며 창고 문을 잠그고는 홧김에 사라지곤 했다. 또 노동 중에 노래하는 수감자들을 증오하여 그들에게 단장을 휘둘렀다.

또 다른 간수는 킹콩이란 별명을 얻었다. 작달막한 키에 깡마른 몸이 메리언 C. 쿠퍼Merian C. Cooper가 영화 속에 만들어 낸 그 거구의 동물과 정반대였기 때문이었다. 금이빨처럼 그도 음악이라면 질색이었는데 특히 그의 신경을 자극한 노래가 있었다. 수감자들은 구내식당에 모여 식사할 때 그날 생일인 사람에게 「생일 축하합니다」를 불러주곤 했다. 수용소에 인원이 워낙 많다 보니 항상 누군가의 생일이었고 어떤 때는 한자리에서 노래를 대여섯 차례씩 부르기도 했다. 곡조도 낯설고 가사도 모르던 간수들은 점차 그것을 시위가나 자신들을 비판하는 또 다른 수법이라 생각했다. 그래서 킹콩은 생일 축하 노래를 전면 금지시켰다.

가장 달갑지 않은 별명은 한 하사에게 붙여졌다. 그에게 '금지되었다, 하지 말라'라는 뜻의 보싱데라는 이름이 붙은 것은 그가 모든 말에 "보싱데"라고 답했기 때문이다. 마치 무슨 인신공격이라도 당한 양 그 말을 내뱉는 방식도 아주 공격적이었다. 수용소에서 그는 난폭한 불량배로 통했다. 그래도 아이들은 이 하사를 끊임없이 놀렸다. 겁 없이 쫓아다니며 "보싱데"라고 외치고 달아나곤 했다. 어쩌다 강아지 한 마리가 수용소에 기어 들어왔는데 사람들은 그 개도 보싱데라고 불렀다. 별명을 외칠 이유가 더 늘어난 셈이었다. 결국 하사는 강아지를 잡아 담장 밖으로 던졌다. 놀림을 당하는 데 분개한 그는 웨이셴 수용소 곳곳에 기어이 이런 공고문을 붙였다. "일본 천황 폐하의 특명이다. 이제부터 '보싱데 하사'는 보싱데 하사가 **아니다**…." 마치 히로히토가 이 문제를 심히 중요하게 여긴 나머지 황궁을 떠나와 문구를 직접 구술 하기라도 한 듯 "아니다"라는 단어에 밑줄까지 쳐져 있었다. 이 일로 하사는 전보다 더 웃음거리가 되었다.

    수용소의 결핍 중 최악은 음식이었는데 이 때문에라도 간수들은 수감자들의 호감을 사지 못했다. 먹을 게 충분했던 적이 없어 거의 언제나 누군가의 배 속에 굶주림이 들어앉아 있었다. 제일 먹고 싶은 진미를 상상하며 아예 대 놓고 음식 얘기를 하든지, 아니면 좋아하는 식단을 생각만 해도 입에 마구 침이 고이는 통에 아예 입을 다물든지 둘 중 하나였다. 굴튀김, 가자미, 닭 가슴살 등 먹고 싶은 것도 제각각이었다. 많은 수감자들이 등심 스테이크와 돼지갈비를 꼽았다. 배급량이 턱없이 부족했을 뿐더러 제공된 식사를 음식이라 부르는 것도 어이없는 과언이었다. 취사 담당자들은 메뉴를 게시할 때 장난삼아 "둥글게 자른 쇠고기", "뱅어", "고급 크림소스를 얹은 닭고기", "프랑스식 양념 쇠고기" 따위를 예고했다. 그러나 정작 접시에 받고 보면 꼭 먹다 남은 찌꺼기 같았다. 그나마 어떤 사람들은 접시도 없어 깡통, 머그잔, 크고 작은 냄비, 프라이팬, 비눗갑 등에 담아 먹었다.

    똑같은 식단만 계속 되풀이되는 것도 고역이었다. 아침 식사는 수수였다. 이 곡물은 수확량이 많아서 주식이 되었으나 현지 농부들이 이를 먹지 않고 돼지 사료로 쓴다는 사실 외에는 더 말할 필요가 없다. 녹두라는 콩도 아침에 나왔다. 점심 식사는 기름기만 많고 잘 씹히지 않는 찌개였다. 수감자들은 이를 "늘 똑같은 찌개"의 머리글자를 따 SOS $^{\text{Same Old Stews}}$ 라 불렀다. 재료는 냄새가 고약한 회색 고기와 두툼하게 썬 간이었는데, 그 출처는 도살된 말과 당나귀였고 수용소에 왔을 때 이미 반쯤 썩은 상태였다. 여름이면 파리 떼가 마치 휘몰아치는 호우처럼 새까맣게 날아들어 고기를 먹거나 그 위에 알을 깠다. 고기의 악취가 어찌나 심하던지 한 수감자는 "아무리 후추를 많이 뿌려도 냄새가 멀리까지 진동했다"라고 회고했다. 대개 저녁 식사는 묽어진 남은 음식에 감자와 가느다란 채소를 넣어 끓인 수프였다. 채소로는 배추, 오이, 당근, 무, 가지 등이 쓰였다. 멀건 죽도 있었는데 주성분으로 흔히 쓰였던 시큼한 빵에는 밀가루에서 제대로 걸러지지 않은 벌레가 들어 있었다. 끼니때마다 양동이에 묽은 홍차가 나왔다.

일본군에게 밀가루와 누룩이 상당히 보급되었기 때문에 수용소에 빵은 넉넉했다. 그러나 마가린과 버터는 귀했고 그나마 조금 있는 것도 걸핏하면 곰팡이가 슬거나 티끌이 섞여 들었다. 수감자들은 주기도문의 가운데 부분을 살짝 바꾸어 이렇게 기도했다. "오늘 우리에게 일용할 양식을 주시옵고 발라 먹을 잼도 조금 주옵소서." 아주 가끔씩 그 기도가 응답될 때도 있었다. 초기에 일부 운이 좋은 선교사들에게 음식물 소포가 배달되었다. 한 여자가 받은 꾸러미에 당밀도 있었는데 아쉽게도 그 기쁨은 오래가지 못했다. 건물에 들끓던 쥐 떼 중 한 마리가 당밀 통에 빠져 그녀는 차마 쥐를 건져 내거나 오염된 내용물을 먹을 생각을 못하고 그냥 버렸다. 나중에 다른 수감자에게 그 얘기를 하며 당밀을 가져도 된다고 했더니 그는 쓰레기 더미에서 통을 가져다가 끈적끈적해진 쥐를 끄집어낸 뒤 '몇 시간' 동안 끓여서 당밀을 먹었다.

식재료가 어디서 왔으며 그전에 어떤 상태였는지 아무도 정말 알 마음이 없었다. 우리가 기겁하며 퉤퉤 뱉어 낼 것들도 수감자들은 먹었다. 요리를 맡았던 벨기에 출신의 신부는 자기가 실수로 수프에 "소금을 왕창 넣었다"라며 아무도 먹지 않을 줄로 알았다고 고백했다. 그런데 "모두가 먹었다. 먹을 게 그것뿐이기 때문"이었고 또 "실수했다고 버리면 굶어야 했기" 때문이었다. 앞쪽 창문으로 비둘기가 날아들어 횡재한 가정도 있었다. 비둘기는 즉시 털이 뽑히고 삶아져 수프 냄비 속으로 들어갔다.

일본군은 때로 잔인하기도 했다. 한번은 장교 막사 근처에서 말 한 마리가 죽었는데 간수들은 말이 부패할 때까지 두었다가 그제야 수감자들에게 살가죽을 벗기고 썩은 부분을 도려내도록 허락했다. 일본군은 감자도 쌓아 놓고 똑같이 했다. 감자가 썩을 때까지 출입 금지 구역에 놓아두었다.

간혹 특식을 먹을 때도 있었다. 설탕의 할당량은 수감자별로 매주 한 찻숟가락 정도였는데, 전원이 자신의 몫을 요리사들에게 주면 명절이나 축일에 그들이 대충 생강 과자나 버터 쿠키나 케이크 비슷한 것들을 만들어 냈다. 물론 집에서 어머니가 쓰던 조리법과는 달랐지만 그래도 오븐에서 갓 구워 내 따끈따끈했고, 푹 고아진 야채 한 국자나 왠지 떨떠름한 당나귀 고기 한 조각보다는 나았다. 오렌지가 몇십 알쯤 들어왔을 때는 누가 먹을 것인지 제비를 뽑아 정했다. 베이징 출신의 수감자들이 미리 조치해 둔 덕분에 중국인 친구들에게서 소포가 오곤 했다. 소포는 거의 매번 일부가 뜯겨진 상태로 도착했다. 제일 좋은 물건은 누가 이미 빼돌렸거나 아예 내용물이 하나도 없을 때도 있었다. 일본인들과 중국인들은 서로의 탓으로 돌렸다.

주방에서 아무리 열심히 애써도 수감자들에게 음식을 충분히 내놓기란 불가능했다. 몸무게가 30-45킬로그램까지 빠진 사람들도 있었다. 사춘기 소녀들은 월경을 하지 않았고 아이들의 새로 나는 치아에는 에나멜질이 없었다. 한 수감자는 이런 극빈한 식단이 리델의 "활력"마저 앗아 갔다고 말했다. 그가 보기에 리델도 다른 모든 사람과 똑같은 속도로 체중이 줄어 갔다. 그러나 리델은 플로렌스에게 이런 말을 일절 하지 않았다.

일본군의 허용으로 중고품 가게가 생겨났다. 처음에는 수감자들끼리 물건을 교환하는 곳이었으나 나중에는 말린 과일, 치약, 화장지, 담배, 땅콩, 비누 등을 팔았다. 가끔 구두약도 팔려고 내놓았는데 구두 자체가 희귀했으므로 생뚱맞고 불필요해 보였다. 이런 '사치품'을 수감자들은 위로금이라는 명목의 돈으로 샀다. 적십자사에서 주당 1-2위안의 값어치만큼만 제공하던 이 현금은 전쟁이 끝나면 갚도록 되어 있었고 수령자들은 약속어음에 서명까지 해야 했다.

가게에서 파는 품목이 제한되어 있다 보니 수감자들의 영양 보충에는 턱없이 부족했다. 일본군은 수용소 밖에 살던 중국인들을 하층민으로 취급했다. 인근에 집과 농토가 있는 농부들은 벌레와 파리만도 못한 불가촉천민으로 여겨졌다. 수용소에 들어와도 되는 현지인은 변소의 대변을 '분뇨 통'에 퍼 나르는 막일꾼들뿐이었는데 수감자들은 이들을 다르게 보았다. 적절히 보상만 해준다면 담장 밖의 사람들은 담장 안의 사람들에게 도움이 될 수 있었다.

웨이셴 수용소의 암거래 영업이 곧 개시되었는데 리델도 자진해서 거기에 한몫을 담당했다.

열다섯 번째 달리기

에릭 삼촌

에릭 리델이 웨이셴 수용소에 처음 도착했을 때 한 동료 수감자가 물었다. "아직도 달리기를 좀 하시오?"

대화를 트려는 선의의 시도였으나 묻는 말투가 하도 쌀쌀맞아서 꼭 빈정대는 것처럼 들렸다. 주변 사람들은 리델에게서 퉁명스러운 반응이 나올 줄로 예상했다. 아직은 대부분이 그와 모르던 사이였다.

그가 파리 올림픽에서 우승한 지 거의 20년이 흘렀다. 그도 어언 머리가 벗어진 41세의 중년이었고 1937년 이후로는 달리기 시합을 해본 적도 없었다. 과거의 영광에 대해 예민하고 민감한 사람이라면 누구나 버럭 독설을 퍼부어 찬바람이 휙 돌게 할 수도 있었다. 게다가 수용소라는 정황에서 그런 질문을 한다는 것 자체가 미련해 보였다. 그러나 리델은 상대를 당황하게 하거나 감정을 해칠 마음이 없었다. 그래서 그를 물끄러미 바라보며 악의 없이 이렇게 말했다. "아니요. 이제 나이가 들어서 예전만 못합니다."

리델이 예전만 못하다고 말하긴 했지만 그 의미는 웨이셴 수용소의 다른 사람들이 생각하던 것과는 달랐다. 물론 그는 이제 400미터를 50초 내에 달릴 수는 없었지만, 그래도 올림픽 챔피언 출신답게 아직도 20대 초반의 남자들을 앞지를 수 있었다. 불과 몇 해 전인 1939년에 스코틀랜드로 휴가를 갔을 때 리델은 자신의 단거리 주력이 얼마나 그대로 남아 있는지를 보여주었다. 관중석에 열광하는 군중은 없었다. 사실 관중은 두 딸 패트리샤와 헤더뿐이었고 그가 추격한 대상도 트랙을 도는 운동선수가 아니라 들판을 가르던 토끼였다. 카컨트에서 아이들을 데리고 산책하던 중이었다. 앞에 토끼가 지나가자 리델은 저녁 식사감이다 싶어 얼른 쫓아갔다. 토끼는 시속 40-70킬로미터로 달려 추격을 따돌릴 수 있으므로 토끼를 잡으려면 발이 유난히 빨라야 한다. 그러나 이번 시합의 승자는 정해져 있었다. 리델은 토끼의 뒷다리를 잡았고 토끼는 파이의 재료가 되었다.

머잖아 웨이셴 수용소에서도 리델이 얼마나 빨리 달릴 수 있는지를 목격하게 된다.

처음 몇 달 동안 수용소는 허위 선전과 진실을 가려내기에 여념이 없었는데, 패트릭 스캔런Patrick Scanlan 신부라는 호주 시토 수도회의 수사에 따르면 "양쪽 다 들불처럼 쏟아져 들어왔다." 40대 중반의 스캔런은 베이징의 트라피스트회 수도원에 있다가 수감되었는데 한때 10년 가까이 침묵의 서원을 했었다. 체구가 크고 빨간 머리가 성기어진 그는 말투가 답답할 정도로 느긋해서 간수들은 그의 기민한 사고가 박람회장의 회전목마만큼이나 쌩쌩하게 돌아가고 있음을 눈치채지 못했다. 그의 회고에 따르면 잘못된 정보를 "듣거나 넘겨듣는 방법은 많이 있었다." 일본인 간수들끼리 하는 말을 엿들을 수도 있었고 중국인들이 담장 밖에서 수감자들에게 뉴스를 외치기도 했다. 헛소문을 유포하는 데 전문인 영자 신문 『페이킹 크로니클The Peking Chronicle』이 수용소 내로 전부 반입되거나 보급품의 포장지로 사용되어 일부만 낱장으로 들어왔다. 이 신문의 내용을 액면 그대로 받아들여서는 안 된다는 사실은 웨이셴 수용소에 대한 기사에서 입증되었다. 신문에 따르면 그곳은 "모든 설비가 완비되어 더없이 살기 편한" 곳이었다. 이어 기자는 "재소자들은 마치 고국에 있는 것처럼 삶을 영위할 수 있다"라고 덧붙였다.

전쟁에 대한 오보가 끊이지 않았는데 대부분 허무맹랑한 것들이었다.

수용소에 들려온 소식에 따르면 일본은 오스트레일리아 땅에서 진격 중이었다. 런던은 폭격으로 완파되고 잔해만 남아 형체를 알아볼 수 없게 되었고 윈스턴 처칠은 죽었다. 독일의 런던 진입이 불과 1주일 앞으로 다가온 가운데 워싱턴의 프랭클린 D. 루스벨트는 평화와 화해를 호소하고 있었다. 일본 황실의 해군이 미 서부의 샌프란시스코에 입항 중이며 곧 병력이 금문교를 행진할 참이었다. 러시아에는 1917년 때보다 훨씬 악화된 제2의 혁명이 발생했다. 연합군은 히말라야산맥 너머로 군인들을 떨어뜨려 중국 남부에서 싸울 계획이었다. 중국의 비정규군이 웨이셴 수용소의 문을 부수고 과감한 구출 작전을 벌일 만반의 태세를 갖추고 있었으며, 그리되면 일본은 수용소를 폐쇄하고 모든 수감자를 도쿄로 이송하는 수밖에 없었다.

이보다 더 해괴한 세 가지 이야기가 있었다. 첫째로 할리우드의 미모가 뛰어난 배우이자 소프라노 가수인 디나 더빈$^{Deanna\ Durbin}$—주디 갈런드$^{Judy\ Garland}$와 같은 시기에 영화계에 들어섰다—이 출산 중에 죽었다. 둘째로 이국적인 복장과 과일 장식 모자로 유명한 무용수 카르멘 미란다$^{Carmen\ Miranda}$가 교통사고를 당해 양쪽 다리를 절단했다. 셋째로 처칠과 루스벨트가 수감자들을 구조하려고 낙타를 타고 떠났다가 황하 근처에 고립되었다. 스캔런에 따르면 지난번 이야기가 아무리 허황되도 수감자들은 "다음번 이야기를 간절히 듣고자 했다." 가장 황당한 공론일수록 이상하게 삶의 의욕을 불러일으켰다. 웨이셴 수용소의 불투명한 상태에서 헤어나는 한 방법인 셈이었다. 스캔런의 설명대로 수용소는 "끝이 임박하여 우리의 수감 생활이 곧 끝나리라는 것을 그런 소식을 통해서라도 늘 확인하려 했고", 그래서 "쓸데없는 헛수고임을 속으로 알면서도 우리에게 희망을 주는 내용이면 무엇이든 환영하고 매달렸다."

악의적인 이간질에 능한 한 수감자는 아침에 담장 안쪽을 산책하면서 매일 다른 헛소문 퍼뜨리기를 일삼았다. 그러고 나서 아침 식사 때와 점심 식사 때에 사람들의 대화를 엿들어 보면 자신의 허튼소리가 얼마나 멀리까지 퍼졌는지는 물론이고 계속 말이 옮겨지는 동안 얼마나 내용이 바뀌고 살이 붙었는지도 알 수 있었다. 스캔런의 동료였던 레이먼드 드 재거라는 벨기에인이 복수에 나서서, 그와 똑같이 자신의 표현으로 "엉뚱한 풍문"에 "진짜 뉴스를 조금씩 섞었다." 그가 겨냥한 대상은 일본군들이었다. 그는 일본 천황이 암살당했으며 "한 전투에서만" 일본군 "20만 명"이 죽었다고 주장했다.

드 재거는 웨이셴 수용소 바깥으로 용케 편지들을 유출하기도 했다. 중국식 편지 봉투들을 조달한 그는 수신자란에 "수용소 포로들의 충직한 친구인 중국인들에게"라고 쓴 뒤 봉투를 벽돌에 묶어 담장 밖으로 던졌다. 그렇게 해서 받은 답장들을 통해 드 재거는 병력의 이동 상황을 파악할 수 있었다. 그가 분뇨 구덩이의 막일꾼들을 상대로 똑같이 기발하게 고안해 낸 다른 수법도 있었다. 그는 편지를 둘둘 말아 양철 갑에 넣고 봉한 뒤 그 갑을 막일꾼들의 분뇨 통 속에 빠뜨렸다. 그때만 해도 일본군이 긴 꼬챙이를 찔러 넣어 분뇨 통 속을 검사하기 전이었다. 막일꾼들도 작고 질긴 종이쪽지에 정보를 적어서 가져왔다. 그들은 그것을 입안에 물고 있다가 뱉어 내든지 콧속에 쑤셔 넣었다가 코를 풀었다. 그러면 드 재거는 바닥의 침과 콧물 속에서 쪽지를 건져 냈다.

『페이킹 크로니클』은 왜곡 일색이었지만—한 포로에 따르면 "우리는 거기에 실린 스포츠 경기의 결과까지도 사실이 아닐 거라고 보았다"—행간을 읽고 거짓을 버릴 정도의 이해력만 있다면 그래도 유용했다. 이 신문에 따르면 일본군과 독일군이 계속 연합군을 참패시키고 있었다. 하지만 그런 보도에 종종 등장하는 지명들이 있었다. 한 수감자는 "몇 달 동안 이 신문에 길버트 군도, 마셜 군도, 마닐라, 이오지마, 오키나와가 언급되었는데 이는 일본이 미국에 쫓기고 있다는 본의 아닌 시인이었다"라며, "거기서 싸운다는 것은 미군이 틀림없이 거기까지 진격했다는 뜻이다"라고 결론지었다.

일본군도 본의 아니게 멀리서 벌어지는 전투의 단편적 정보를 제공했다. 놀랍도록 우둔한 간수들은 한 러시아인 수감자가 라디오 수리의 귀재임을 알고는 감독조차 없이 수리를 맡겼고 덕분에 그는 방송을 들을 수 있었다. 그는 작업이 까다롭다며 라디오를 늦게 반환하거나 한 달 후쯤 간수가 다시 가져오게끔 일부러 엉성하게 고쳐 놓았다. 이렇게 해서 수감자들은 1943년 7-8월에 연합군이 시칠리아에 진격했음을 알았다. 이를 수용소 전체에 알리기 위해 그중 일부가 「산타 루치아 Santa Lucia」를 끝없이 부른 뒤 「안녕 시칠리아 Good-bye Sicilia」로 가사를 바꾸었다. 간수들은 이렇게 뻔한 암호조차도 끝내 알아채지 못했다.

어떤 방송을 들어도 종전이 임박해 보이지는 않았다. 그래서 자유를 얻기까지―그런 날이 오기나 한다면―몇 달이 아니라 몇 년을 기다려야 한다는 비참한 체념이 확산되었다. 이런 전망에 일부는 겁을 먹었고 나머지도 다 심란해했다. 스캔런은 "삶을 빼앗긴 채 앞날이 어찌 될지 전혀 모르다 보니 그것이 모두를 무겁게 짓눌렀다"라고 말했다.

첫해의 무더운 여름이 끝나 갈 무렵 수감자들은 풀이 죽어 있었다. 불결한 환경과 부족한 음식과 단조로운 식단에 낙심하여 침울했고, 웨이션에서 얼마나 더 감옥살이를 해야 할지에 대해서도 비관적이었다.

그래서 수용소는 사기를 높이고자 육상 대회를 열기로 했다. 대개 이런 시합은 미국 독립 기념일, 노동절, 영연방 기념일 같은 공휴일의 늦은 오후에 치러졌다. 웨이션 수용소의 "스포츠의 날" 덕분에 사람들은 몇 시간이나마 담장 안팎의 세상을 모두 잊을 수 있었다. 작업 중이 아닌 수감자들은 방과 합숙소에서 꾸역꾸역 나와 구경했다. 리델에게 아직도 달리기를 하느냐고 묻던 그 물음도 이쯤 되면 썩 미련한 것만은 아니었고, 그가 가져온 육상화도 비록 스파이크가 뽑히긴 했지만 쓸 만했다.

수용소가 비좁아 따로 트랙을 만들 공간은 없었으므로 대신 타원형 비슷하게 노선을 정했다. 출발선은 교회 겸 회관 근처였고 거기서

웨이셴 수용소의 임시 운동장
여기서 평소에 야구와 소프트볼을 했고 자주 있었던 "스포츠의 날"에는 육상의 결승선을 그어 사용했다.

메인 스트리트로 돌면 소위 첫 직선 구간이 나왔다. 이어 선수들은 마켓 광장을 거쳐 마지막 직선 구간인 틴 팬 앨리로 돌아오면 되었다. 결승선은 운동장의 한쪽 구석이었는데 거기는 나무가 없어 이미 야구와 소프트볼 구장으로 쓰이고 있었다. 이 한 바퀴의 거리가 약 220야드였고 본 행사인 리델의 경주는 네 바퀴를 도는 것이었다.

이전에 리델은 패트리샤에게 경쟁에 대해 격려의 말을 해준 적이 있었다. 톈진에서 둘이 부녀 달리기 대회에 나갔을 때였다. 패트리샤는 배턴 대신 손수건을 아빠에게 넘겨주도록 되어 있었으나 다 달리고 나서도 손수건을 놓지 않았다. 리델은 출발을 못하다가 결국 살짝 힘을 주어 손수건을 빼냈다. 그렇게 설득하느라 몇 초를 잃은 탓에 우승은 불가능했다. 나중에 그는 딸에게 중요한 것은 이기는 게 아니라 "최선을 다하는 것"이라고 힘주어 말했다. 철저히 진심으로 한 말이었지만 그래도 리델에게는 그가 잘 내보이지 않던 치열한 경쟁 본능이 있었다. 그것은 타고난 것이라서 그는 지기를 싫어했다.

올림픽 챔피언은 남들보다 재능만 뛰어난 게 아니라 의욕과 동기 면에서도 모두를 능가하는 남다른 면이 있다. 리델은 웨이셴 수용소에서도 그것을 입증했다. 그는 몸이 야위었고 광대뼈 밑의 살이 푹 꺼졌으며 새벽부터 밤까지 물리적 짐을 지느라 어깨도 약간 처져 있었다. 더는 육상 선수 같지 않았고 뉴욕, 나이로비, 몬테비데오, 모스크바 등 5000종의 신문에 이름과 사진이 실렸던 올림픽 신기록 및 세계 신기록 보유자의 모습은 더욱 아니었다. 그 사진들 속의 그는 국가 대표의 운동복 차림이었으나 지금은 헐렁한 반팔 셔츠와 국방색 반바지를 입었고 그나마 닳고 때가 묻어 꾀죄죄했다.

그에 맞설 일부 선수들은 1924년에 아직 태어나지도 않았거나 겨우 아장아장 걷던 꼬마들이었다. 그중 가장 두드러진 사람은 체격이 하도 우람하여 근육질이라는 별명을 얻은 스물네 살의 오브리 그랜던 Aubrey Grandon 이었다. 한 수감자는 "그는 우리 여자들에게 늘 근육을 과시했고 시간 날 때마다 운동과 스포츠를 했다. 그런 식으로 수용소를 견뎌 낸 것이다"라고 말했다. 떡 벌어진 어깨, 힘센 팔, 윤곽이 뚜렷한 복근과 흉근 등 그의 대단한 몸집은 수용소에서 화부로 일하면서 더욱 부각되었다.

중국계인 그랜던은 우상 같은 존재가 되었다. 미남 신사인 그가 방에 들어서면 어떤 여자든 말을 멈출 정도였다. 그는 상당히 매력적이어서 그가 아일랜드의 민요 「몰리 말론 Molly Malone 」을 부르면 나이 든 여자들까지도 마음을 빼앗겼다. 턱과 코가 돋보였는데 특히 콧날은 치즈라도 벨 것처럼 날카로워 보였다. 회계사인 그랜던은 하인을 여럿 부리던 부유한 가정에서 자랐다. "커피포트가 방 안에 있어도 커피를 직접 따르지 않았다"라고 그는 말했다. 아버지의 가산이 기운 지 한참 뒤에 웨이셴 수용소에서 출소한 그는 검고 숱이 많은 머리를 길게 길렀다. 이는 워낙 유행에 어긋나고 사회적으로 경시되던 일이라 친구들은 런던 지하철에서 그의 옆자리에 앉지도 않았다. 그래도

오브리 그랜던
몸집이 좋고 운동을 좋아하여 근육질이라는 별명이 붙었다.

영국의 조각가 제이콥 엡스타인Jacob Epstein은 그를 눈여겨보았다가 나중에 자신의 작품 「남성Manhood」의 모델로 썼고, 그 조각상은 1951년의 영국 축제에 전시되었다. 엡스타인과 같은 시대의 헨리 무어Henry Moore도 자신의 습작 「아담과 하와Adam and Eve」에 그를 아담으로 발탁했다.

리델은 다른 선수들이 약간 먼저 출발하도록 정정당당하게 양보했다. 출발선을 가장 먼저 떠난 선수들이 메인 스트리트로 돌 때까지 자신은 출발하지 않기로 했는데, 그러면 따라잡아야 할 거리가 여남은 걸음쯤 되었다. 출발을 알리는 사람은 나무 궤짝을 뒤집어 놓고 그 위에 올라가 하얀 손수건을 높이 쳐들었다가 "준비, 자세, 출발"을 외치며 팔을 내렸다.

    리델에게는 그를 따라다니는 평판이 있었다. 웨이셴 수용소의 모든 사람은 그의 배경을 알았기에 그가 식은 죽 먹기로 이기리라 예상했다. 육상을 아는 사람들만이 중년의 몸으로 그랜던처럼 건장하고

웨이셴 수용소 내의 틴 팬 앨리
1900년대 초에 찍은 사진이다.

빠른 사람에게 맞서기가 얼마나 힘든지를 이해했다. 지난 6개월의 큰 충격에다 영양까지 부실하여 리델은 약해져 있었다. 그럼에도 그는 관객들이 무엇을 보러 나왔는지 알았고 자신이 그것을 보여주지 못하면 그들의 실망이 크리라는 것도 알았다. 그래서 리델은 경쟁 모드로 들어가 최선의 실력을 발휘했다.

통로들이 좁아서 더 넓은 구간에 이르기 전에는 다른 선수들을 앞지르기가 힘들었다. 틴 팬 앨리는 큰 아카시아 나무들이 양쪽에 늘어서 있어 특히 까다로운 구간이었다. 잎이 무성한 나뭇가지들이 손가락처럼 서로 얽혀 땅 위에 차양을 이루고 있었다. 지면이 바짝 마른 상태라서 뒤로 획획 날리는 흙이며 먼지며 티끌 때문에 눈앞이 흐려질 수도 있었다.

리델의 주력은 젊은 날처럼 빠르지 못했지만 기술과 타이밍은 그대로였다.

단거리였다면 일부 주자들이 분명히 그를 이겼을 수도 있지만 장거리는 더 지구력의 싸움이었다. 그는 보폭을 넓혀 승기를 굳혀야 할 때를 알았다. 그랜던은 총알처럼 튀어 나갔다. 리델은 최대한 바깥쪽으로 달려 점차 전체 무리에 합류했다. 군중은 목청껏 외치며 그를 응원했고 망루에서 운동장을 내려다보던 간수들도 마치 결과가 자기들에게 무슨 의미라도 있다는 양 박수를 보내기 시작했다. 마지막 바퀴를 돌 때 리델은 종탑 다음의 탁 트인 공간에서 선두로 나섰다. 다시 뒤를 돌아볼 필요도 없이 승부는 정해졌다. 그랜던을 비롯해서 아무도 이제 그를 따라잡을 수 없었다. 이번에도 승자의 고개는 1924년 때처럼 뒤로 홱 젖혀져 있었다.

질풍 같은 속도로 리델은 여유 있게 우승했다. 1920년대에 오토 펠처가 그에 대해 피력했던 의견이 뒷받침된 셈이었다. 그때 리델은 400미터에서 800미터로 종목을 바꾸어 1932년의 로스앤젤레스 올림픽에 나갔어도 되었다. 그렇다고 리델은 아마추어 패거리를 보란 듯이 정복한 오만하고 으쓱대는 프로 선수의 모습도 아니었다. 끝난 후에 그는 일일이 모든 선수와 악수하며 자신이 축하를 받기 전에 먼저 축하했다. 수용소의 모든 사람이 그의 등이라도 두드려 주고 싶은 심정이었다.

그가 선전善戰을 보인 효과로 수용소의 분위기는 눈에 띄게 좋아졌다. 그 몇 분간의 행동을 통해 리델은 자신이 몸만 아니라 마음까지 강한 전사임을 보여주었다. 수감자들은 그런 그가 자기들 중에 있음을 전보다 더 자랑스러워했다.

그러나 이 짤막한 경주의 드라마는 곧 또 다른 중대한 드라마의 여파에 묻히게 된다.

선교사나 성직자라 해서 누구나 다 웨이셴 수용소에서 온전히 인정받은 것은 아니다. 그중 일부는 에릭 리델과 달리 다른 사람들의 고통을 잘 이해할 줄 몰랐고 따라서 진정으로 관대하지 못했다. 거룩한 교회의 기준을 세상 사람들에게 강요할 수는 없는 법이며 특히 그런 열악한 환경에서는 더했다. 이에 아랑곳없이 열성이 심히 지나친 선교사들과 성직자들은 무조건 그런 기준을 적용하려 들었다. 그런 사람들일수록 자신의 시도가 예상대로 소귀에 경 읽기로 끝나면 도무지 상대방을 용서할 줄을 몰랐다. 그중 흡연과 음주와 도박을 엄격히 반대하던 소수에 따르면 모든 담배를 소각하고 수용소에 절대 금주를 시행하며 카드 게임도 금지시켜야 했다.

중독된 수감자들은 그런 나쁜 버릇을 충족시킬 수만 있다면 못할 일이 없었다. 강박적 흡연자들은 담배가 떨어지면 차를 말려서 종이에 말아 피웠다. 강박적 도박꾼들은 위로금을 타기가 무섭게 밤낮 없이 포커 게임에 빠졌다. 강박적 술꾼들이 최악이어서 그들은 중국산 위스키인 배갈白干儿을 속임수로 구하다가 그마저 안 되면 고구마즙을 짜 독주를 만들었다. 웨이셴에 오기 오래전부터 이미 중독자였던 주당들은 병원에 할당된 의료용 알코올을 노렸고, 나무를 깎아 낸 부스러기로 술을 증류했고, 중고품 가게의 선반에 있는 '알코올 성분'의 양모제를 싹쓸이했다. 어떤 사람은 참다 못해 자기 아내의 향수까지 마셨다. 선교사나 성직자의 비난 따위에 신경 쓰는 사람은 아무도 없었다.

근본주의자들은 술을 적당히 마시고 담배를 하루 다섯 개비만 피우고 가끔씩 내기를 하는 사람들까지도 경멸하는 잘못을 범했다. 어디서 욕하는 소리만 들려도 그들

웨이셴 수용소에 둘린 담장은 높고 그 밑에 둑이 있어서 탈출을 기도하기가 힘들었다.

은 못마땅하여 잔뜩 노려보았다. 랭던 길키의 회고에 따르면 그의 합숙소에 있던 한 선교사는 "자신의 교리에 어긋나거나 조금이라도 못된 낌새가 있는 일은 무조건 저주받아 마땅한 것으로 여겼다. … 그는 담배를 피우거나 욕하거나 상스러운 농담을 하는 사람은 다 반드시 지옥에 갈 거라고 신이 난 사람마냥 장담했다."

수감자들은 별나고 걸쭉한 욕쯤이야 수용소의 다른 단점들에 비해 사소하다고 여겼기에 그런 말을 들어도 주제넘은 사람의 까다로운 참견과 부질없는 불평쯤으로 일축했다. 오히려 이런 엉뚱한 지적 때문에 양쪽 다 서로를 존중하는 마음이 사라졌다. 그중 길키의 기억에 남아 있던 또 다른 설교자는 "내가 조용히 설교를 구상할 수 있는" 공간을 더 달라고 고집했다. 수감자들은 그런 사람들을 입만 살아서 너무 옳은 척만하는 도덕주의자로 보았다. 그전에 길키는 독신 여성 21명이

거주하는 합숙소에 중재자로 불려 간 적이 있었다. 미국인 선교사와 영국인 비서가 싸우고 있었다. 비서들은 선교사들이 "밤에 큰 소리로 기도하고" 새벽 6시에 찬송가를 부른다고 불평했고, 선교사들은 비서들이 "과거의 불륜 행각"에 대해 "끝없이 떠든다"라고 불평했다.

그러나 가장 분란을 낳은 이견은 암거래에 대한 입장이었다. 일본군의 강요로 수감자들은 한 가지 조건에 동의했었다. 중국인들과 접촉해서는 안 된다는 것이었다. 그래서 일부 선교사들과 성직자들은 중국인들과 거래를 트는 일을 엄숙한 약속을 어기는 불명예스러운 행위로 보았다. 그들은 일본군이 수감자들을 충분히 잘 먹여 주지 못한다는 사실을 감안하지 않았다. 암거래의 주모자가 재주와 수완이 좋은 패트릭 스캔런 신부라는 사실에도 전혀 개의치 않았다.

스캔런은 수감자들이 "용기를 잃기 쉬운 상황에 처해 있음"을 알았기에 그들의 힘을 북돋아 주기로 했다. 남자들이나 여자들이나 이미 걱정스러운 속도로 체중이 줄고 있었고 노인들은 특히 더했다. 그중에 여든두 살의 허버트 허드슨 테일러 Herbert Hudson Taylor 도 있었는데 그는 1880년대에 CIM 중국 내지 선교회을 공동 설립한 J. 허드슨 테일러 Hudson Taylor의 유일하게 살아 있는 아들이었다. 턱수염이 톨스토이 같았고 "한 발은 땅에 딛고 한 발은 하늘에 딛은 사람"으로 통했던 그는 결국 몸무게가 36킬로그램으로 줄었다. 그의 손녀 메리는 사람들이 그에게 "우리가 옷을 줄여 드리겠습니다"라고 말하던 일을 기억했다. 그는 "하나님이 나를 웨이셴 수용소에서 나가게 하실 것이고 그때는 이 옷들이 다시 내게 맞을 것이오"라고만 대답했다. 바로 그런 사람들을 위해 스캔런은 행동에 나서지 않을 수 없었다. 그에 따르면 "우리는 학대당하지 않았다. 수용소의 규정이 충분히 합리적이어서 규정대로만 하면 고초를 겪지 않았다." 그럼에도 스캔런은 음식 문제만큼은 규정을 어기지 않고는 극복할 수 없었다. "식사가 더 나았거나 중국인들한테서 음식을 사도록 허용만 해주었다면 우리와 일본인들 사이에 마찰이 없거나 있더라도 극히 일부에 그쳤을 것이다"라고 그는 설명했다.

이 신부는 우선 지리적으로 유리했다. 그의 방이 담장의 남동쪽에 있어 바로 너머에 농가들이 흩어져 있었다. "음식을 사기에 거기보다 더 적합한 곳은 수용소 내에 없었다"라고 그는 말했다. 일본군은 수감자들이 중국인들에게 신호를 보낼 것을 과도히 의심한 나머지 빨래를 담장 너머로 보이도록 널지 못하게 했다. 행여 옷의 배열이나 색깔로 암호 메시지를 보낼 수 없도록 한 것이다. 그래도 스캔런은 은밀히 첫 접촉에 성공했고 중국인들을 설득하여 거래를 텄다. 그의 건물 근처에 배수구 뚜껑이 있었던 것도 행운이었다. 그는 배수구를 거래 장소로 정했다. 대개 조명이 꺼진 후에 스캔런이 뚜껑을 열고 기어 들어갔다. 중국인들은 반대쪽 끝의 뚜껑 틈새로 음식―특히 계란―을 넣었다. 담장 기단 근처의 벽돌도 몇 장 뽑아내 '보급용 구멍문'을 냈다. 한밤중에 물건을 세고 확인하자마자 그는 돈을 가지고 다시 갔다. 담장 위로든 밑으로든 거래가 진행될 때 스캔런에게 위험을 알리는 무언의 장치가 있었다. 신부들이 면벽하여 기도하는 척하며 서로 보일 만한 위치에 서 있다가 손수건으로 또는 몸을 굽히는 등의 미리 정해둔 몸짓으로 신호를 전달했다. 이튿날 아침에 스캔런과 수도사들이 검은 수도복의 큰 주머니에 밀수품을 넣고 다니며 미리 주문했던 사람들에게 배달했다. 스캔런은 "처음에는 환자들과 아이들에게만 사다 주기로 규칙을 정했다"라며, "정말 필요한 사람들이 물건을 구해 달라고 간청할" 때에 한해서만 그 범위를 넓혔다고 말했다. 물건을 입수하려는 몸부림과 그런 자신을 저지하려는 일본군의 노력을 그는 "우리와 그들 사이의 싸움"이라 표현했다. 리델은 스캔런을 전폭적으로 지원했다. 그가 보기에 음식물을 반입하는 책략은 정당할 뿐 아니라 도덕적 딜레마도 없었다. 일본군은 수감자들에게 노동을 요구했는데 기력과 근력이 없으면 그 노동을 할 수 없었다. 그런데 수감자들은 영양이 부족하여 지쳐 가고 있었다. 일본군의 공급에만 의존하는 것은 사리에 맞지 않을 뿐더러 오래갈 수도 없었다. 수용소의 유익을 위해 리델은 스캔런이 가져온 물품을 기꺼이 분배했고 주문도 더 받았다.

계란이 특히 중요했는데 숟가락 뒷면으로 껍질을 빻으면 아주 요긴하고 순도 높은 칼슘 가루가 나왔기 때문이다. 그것은 한 수감자가 "꼭 버석버석한 분필 가루 맛이었다"라고 말했을 정도로 마시기에는 메스꺼웠다. 토마토, 사과, 옥수수 속대, 잼, 수박 등도 꾸준히 몰래 반입된 식품이었다. 닭과 거위도 산 채로나 이미 잡아서 들여왔다. 한번은 담장 너머에서 산 거위를 던졌는데 땅에 떨어진 새는 놀라서 꽥꽥거리며 내달렸다. 수령자가 쫓아가 결국 파자마로 거위를 덮은 뒤 손으로 재빨리 목을 비틀어야 했다. 평소에 욕지기나던 웨이센 수용소의 부스러기 식단에 비하면 스캔런이 호화로운 삶을 도입한 셈이었다.

처음에 간수들은 식품을 보지도 못했고 요리하는 냄새를 맡지도 못했다. 그런데 일부 중국인들이 무모한 만용을 부려 담장을 타고 넘어와 수용소 바깥이 아니라 안에서 교역을 했다. 일본군들은 금세 이 거래의 배후 주모자가 스캔런임을 알아차리고 그를 철저히 감시했다. 한번은 스캔런이 계란 대여섯 줄을 옷 속에 숨겼는데 보초가 부풀어 있는 그의 옷을 보고 그를 체포하려 했다. 그는 얼른 순발력을 발휘하여 바닥에 주저앉아 끙끙거리며 설사가 나오려 한다고 말했다. 간수는 그 말을 믿고 그냥 가 버렸다.

스캔런은 양심적인 암거래상인지라 검은색 공책에 회계를 기입하고 이를 "생명책"이라 불렀다. 아무리 소량이라도 구매 내역을 일일이 적고 날짜도 표시했다. 그 바람에 낭패를 볼 뻔하기도 했다. 물품 목록과 500위안의 돈다발을 지닌 채로 붙잡혔던 것이다. 간수는 그를 수색하고 심문할 요량으로 팔목을 잡아끌고 갔다. 이번에도 그는 꾀병을 부려 바닥에 쓰러져 작은 신음 소리를 냈다. 간수가 몸을 구부려 억지로 일으키려 하자 그는 마술사처럼 손재주를 부려 돈을 꺼내 뒤쪽으로 던졌다.

결국 스캔런은 더 의심을 사지 않고자 작전을 일시 중단해야 했다. 그런데 거래를 재개한 그는 달이 뜨지 않은 어느 밤에 담장 너머의 상인과 소곤거리다가 일본군들에게 또 붙잡혔다. 그는 소품으로 지참했던 기도서를 꺼내 읽는 척했다. 책장을 넘기는 그의 얼굴에 회중전등이 비쳐 들자 그는 간수들에게 "기도서를 읽는 중"이라고 말했다. 사방이 워낙 어두워서 좀처럼 믿기 어려운 일이었다. 간수들은 글자가 보이는지 시험하려고 그에게 낭독해 보라고 시켰다. "빛이 빠르게 희미해지고 있어 작은 글씨를 정말 읽을 수 없었다"라고 그는 털어놓았다. 다행히 외워 둔 시편의 시들이 있어 그냥 그것을 암송했다. 이로써 그는 자신이 괴짜이긴 해도 결백하다는 것을 그들에게 납득시켰다.

하지만 결국 그의 운도 다했다. 그는 한 손에 5킬로그램들이 설탕과 다른 손에 잼 14통이 든 봉지를 들고 가다가 잡혔다. 일본군은 그를 석조 유치장으로 끌고 가 독방 감금을 선고했다. 수용소장은 스캔런이 속해 있던 트라피스트회의 전통을 몰랐으므로 독방 감금이 그에게 형벌이 될 줄로 생각했다. 선고 기간은 14일이었지만 그는 열흘 만에 풀려났다. 새벽부터 몇 시간씩 찬송을 부르고 큰 소리로 라틴어를 읊는 통에 간수들이 잠도 못 자고 너무 짜증났기 때문이다. 평소에 스캔런은 수감자들에게 워낙 인기가 좋아서 아침에 그가 지나갈 때마다 그들이 "즐거운 회심의 미소"를 보내곤 했으며, 안쪽에서는 "내가 가져다준 계란을 땅콩기름에 부치는 모습이 보였고 지글거리는 소리도 들렸다." 그래서 그가 석방되자 독립 기념일처럼 축하 행렬이 벌어졌다. 간수들이 미심쩍은 눈으로 지켜보는 가운데 그의 방까지 돌아가는 짧은 길목에 사람들이 우르르 몰려나와 열광적인 환호를 보냈다. 마치 스캔런이 육상경기에서 리델을 이기기라도 한 것 같았다.

암거래의 위험은 더 커졌고 그 파장도 악화되었다. 일본군은 수감자들이 그러다가 음식 대신 총을 구입할까 봐 걱정하고 당황했다. 중국인 상인 둘은 간수들에게 흠씬 두들겨 맞았다. 한 수감자의 목격담에 따르면 어떤 상인은 간수들이 팔다리를 번쩍 들어 몸을 "벽돌담에 포탄을 쏘듯 홱 던지는 바람에 두개골이 깨져 피투성이가 되었다." 또 다른 상인은 총에 맞았는데 총알이 가까스로 머리를 비껴갔다. 전기 철조망에 감전사를 당한 상인도 있었다. 일본군은 그 시꺼먼 시체를 1주일 가까이 그대로 방치하여 중국인들과 수감자들 모두에게 경고로 삼았다. 다른 두 상인은 마을 사람들이 보는 데서 총살 집행대 앞으로 끌려갔다. 소총을 속사하여 둘 다 목숨을 잃었는데 총소리가 수용소 안에까지 들렸다. 물고문을 당한 사례는 부지기수였다. 한 현지인은 두툼한 바지 속에 계란을 숨겼다가 걸려서 인정사정없는 물고문을 당했다. 스캔런에 따르면 "그의 배가 드럼통처럼 부풀어 오르면 군인들이 배를 발로 차고, 밟고, 위에 올라가 뛰곤 했다." 피해자의 입속에 쌀을 쏟아부을 때도 있었는데, 그러면 "그 가련한 사람의 배 속에서 쌀이 물에 불기" 때문에 "시련이 더 가중되었다"라고 그는 덧붙였다. 스캔런 일행은 시종일관 개인의 안위보다 공동체를 향한 헌신을 앞세웠다. 그는 한 수감자에게 이렇게 말하기도 했다. "이 일로 우리가 잡혀서 처형당하면 신부가 하나 줄어드는 것이지만 가정을 둔 아버지들이 잡히면 뒤에 남는 아내와 자녀들의 고통이 가중됩니다."

담장 위로든 배수구를 통해서든 스캔런의 추산으로 매일 밤 "수천 위안"의 돈이 전달되었다.

고대의 경제 원리인 수요공급의 법칙을 중국인들은 늘 자기들 쪽에 유리하게 공공연히 악용했다. 스캔런에 따르면 상인들이 "요구한 물건의 금액은 실제 가격보다 훨씬 비쌌다." 수박 한 통이 50위안에 달했고 사과 대여섯 개는 그 두 배를 내고서라도 살 만큼 진미로 통했다. 리델은 물품을 배달한 후에 "우리야 돈이 없어 사지는 못하지만 최소한 냄새는 즐길 수 있다"라고 즐겁게 말한 적도 있었다. 농가마다 지천으로 널린 게 계란이었건만 계란 한 줄도 파는 사람의 기분과 변덕에 따라 20-50위안까지 널뛰었다. 가장 오래되고 기본적인 또 하나의 경제 원리가 결국 현실이 되었다. 지출이 수입을 초과하여 파산을 부른 것이다. 단속적으로 지급되는 위로금만으로는 중국인들이 요구하는 금액을 꾸준히 감당하기에 역부족이었다. 수감자들은 패물과 장신구를 음식과 맞바꾸기 시작했다. 극단의 조치로 수용소의 치과 의사에게 부탁하여 금 충전재를 뽑는 사람들도 있었다. 그런가 하면 일부는 제이콥 고야스라는 소름 끼칠 정도로 야비한 인물과 거래했는데, 땅딸막하고 통통한 우루과이인인 그는 눈이 동글동글하고 입술은 두툼하고 살갗은 가무잡잡한 가죽 같았다. 40대 초반의 그는 "상인"으로 자처했지만 사실은 형사상의 사기꾼, 전시의 부당 이득자라는 진짜 호칭을 듣기 좋게 고친 것에 불과했다. 복수의 여권을 소지한 고야스는 중국 북부에서 뒤가 구리고 다분히 불법적인 환전업에 연루된 것으로 알려져 있었다. 덕분에 거부가 되어 수감자들에게 돈을 빌려주었는데, 가급적이면 금으로 되돌려 받기를 선호했으며 차용증을 세고 있는 모습이 자주 눈에 띄었다.

리델은 마치 스캔런과 연대하기로 엄숙히 서약이라도 하듯이 끝까지 그와 행동을 같이했다. 그래서 웨이셴 수용소에 가져온 자신의 유일한 귀중품을 기꺼이 기부하기 시작했다. 육상 선수로서 탔던 각종 메달과 상패 중 플로렌스가 토론토로 가져가지 않은 것들이었다. 그중 대부분은 대학 대항 대회나 토요일의 작은 '시합' 등 비교적 덜 중요한 행사에서 수여받은 것들이었다.

이렇게 자신의 역사와 맞바꾼 음식을 리델은 사람들에게 나누어 주었는데 꼭 필요한 사람들에게 매번 가장 많은 몫이 돌아갔다. 한참 후에는 사슬이 달린 자신의 금시계까지 감정을 받았다. 그것을 팔아 스포츠 장비를 새로 사서 그동안 유실되었거나 고장 난 장비를 대신할 생각이었다. 한 동료는 이를 가리켜 리델이 순전히 "많은 사람들에게 즐거움을 주기" 위하여 "기꺼이 작정하고 준비한 희생"이었다고 표현했다. 다행히 고대하던 위로금이 담긴 소포가 마침내 도착하여 그의 시계만은 건졌다. 일본군의 번잡한 관료적 절차 때문에 지연되었던 소포였다.

스캔런은 웨이셴 수용소에 오래 머물지 않았다. 1943년 늦여름과 초가을에 수용소에 일대 변화가 있었다. 신부들과 수녀들 중 4분의 3 이상이 석방되어 베이징으로 갔다. 교황 비오 12세의 관리들은 그들이 중립국 바티칸의 국민이라 선포했고 일본은 교황과 싸우느니 그 주장을 수용했다. 스캔런과 대부분의 동료들은 2열 종대로 걸어 수용소를 나갔지만ㅡ"사방에 눈물이 보였다"라고 그는 말했다ㅡ일부는 남아서 천주교 수감자들을 보살폈다. 빈자리는 14일도 못 되어 신입 수감자들로 채워졌다. 즈푸^{芝罘}에 있던 CIM의 학교에서 6-16세의 학생 300명 이상이 교사들과 함께 왔다.

리델은 그중 아주 많은 아이들에게 "에릭 삼촌"이 되었다. 그중 하나는 어린 자신들의 삶에 그가 미친 영향을 회고하며 "그가 달이 네모나다고 말했더라도 우리는 그대로 믿었을 것이다"라고 말했다.

유년기와 사춘기 초기의 기억을 끌어내기란 미치도록 힘든 일일 수 있다. 기억이 돌아온다 해도 눈 깜짝할 사이여서 무의식의 잔상들이 빠르게 나타났다 다시 사라지곤 한다. 머릿속에 또렷이 떠오르는 장면도 전체가 온전한 경우는 드물다. 그래서 어린 시절의 기억은 늘 들쭉날쭉하다. 그때 확신했던 일과 지금 생각나는 일과 실제로 일어난 일이 다 다를 수 있다. 과거란 그리다 만 그림을 보는 것과도 같아서 한쪽 귀퉁이는 없고 누군가의 얼굴은 흐릿하고 뒤쪽의 배경은 알아볼 수 없다.

그런데 웨이셴의 아동과 청소년 중 훗날 수용소에 대해 말하거나 글을 쓴 사람들이 공통되게 기억한 부분들이 있다. 작고 비좁은 방과 담장의 철조망을 모두가 기억했다. 곡물과 콩과 질긴 고기 등 음식도 모두가 기억했다. 파리와 빈대 그리고 1등에게 정어리 통조림 한 통을 주던 쥐잡기 시합도 모두가 기억했다. 늘 석탄과 탄가루를 찾던 일, 물을 한없이 펌프질하던 일, 역시 끝없어 보이던 매일의 점호도 모두가 기억했다. 그리고 에릭 리델을 모두가 기억했다. 그에 대한 기억은 햇빛처럼 선명했다. 그를 접했던 모든 아이에게 각자의 가족들 다음으로 평생 잊지 못할 인상을 남긴 웨이셴의 성인成人은 바로 리델이었다.

친자녀들과 떨어져 있어 스스로 외톨이라 여기던 리델은 누구든지 자신을 필요로 하는 아이들을 자식처럼 대했다. 자신도 엘섬 칼리지에서 부모 없이 불행하게 지내보았기에 수용소의 부모 없는 아이들에게 특히 마음을 썼다. "삼촌"이라는 비공식 호칭이 붙은 것도 그래서였다. 맡은 일을 다 끝내고 남는 자유 시간이면 리델은 수용소의 아이들과 청소년들에게 기꺼이 자신을 내주었다. 웨이셴 수용소가 그들에게 가한 신체적 피해 못지않게 심리적 피해까지도 우려한 그는 오랜 지루함을 덜 수 있도록 하루하루를 재미있게 해주려 했고, 또 사고력을 길러 줄 교육적 요소도 가미했다. 열여섯 살을 앞두고 있던 조이스 스트랭크스는 특히 리델을 무척 따랐다. 그녀에 따르면 "우리의 관심사가 곧 그의 관심사"여서 그는 결코 이를 사소하게 여기지 않았고, 그런 말을 꺼내는 누구에게도 고자세를 취하지 않았다. "그는 아주 다정하고 참을성도 많고 늘 누구에게나 온유해서 그에게라면 모든 일, 특히 고민까지도 털어놓을 수 있음을 우리 모두가 알았다. 그는 우리의 말을 진지하게 듣고 조언해 주곤 했다. 가족들보다 그에게 말하기가 훨씬 쉬울 때도 있었다." 그녀 또래의 또 다른 사람은 리델과 일대일로 대화하면 "마치 그에게 중요한 사람이 나 하나뿐인 것처럼" 느껴졌다고 덧붙였다. 스트랭크스는 "우리 청소년들은 기회만 있으면 그를 보러 갔다"라고 잘라 말했다. 리델의 합숙소 친구 하나는 "에릭 삼촌 있어요?"라는 질문에 늘 시달리다 못해 나무로 팻말을 깎아 문에 못질을 했다. 팻말에 갈아 끼우게 되어 있던 두 개의 문패는 각각 방문자에게 리델의 '재실'과 '부재'를 알렸다.

교재가 희귀하고 실험 기구가 사실상 전무했던 화학 교실에서도 리델은 해법을 찾아냈다. 청색과 흑색 잉크로 괘지에 참고서를 손으로 써서 전체를 실로 묶은 것이다. 100페이지에 달한 이 책에는 그의 예술적 재능도 발휘되어 있었다. 각종 실험을 그림으로 설명하면서 거기에 쓰일 기구들까지 대략 그려 놓았다. 책의 앞머리에 그는 아무나 읽는 사람에게 이런 헌사를 남겼다.

"무기화학의 골격. 이 마른 뼈들이 능히 살 수 있을까?"

교실 바깥의 리델은 누구든지 달리기를 원하는 사람을 훈련시켜 주었다. 주법과 지구력을 가르친 뒤 자신의 스톱워치로 시간까지 재 주었다. 즈푸의 한 무리가 입소한 지 얼마 안 되어 육상 대회를 열기로 했다. 우연히 그 말을 들은 리델도 출전 의사를 밝혔다. 10대 아이들이 보기에 그는 전 올림픽 금메달리스트가 아니라 대머리 "아저씨"였다. 그런 그가 전 구간을 버티기라도 할 수 있을지 그들 중 아무도 상상하지 못했다. 한 아이가 출전을 승낙하면서 큰 소리로 말했다. "우리를 따라잡지는 못하실 걸요." 그러나 속도를 높일 필요조차 없이 곁에서 여유롭게 달리는 그를 보며 그들은 깜짝 놀랐다. 선수들 중 하나였던 스티브 멧카프는 신약성경을 동부 리수어(傈僳語)로 번역한 개신교 선교사의 아들로 중국에서 태어났다. 그날의 리델에 대해 그는 "그가 쉽게 이겼고 끝난 후 숨조차 차지 않았다. 우리가 입소하기 전 그가 정식 경주에서 이미 어른들을 이겼다는 사실을 우리는 나중에야 알았다. 우리는 그의 이력을 다 몰랐고, 내 생각에 올림픽 챔피언이 정말 어떤 의미인지도 잘 몰랐던 것 같다. 더 젊다는 이유만으로 우리가 이길 줄로 알았다"라고 말했다.

멧카프는 162센티미터의 단신에 피부가 가무잡잡하고 몸은 홀쭉했다. 처음에는 수용소가 그에게 위압적으로 느껴졌다. "너무 혼란스러워 보였다. 기존의 어른들은 처음에 우리를 어떻게 대해야 할지 몰랐다. 일부 남자들은 사내아이들이 물을 펌프질할 만큼 힘이 세다는 것을 알고 안도했다. 그래도 우리는 먹여야 할 입이었고 이전의 천주교 신부들만큼 유능하지는 못했다." 리델은 멧카프의 멘토가 되었다. "그는 나의 역할 모델도 되었고 모두의 영웅이기도 했다"라고 그는 말했다.

멧카프는 속임수를 싫어하는 리델을 존경했다. 팔꿈치로 옆 선수의 가슴을 밀려다 걸린 한 주자에게 리델은 1924년에 스탬포드 브리지 대회에서 목격했던 미국과의 장애물 계주에 대해 들려주었다. 멧카프와 친구들이 이 이야기를 듣기는 그때가 처음이었으나 마지막은 아니었다. 당시에 첫 주자의 구간은 레인이 둘이었으나 나머지 전 구간은 안쪽 레인에서만 달리게 되어 있어 바깥쪽 레인의 장애물은 무용지물이었다. 리델은 특별관람석에서 지켜보고 있었는데 이니셜도 화려한 E. G. W. W. 해리슨^{Harrison} 소령이 파리의 또 다른 금메달리스트인 미국 선수 댄 킨지^{Dan Kinsey}를 10야드쯤 앞지르고 있었다. 그때 해리슨의 발이 두 번째 장애물의 꼭대기에 살짝 스치면서 장애물이 넘어졌다. 순간 킨지는 선택의 기로에 부딪쳤다. "장애물이 넘어지면서 앞에 공간이 트였다"라고 리델은 말했다. 거기로 그냥 지나가면 킨지는 몸이 휘청했던 해리슨과의 거리를 쉽게 좁힐 수 있었다. "1초보다도 짧은 찰나에 그는 마음을 정했다. 그리고 방향을 틀어 옆 레인의 장애물을 넘은 뒤 다시 안쪽으로 돌아왔다." 리델은 "내 몸을 관통하던" 전율과 그 동작의 의미를 알아차린 군중의 "환호"를 떠올리면

스티브 멧카프는 올림픽 챔피언인 에릭의 회색 육상화를 물려받았고 그를 자신의 멘토로 생각했다.

서 "그것이 그날의 가장 훌륭한 장면이었다"라고 말했다. 그가 믿기로 킨지의 그런 행동은 "내면에 깊이 배어든 스포츠맨 정신"에서 비롯된 것이었다.

멧카프는 그 이야기의 취지를 알았다. "그것이 그의 가치관이었고 그는 우리가 스포츠만 아니라 삶에서도 그렇게 되기를 원했다."

리델은 하키, 축구, 농구, 야구, 소프트볼도 했다. 그는 장비의 유지 보수에 만전을 기했고 멧카프를 수선소의 조수로 삼았다. 수선소라고 해봐야 도구함 하나 크기인 흰색 담장의 공간에 불과했다. 부러진 방망이나 하키 스틱은 찢어진 시트나 삼실로 묶고 아교로 붙였는데 아교는 2주쯤 썩게 놓아둔 생선 같은 악취를 풍겼다. "냄새가 지독해서 거기에 익숙해지기 전에는 속이 메슥거렸다"라고 멧카프는 말했다.

악취가 수용소로 새어 나가지 않게 문을 꼭 닫고서 스승과 제자는 냄새를 무시하려고 잡담을 늘어놓았다.

간혹 가족들 이야기를 할 때면 리델의 말소리에 잔잔하면서도 뭉클한 자부심이 배어 있었다. 멧카프에 따르면 "그는 그들이 그리우면서도 얼마나 그리운지에 대해서는 생전 말이 없었다." 올림픽 이야기는 멧카프가 물어볼 때만 했는데 그때도 대개는 몇 마디 끝에 화제를 바꾸었다. "그의 관심은 과거보다 현재에 있었다"라고 멧카프는 덧붙였다. 한번은 멧카프가 리델에게 파리에서 일요일 출전을 거부한 일에 대해 물었다. "그는 당연히 해야 할 바였다고 대답했다. 그는 자신의 소신에 충실했고 한 번도 후회한 적이 없었다." 멧카프가 그 결정의 파장에 대해 후속 질문을 하려고 하는데—그는 BOA^{영국 올림픽 협회}의 반응을 몰랐다—리델이 화제를 다른 쪽으로 돌렸다. "그것을 나는 그가 그날 오후에는 더 말하고 싶지 않다는 뜻으로 받아들였다. 물론 그의 태도는 아주 정중하고 따뜻했다." 나중에야 리델은 파리에 도착한 후에도 자신의 뜻을 꺾으려는 "압력"이 있었음을 무심코 입 밖에 냈다. 그는 BOA의 고관들이 개인의 양심보다 스포츠의 "원리"를 앞세웠다는 말도 덧붙였는데, 이는 운동선수들에게 배부된 공식 지침서에 카도건 경이 쓴 "정정당당하게 경기하라"라던 메시지를 가리키는 말임이 틀림없었다.

수용소는 사정이 달랐다. BOA가 아무리 위협해도 끝내 무산된 일이었지만 웨이셴 수용소에서는 리델도 일요일에 스포츠를 하도록 양보할 수밖에 없었다.

평소에 리델은 늘 스포츠 장비를 토요일 밤에 창고에 넣고 잠갔다가 월요일 아침에 다시 열었다. 수용소의 원로들도 그의 입장을 받아들였고 일절 논란이 없었다. 그런데 여름의 어느 일요일 오전에 자물쇠가 매달린 채로 문이 쪼개져 있는 것이 리델의 눈에 띄었다. 상급생 남자아이들 몇이서 단조로운 일상이 지겹고 따분해서 문을 부수고 하키 스틱을 꺼내다 심심풀이로 시합을 벌였던 것이다. 심판이 없다 보니 시합은 언쟁과 악감정과 소란으로 비화되었고 귀한 스틱들이 무기로 쓰였다. 주먹질과 흉한 타박상과 눈가의 푸른 멍을 야만적인 무질서 상태의 전조라 볼 것까지는 없었다. 그래도 웨이셴 수용소의 징계 위원회는 덜컥 겁이 나서 리델에게 일요일을 엄수한다는 그의 입장을 재고해 줄 것을 당부했다. 그는 독단적인 모습을 보이고 싶지 않았고 이처럼 힘든 수용소의 상황에서는 특히 더했다. 48시간 동안 딜레마를 숙고한 끝에 그는 중도를 택했다. 점심 식사 이후에 한하여 일요일에도 스포츠를 허용하기로 한 것이다. 그리하여 리델이 파리 올림픽 때 인정하지 않았던 대륙식 안식일이 산둥성에 도입되었다. 그는 다음번 일요일의 하키 시합 때 심판까지 봐주었다. 그를 본 선수들은 놀랐고 경기 내내 양 팀 사이에 거친 말이 거의 오가지 않았다. 리델이 동참하여 도와줄 줄은 아무도 생각하지 못했다. 오히려 그들은 그가 장비만 내주고 교회로 돌아가거나 주일학교를 진행할 줄로 알았다. 멧카프는 "매사에 그는 더 큰 유익을 생각했고 이번에도 마찬가지였다"라고 말했다.

어디에고 문제가 있으면 "에릭 삼촌"이 가서 정리하곤 했다.

관계망이 부득이하게 형성된 웨이셴 수용소에서는 성교육에 대해 일반 규범을 적용하여 그 결과로 벌어지는 일도 결코 유보될 수 없었다. 주변 상황이나 환경과 무관하게 마음이 원하는 바는 그대로인 법이다. 심지어 독신인 신부들과 수사들도 여자들에게 정서적으로 강한 애착을 느꼈다. 바티칸이 그들의 사면장을 확보해 주었을 때 여자들은 눈물을 글썽이며 그들에게 작별의 손을 흔들었다. 웨이셴 수용소에서는 프라이버시를 지키기가 어려웠고 피임약이 부족하여 성관계가 어려웠다. 그래도 소등이 되고 나면 불가능하지는 않았다. 반박할 수 없는 통계적 증거가 있다. 웨이셴 수용소에서 33명의 아이가 태어났고 대여섯 쌍의 결혼식도 있었다. 신부의 면사포는 대개 모기장으로 만들었고 드레스는 비단 잠옷을 재단했다. 그중에는 재즈 악단장과 영국계와 중국계의 혈통이 섞인 어여쁜 신부의 국제결혼도 있었다. 이 신부는 열 달 후에 딸을 낳았다. 소수의 떠버리 고집불통을 제외하고 수감자들은 인종 통합에 대해 1940년대의 다른 사람들보다 대체로 더 깨어 있었고 관용적이었다. 그러나 수용소에서 미성년자의 성관계는 덜 용납되었다.

사춘기와 더불어 통과의례도 따라왔는데 성을 살짝 실험하는 정도가 아니라 일부 조숙한 10대 아이들은 성관계도 했다. 랭던 길키에 따르면 밤중에 일단의 청소년들이 사용되지 않는 지하실에 모여 "섹스 파티라고밖에 표현할 수 없는 일"을 했는데, 이는 아주 소돔과 고모라처럼 들린다. 길키는 덧붙이기를 이전에는 아이들이 "밖에 나가 있는 한" 무엇을 하든 "전혀 관심이 없던" 부모들도 그 일로 "기겁하고 격노했다"라고 했다. 그러면서도 부모들은 건설적인 해법을 자진해서 제시하거나 모색하지 않았다. "어쩌면 당연하게도 이 위기를 타개한 것은 결국 교육 선교사들이었다"라고 그는 말을 맺었다. 저녁 강좌와 무도회가 열렸고 임시 오락실도 생겨났다. 길키는 리델이 "장기판이나 모형 배"에 열중하거나 "모종의 스퀘어댄스를 지도하는" 모습을 으레 보았고, 리델에게 끝없이 쏟아지던 요구들과 그가 거기에 응하던 방식도 목격했다. 그는 "애정과 관심을 품고 이 일에 몰두했으며 억압된 청소년들의 상상력을 사로잡고자 혼신의 노력을 다했다."

대표적인 사례가 또 있었다. 리델은 알렉스 마리넬리스라는 열여섯 살의 그리스 출신 아이에게 육상을 권했다. 뚱뚱한 마리넬리스는 친구에게 말하기를 자신의 새 교사가 "나를 거의 매일 코치해 주면서 나도 정말 노력만 하면 훌륭한 주자가 될 수 있다"라고 믿어 준다고 했다. 더 정확히 말해서 리델은 육상을 통해 마리넬리스가 행실을 고칠지도 모른다고 믿었다. 이전에 그 아이는 석탄을 훔치다 들켰고 수감자들 사이에 암거래가 한창일 때 제이콥 고야스의 똘마니 노릇을 너무 오래 했었다.

리델이 보기에 구제 불능인 사람은 아무도 없었다.

프랑스의 레지스탕스 전사 쥬느비에브 드골 앙토니오즈 Geneviève de Gaulle-Anthonioz는 회고록 『바깥에 머무른 신 God Remainded Outside』에 자신이 라벤스부르크 여자 수용소에 수감되었던 일을 털어놓았다. 약 5만 명이 목숨을 잃은 그곳에서 그녀는 "하늘 아버지의 자비에" 의지하여 기도했다. 그러나 "응답이라곤 침묵조차 없었고 오직 내 비참한 고통의 소리뿐이었다." 자신이 곧 죽임을 당할 줄로 확신한 드골 앙토니오즈는 예수께서 하셨던 성경 속의 질문을 똑같이 던졌다. "나의 하나님, 어찌하여 나를 버리셨나이까."

에릭 리델은 웨이셴 수용소가 최악의 상태였을 때에도 결코 자신이 버림받았다고 느낀 적이 없었다.

수용소에서 그가 친하게 지낸 친구는 선교사 조 코터릴 Joe Cotterill 이었다. 처음 6개월 동안 둘은 서로 옆방에 살다가 수용소의 방 배치가 개편된 뒤로 병원 건물의 3층에서 한방을 썼다. 신부들과 수녀들이 떠나고 300명 이상의 미국인들과 캐나다인들이 일본 포로와 교환되어 본국으로 송환된 후의 일이었다. 부엌에서 화부로 일한 코터릴은 리델과 같은 시간에 기상했다. "그때부터 우리는 함께 성경을 읽고 기도했다"라며 코터릴은 이를 "아주 특별한 시간"이라 불렀다. 스물여섯 살의 그는 웨이셴 수용소에서 결혼했는데 리델도 거기에 영향을 미쳤다. 코터릴이 수용소에서 만난 약혼녀는 다른 선교회 소속이었다. "우리는 결혼해야 할지 조언을 구하고 싶었으나 양쪽 다 선교회에 연락이 닿지 않았다. 어차피 많은 사람들은 평생의 구속력 있는 결정을 내리기에 수용소가 적합한 곳이 아니라고 보았다. 우리는 그 점을 심각하게 고려하기로 했고, 그래서 우연히 마주칠 때를 제외하고는 아예 더 만나지도 않았다. 어떻게 해야 할지 더 시간을 두고 생각해 보기로 했다." 코터릴은 몰랐지만 그의 아내가 될 사람은 리델에게 조언을 구하고 있었다. 리델과 플로렌스의 연애도 썩 정석은 아니었다. 코터릴이 맹장 수술을 받던 때 리델은 애써 전령이 되어 장래의 신부에게 상황을 소상히 알렸다. 그의 회복 초기에 정식으로 약혼을 선포한 사람은 코터릴이 아니라 그녀였다. "에릭이 무슨 행동이나 무슨 말을 했는지는 모르지만 분명히 확신컨대 그가 그 일을 나보다 먼저 알고 있었다"라고 코터릴은 말했다. 그가 보기에 리델은 수용소에서 "잔잔하면서도 아주 한결같은 영향"을 미쳤다. "긍정적일 게 별로 없는 상황에서도 그는 늘 아주 긍정적이었다. 그리고 다른 사람들의 무거운 짐과 염려를 주저 없이 져 주었다."

웨이셴 수용소의 사정은 모든 면에서 악화되었고 전쟁은 끝없이 계속되는 듯 보였다. 그러자 이전에 흠 없이 살던 사람들도 자신의 신앙에 그리고 교회의 전체 목적에 공공연히 의문을 제기하기 시작했다. 다음과 같이 리델에게 대놓고 묻는 사람들도 있었다. 기도가 응답되지도 않는데 양식과 위안과 구조를 위해 계속 기도하는 게 무슨 소용인가? 하나님은 어디에 계시며 왜 듣지 않으시는가? 애초에 왜 웨이셴의 사태를 "허용"하셨는가? 코터릴이 날마다 리델의 기도를 들으며 알았듯이 리델은 자신의 신앙도 결코 흔들리지 않았을 뿐더러 회의하는 사람들까지 다독여 주었다. 코터릴에 따르면 "그의 신앙은 이런 고난의 때에 오히려 전보다 더 굳건해졌다. 그는 우리 모두가 처한 상황을 하나님 탓으로 돌리지 않고 그분이 그 상황 속에 우리와 함께 계시다고 믿었다. 이것이 그가 중단 없이 전한 메시지였다. 그는 우리 모두에게 '믿음을 가지라'라고 말하곤 했다."

리델은 『제자도』와 산상설교를 수시로 소리 내어 읽었고 한 대목을 깊이 생각했다. "너희 원수를 사랑하라. 너희를 저주하는 자를 축복하라. 너희를 미워하는 자를 선대하라. 너희를 모욕하고 박해하는 자를 위하여 기도하라." 이미 1944년부터 그는 수감자들에게 특히 제복을 입은 수용소 간수들을 위해 기도할 것을 촉구했다. 리델은 자신의 회중과 주일학교 구성원들에게 "나도 간수들을 위해 기도하기 시작했더니 그들을 대하는 태도가 완전히 바뀌었습니다. 그들을 미워하는 것은 자기중심적인 태도입니다"라고 말했다. 이는 그가 본래 10여 년 전에 스코틀랜드 남단의 호이크에서 했던 설교의 연장선이었다. 그때 그는 제자들이 예수께 사람을 몇 번이나 용서해야 되느냐고 여쭈었던 이야기를 했었다. "그들은 그분의 가르침의 핵심 요지를 놓쳤습니다. 용서란 한 번으로 되는 게 아니라 용서의 온전한 마음이 있어야 합니다"라고 리델은 설명했다.

그도 간수들에게 자신의 "온전한 마음"을 주기로 했다. 일부 간수들은 수감자들과 관계를 가꾸려 했다. 한 간수는 어느 가족의 토마토 줄기를 가지치기하여 다시 살려 냈다. 다른 간수들은 아이들에게 유도를 가르치거나 함께 장기를 두었다. 아기에게 먹일 우유를 기증하거나, 어느 가장家長에게 일본 술을 한 병 갖다 주거나, 바지를 수선해 준 재봉사에게 보답으로 수박을 주는 등 작은 친절을 베푼 간수들도 소수 있었다. 그러나 랭던 길키가 강조했듯이 야비한 행위를 가학적으로 즐기는 간수들도 있었다. 그에 따르면 "그들은 고함을 지르고 으르렁거리고 손으로 때리고 발로 찼다. 마치 앞에 있는 사람이 자기를 놀라게 한 징그러운 거미이며 그래서 밟아 죽여야 된다는 듯이 행동했다. 자기 휘하에 있는 사람이면 아무에게나 괜히 자극을 받아 비열하게 구는 것 같았다. 재미있어 보이는 일은 못하게 막았고 반대로 불쾌한 일은 억지로 시켰다." 예순두 살의 한 수감자는 "간수와 우연히 부딪쳤을" 뿐인데 뺨을 맞았다. 서른여덟 살의 여자는 아무 이유도 없이 맞았고 열여섯 살의 아이는 중국인에게서 꿀을 사려다 발각되어 구타를 당했다.

어떤 사람들이 보기에 이런 원수를 위한 기도는 낭비였다. 리델의 태도를 너무 과하거나 순전히 미친 짓으로 여긴 사람들도 있었다.

웨이셴 수용소의 어떤 면들만 따로 떼어 놓고 본다면 그곳은 강제 수용소라기보다 여름 캠프에 더 가까워 보인다.

우선 작은 대출용 도서관을 꾸며도 될 만큼 책이 충분히 있었다. 셰익스피어 선집, 찰스 디킨스의 소설, 조지 버나드 쇼의 희곡 등이 여러 권씩 있었다. 제한된 양이나마 연애소설이나 지식인 취향의 전기에 파묻힐 수도 있었다. 존슨 박사의 족적을 따라 스코틀랜드의 여러 섬을 누빈 보스웰의 책이 후자의 경우였다. 또 쥘 베른$^{\text{Jules Verne}}$의 『80일 간의 세계 일주$^{\text{Around the World in Eighty Days}}$』와 H. G. 웰스^{Wells}의 『타임머신$^{\text{The Time Machine}}$』도 있었다. 어떤 사람은 존 건서$^{\text{John Gunther}}$가 1939년에 쓴 『아시아의 내부$^{\text{Inside Asia}}$』라는 사회 정치 서적을 서가에 꽂아 두었는데, 혹시 일본군이 우연히 보고 불온서적인 줄 알고 내용에 적대감을 품을까 봐 표지를 갈색 종이로 쌌다.

무도회에서 연주한 소규모의 전문 재즈 악단 외에도 악기와 음악인들이 충분하여 구세군 악단과 교향악단과 합창단이 결성되었다. 조이스 스트랭크스의 아버지는 톈진에서 짐을 쌀 때 트럼펫, 트롬본, 유포니움 등 각종 금관악기를 침대 매트리스 사이에 끼워 가져왔고 그의 큰딸은 등에 비올라를 메고 웨이셴 수용소에 입소했다. 수감자들은 첼로와 클라리넷과 플루트와 바이올린도 가져왔다. 리코더는 대나무를 깎아 만들었다. 먼지가 쌓여 수리와 조율이 필요하긴 했지만 피아노는 수용소에 이미 있었으므로 이제 없는 악기는 바순과 오보에와 너무 커서 휴대하기 힘든 콘트라베이스뿐이었다. 연주된 음악은 모차르트의 협주곡들, 헨델의 「메시아^{Messiah}」, 베르디의 「아이다^{Aida}」, 차이코프스키의 「백조의 호수$^{\text{Swan Lake}}$」, 멘델스존의 「엘리야^{Elijah}」, 쇼팽의 무곡들 등이었다. 트라피스트회의 한 수사는 「나에게 천사의 날개가 있다면$^{\text{If I Had the Wings of an Angel}}$」을 아름답게 불렀고, 웨일스의 한 선교사는 「내 주는 살아 계시고$^{\text{I Know That My Redeemer Liveth}}$」를 쩌렁쩌렁한 목소리로 멋지게 소화해 냈다. 한번은 스타이너의 「그리스도의 십자가 수난^{Crucifixion}」을 공연하던 중에 수용소장이 도착했는데 마침 합창단은 "문들아 활짝 열려라"로 시작되는 부분을 부르던 참이었다. 수용소장은 그 아이러니를 알아차리지 못했다.

수감자들이 선곡한 음악이 늘 환영받은 것만은 아니었다. 1944년에 구세군 악단이 독립 기념일을 축하하고자 미국 국가를 연주하자 일본군들이 항의했다. 다행히 재즈 연주자들이 연주회의 한 곡을 금이빨에게 바치겠다고 발표하여 간수들이 약간 누그러졌다. 그는 즉시 자리에서 일어나 청중에게 여러 번 허리를 숙여 인사했다. 재즈 악단이 연주한 곡은 1930년대 초에 루이 암스트롱 Louis Armstrong 을 통해 대중화된 「악당인 네가 죽었으면 좋겠다 I'll Be Glad When You're Dead You Rascal You」였다. 금이빨은 발장단이 절로 나는 곡조가 마음에 들었으나 가사를 몰랐으므로 의당 자신에게 경의를 표하는 내용이려니 생각했다. "그는 소리를 지르고 박수를 치며 살살 춤까지 추었다"라고 한 수감자는 회고했다.

배우 후보감들도 충분해서 노엘 카워드 Noël Coward 의 희곡 「건초열 Hay Fever」을 비롯한 연극과 쇼가 무대에 올려졌다. 소품은 실용성 없는 희귀품이나 장식품 따위가 뒤죽박죽 모여 이루어졌다. 뻐꾸기시계, 벽난로의 장작 받침쇠 세트, 금테가 둘린 존 컨스터블 John Constable 의 풍경화 등 일부 수감자들이 수용소에 가져온 것들이었다. 의상도 날림으로 해치웠다. 버나드 쇼의 「안드로클레스와 사자 Androcles and the Lion」를 공연할 때 로마 파수꾼의 제복은 깡통으로 만들었다.

이런 문화생활 외에 꾸준히 즐긴 다른 레크리에이션으로 야구나 소프트볼이 있었다. 페이킹 팬서즈, 텐진 타이거즈, 성직자 파드레스처럼 팀 이름도 지었다. 패트릭 스캔런 신부는 출소하기 전에 암상인들을 기념하여 블랙 마리아스라는 팀까지 만들었다. 메리 스캇도 열심히 참여했다. "30대의 여자가 구기를 하는 것을 아무도 이상하거나 품위 없게 여기지 않았다"라고 그녀는 말했다. 타고난 운동선수인 오브리 그랜던은 수시로 담장 너머로 홈런을 날리는 통에 중국인들이 공을 안으로 던져 주거나 간수들이 가서 주워 와야 했다. 육상 대회처럼 소프트볼 시합도 아주 굉장한 사건이자 좋은 의미에서 거칠고 요란한 행사였다. 한 수감자에 따르면 즈푸에서 온 아이들은 수용소 밖에서나 안에서나 예의범절은 똑같다고 배웠다. "우리는 버킹엄 궁전의 두 공주처럼 늘 점잖아야 했다"라고 그녀는 말했다. 그런데 소프트볼 구장에서는 그 점잖음이 잠시 옆으로 밀려났다. "우리는 와자지껄 떠들며 외쳤고, 손을 땅에 짚고 재주를 넘었고, 서로의 등을 툭툭 두드렸다. 우리의 교사들은 몸서리를 쳤다."

    스포츠나 악기 연주나 노래나 춤이나 연극을 할 줄 모르는 사람들은 대신 강연과 강의를 했다. 웨이셴 수용소의 화가들—그중 하나의 작품은 런던 로열아카데미에 걸려 있었다—이 다채로운 포스터를 제작하여 무신론, 불가지론, 실용 목공예, 그리스 철학자들의 작품 등 아주 다양한 주제를 홍보했다. 재미있는 강사들을 물색하는 과정에서 사람들은 에릭 리델에게도 육상 경력에 대한 강의를 재촉했다. 물론 그는 마지못해 응했다. 늘 그랬듯이 그는 1924년에 금메달을 딴 일을 마치 요행인 것처럼 말했다. 자신의 희박한 승산에 상대 선수들의 불운이 결합된 결과라는 식이었다. 오히려 강연의 구심점을 다른 사람들의 공로에 두었다. 그는 톰 맥커처의 영향과 케임브리지 대학 친구들의 격려가 아니었다면 자신이 파리에서 승리할 수 없었을 거라고 말했다. 자신의 경주는 자세히 논할 가치가 없다는 듯 대충 넘어가는 대신 해럴드 에이브러햄스와 파보 누르미를 관전하던 일을 말했다. 60명이나 모인 그의 청중은 그가 헨리 스톨러드의 용감하고 감동적인 분투를 칭송하는 것을 보았다. 고개를 뒤로 젖히고 달리는 자신의 폼을 말하는 대목에서 리델은 톈진에서 사진사와 충돌하여 의식을 잃었던 이야기를 곁들였다. 이때도 그는 자신이 트랙 위의 카메라를 보고 피했어야 한다는 식으로 자신에게 불리하게 말했다. 강의의 이 부분은 그 순간에는 아주 재미있어 보였지만 머잖아 수감자들의 머릿속에 어둡게 되살아나게 된다.

그 밖에도 표면상에는 정상적으로 보이는 징후들을 수용소 여기저기서 볼 수 있었다.

크리스마스 때는 리델의 주선으로 카드에 덕담을 적어서 돌렸는데 카드는 수감자들이 찾아낸 자투리 종잇조각들로 만들었다. 무솔리니가 축출된 지 몇 달 후에 이탈리아인 100명이 상하이에서 체포되어 웨이셴 수용소에 수감되었다. 리델은 그들에게도 절기의 정신이 꼭 전달되도록 했다. 그는 메시지가 적힌 카드를 채소 자루에 담아 즐거운 집배원처럼 배달하고 다녔다. 한 남자는 글라디올러스 구근을 여럿 심었는데 다 잘 자랐다. 한 소년은 송골매 새끼 네 마리를 길렀다. 한 여자는 수용소 건물들과 수용소 내의 동식물을 소재로 수채화를 그리곤 했다. 어떤 사람은 순백색 새끼 고양이가 있었는데 나중에 그 새끼 고양이는 경비견에게 찢겨 죽었다. 학생들은 문서에 섞여 웨이셴 수용소에 입수된 시험지로 옥스퍼드 대학교 입학시험을 치렀고 대학 측은 전쟁이 끝난 후에 합격을 승인했다. 연령별 걸스카우트와 보이스카우트도 결성되었다. 단원들은 매듭 만들기, 포크송 부르기, 바느질, 불 피우기, 독서, 자연 학습 등의 몇 가지 훈련을 통해 공훈 배지를 획득했다.

그렇다고 오해해서는 안 된다. 수용소는 태평하고 자유로운 놀이터가 아니라 언제나 혹독하고 엄격한 곳이었다. 오락은 수용소에 창의적 요소와 활기를 더하기 위한 것이었을 뿐 그 배경은 암울했다. 말라리아, 이질, 탈수, 성홍열, 탈진, 저혈압, 만성 우울증, 단발성 신경쇠약 등 각종 병이 많았으나 치료할 약은 부족했다. 감금 생활의 스트레스가 누적되다 보니 수감자들 간의 언쟁이 몹시 격화되어 날로 더 예민하고 무모해졌다. 이전에 도덕적으로 흠이 없고 반듯했던 사람들까지도 그런 스트레스 때문에 도둑질 같은 품위 없는 행동에 손을 댔다. 식량 부족으로 배식이 어찌나 빈약하던지 결국 허약해진 포로들은 해방되기도 전에 굶어 죽겠다는 결론에 이르렀다.

인간이 고작 허기만 면하면서 얼마나 오래 살 수 있을까? 평균 남자가 힘든 육체노동을 하면 시간당 400-500칼로리 이상 소모된다. 그런데 웨이셴 수용소에서는 하루에 1200칼로리의 열량을 섭취할까 말까 했다. 푸른 채소가 떨어진 뒤로 어떤 수감자들은 잡초를 캐러 다녔고 명아주와 마디풀을 끓여 먹었다. 한 일본군에게 암염소가 있었는데 한번은 이 염소가 장교들과 간수들의 구역을 벗어나 돌아다녔다. 수감자들은 염소가 없어진 것을 간수들이 알아차리기 전에 즉시 염소의 젖부터 짰다.

수용소 전체가 고통에 허덕였다. 부엌마다 요리사들은 물자 부족을 당해 낼 재간이 없었다. 화덕에 불을 때느라 늘 온몸이 욱신거리고 지저분했던 화부들은 휴식을 원했다. 물을 펌프질하는 이들 중 일부는 늘어난 근육, 삔 팔, 탈장, 손의 물집 등을 호소하기 시작했다. 그중 소수는 과로로 쓰러졌고 너무 아파 자리에서 일어날 수 없다는 이들도 더러 있었다. 위와 장에 각종 질병이 흔했고 치은염과 기타 잇몸 질환도 마찬가지였다. 수감자들이 부른 「웨이셴 블루스」라는 노래가 있었는데 끝부분의 가사가 이랬다.

웨이셴에 온 뒤로… 죽도록 일만 시키니
지금은 노동 군단이나 곧 송장이 되겠네.

절망을 못 이겨 자살을 기도한 이들도 있었다. 2년 반 동안 손목을 그은 사람, 병원에서 훔친 모르핀이나 진통제를 먹은 사람, 성냥개비 끝만 모아 삼킨 사람, 목을 맨 사람 등 여러 가지 시도가 있었으나 다행히 모두 실패로 끝났다.

리델 같은 사람들이 없었다면 수용소는 와해되었을 것이다. 그중에서도 단연 돋보인 그는 1인 특별 대책 본부였다. 아침마다 그는 잔뜩 기운을 내서 다시 엄청난 작업량을 맞이했다. 일하면서 「풍성하신 하나님의 자비 There's a Wideness in God's Mercy」, 「은혜의 영이여 내 안에 거하소서 Gracious Spirit, Dwell in Me」, 「세상을 아름답게 하시는 하나님 God Who Touches Earth with Beauty」 셋 중 하나의 찬송가를 부르는 소리가 주변에 자주 들렸다. 조 코터릴에 따르면 "그는 자신을 필요로 하는 사람들이 많을수록 일을 더 많이 했다. 나는 그가 누구에게도 거부하는 말을 들어 본 기억이 없다. 누구나 차례로 그의 시간을 기다리기만 하면 되었다."

웨이셴 수용소는 리델을 불멸의 존재로 보았다. 어디까지나 그는 올림픽 금메달리스트가 아니던가. 그런 그라면 무엇이든 이겨 낼 수 있을 것이었다. 마치 금메달이 아킬레우스의 방패라도 된다는 듯이 말이다. 수감자들은 그에게 고마워하면서도 그의 모습에—그리고 거울 속의 야위어 가는 자신들의 모습에—워낙 익숙해져 있어 그의 외양이나 거동에서 별 차이를 감지하지 못했다. 그러나 1944년 봄과 여름 내내 그는 점점 더 수척해졌다. 전보다 더 빨리 피곤해졌고, 과거에 일상적으로 해내던 일들도 이제 점점 더 힘들어졌으며, 좀처럼 쉽게 잠들지 못했다. 그는 이것을 먹는 게 부실한 탓으로 돌렸으며 자신의 상태가 여느 누구와 다를 바 없다고 생각했다. 그의 변화를 간파하려면 아직 눈이 지치지 않은 사람이 수용소에 들어와 리델을 새로이 보아야 했다.

그 사람은 바로 애니 버컨이었다.

열여섯 번째 달리기

모든 슬픈 선장들이여

에릭 리델이 플로렌스와 자녀들의 사진을 들여다보는 모습이 주변의 눈에 자주 띄었다. 마치 전쟁과 웨이셴 수용소가 없는 아주 먼 곳에서 혹 자신이 살아가고 있을지도 모를 그 삶을 곰곰 생각하는 것 같았다.

플로렌스의 편지는 단속적으로 도착했을 뿐이었다. 바다와 육지를 느리게 건너오는 우편물은 어차피 그의 손에까지 들어오는 일도 드물었다. 양쪽을 잇는 9600킬로미터의 거리에 취약한 고리가 너무 많아 확실성이 보장되지 않았다. 배가 침몰하거나 부득이 경로를 바꿀 수도 있었다. 트럭이 폭파되거나 매복한 군사의 기습을 당할 수도 있었다. 그녀의 글이 적십자사에 당도하기 전에 어느 게으르거나 무심한 사람이 아무렇지도 않게 편지를 버리거나 태울 수도 있었다. 그래도 플로렌스는 다음번 편지가—아니면 그다음 편지라도—잘 도착하기를 바라며 계속 편지를 썼다.

1943년 11월에 친정아버지가 돌아가셨음을 리델에게 알린 편지는 웨이셴까지 잘 들어갔다. 그러나 10개월 후에 작고하신 리델의 어머니에 대한 편지는 증발되어 버렸다.

플로렌스의 가장 애절한 편지는 지금 읽어도 마음이 아프다. 그 속에 담긴 열망이 끝내 실현되지 못했음을 현재의 우리는 알고 있기 때문이다. 다행히 리델은 이 편지를 읽었고, 자신을 향한 그녀의 생각이나 감정이 별거로 인해 약해지지 않았음을 알았다. 하지만 그 사실조차도 훗날 오랫동안 그녀에게 위안이 되지 못했다.

그 편지를 부친 때는 1943년 8월 말이었으나 리델이 받은 것은 6개월이 지나서였다. 리델이 그녀에게 메시지를 보낼 때 의무적으로 그래야 했듯이 그녀도 이 편지를 전부 대문자로 썼다. 대문자를 종이에 옮기려면 평소의 필체로 술술 써 내려갈 때보다 늘 더 오래 걸린다. 플로렌스는 자칫 손이 너무 급히 감정을 앞서가 글씨를 알아보지 못하게 될까 봐 그랬던 것 같다. 대문자로 읽으면 리델이 해독하기 어려운 단어나 줄 때문에 갑자기 멈추거나 머뭇거릴 필요가 없을 것이었다.

"가장 사랑하는 에릭에게." 편지는 이렇게 시작된다.

플로렌스는 아이들이 "쑥쑥 자라고" 있다면서 "정말 내 몸에서 나왔다는 게 신기하게 느껴져요"라고 덧붙였다. 이어 그녀는 아이들을 하나씩 그림처럼 묘사했다. 패트리샤는 "짧은 곱슬머리"에 어언 "어린 숙녀가 다 됐고" 수영을 배웠다. 헤더는 머리를 땋아 늘였고 "호기심"이 어찌나 강한지 "매사에 이유와 내막을 알려고" 했다. 모린은 이제 아기는 아니지만 그래도 "꼬마"이며 "자기 뜻이 분명하고 걸음걸이가 당당"했다. 플로렌스는 막내에 대해 이런 말도 했다. "다른 아이들이 재잘거리는 틈바구니에서 자기 목소리가 들리게 하려고 애쓰는 그 모습을 당신도 보아야 돼요. 꼭 경매인의 목소리 같다니까요. 스스로도 자기 목소리가 듣기 좋은가 봐요." 이어 그녀는 "당신이 보고 싶어서 아이들이 늘 당신이 언제 집에 올 거냐고 물어요"라고 말했다.

플로렌스는 리델을 위로하려 했다. 자신이 잘 대처하고 있으며 "건강도 여전"하다고 했다. "아침부터 밤까지 바쁘며" 그래서 감사하다고도 했다. "바빠서 다행"이라는 말 속에는 그래야만 남편 없는 삶에 대한 생각을 떨칠 수 있다는 의미가 깔려 있었다. 그녀는 "지난 2년 동안 배운 게 참 많아요"라며 교훈의 내용을 자세히 밝히지는 않고 "당신도 그렇겠지요"라고 말했다.

마지막 문단은 한숨과도 같아서 부재에 대한 모든 서글픈 회한이 사랑과 함께 확연히 드러나 있다. "내일"이 언제일지 몰라도 자신들의 더 나은 내일에 대한 희망도 담겨 있다. 한시도 그를 생각하지 않은 적이 없으며 아무리 오래 걸려도 "어린 딸들"과 함께 기다리겠다고 그녀는 다시 힘주어 말한다. 특히 플로렌스의 믿음이 암시되어 있는 문장이 있다. 수용소가 그를 어떻게 바꾸어 놓았고 웨이셴에서 보낸 시간 이후에 그녀와 세상이 그에게 어떻게 달라 보이든 간에 둘의 관계는 변함이 없으리라는 믿음이었다. 이 모든 내용이 50개 단어로 된 문단에 압축되어 있다. 독자들은 이 부분을 한번 읽으면 다시 읽지 않을 수 없다. 그들 부부에게 거부된 미래와 그 미래로 가꿀 수 있었을 삶이 즉시 머릿속에 아른거리기 때문이다.

"오 에릭, 나의 생각과 기도는 늘 당신과 함께 있답니다. 다시 우리가 가족으로 살 수 있을 날이 기다려져요. … 그때는 함께하는 삶이 훨씬 더 소중하게 느껴지겠지요. 그동안은 아름다운 추억을 품고 살면 돼요." 플로렌스는 "아직은 요원한 희망이라는 것을 잘 알아요"라

402 Lakeshore Ave - Central Island -
August 23 - /43 -

Eric H. L. Idell
Born in China
British Civilian Prisoner of War
Weishien
Shantung
North China

Just had a letter from Bill dated March 30th. Wonderful - Sorry the snaps are so poor but they will give you an idea and there's no time to take more.

Dearest Eric:

Here we are at the Island - Mother and Daddy - Uncle Malcolm and Aunt Lottie and I are sitting in the living room. We're listening to the radio and thinking of you. They all send their dearest love - Uncle Malcolm and Aunt Lottie have been here nearly a week now on a visit and it has been grand seeing them. It has meant a lot to Daddy - They are returning in a couple of days - Daddy is just about the same and there is very little chance of him being able to work this winter. Our plans for the winter are very indefinite - If the doctors feel that Toronto is not the place for him to be and Mother may move elsewhere - But that would be quite a financial problem. If they moved I will likely stay on the Island here. The idea quite appeals to me. There is a nice school with nice playmates for the children and I think they would be very happy - I have made some very good friends over here - It would be very quiet but that quite appeals to me (the place). This summer has been a continuation of the winter entertaining but it has been wonderful having the family around - Kenneth leaves in another couple of weeks for further training - Finlay has about another month here - He and Murray Thompson and Graham McHattie all look very fit after their training and they are enjoying themselves immensely - Norman and Dorothy are still in Montreal and having a wonderful time in their work. They say it is such fun to be working with people again after doing so much studying. They leave for Caledonia in October - George is just finishing up his exams and he and Esther leave for the West in about a month's time - We will miss them all terribly but we can't expect the family to stick together forever. Marg and John are as busy as ever. John has quite a responsible position as one of the chief stewards in the plant. The three married couples are all very happy. Finlay is still footloose and fancy free but he manages to have a very good time! He has taken Muriel Thompson out quite a bit. Finlay is quite a lad and Patricia and Heather just dote on him. Nothing is too good for Uncle Fin and I have a terrible time keeping them from mauling him to death when he comes home on leave. At present he gets 36 hours each weekend - Louisa has been working all summer as a waitress and it has been quite an experience for her. She has enjoyed it and has put by a nice little sum of money with which to buy her

편지 속에 담긴 사랑

플로렌스가 자신의 "가장 사랑하는 에릭에게" 굵은 검정 대문자로 쓴 편지다.

고 인정한 뒤 "내가 제정신이 아니라는 것도 알고요"라고 덧붙였는데, 이는 바로 앞 문단의 무게를 걷어 내면서 그의 폭소를 자아내기 위한 것이었다. 그러나 마지막 한 마디는 상대를 한없이 사랑하는 사람만이 할 수 있는 고백이었다.

"나는 영원히 당신의 것입니다." 편지는 그렇게 끝난다.

1944년 7월 초에 애니 버컨은 걸어서라기보다 행군하여 웨이셴 수용소의 정문에 들어섰다. 사실 그녀는 어디서나 행군하듯 고개를 꼿꼿이 들고 어깨를 당당히 펴고 다녔다. 이전에 샤오창의 군인들이 그랬듯이 일본 간수들도 그녀를 막지 않아야 한다는 걸 익혔다. 그녀는 말투 하나로도 언어의 장벽을 뛰어넘어 상대를 질타하곤 했다. 그녀가 베이징의 영국 대사관에서 간호해 온 친구가 5개월 전에 사망했다. 일본군은 버컨을 베이징에 남아 있게 해주겠다던 약속을 저버렸다.

그녀가 도착한 시점은 웨이셴 수용소 역사상 두 가지 중대한 사건이 터진 지 얼마 되지 않아서였다.

5월 초에 신임 수용소장이 부임하자마자 본래 스캔런 신부가 주도했던 암거래의 잔재를 뿌리 뽑았다. 수용소의 담장 밖에 깊이 1.8미터의 참호를 파 중국인들의 접근을 봉쇄한 것이다. 일부 수감자들은 방어용 참호의 구축을 대량 살상용 묘지를 파는 공사로 착각하여 공포에 질렸다. 즈푸에서 온 어느 교사는 "총살당할 거라면 차라리 나부터 당하자고 생각했다"라고 수십 년 후에 그녀의 한 제자에게 털어놓았다.

6월 중순에는 영국인 로렌스 팁튼과 미국인 아서 허믈이 수용소를 탈출했다. 웨이셴 수용소를 탈출한 사람은 이들 둘뿐이었다. 둘 다 중국어를 했고 머리를 중국인처럼 밀었고 긴 중국옷을 입었다. 휴가 때 수영장 옆에서 일광욕하는 사람처럼, 둘 다 살갗을 현지인들과 거의 똑같게 옅은 밤색으로 태웠다. 반쯤 잠들어 있던 일본군들은 그들의 속셈을 전혀 눈치채지 못했다.

실행은 그들이 했지만 발상은 이전에 스캔런을 보좌했던 레이먼드 드 재거의 머리에서 나왔다. 부엌 근처의 변소에서 짠 그의 계획은 끝까지 완벽했다. "1년간의 세심한 작업이 필요했다"라고 그는 말했다. 드 재거는 계속 외부로 편지를 유출하여 민족주의 진영의 게릴라 부대와 접촉했다. 그중 한 장군은 논리적으로 생각해 볼 것도 없이 야심만 앞서 이런 극단적 제안을 내놓았다. 연료를 넣어 이륙 준비를 마친 비행기들을 비밀 활주로에 대기시킨 뒤 웨이셴 수용소를 공격해서 일거에 수감자들을 해방시키겠다는 것이었다. 이 작전의 문제는 활주로부터 건설해야 한다는 것이었다. 드 재거는 이 방법을 확실한 재앙의 전조로 보고 그를 말려 일의 진행을 막았다. 대신 팁튼과 허믈은 까만 옷을 입고 보름달이 뜬 밤에 빠져나갔다. 그들은 달빛을 받은 그림자가 망루와 긴 담벼락에 드리워질 시간을 정확히 계산해 두었다가 간수들의 교대 시간을 틈타 담장을 넘고 전기 철조망과 참호까지 벗어났다. 인근 묘지에서 게릴라 부대와 접선한 그들은 안전한 산속으로 이동했다. 모제르총을 들고 있던 군인들은 이 첫 대면을 귀성 잔치처럼 여기며 삼각 깃발을 흔들었다. 깃발에는 "영미 대표단 환영! 만세! 만세! 만세!"라고 적혀 있었다.

수용소의 점호가 문제였는데 이튿날 아침에는 별 탈 없이 지나갔다. 다른 사람들이 목소리를 꾸며 팁튼과 허믈의 번호를 외쳤으나 일본 간수들은 알아채지 못했다. 그러나 탈출이 알려지자마자 응징이 뒤따랐다. 신임 수용소장은 이번 탈옥을 자신의 능력에 대한 불명예스러운 오점이자 수감자들의 배신행위라 보고 격노했다. 그에 따르면 수감자들은 "너희가 생각하는 것보다 운이 좋고, 일본 열도의 시민들보다 형편이 나으며, 전선의 우리 군인들보다 먹을 게 더 많"았다. 점호는 끔찍할 정도로 길어졌다. 간수들은 또 다른 팁튼이나 허믈이 나올까 봐 전전긍긍했다. 음식의 배급량도 뚝 깎여 말고기와 당나귀 고기마저 줄었다. 팁튼과 허믈과 같은 합숙소에 살던 사람들은 끝없이 붙들려 심문을 당했다. 리델을 비롯하여 가족이 없던 남자들은 담장이 내려다보이는 병원에서 쫓겨나 중국인들에게 신호를 보낼 수 없는 종탑 안으로 옮겨졌다.

이것이 버컨이 처음 대한 웨이셴 수용소의 모습이었다. 수감자들은 배급량이 삭감되어 고생했고, 무조건 의심하는 과민한 간수들의 살벌한 감시를 받아야 했다. 버컨은 자신이 거기로 보내진 것이 팁튼과 허믈의 탈출에 대한 벌이라 주장했으나 신빙성이 거의 없었다. 전쟁 말기로 치닫던 그즈음 일본은 조직력도 턱없이 부족했거니와 복수할 목적으로 중년의 간호사 하나의 이동을 전략적으로 계획할 만큼 시시콜콜한 일에 매달릴 여력도 없었다. 군식구가 된 친척을 떨쳐 내고 싶은 여느 가족처럼 베이징의 일본군도 그냥 그녀를 떨쳐 내고 싶었을 뿐이다.

버컨은 웨이셴 수용소의 두 소년이 빵 조각 하나 때문에 '악착같이' 싸우던 장면을 영영 잊지 못했다. 상황이 어찌나 심각했던지 수용소의 어른들은 영양실조가 심각한 수감자 여섯을 수용소장 앞으로 줄지어 지나가게 했다. 그때 뽑혔던 한 사람은 "우리의 푹 꺼진 흉곽과 툭 튀어나온 광대뼈"의 모습을 기억했다. 소장은 냉정하게 꿈쩍도 하지 않았다. 랭던 길키는 소장이 이전의 암거래를 없앤 것이 순전히 새로운 암거래를 도입하기 위해서임을 확신하게 되었다. "이 수지맞는 사업을 그는 자신의 손이나 적어도 일본군의 손에 넣기를 원했다." 길키는 한 간수가 다른 간수를 곤봉으로 탁 때리면서 자신의 고객들을 빼앗아 갔다고 싸우는 것을 보았다.

그러나 버컨이 수용소의 여러 통로와 건물을 겨우 익혔을 즈음에는 수익이 짭짤하던 일본군 암거래 상인들은 한동안 불필요해졌다. 노새가 끄는 짐수레의 행렬이 200개의 적십자사 소포를 싣고 웨이센 수용소에 도착했다. 길키는 내용물이 "모든 상상을 초월했다"라고 말했다. 각 상자는 길이 90센티미터, 너비 30센티미터, 높이 45센티미터로 그에게 "거대해" 보였다. 안에는 "믿을 수 없이 놀라운 물건들이 다 쓸 수 없을 것처럼 많이" 들어 있었다. 커피, 차, 설탕, 초콜릿, 스팸, 치즈스프레드, 분유, 버터, 간 고기, 말린 자두, 건포도, 잼, 연어가 있었다. 담배와 칫솔과 치약도 있었다. 신발, 외투, 셔츠, 스웨터, 모자, 양말과 장갑 한 켤레씩 등 옷가지도 많았는데 이상하게 바지만 없었다. 길키는 자신의 소포가 "안전"의 의미로 "받아들여졌다"라며, 그때의 안전이란 "아주 장기간 굶지 않는 것"이었다고 말했다. 그러면서 "캐딜락이나 대농장이나 아무리 많은 주식이나 채권도 이 한 더미의 음식물로 대변되는 현실적인 재산에 가히 버금갈 수 없었다"라고 설명했다. 상자마다 측면에 "미국 적십자사 구호품"이라는 문구가 찍혀 있었다. 미국이 통 크게 은전을 베풀었던 것이다. 도덕군자처럼 격분하며 흡연을 비난하던 일부 성직자들과 선교사들이 식료품을 담배로 교환한 것은 정말 기막힌 위선적 행위였다.

운이 좋게도 버컨은 수용소가 잠시나마 길모퉁이의 식료품점처럼 되어 선반이 꽉 차 있던 때에 그곳에 왔다. 그러나 낮에 자고 밤에 병원에서 일하며 흐릿한 촛불 아래서 환자들을 돌보던 처음 몇 주 동안 그녀를 충격에 빠뜨린 것은 다름 아닌 옛 친구의 모습이었다.

그녀는 공상가가 아니라 현실주의자였기에 자신이 마지막으로 보았을 때와 똑같은 에릭 리델을 기대하지는 않았다. 혈색이 좋거나 눈빛이 형형하지 못하리라는 것쯤은 그녀도 알았다. 그러나 웨이셴 수용소에서 만난 리델은 그녀의 머릿속에 사진처럼 박혀 있던 모습과 너무도 판이해서 그녀는 대번 당황했다. 그의 셔츠가 한때 커튼이었고 반바지가 너덜너덜했다는 사실은 버컨에게 중요하지 않았다. 그녀는 웨이셴 수용소가 리델이라는 사람 자체를 확 바꾸어 놓은 것을 보았다. 그는 지쳐 보인 정도가 아니라 동작도 아주 미묘하게 더 느려 보였다. 걸을 때 팔을 내두르지 않았고 발을 내딛을 때 탄력도 없었다. 광대뼈는 튀어나오고 가슴과 눈은 안으로 푹 꺼졌으며 등도 약간 굽어져 있었다. 한때 늘씬한 기둥 같이 종아리와 허벅지에 근육이 붙어 있던 두 다리가 이제는 특히나 힘이 없어 흐늘흐늘해 보였다. 핏기가 가신 피부는 여름이라 햇볕에 탔는데도 눈에 띄게 창백했다. 버컨에게 말할 때마다 리델의 말투도 답답했다. 마치 마땅한 어휘가 떠오르지 않는 것 같았고 그다음에는 얼른 문장으로 조합되지 않아 애를 먹는 것 같았다.

버컨은 묘연하기만 한 결정적 답을 찾듯이 다른 수감자들에게 "에릭이 무슨 문제로 이렇게 되었나요?"라고 걱정스레 물었고, 수감자들은 무슨 말인지 모르겠다는 듯이 그녀를 바라보았다. 그들이 보기에 에릭은 전혀 문제가 없었던 것이다.

리델을 아주 잘 알았기에 그녀는 그의 몸이 아프다는 사실을 제일 먼저―누구보다도 훨씬 일찍―알아차렸다. 수용소 도처에서 그를 관찰한 결과 버컨은 그가 짊어진 "막중한 책임"이 "한도 초과"라는 결론을 내렸다. "사람들이 그에게 너무 많이 의존했다"라고 그녀는 딱 잘라 말했다. 그녀는 그가 양동이를 나르고 잔심부름을 다니고 물을 펌프질하고 자루를 옮기는 것을 보았다. 성경 공부반과 주일학교, 주말과 저녁의 스포츠, 학교의 정규 과학 수업을 주관하는 것도 보았다. 부부 관계에 대해 상담을 원하는 부부가 있으면 리델은 그것도 맡았다. 그의 책 『제자도』로 개인 교수를 받겠다는 사람도 그는 맡았다. 한 청소년이 수용소 담장의 철조망에 감전사했을 때―도전 삼아 철조망 꼭대기에 닿으려고 손을 뻗다가 그렇게 되었다―슬퍼하는 그의 어머니를 위로한 사람도 리델이었다. 그는 이전에 헤아릴 수 없이 많은 사람들에게 그러했듯이 그녀에게도 자신이 즐겨 부르던 찬송가 「잠잠하라 내 영혼아」를 가르쳐 주었다. 버컨은 리델의 부지런한 삶이 그의 건강에 도움이 되지 못함을 알았다. 또한 리델과 달리 그녀는 그의 병세의 원인이 꼭 영양 부족이나 과로만은 아니라는 안타까운 예감이 들었다.

그녀의 진단은 금방 사실로 확인되었다.

정상급 스포츠맨의 가장 위대한 순간은 승리의 월계관을 쓸 때다. 그 일은 열광적인 무대에서 이루어진다. 군중의 축제가 절정에 달하면 목이 쉬도록 외치는 함성에 간이 관람석이나 가파른 둔덕이나 아찔하게 높은 스타디움이 요동한다. 열광은 이 장관에서 빼놓을 수 없는 요소다. 짤막한 몇 초 동안 운동선수는 종목에 관계없이 청중에게 잊지 못할 존재가 된다. 그의 타구나 패스나 득점이 한순간 판세를 역전시켜 그에게 환호와 명성을 안겨 주기 때문이다. 그의 위업은 영원하여 세월이 흘러도 그것을 보거나 분석할 때마다 전율이 인다. 그 순간은 불후의 명작으로 고스란히 살아남아 그 주인공을 규정짓고 그를 스포츠계에서 불멸의 반열에 올려놓는다.

1951년에 뉴욕의 총아였던 바비 톰슨$^{Bobby\ Thompson}$은 사람들의 기억 속에 늘 맨해튼 북부의 폴로 그라운즈에서 방망이를 휘둘러 "세상에 울려 퍼진 한 방"을 날린 뒤 해설자가 숨 가쁘게 다섯 번이나 반복해서 외치는 "자이언츠 팀의 우승입니다!"라는 한 마디에 맞추어 베이스를 한 바퀴 돌고 있을 것이다. 모래밭에 착지하는 순간 세기의 도약을 이루어 낸 멀리뛰기 선수 밥 비몬$^{Bob\ Beamon}$은 늘 1968년의 올림픽 개최지인 멕시코시티의 높은 상공에 떠 있을 것이다. 주변의 혼란 속에서도 냉철하고 침착했던 조 몬테나$^{Joe\ Montana}$는 늘 샌프란시스코 포티나이너스 팀을 11번의 공격으로 84미터나 전진시켜 불과 34초를 남겨 놓고 제23회 슈퍼볼에 우승함으로써 브로드웨이처럼 불빛이 화려한 마이애미의 대형 시계의 시간을 정지시킬 것이다.

스포츠란 본래 그런 법이다. 스타디움 안의 수만 명 외에도 무수히 많은 사람들이 경기 내용을 안락의자에서 관전하거나 라디오 방송으로 듣게 마련이다.

그러나 에릭 리델의 경우는 달랐다.

올림픽으로 그는 유명 인사가 되었다. 톰슨과 비몬과 몬태나에게 오랜 후에야 찾아올 명예의 전당에서의 순간을 그는 이미 파리에서 맞이했다. 콜롬베 스타디움을 빠져나간 군중은 전차를 타고 집으로 돌아가면서 그를 입에 올렸고, 이튿날 아침에 인쇄기 냄새가 채 가시지 않고 잉크가 마르지 않은 갓 찍어 낸 신문이 배달되었을 때도 또 그에 대해 이야기했다. 그러나 그의 가장 훌륭한 성취로 평가받아야 할 것은 그때의 위업이나 이를 통해 군중들에게 끼친 감화가 아니었다.

리델이 웨이셴 수용소에서—그리고 웨이셴 수용소를 위하여—출전했던 한 경주야말로 그것을 능가하며 어떤 금메달보다도 그에 대해 더 많은 것을 말해 준다. 관전한 이들이 기껏해야 1500명이었으니 거의 사적인 행사였다. 그는 이날의 경주에 나서지 말았어야 했다. 누구 한 사람이라도 이 경주의 중요한 의미를 깨달은 것은 훨씬 시간이 지나서였다.

이것이 리델의 생애에서 마지막 경주였다.

AAA 선수권전에서 올림픽에 이르기까지 한창때에 큰 대회에 출전할 때마다 그는 승산이 없던 존재였다. 에든버러 대학교의 선수들은 1921년 크레이그로크하트의 잔디밭에서 그에게 자기 분수를 알게 하여 선수 생활을 시작하기도 전에 그만두게 할 참이었다. 1923년에 스탬포드 브리지에서도 해럴드 에이브러햄스가 리델에게 완승을 거둘 것으로 예상되었다. 파리에서 미국 선수들은 리델이 한참 뒤쳐져 완패할 것으로 확신했다. 그런데 웨이셴 수용소의 수감자들은 늘 이 스타가 이길 줄로, 그것도 크게 이길 줄로 알았다. 수용소 내의 아마추어 물주들이 상습 도박꾼들의 배당률을 계산할 때 리델과 관련해서는 물주에 대항하는 측의 비율을 높게 잡는 일이 없었다. 미국의 경마장에서 맨 오워라는 경주마가 그랬던 것만큼이나 리델도 확실한 우승 후보였다. 그가 바로 일명 빅 레드라 불린 맨 오워였다.

그가 웨이셴 수용소의 첫 경주에서 오브리 그랜던을 이긴 뒤로도 경주가 많이 있었는데, 그는 엉성한 계주에서만 졌을 뿐이다. 그가 간격을 크게 벌려 놓아도 때로 팀 선수들이 이를 살려 내지 못했다. 하지만 개인전에서는 누구도 그를 이긴 적이 없었다. 이 노장은 어떤 도전

자보다도 늘 너무 빨랐다. 한 수감자는 "그는 비공식 경주에서까지 기어이 우리 남자아이들을 이겼다. 자랑하게 되면 추해질까 봐 한 아이가 다른 아이에게 리델을 이겼다고 뽐내는 것을 그는 원하지 않았다"라고 말했다.

1944년 늦봄과 여름에는 다분히 시합이 연기되었다. 스티브 멧카프는 "우리에게 달음질할 기력이 별로 없었다. 그나마 있는 기력은 육상이 아니라 노동에 써야 했다"라고 설명했다. 쉬는 시간이면 "스포츠의 날"을 다시 보고 싶은 수감자들의 고요한 열망이 싹텄다. 적십자사의 소포가 도착하여 수용소의 활기가 되살아난 지 한두 달 후에 그들은 다시 경주를 구경하러 운동장에 모였다. 그동안 간 고기와 치즈 스프레드와 그 모든 카페인으로 선수들의 체력이 보강되어 있었다. 줄에 쭉 매달린 오색 깃발이 있었더라면 건물들 사이에 걸어 경축했을 것이다.

리델의 병세는 더 심해져 늘 탈진 상태였다. 몸무게도 충격적인 속도로 줄고 있었다. 그의 혁대는 새로 뚫은 구멍이 하도 많아 얇은 가죽이 곧 끊어질 지경이었다. 그래도 그는 수용소를 오가며 노동을 계속했고, 군중을 기쁘게 하는 일도 자신의 도리라 여겼다. 그래서 아무도 실망시키고 싶지 않아 경주에 참가했다. 그의 몸 상태를 아직 모르고 있던 수감자들은 이번에도 그가 어려움이나 접전 없이 낙승하려니 생각했다.

경주의 코스는 기존의 고르지 못한 노선을 그대로 따르기로 했다. 소프트볼 구장에서 출발하여 메인 스트리트를 돌아 마켓 광장을 지나 틴 팬 앨리로 돌아오는 코스였다. 역시 이전처럼 통로마다 땅이 울퉁불퉁하고 먼지가 많이 날렸으며, 아카시아 나무들은 더 무성하고 빽빽하게 우거진 잎으로 터널을 이루었다. 더운 오후에도 그나마 그늘이 있어 다행이었다.

이번에는 거리도 평소보다 짧아 네 바퀴 대신 두 바퀴만 돌기로 했다. 선수들을 위한 배려였다. 그 궁핍한 한 해가 그들에게서 얼마나 많은 것을 앗아 갔는지 아무도 정확히 알지 못했다. 리델이 다른 사람들을 먼저 출발하게 해주던 일도 이번에는 없었다. 그도 다른 모두와 똑같은 출발선에 섰다. 출발을 신호하는 사람이 다시 포장용 궤짝에 올라가 하얀 손수건을 흔들 채비를 했다. 리델 옆에 선 그랜던은 그런 현실치고는 비교적 강건했다. 식량이 부족했던 기간에도 그는 매일 힘든 운동을 쉬지 않았는데 그만큼 젊고 기운이 좋다는 증거였다. 그의 살갗은 햇볕에 그을려 건강하게 반들거렸다.

잠시 기대감을 고조시키는 고요한 침묵이 흐른 뒤, 출발을 신호하는 사람이 익숙한 구령을 외쳤다. "준비, 자세, 출발." 그 소리가 공중을 가르는 순간 요란한 함성이 터져 나왔고 여남은 명의 주자들은 쏜살같이 튀어 나갔다. 역시 그들 주변에 흙먼지와 작은 모래 구름이 피어올랐다.

늘 그렇듯이 리델은 처음부터 성큼 앞질러 나갔다. 일찌감치 선두를 확정 지어야 함을 알았기 때문이다. 첫 바퀴에서 추격의 무리는 토끼 한 마리를 쫓는 사냥개들 같았고, 그 맨 앞쪽의 비좁은 틈바구니에 그랜던이 끼어 있었다. 굳은 땅에 일제히 내딛는 발소리가 쿵쿵 울렸고, 저마다의 짧은 그림자며 긴장된 얼굴과 눈빛도 보였다. 일부는 벌써 한참 뒤처져 안간힘을 쓰고 있었다.

두 번째 바퀴의 중간 지점까지도 리델이 여전히 모두를 앞서 있었다. 고개를 뒤로 젖히고 무릎을 높이 올리며 팔을 미친 듯이 휘젓는 그는 역시 만인이 알던 그 올림픽 선수다웠다. 그 모습을 또 한 번 감상하게 된 관중들은 이제 그가 늘 보여주던 마지막 질주를 기다렸다. 그는 아무도 따라올 수 없게 전속력을 낼 것이었다. 미끄러지듯 더 멀리 달아나 거뜬히 승리할 것이었다. 그랜던만이 여태 리델을 어느 정도 바짝 쫓아와 그나마 시합의 형세를 이루었다. 그래도 설마 리델이 질 수도 있다고는 아무도 생각하지 못했다.

틀린 생각이었다.

근력으로 다져진 그랜던은 양팔을 가슴팍 앞으로 휘저으며 초반에 내주었던 몇 야드를 점점 만회하기 시작했다. 두 번째로 마켓 광장에 이르렀을 때 그는 리델의 뒤로 바짝 붙었다. 벌써 몇 달째 병으로 쇠약해진 리델은 숨이 차서 이를 막아 내거나 대응하지 못했다. 틴 팬 앨리가 시야에 들어오는데 두 다리도 말을 듣지 않았다. 발을 '차려고' 해도 안 되었다. 고개라도 뒤로 더 젖혀 보았으나 이번만은 최후의 역주를 끌어내기에 역부족이었다. 반짝 솟는 힘이나 불끈 치받는 여분의 기력조차 없었다. 마음에는 원이로되 육신이 약했다. 놀란 눈빛의 그랜던은 리델과 어깨를 나란히 하는가 싶더니 홱 지나쳐 가장 폭이 넓은 구간에서 그를 추월했다. 상대 선수들이 늘 보던 것을 이번에는 리델이 보았다. 따라잡을 수 없게 멀어져 가는 뒷모습이었다. 등이 넓은 그랜던은 그대로 돌진했고 하얀 손수건이 휙 내려와 그가 승자임을 알렸다. 리델은 몇 야드 차이로 2위로 들어왔다.

그의 반응은 후하고도 반사적이었다. 결승선 근처에 있던 한 수감자에 따르면 그는 그랜던을 보고 환하게 활짝 웃으며 "따뜻하게 그를 끌어안았다." 그래도 누군가가 경기를 마친 링 위의 권투 선수인 양 리델의 손목을 잡고 번쩍 들어 올리려 했다. 그러나 그는 고개를 저으며 손사래를 쳤다.

수용소는 그의 패배에 깜짝 놀랐다. 그러나 스티브 멧카프에 따르면 수감자들은 리델이 그저 어쩌다 "일진이 나빴을" 뿐이라고 여겼다.

이 경주의 기록을 재거나 승리의 축시를 쓴 사람은 없었다. 전쟁이 진행되던 그 겨울의 전반부 동안 경기 결과의 배후 의미를 깊이 생각한 사람도 없었다. 등수가 게시판에 공고되었다가 더 화제가 되는 다른 게시물로 교체되었을 뿐이다.

흐르는 세월은 어떤 사건에 서서히 정황을 입혀 주고 중요도에 서열을 매겨 준다. 나중에 거리를 띄우고 보아야만 그것을 인식할 수 있다. 이 경주도 마찬가지였다. 먼 나라 먼 구석에서의 그 짧은 몇 분이 리델의 진면목을 드러내 주었다. 그가 병자이면서도 달린 것은 그게 마땅한 도리라 믿었기 때문이었다. 게다가 그는 패배를 변명하지 않았고 나중에 억지를 부리지도 않았다. 축제 분위기가 이어지던 그날도 그는 몸에 아무런 이상이 없다는 듯 평소에 하던 일로 돌아갔을 뿐이다.

그러나 그에게 임박해 있던 비참한 일에 비추어 보면 이 경주야말로 리델의 최고이자 의문의 여지없이 가장 용감한 경주였다. 초반의 속도가 어디서 나왔으며 어떻게 그것을 그토록 오랫동안 유지할 수 있었는지 도무지 불가사의하다. 용기를 동원하여 달렸다는 사실 자체만으로도 비범했으며 그만큼 그의 의지가 굳셌다는 증거다.

리델의 육상 시합은 그게 마지막이었다. 그의 고별전을 보는 특권을 누린 사람들은 그가 자기들 앞에 보여준 것이 철저히 기적이었음을 나중에야 깨달았다.

죽어 가던 그는 경기에 패했으나 그들에게 여전히 챔피언으로 남았다.

정상적인 환경이었다면 에릭 리델의 병은 몇 달 일찍, 아마 적어도 8개월은 먼저 밝혀졌을 것이다.

웨이셴 수용소에서는 거의 누구나 어느 정도 건강이 좋지 않았으므로 그의 초기 증상들도 어느 특정한 원인과 직결시키기가 어려웠다. 그의 병은 말기 증상들을 통해서야 비로소 더 확연해졌다. 그래도 단정적으로 진단하기는 여전히 어려웠는데, 이는 수용소라는 정황상 의사들이 다른 가능성도 배제할 수 없었기 때문이며 그중 더러는 아주 무해한 요인들이었다. 병원에 전자 설비가 없어 리델을 제대로 검사할 수 없었다. 엑스레이 기계도 없었고, 교묘한 눈속임으로 의약품 네 상자가 조달될 때까지는 약도 부족했다.

탈출한 팁튼과 허믈이 용케 길을 뚫은 결과로, 미국 공군이 공중 투하한 의약품을 게릴라 부대가 수거하여 은밀히 스위스 영사에게 맡겼다. 진짜 쾌거는 그것을 웨이셴 수용소 안으로 반입한 일이었다. 중국의 그 지역에는 어차피 약이 없었다. 따라서 영사가 약을 숨기거나 위장할 방도를 찾아내지 않는 한 일본군은 그가 연줄연줄 이어진 밀반입의 마무리 요원임을 즉각 알아차릴 것이었다. 영사에게 전광석화처럼 떠오른 해법은 대담하고도 기발하여 그 어린아이 같이 단순한 발상과 겁 없는 실행에 박수를 보낼 만했다. 그의 지시로 비서는 쉽게 구할 수 있는 약품의 목록을 타자로 치면서 사이사이에 네 줄 정도 공란을 띄웠다. 영사가 이 서류를 인근의 일본 관리에게 제출하자 관리는 하자가 없다고 보고 하단에 날인하고 서명했다. 영사의 비서는 상자 속에 들어 있는 약품의 이름들을 미리 비워 둔 공난에 타자를 쳐서 채워 넣었다. 웨이셴 수용소장도 이 서류에 속았다.

그러나 그 상자들 속에 리델을 살릴 만한 약은 없었다. 1944년 늦

웨이셴 수용소의 망루들과 수감자들이 입소할 때 지나갔던 울퉁불퉁한 길이 보인다.

가을부터 1945년 초의 늦겨울까지의 리델에 대한 수감자들의 회고를 종합해 보면 그는 서서히 그러나 돌이킬 수 없게 쇠약해져 갔다. 뭔가를 꼭 잡고 붙들려 했지만 힘이 빠져나가고 있었다. 사람들에게 떠오르는 이때의 리델은 고통과 당혹과 좌절과 역정을 보였고 대상은 누구도 아닌 바로 그 자신이었다. 그는 자신에게 벌어지는 일과 여러 가지 병세를 이해할 수 없었다. 감기를 떨치듯 이것도 훌훌 털어 낼 수 있다고 생각하는 것 같았다.

첫째로 요리할 때 나는 냄새가 그의 신경에 거슬렸다. 조 코터릴에 따르면 "우리가 합숙소에서 뭔가를 튀기고 있으면 그는 '그게 뭐지? 냄새가 고약한데'라고 말하곤 했다." 둘째로 눈부신 일광이 눈에 너무 따가웠다. "그는 약간 어두운 상태와 촛불을 선호했다"라고 코터릴은 덧붙였다. 셋째는 머리가 빠개질 듯한 두통이었다. 망치로 치는 것 같은 참을 수 없는 이 통증은 편두통보다 심하여 대화는 물론 생각까지 중단시켰고, 지나갈 때까지 기다리는 수밖에 없었다. 리델은 머리에 불이 난 줄 알았다. 그래서 조잡한 담요를 덮고 침대에 기운 없이 누운 채 거의 말을 하지 못했다. 친구들이 살짝 물을 적셔 온 수건을 그는 붕대처럼 이마에 얹고 눈도 가렸다. 다음으로 그토록 탁월했던 그의 기억력도 점차 나빠졌는데, 그는 감퇴의 정도를 알아보려고 수시로 시험했다. 찰스 디킨스의 『두 도시 이야기』$^{A\ Tale\ of\ Two\ Cities}$를 읽고 시드니 카튼$^{Sydney\ Carton}$의 독백을 외우려 했다. 헝겊으로 제본된 그 책은 하도 읽어서 책장이 너덜너덜했다. 카튼은 자기가 사랑하는 여자의 남편 대신 단두대에 섬으로써 그녀를 향한 자신의 헌신을 실증했다.

"그들을 위하여 나의 목숨을 버리리니 그들은 평화롭고 유용하고 형통하고 행복하게 살아가리라. … 나는 그들의 마음속과 그 대대손손의 마음속에 성소로 자리하리라. … 이 일이 여태 내가 했던 어떤 일보다 훨씬 낫고, 이제 맞이할 안식이 여태 내가 알았던 어떤 안식보다 훨씬 낫다."

어린 시절 처음 읽었을 때부터 리델은 카튼의 이 말에 공감했다. 전체 대사를 하나도 틀리지 않고 외운 적도 있었다. 그런데 이제 드문드문 몇 마디만 남고 디킨스의 글귀가 그를 떠나가고 있었다. 리델은 "내 머리가 왜 이러는지 모르겠지만 두렵다"라고 말했다. 그는 물을 펌프질하면서 본문을 외워 보려 했다. 책을 땅바닥에 놓고 펌프의 손잡이가 아래로 내려갈 때마다 한 문장씩 뽑아내곤 했다. 그러나 식욕이 떨어지고 체중이 줄면서 리델은 너무 허약하여 육체노동을 할 수 없게 되었다. 메시지가 적힌 크리스마스카드를 배달할 힘조차도 없었다. 그의 몸은 점점 야위었고 기력이 고갈되어 갔다. 두통 때문에 현기증이 나서 몸의 균형까지 잃었다. 때로 넘어질 듯 비틀비틀 한두 걸음씩 옆으로 걷다가 다시 똑바로 서곤 했다. 물결이 상하좌우로 요동치면 배가 갑자기 기울어지는 것처럼 그도 그런 작은 배에 탄 사람 같았다.

수용소가 겪은 큰 소동과 혼란이 더 있었는데, 그것은 첫 포로가 입소한 이후로 가장 심한 원한과 반목을 불러온 사건이었다. 발단은 음식이었다. 입소 초기에 랭던 길키는 국적이 곧 무의미해졌다는 사실에 주목했다. 누가 어디서 왔는지 아무도 신경 쓰지 않았다. 그도 메리 스캇과 비슷한 심정으로 "한 인간의 탁월함은 기꺼이 일하려는 자세로 드러났다. 유쾌한가 불쾌한가, 열심히 일하는가 게으른가 등의 성품이 곧 그 사람이 되었다"라고 말했다. 그런데 1945년 1월에 국적이 문제가 되었다. 노새가 끄는 짐수레의 행렬이 적십자사 소포를 이전보다 더 많이 가져왔다. "다들 기뻐서 울고 웃었다"라고 길키는 말했다. 그런데 소포를─이번에도 출처는 적십자사 미국 지사였다─모든 수감자에게 똑같이 분배해서는 안 된다고 생각한 이들이 있었다. 떳떳치 못한 술책이 뒤를 잇는 바람에 소포를 교회에 놓고 수용소장의 분배 결정을 기다려야 했다. 길키는 "미국인과 타국인이 함께 사는 방과 합숙소마다 신랄한 논쟁이 불거졌다"라고 회고했다. 수용소장이 소포를 미국인은 한 개 반씩, 타국인은 한 개씩 받도록 규정하자 미국인 일곱 명이 독기를 품고 맹렬하게 반대했다. 결국 소장은 도쿄에 중재를 요청했고 회답이 오기까지 1주일 반이 걸렸다. 굶주린 사람들 사이에 그 기간 동안 "적의와 시기와 오만한 국가주의"가 격해졌다고 길키는 말했다. 그는 "성인聖人도 매일 빵이 없으면 죄인처럼 행동한다"라는 베르톨트 브레히트Bertolt Brecht의 시구를 인용했다. 과연 빵이 없다고 주먹다짐이 일어났고, 길키 앞에서 수용소는 "언쟁을 일삼다 사분오열된 적대적인 국가주의 집단들의 집합"으로 전락하고 말았다. 결국 도쿄는 수감자마다 소포를 하나씩만 받도록 조치했다.

중병을 앓던 리델이 이런 치사하고 부끄러운 난투극 속에서 남몰래 조용히 행한 몸짓은 주변에 난무하던 이기주의와는 정반대되는 것이었다. 그도 알고 있었듯이 스티브 멧카프의 신발은 장화의 낡은 밑창에 양말이나 천 조각을 묶어 접착시킨 게 고작이었다. 리델은 수용소의 경주 때마다 신었던 자신의 육상화를 꺼내 깨끗이 털고 피륙을 문질러 닦은 뒤 노끈을 감아 보강했다. 그리고 멧카프에게 "쓸 만할 테니 받아 둬. 봄까지는 잘 버텨 줄 거야"라고 말했다. 『올리버 트위스트*Oliver Twist*』의 고아 올리버가 빈 그릇을 내밀듯이 멧카프도 손을 내밀었고 리델은 그 위에 신발을 올려놓았다. 멧카프는 "낡은 신발을 주는 게 별일 아닌 것 같지만 수용소에서는 대단하고 후한 일이었다. 거기서는 **모든** 물건이 소중했고 겨울철의 신발은 더 말할 것도 없었다"라고 말했다. 그도 결국 리델의 몸이 성치 못함을 알았으나 극도의 피로가 원인일 거라고만 생각했다. "누가 보기에도 그는 정상이 아니었다. 얼굴과 눈에 그렇게 쓰여 있었다. 그런데도 우리는 그가 겪고 있던 고통을 전혀 몰랐다. 그는 아픔을 숨긴 채 최대한 아무렇지도 않게 행동하려 했다."

멧카프 앞에서 늘 쓰고 있던 리델의 쾌활한 가면은 애니 버컨을 만날 때마다 떨어져 나갔다. 그와 버컨은 어느 나무줄기에 기대어 앉곤 했고, 그는 지갑을 꺼내 자녀들의 사진을 쭉 훑어보곤 했다. "나한테는 꾸밀 필요가 없었다"라고 그녀는 말했다. 그는 그녀의 표현으로 "한 가지 큰 후회"를 털어놓았는데 곧 플로렌스와 함께 보낸 시간이 너무 적다는 것이었다. 1937년에 그녀를 톈진에 두고 샤오창으로 갔던 일이 이제 그를 몹시도 괴롭혔다. 마치 가족들의 이주를 막은 LMS의 결정에 대항했어야 한다는 듯이 말이다. 두통이 끈질기게 되풀이될수록 그는 기분이 울적해졌고 평소의 그답지 않게 비관과 회의에 젖었다. 영원한 낙관론자 리델이 우울한 리델로 변했다. 버컨에 따르면 "어느 날 그는 미래가 보이지 않는다고 말했다. 모든 게 암담해 보였다. 그는 그런 사람이 아니었다. 늘 희망에 차 있던 사람이었다."

그는 자기 인생의 의미를 찾으려는 듯 과거를 쭉 돌아보기 시작했다. 특히 밤에 방의 불이 꺼지기 직전에 우울이 그를 삼킬 듯 달려들었다. 전쟁이 장기화되다 보니 합숙소의 남자들에게도 그런 일이 적지 않았지만 리델은 눈에 띄게 이튿날 아침까지도 그것을 떨칠 수 없었다. 우울이 걷힐 줄을 몰랐다. 그는 계속 괴로워하며 다시 플로렌스와 헤어진 일에 집착했고 얼굴을 본 적이 없는 아기를 입에 올렸다. 코터릴은 그가 온 가족을 "한없이" 그리워했다고 말했다. "집에서 오는 편지를 받아도 일단 읽는 즐거움이 사라지고 나면 그는 더 우울해졌다. 편지를 받을 때마다 가족들 생각이 더욱 간절해졌기 때문이다."

이미 허약했던 리델은 축농증을 동반한 독감에 걸리면서 더 약해졌다. 통상적 치료로는 차도가 없었다. 한때 모든 일을 도맡아 하던 사람이 이제 침대에 누워 있다가 잠깐씩 힘을 내 걷는 것 말고는 할 수 있는 일이 거의 없었다. 그는 모래밭을 터벅터벅 걸어가는 사람 같았다. 그래도 교회 설교에 대한 일념만은 여전하여 떨리는 손으로 짤막한 원고를 작성하여 천천히 전했는데, 목소리는 속도가 약간 느려진 레코드판 같았다. 1월 말에 다시 검사를 받으러 병원에 도착한 그는 입구 근처에서 쓰러졌다. 한 수감자가 보고 요람의 아이를 안듯 그를 들어 올린 뒤 친구들을 불렀다. 그들은 문짝을 구해다 들것으로 삼아 축 늘어진 그의 몸을 흰색 병실로 옮겼다. 리델은 그때까지 입원해 본 적이 없었고 장티푸스에 걸린 수녀를 도울 때 방문자로 병실에 들어가 보았을 뿐이었다. 1944년에서 1945년으로 넘어가던 겨울은 이전 해보다 훨씬 추워서 병상이 대개 만원이었다. 의사들은 중환자 외에는 어떻게든 최대한 일찍 퇴원시키려 했으므로 리델을 병상만 축내는 꾀병 환자로 간주했다. 버컨이 우기자 그제야 그들은 그를 받아 주었다. 그녀의 말마따나 리델은 다급하게 필요하지 않고는 치료받으러 올 사람이 아니었다.

처음에 의사들은 리델의 병이 순전히 "심인성"이라며 원인이 "과로"와 맞물려 있으므로 휴식과 회복을 통해서만 나을 수 있다고 했다. 또 "신경쇠약"의 가능성도 언급했다. 리델은 코터릴에게 "그리스도인이 신경쇠약에 걸릴 리가 없다"라고 말했다. 아무리 충격적인 일을 겪더라도 신앙으로 능히 지탱할 수 있기 때문이었다. 이후 한 주 동안 그는 악화되지도 않고 나아지지도 않았다. 그는 코터릴의 약혼녀에게 "의사들은 내가 병을 질질 끈다고 생각한다"라고 털어놓으며 그런 소견에 당황스러워하기도 했다.

2월의 두 번째 일요일에 그의 병의 심각성이 드러났다. 리델은 한바탕 기침하며 토하다가 가벼운 뇌졸중을 일으켰다. 왼쪽 다리에 손상을 입어 절름거렸고 왼쪽 눈의 눈꺼풀이 동공을 덮어 시야가 흐려졌다. "그는 정말 용감했다"라고 버컨은 말했다. 그녀에 따르면 의사들은 여전히 리델이 "곧 회복될" 거라는 태도를 취하며 한두 주 내로 퇴원할 것으로 보았다. 이제 병명은 "신경쇠약"으로 확진되었다. 의사

에릭 리델이 1945년에 숨진 수용소 병원

들은 리델에게 당분간 교육과 스포츠를 그만두고 대신 빵집에서 일할 것을 권유했다. 친구들은 이 진단과 리델의 보직 변경이라는 처방에 안도하며 그가 완쾌되리라 확신했다.

이때쯤 그의 몸은 극도로 쇠약해져 팔다리와 목이 꼬챙이 같았다. 그래도 의료진을 포함하여 웨이셴 수용소의 어느 누구도 설마 그가 죽으리라고는 예상하지 못했다.

다음 일요일에 리델의 병실 창 밑에 자리를 정한 구세군 악단은 이 환자를 위해 신청곡을 연주해 달라는 부탁을 받았다. 그 몰아치는 강풍 속에서 손가락은 터서 얼고 입술은 갈라지는데 그들은 요청에 응했다. 리델이 즐겨 부르던 찬송가 「잠잠하라 내 영혼아」의 선율이 차가운 대기 속으로 퍼져 나갔다. 연주를 듣던 그는 악단을 보려고 한 선교사 부부와 함께 차*를 가지고 층계를 네 참이나 올라갔다. 실내복 차림이었고 간호사의 부축이 필요했다. 간호사는 그에게 층계를 오르는 수고가 "별을 잡으려는" 것과 맞먹는다고 말했다. 마침내 꼭대기에 올라가 의자에 풀썩 주저앉았을 때 그는 눈에 띄게 숨이 가빴다. 차를 내온 선교사는 "그는 정말 말하기도 힘들었다"라고 말했다. 48시간이 못 되어 리델은 이 선교사 친구들을 다시 만났는데 그때도 자신의 "신경쇠약"을 또 언급했다. 설명할 수 없는 죄스러운 마음이 여전히 있었다는 뜻이다. 그는 코터릴에게 했던 말을 되풀이하며 "딱 하나 마음에 걸리는 게 있다. 나는 주님께 다 맡길 수 있었어야 하고 쇠약해지지 말았어야 한다"라고 말했다.

머리는 좀 나아졌느냐는 물음에 그는 이렇게 대답했다.

"그 질문에 답하려면 내 머릿속에 무슨 일이 벌어지고 있는지 알아야 한다."

그날 오후 그는 플로렌스에게 편지를 쓰기 시작했다. 여자 병실의 한 친구에게서 찬송가를 빌려다가 인용문이 정확한지 확인했다.

2월 21일 수요일에 리델은 수용소를 한 바퀴 돌아도 될 만큼 몸이 좋아졌다. 그래서 적십자사 메시지를 플로렌스에게 부치려고 나섰는데, 그 메시지는 그날 아침에 한 친구가 타자를 쳐 준 것이었다. 야구장에서 그를 본 즈푸의 한 학생은 "평소처럼 그는 미소를 지었다"라고 말했다. 한 여자가 15분 정도 함께 걸으며 그에게 "더 쉬어야" 한다고 말하자 그는 "아니, 제 다리는 다시 걸어야 합니다"라고 대답했다.

이른 저녁에 조이스 스트랭크스가 여느 날처럼 리델을 찾아왔다. 그는 자신의 책 『제자도』로 그녀를 계속 가르치고 있었다. 그는 병상에 옆으로 누워 있었는데 매트리스 속은 거친 풀로, 베개 속은 밀짚으로 채워져 있었다. 담요는 충분한 양의 비누로 제대로 문질러 빤 적이 없었기에 희멀건 회색이었다. 스트랭크스는 콘크리트 바닥 저쪽에서

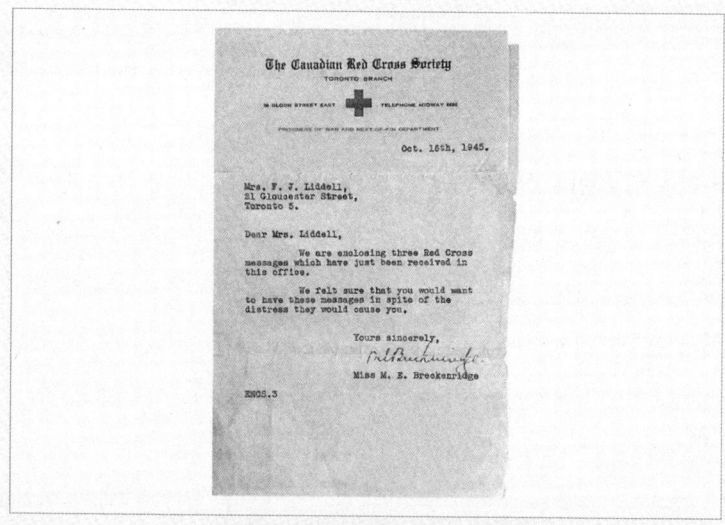

플로렌스에게 온 에릭의 적십자사 메시지가 동봉된 편지

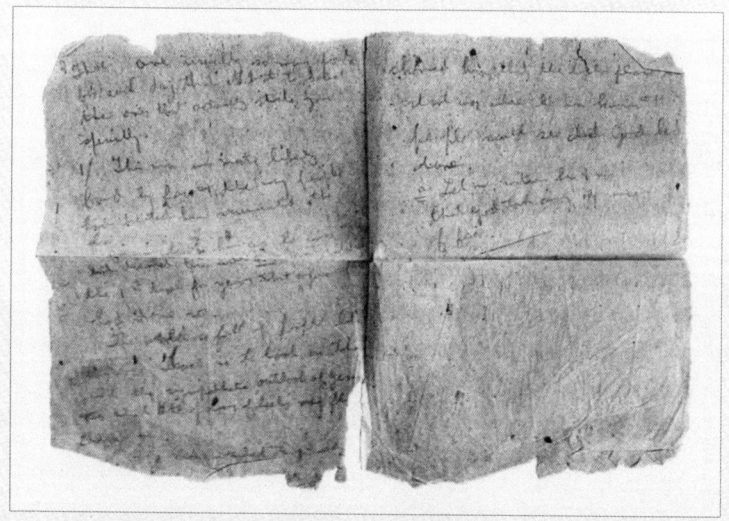

에릭 리델의 마지막 말
웨이셴 수용소의 병원에서 죽기 얼마 전에 그는 이 종이쪽지에 자신의 생각을 두서없이 적었다.

의자를 가져다 그의 옆에 놓았다. 둘은 제3장의 주제인 하나님의 뜻에 순복하는 삶에 대해 토의하고 있었다. 리델은 "순복"이란 단어를 말하려다 첫음절만 겨우 세 번을 발음하고는 고개가 뒤로 홱 돌아가면서 경련을 일으켰다. 전신이 굳어지고 눈이 휘둥그레지면서 입이 헤벌어지더니 고통으로 몸이 들썩거렸다. 완전히 당황한 스트랭크스는 부리나케 가서 버컨을 찾아냈다. 얼른 병상으로 달려온 간호사는 커튼을 쳐서 흘끗거리는 시선들로부터 리델을 보호했다. 그리고 두 손으로 스트랭크스의 어깨를 잡고 세게 흔들며 물었다. "리델이 너한테 뭐라고 말하든?" 그녀가 화를 내며 그 짤막한 질문을 되풀이하는 통에 스트랭크스는 눈물만 글썽일 뿐 아무 대답도 할 수 없었다. "네가 여기에 오지를 말았어야지." 버컨은 탓할 대상을 찾기라도 하듯 그렇게 말을 이었다.

조금 후에 발생한 두 번째 뇌졸중은 처음보다 훨씬 심했다. 두 시간 반 동안 그는 멍한 상태로 의식을 잃었다 되찾았다 했다. 중간에 버컨이 그에게 의료진이 이 사실을 알고 있느냐고 묻자 그는 "그들은 전혀 모릅니다"라고 말했다. 그녀는 담당의를 부르러 갈 때 잠깐 자리를 비운 것을 빼고는 그의 병상을 지켰다. "에릭이 죽어 가고 있는데 아십니까?" 그녀는 그의 목숨이 썰물처럼 빠져나가고 있음을 알았기에 담당의에게 그렇게 물었다.

"말도 안 되는 소리요." 그녀에게 돌아온 대답이었다.

리델의 마지막 말을 듣고 간직한 목격자는 버컨뿐이었다. 그는 그녀를 보며 "철저한 순복입니다"라고 나직이 말했다. 그 문장이 그의 입술을 떠난 지 몇 초 만에 리델은 세 번째 뇌졸중을 일으키며 혼수상태에 빠졌다. 그 뒤로는 침묵뿐이었다.

밤 9시 20분에 의사들이 그의 죽음을 공식 확인했다.

자연의 타이밍은 때로 완벽하다. 이튿날 아침에 수감자들이 깨어 보니 수용소는 얼음 폭풍을 맞아 단단하고 투명한 광택에 싸여 있었다.

땅도 얼음판으로 변했고, 건물의 처마와 문의 상인방마다 아이의 손가락만 한 고드름이 달렸으며, 앙상한 나뭇가지도 죄다 얼음 옷을 입고 있었다. 마치 웨이셴 수용소 전체가 정지해 버린 것 같았다. 수용소도 시간도 상징적 애도의 행위로 얼어붙은 것 같았다.

수용소는 에릭 리델의 죽음을 슬퍼하며 울었고 가장 억센 일부 남자들까지도 대성통곡했다. 룸메이트들은 셰익스피어의 『안토니우스와 클레오파트라 Antony and Cleopatra』에 나오는 슬픈 선장들처럼 모여 그의 빈 침대만 빤히 쳐다보았다. 침묵을 벗 삼아 위안을 찾으려는 것 같았고 믿어지지 않는다는 듯 저마다 엄숙한 표정이었다. 리델이 어떻게 43세의 중년에 요절할 수 있단 말인가? 어찌 이렇게 갑자기 죽을 수 있단 말인가? 그중 하나—훗날 리델을 기려 아들의 이름을 에릭이라 지었다—는 수감 생활 내내 몰래 수첩에 일기를 썼는데, 그 기록에서 리델의 죽음에 대한 수용소의 반응을 보면 가슴이 미어진다. 그는 글이라도 쓰면 이 일을 이해할 수 있을까 싶어 "나는 충격에 빠져 어찌할 바를 몰랐다. 그의 죽음에 우리는 아연실색했고 도무지 사실로 믿어지지 않았다"라고 썼다. 그는 리델이 웨이셴 수용소에 어떤 의미였는지를 이렇게 요약했다. "우리는 그에게 속마음을 털어놓았고, 그를 찾아가 조언을 구했고, 아마도 그를 여태 알았던 가장 온전하고 훌륭한 그리스도인 친구로 바라보았다. 수용소 전체가 에릭을 잃고서 진정한 친구를 잃은 심정이다. 누구나 다 그를 사랑했다. … 나도 에릭처럼 살게 해달라고 기도한다. 그는 아름답고 모범적인 삶으로 유익을 끼쳤고 늘 사랑으로 다른 사람들을 섬겼다."

그가 에릭에게 바친 최고의 찬사는 이것이다. "1년이 넘도록 우리 여섯이서 형제처럼 함께 살면서 모두가 에릭을 형으로 여겼다."

형이 떠나간 수용소는 텅 빈 것처럼 느껴졌다. 조 코터릴에 따르면 "우리는 적막한 합숙소에 앉아 그를 생각했다. 차마 입을 떼지 못하는 사람들도 있었다. 어떤 말도 우리에게 위로가 되지 않았다. 그의 죽음은 너무도 불공평해 보였다. 우리는 그의 아내와 자녀들, 특히 이제는 아예 볼 수 없게 된 막내를 생각했다. 아이들을 무척이나 사랑하던 그였는데 친자식들과 함께할 기회를 빼앗기다니 한없이 부당해 보였다."

리델이 위급한 상태임을 믿지 않았던 의사들은 금세 사인을 알아냈다. 그의 뇌 왼쪽에 종양이 자라 있었고 그 덩어리 속에 갓 흘린 피가 가득 고여 있었다. 부검 결과가 알려지자 일부 수감자들은 리델이 자신의 육상 경력에 대해 강연하던 일이 떠올랐다. 그들은 이 종양이 혹시 톈진의 트랙에서 중국인 사진사의 카메라와 충돌한 결과로 생겨난 게 아닌가 하는 의문이 들었다. 이제 그 이야기는 그들에게 재미가 없어졌다.

애니 버컨은 친구를 위해 마지막으로 할 일이 있었다. 그녀는 장례 준비로 그의 몸을 씻어 시트에 쌌다. 시신은 병원 뒤쪽의 헛간에 안치되었다.

그때까지 웨이셴 수용소에서 26명이 죽었지만 리델만큼 장례 의식이 기억에 남는 경우는 없었다. 그의 장례식은 "수용소 생활 전체를 통틀어 가장 감동적인 일 중 하나"로 여겨졌다. 한 목격자의 회고에 따르면 피아니스트가 「내 주는 살아 계시고」를 연주하는 가운데 군중이 좌석을 꽉 채우고 길 밖으로 흘러넘치다 못해 장지로 가는 큰길 옆에까지 쭉 늘어섰다. 묘역의 59번 묘지가 그를 기다리고 있었다. 며칠 전의 얼음 폭풍으로 흙 표면이 2.5센티미터 이상 언 뒤라서 삽에다 곡괭이까지 가세하여 구덩이를 파야 했다. 작업은 간수들의 삼엄한 감시하에 이루어졌다. 현지의 중국인 하나와 미국인 수감자 하나가 무덤을 팠는데 간수들은 예를 갖추면서도 주밀하게 그 둘과 거리를 유지했다. 혹시 연장이 무기로 변해 자신들을 공격할 경우에 대비하여 독일산 셰퍼드들도 줄에 매어 데리고 있었다.

리델의 장방형 관은 조잡한 상자에 불과하여 판자가 옹이투성이에다 코끼리 같은 회색이었다. 목재의 가시들이 빳빳한 털처럼 가늘게 삐져나와 있었다. 관 안에는 새로 빤 시트를 넓고 길게 찢어서 깔았다. 관을 어찌나 허술하게 짰던지 일부 운구자들—스티브 멧카프도 그중 하나였다—은 못질하여 아교로 붙인 이음매가 툭 터져 버릴까 봐 걱정되었다. 극도로 조심스럽게 들어 옮겨야 했다. 외투와 모자와 장갑을 착용한 운구자들은 반걸음씩 발을 끌며 이동했다. 전날 기온이 올라가면서 찬비가 내린 탓에 길은 질퍽질퍽한 진창이었다. 그러나 장례식 당일 아침에는 바람이 쌩쌩 불어 오슬오슬 추웠고 성난 먹구름에서 성긴 눈송이가 흩날렸다. 구름에 가려진 해에서는 실낱같이 가느다란 빛줄기밖에 새어 나오지 않았고 빛이 너무 약해 그림자도 지지 않았다. 하늘은 마치 담장 너머의 평평한 농지 위로 폭 꺼질 것처럼 이상하게 낮아 보였다. 운구자들은 미끄러지지 않으려고 불안하게 발밑을 살피곤 했는데, 리델에게서 받은 육상화를 신은 멧카프는 걸음을 내딛을 때마다 특히 조심했다.

애도하는 사람들 중에는 머리를 숙이거나 십자 성호를 긋는 이들도 있었고 눈물을 흘리며 우는 이들도 있었다. 한순간 수용소는 완전히 적막에 휩싸여 들리는 소리라고는 멀리서 희미하게 바람에 실려 오는 덜컹덜컹 기차의 기계음뿐이었다.

물론 회중은 「잠잠하라 내 영혼아」를 불렀고, 산상설교가 낭독되었으며, 리델의 친구들이 조사를 했다. 그중 하나는 "그의 앞에서는 가장 선하고 가장 순수하고 가장 고결한 수준에 못 미치는 말이나 행동은 일절 불가능하게 느껴졌다"라고 말했다. 웨이센은 최고의 칭송을 모아 리델에게 바쳤다.

그 예배와 장례 행렬을 생각하면 A. E. 하우스먼^{Housman}의 시 「젊어서 죽은 운동선수에게$^{To\ an\ Athlete\ Dying\ Young}$」의 서두 또한 떠오르지 않을 수 없다.

> 그대가 고향에 경주의 승리를 안겨 주었을 때
> 우리는 그대를 의자 가마에 태워 시장을 돌았네.
> 아이고 어른이고 길가에 서서 환호하는 중에
> 우리는 그대를 어깨 높이로 메고 집으로 갔네.
>
> 오늘은 모든 주자들이 모인 그 길로
> 그대를 어깨 높이로 메고 집으로 가네.

아이고 어른이고 서서 리델을 환호했었다. 그들이 보는 데서 그는 지금 운구자들이 그의 관을 "어깨 높이로" 메고 가는 이 빗길을 달렸고, 수감자들이 "마켓 광장"이라 이름 붙인 그 지점도 통과했었다. 하우스먼의 시는 리델을 위해 지어진 것 같았다.

수감자들은 불과 6개월 전에 리델이 자기들 앞에서 달릴 때 말기 환자였음을 뒤늦게야 깨달았다. 멧카프는 "그 사실이 그의 의지에 대해 모든 것을 말해 주었다"라고 말했다. 장례식은 그에게 깊은 영향을 미쳤다. 그날의 세세한 것 하나까지도 평생 자신을 떠나지 않으리라는 것을 그는 알았다. 어깨에 멨던 관의 무게와 발에 신었던 리델의 신발이 늘 느껴질 것이었다. 이 모두가 그의 머릿속에 새겨질 이유는 왕자가 거지처럼 묻혔기 때문이었다. 봉토가 다 끝나자 멧카프는 그 위에 꽂힌 나무 십자가를 보았다. 십자가도 관만큼이나 소박하게 급조된 것이었다. 가로 막대에 검은색 구두약으로 리델의 이름이 쓰여 있었다. 거기 서서 멧카프는 그 밑에 누워 있는 사람―올림픽 챔피언, 선교사, 친구―을 생각했다. 새로 흙을 덮은 봉분, 이름을 휘갈겨 쓴 투박한 십자가, 주변의 음산한 수용소를 다시 보았다. 그리고 속으로 이렇게 물었다. 이토록 위대한 사람을 기린다는 게 이게 전부인가? "그는 우리가 줄 수 있는 것보다 훨씬 나은 대우를 받아 마땅한 사람이다"라는 생각이 들었다.

리델이 죽은 뒤로 아주 얄궂은 일이 벌어졌다.

수취인이 병원으로 된 예상치 못한 짐 상자가 3주 후에 웨이셴 수용소에 배달되었다. 그의 뇌종양을―어쩌면 수술이 불가능해지기 이전에―찾아내 주었을 엑스레이 장비가 드디어 구비된 것이었다.

거의 세 달 동안 플로렌스 리델은 남편이 죽은 사실을 모르고 살았다. 사인을 알기까지는 그 뒤로도 5개월이 더 걸렸다. 플로렌스와 아이들은 밖으로 내민 퇴창과 지붕의 박공이 있는 갈색 벽돌의 빅토리아식

웨이셴 수용소에 있던 나무 십자가와 풀잎이 무성한 에릭 리델의 무덤
사진은 1945년에 수용소가 해방된 후 찍은 것이다.

주택에 살고 있었다. 토론토의 글로스터가*에 있던 이 3층집은 내부도 빅토리아식으로 꾸며져 있었다. 짙은 색의 육중한 원목 가구, 피아노, 복도의 옷걸이, 동양식 양탄자, 유리 램프, 선반에 사진이 전시된 벽난로 등이 있었다. 벽에 걸린 그림들의 액자도 화려했고 계단의 비취색 카펫은 반짝이는 금색 봉에 쭉 고정되어 있었다.

비보가 전해지기 한 달 전에 플로렌스는 나중의 표현으로 "가장 이상한 느낌"을 경험했다. 주방의 불가에 서서 그녀는 "돌아서면 에릭이 서 있다"라고 혼잣말했다. 그의 존재가 "느껴졌고" 맹세코 그의 말소리까지 들렸다고 한다. 그는 그녀에게 "다 잘될 것이다"라고 말했다. 3주 동안 플로렌스는 "그런 식으로 그의 존재를 느꼈다." 꿈에도 그가 "생생하게" 나타나기 시작했다. 매번 꿈속에서 "우리 모두가 한없이 행복했다"라고 그녀는 설명했다. 그녀는 이를 남편이 곧 집에 올 거라는 확실한 징조로 해석했다. 그런데 재회를 계획하려고만 하면 "큰 벽"이 그녀를 막아섰다. 나중에 그녀는 이렇게 고백했다. "그토록 나를 막는 손이 강하게 느껴진 때가 또 언제인지 모르겠다. 알다가도 모를 일이었다. 계획에 뭔가 차질이 있으리라는 것만은 분명히 느껴지는데… 그게 무엇인지를 알 수 없었다." 그녀는 남편과 헤어진 뒤로 자신이 "많이 성장했다"라고 느꼈고 "그것을 남편에게 보여주고 싶었다"라고 말했다.

적십자사는 리델이 죽었다는 통지를 5월 1일에 받고 즉시 전보를 쳐서 그 소식을 플로렌스가 다니던 교회에 전했다. 이튿날 친구 둘이 그녀의 집을 찾아왔다. 그들의 얼굴이 하도 굳어 있어서 그녀는 순간적으로 해외에 참전 중이던 남동생들 중 하나가 전사한 줄로 생각했다.

그래서 "내 동생 일이구나?"라고 물었다. 나중에 그녀는 "에릭이 죽었으리라고는 꿈에도 생각하지 못했다"라고 말했다. 남편의 사망 소식을 듣자마자 맨 먼저 이 생각부터 들었다고 한다. "그래서 요즘 그가 내 곁에 그렇게 가까이 있었구나."

집에 친척들과 친구들이 모여들었다. 패트리샤가 맨 나중에 왔는데 리델 집안이 원래 손님 대접에 후해 늘 드나드는 사람이 많았으므로 그녀는 그런 혼잡한 광경에 익숙해져 있었다. 하지만 조용하게 착 가라앉은 분위기가 금세 느껴졌다. 그녀는 엄마를 찾아 급히 위층으로 올라갔다. 그날 오후에 학교 운동장에서 단거리 경주에 우승한 패트리샤는 어서 그 일을 자랑스럽게 말해 주고 싶었다. 앞방에 플로렌스가 헤더를 무릎에 앉혀 끌어안은 채로 둘 다 울고 있었다. 패트리샤는 아빠의 죽음을 믿지 않았다. 행정 착오이거나 의사가 신원을 혼동했을 거라고 확신했다. 밤마다 패트리샤와 헤더는 그 도시를 환히 비추는 황금빛 달을 바라보았었다. 캐나다와 중국의 시차 때문에 아빠가 저 달이 뜨는 것을 볼 때는 자기들이 아침에 일어날 때라는 것도 알았다. 그렇게라도 딸들은 아빠를 가까이 느끼곤 했었다. 그런 아빠가 죽을 리가 없었다. 1주일 후에 플로렌스는 공식 확인서를 받았다. 리델의 사망 확인서에는 날짜와 장소만 적혀 있었다.

날마다 전사 통지서가 전해지는 전시에는 한 사람의 죽음이 다른 수많은 죽음 속에 파묻힐 수 있다. 그 주에 모든 신문에 대서특필되면서 1면은 물론 광고란까지 도배하다시피 한 두 단어가 있었다. "히틀러 사망." 그래도 리델의 죽음은 전 세계에 보도되었다. 『뉴욕 타임스』에서 런던의 『더 타임스』에 이르기까지 올림픽 챔피언 출신의 "육상화를 신은 목사"가 기사화되었고, 동서 양쪽과 그 둘 사이의 모든 지역에서도 그의 죽음을 애도하고 슬퍼했다.

플로렌스는 처음의 충격이 가신 뒤로도 "에릭의 행복한 모습이 생생히 느껴졌고 그의 해 같이 밝은 미소와 반짝이는 눈빛"만 보였다고 한다. 그녀는 이를 "이상하고 신기한 경험"이라 표현하며 이렇게 말을 이었다. "때로 나는 비현실감과 고통과 앞날에 대한 두려움에 압도되어 꼼짝도 할 수 없었다. 그런데 그때마다 안에서 신앙의 힘이 솟아올라 여태 나를 지탱시켜 주었다."

1941년에 에릭이 아내와 아이들을 캐나다로 돌려보낸 뒤 그들이 살았던 토론토의 집

플로렌스는 그날 주방에서 느꼈던 남편의 존재나 목소리가 결코 상상의 결과물이 아니었다고 늘 생각했다. "어떤 식으로든 그가 보냄을 받아 나를 찾아왔다고 확신한다"라고 그녀는 말했다.

웨이셴 수용소의 종탑을 세로로 찍어 꽉 차게 잘라 낸 사진이 있다. 종탑 위의 두 깃봉 사이에 빨랫줄의 시트처럼 성조기가 걸려 있고 그 위로 비행기 한 대의 검은 형체와 창공에 하강 중인 아홉 개의 하얀 형겊 낙하산이 보인다. 이 사진에 찍힌 웨이셴 수용소의 해방 장면을 에릭 리델은 살아서 보지 못했다.

수용소가 해방된 날은 8월 17일이었다. 그로부터 11일 전에 B-29 중폭격기인 에놀라 게이가 히로시마에 암호명 '리틀 보이'라는 원자폭탄을 투하했다. 조종실에 강렬한 섬광이 번쩍하더니 지상의 도시가 거의 사라져 버렸다. 불과 72시간 만에 나가사키도 암호명 '패트 맨'에 불타 잿더미로 변했다. 일본은 1주일 만에 항복했다. 싱가포르에서 항복 문서에 서명을 받아 낸 장군은 리델이 파리 올림픽에서 승리하기 전에 캐머런 하이랜더 악단에게 「용감한 스코틀랜드」를 연주하도록 지시했던 필립 크리스티슨이었다.

그해 내내 일본은 수세에 몰려 퇴각을 거듭했다. 버마 루트는 다시 열렸고 바탄과 이오지마와 마닐라와 만달레이와 오키나와도 도로 빼앗겼다. 도쿄도 40제곱킬로미터에 달하는 구간에 폭격을 당했다. 이 모든 사건은 수감자들도 기존의 채널들을 통해 알고 있었으나 원자폭탄 소식은 공상과학소설의 허구처럼 보였다. 웨이셴 수용소의 사람들은 일본군들이 잔인하게 반응하여 무차별 살상으로 보복할까 봐 두려웠다. 그러나 정작 벌어진 일은 멀리서 윙 소리를 내던 비행기가 어느새 굉음을 울리며 저공으로 그들 위를 지나간 것이었다. 은색 B-24 중폭격기는 푸르디푸른 창공에 거울처럼 반짝였다. 이것이 웨이셴 수용소를 해방시킨 '플라잉 엔젤'이었다. 랭던 길키는 "내 턱이 빠지는 게 **느껴졌다**"라고 말했다. 어떤 수감자들은 함성을 질렀고, 어떤 이들은 소리쳐 말했고, 어떤 이들은 비행기의 날개를 잡으려는 듯 두 팔을 벌리고 펄쩍펄쩍 뛰었다. 메리 스캇은 "남들이 어떻게 하든 누구도 전혀 신경 쓰지 않는 것 같았다. 실성한 듯 웃는 사람들이 있는가 하면 아기처럼 우는 사람들도 있었다"라고 회고했다. 비행기는 수용소를 지나쳐 서쪽으로 비스듬히 날다가 다시 돌아왔다. 수감자들은 우르르 정문으로 달려가 모두의 몸무게로 힘껏 문을 밀어젖혔다. 간수들은 나서서 막기는커녕 그게 부질없는 몸짓이라는 듯 체념하고 옆으로 비켜났다. 길키는 한 간수가 소총을 올리다가 도로 내리는 것을 보았다. 수감자들은 미친 듯이 미국과 영국의 국기들을 꺼내 와 수용소 담장 밖에 빙 둘린 밭의 키다리 수수며 옥수수 위에 쭉 펼쳐 놓았다. 그다음 장면은 사람들의 혼미한 기억 때문에 약간 흐릿하다. 어떤 이들은 비행기 바닥의 문에서 하강한 낙하산들이 흰색이었다고 장담했으나 다른 이들의 기억 속에는 파란색, 노란색, 빨간색 등 그야말로 별의별 색이 다 있었다. 그건 중요하지 않았다. 검게 그을린 건장한 근육질의 전사 일곱 명이 낙하산에 매달려 '더크 미션'을 수행하러 내려왔다. 길키는 "우리의 앙상한 정강이와 여윈 얼굴에 비하면 그 미군 낙하산병들은 얼마나 우람하고 강하고 멋지고 생기가 넘쳐 보였는지 모른다"라고 말했다. 수감자들의 눈에 그들은 최고의 영웅이었고 여자들은 낙하산병들의 머리털을 잘라 기념품으로 챙겼다. 구세군 악단은 그동안 몰래 연습했던 국가國歌 메들리를 파티 음악처럼 연주했다. 이어진 축하곡은 「다시 찾아온 행복한 날 Happy Days Are Here Again」이었는데 어찌나 반복을 많이 했던지 나중에는 다들 노래를 부른다기보다 가사를 외쳐 댔다.

그 여름날 오후에 웨이셴 수용소를 해방시키는 데는 폭탄이나 총알이 필요 없었다. 수용소장이 자신의 권한을 낙하산 부대에 넘김으로써 수용소의 주권은 평화롭게 이양되었다. 다른 비행기들이 '플라잉 엔젤'의 뒤를 이었다. B-29 폭격기들이 투하한 드럼통들 속에는 복숭아 통조림, 파인애플 통조림, 육류, 토마토 수프, 과일 주스, 초콜릿 등이 들어 있었다. 일부 깡통과 포장은 충격으로 터져 내용물이 들판에 흩어지거나 엎질러졌다. 수감자들은 다시 밭으로 달려가 드럼통을 찾아내 그 자리에서 게걸스레 먹었다. 몇 년째 거의 아무것도 먹지 못하던 터라 웬만한 수감자들은 위가 너무 민감해져 그 진한 음식물들을 잘 소화하지 못했다. 대부분이 몇 시간 만에 헛구역질을 하거나 토했다.

수용소의 일상도 새롭게 바뀌었다. 미국인들은 수감자들의 기상 신호로 아침마다 「오 아름다운 아침 Oh, What a Beautiful Morning」이라는 노래가 스피커로 울려 나오게 했다. 나중에는 이 노래도 자명종의 금속성 소리만큼이나 귀에 거슬리게 되었다. 이제 포로가 아니라서 출입은 자유로웠지만 수감자들은 어서 집으로 돌아가고 싶어 안달이 났다. 스티브 멧카프는 시골을 둘러볼 기회를 즐겼다. 그는 "공기가 아주 감미로웠다. 걸음걸음마다 새로 주어진 자유가 느껴졌다. 내가 갇혀 살던 지역의 풍경을 조금이나마 알고 싶었다"라고 말했다. 그가 걸을 때 신은 신발은 이제 리델의 육상화 대신 튼튼한 검정 군화였다.

날짜를 알 수 없는 어느 오후에 그 군화가 그를 묘지로 이끌었다. 잠시 리델의 무덤가에 멈추어 서니 십자가는 약간 기울어져 있고 잡초가 빙 둘러 자라 덤불을 이루었다. 장례식 날에 들었던 의문이 다시 살아났다. 아직도 멧카프는 답을 몰랐다. 지저분해진 무덤을 보노라니 한순간 리델의 이야기가 전보다 더 슬프게 느껴졌다. 그렇게 자신을 다 내준 그에게 돌아온 거라고는 이런 방치뿐이었다.

리델은 자신이 태어난 중국 땅에 언제나 남아 있으련만 그의 묘를 간수해 줄 사람이 없었다.

적십자사 문양이 찍힌 봉투가 예고도 없이 글로스터가의 문간에 배달된 것은 10월 말이었다. 플로렌스 리델은 남편의 연금이나 보험에 관한 내용이려니 생각했으나 속에 편지가 동봉되어 있었다. 편지는 타자를 쳤지만 굳이 그럴 필요조차 없을 정도로 짧아서 여섯 줄에 달랑

38개 단어였다.

리델 여사에게
본 사무실에 방금 도착한 적십자사 메시지 세 통을 동봉합니다.
보시면 마음이 아프시겠지만 그래도 받아 보기를 원하시리라 생각됩니다.

말미에 아무개 드림이라고만 적혀 있었다. "마음이 아플" 것을 뻔히 예측했으면서도 적십자사에 연락하여 상담 지원을 받으라는 권유조차 없었다. 이 기관은 메시지를 직접 전달했어야 옳았다. 직접 찾아오지 않은 것으로 보아 담당자들이 무능하거나 미련했을 수도 있고, 둔감하여 무관심했을 수도 있고, 심히 비겁하여 과부의 슬픔을 또 대면하기가 싫었을 수도 있다. 어쩌면 그 전부였는지도 모른다. 편지를 발송한 토론토 지부는 그녀의 집에서 1킬로미터도 안 되는 거리에 있었다.

우편으로 배달된 이 메시지들은 웨이셴 수용소에서 온 것이었다. 플로렌스는 평생 그것을 소중히 간직했다. 눈에 익은 이 적십자사 양식들은 일본군이 귀찮아서 부치지 않은 뭉치에서 나왔다. 한 간수 막사의 방에 수감자들의 메시지 수백 통이 버려져 있던 것을 나중에 미군들이 찾아냈다.

죽은 지 여덟 달 된 남편이 그녀에게 글로 말을 걸어왔다.

첫 메시지는 날짜가 1944년 8월 27일로 되어 있었다. 리델은 이렇게 썼다. "당신의 편지 중 일부를 받아 1월까지의 소식을 들었소. 온 가족을 늘 마음속에 그려 보오. 자전거와 수영과 스케이트를 즐기는 트리샤, 언니의 발자취를 바짝 쫓는 헤더. 내게 책을 읽어 주는 아이들의 목소리를 들을 수 있다면! 모린도 보고 싶소. … 가장 사랑하는 당신이 그립소. 우리가 다시 함께 가정을 이룰 그날도. 그때가 속히 왔으면!"

훨씬 짧고 진부한 편인 두 번째 메시지는 플로렌스의 손에 들어오기까지 정확히 1년이 걸렸다. "아주 멋진 날씨. 동계 활동의 시작. 가르치는 일도 순조롭게 출발."

리델이 죽던 날 오후에 쓴 세 번째 메시지가 가장 소중했다. 글씨를 쓸 기력조차 없어 누군지 모를 사람이 그의 말을 받아 타자로 쳤는데 '서명'조차 타자로 되어 있었다. 타자기의 리본에 잉크가 부족했고 특히 모음 키를 깨끗이 닦을 필요가 있었다. 전문 타자수가 아닌 듯 각 행마다 상태가 나빴지만 그래도 틀린 데는 없었다. 본국으로 송환된 동료 수감자들이 그로부터 몇 주 후에 리델의 삶의 마지막 한 달을 편지로 알려 왔는데, 그 편지들을 읽고 나서야 그녀는 메시지의 내용을 완전히 이해할 수 있었다. 리델은 플로렌스에게 "책임을 너무 많이 맡고 있었음. 약간의 신경쇠약. 병원에서 한 달간 쉬어 훨씬 좋아짐"이라고 쓴 뒤 의사들의 진단과 빵집으로 옮기라는 제안—그는 "좋은 변화"라 예견했다—그리고 그녀의 편지 중 한 통이 도착했음을 알렸다. 또 "위문품"이 지급된 일과 수감자들 간의 임박한 결혼식—"당신도 들어와 축하할 수 있었으면"—에 이어, 조이스 스트랭크스가 뉴스를 전해 주어 "큰 도움"이 된다는 사실도 말했다. 마지막 문장에서는 그녀와 아이들에게 "특별한 사랑"을 보냈다.

그날 플로렌스는 새삼 또 울었다. 메시지의 내용에 대한 속상함과 그 속에서 남편의 목소리를 듣던 위안을 함께 회고하며 훗날 "정말 믿어지지 않았다"라고 말했다. 그녀는 수용소에서 쓴 남편의 글을 더는 받을 일이 없으리라 생각하며 편지를 잘 보관해 두었다.

COMMUNICATIONS

Approved by the Commandant

FROM
(Name in full) ERIC HENRY LIDDELL
(Nationality) BRITISH   No. 3/88
(Address) BLOCK 23/8 CIVIL ASSEMBLY CENTRE
         WEIHSIEN, SHANTUNG, CHINA.

TO
(Name in full) MRS FLORENCE JEAN LIDDELL
(Nationality) BRITISH.
(Address) ℅ Rev W. ROULSTON, UNITED CHURCH OF CANADA
         CHUNGKING, CHINA.

MESSAGE

I HAVE RECEIVED SOME OF YOUR LETTERS AND HAVE NEWS UP TO JANUARY. THE HOT SUMMER IS OVER, WE ARE ENJOYING THE COOLER AUTUMN ALREADY. I CONSTANTLY PICTURE YOU ALL. THIS MAY REACH YOU AT OR NEAR THE ANNIVERSARY OF YOUR FATHER'S DEATH. YOU WILL KNOW THAT MY THOUGHTS AND PRAYERS WILL BE WITH YOU — AND ESPECIALLY WITH MOTHER. GIVE HER MY SPECIAL LOVE. I SEE TRICIA, CYCLING, SWIMMING AND SKATING AND HEATHER FOLLOWING FAST IN HER FOOTSTEPS. I WISH I COULD HEAR THEM READ TO ME! MAUREEN, — I LONG TO SEE HER — SHE LOOKS FINE IN THE SNAPS. I LONG FOR YOU DEAREST — AND THE TIME WHEN WE

리델은 글씨를 쓸 기력도 남아 있지 않았다.
마지막 메시지는 에릭 리델이 글씨를 쓸 힘조차 없어 한 친구가 대신 타자를 쳐 주었다.

틀린 생각이었다.

1945년 말에 그의 소지품이 플로렌스에게 배달되었다. 빛바랜 에든버러 대학교의 유니폼 상의도 있었고, 리델이 마지막 몇 시간 동안 병상 옆에 두었던 괘선 없는 종이쪽지 두 장도 있었다. 종이는 둘 다 약간 찢어져 있었고 주머니에 넣었던 듯 접힌 자국도 있었다. A. P. 컬른은 수용소에서 이 두 쪽지를 읽고 나서 리델이 "자신의 죽음을 예감했다"라고 확신했다.

흐릿한 연필로 쓴 첫 번째 종이는 필체가 깔끔하고 대체로 가지런하다. 반면에 두 번째 종이는 필체도 유난히 클 뿐더러 단어들이 산만하게 널려 있고 행이 뒤죽박죽이다. 엉뚱한 데서 시작하는가 하면 줄을 그어 지운 자국들도 있다. 두 쪽지의 차이가 워낙 확연해서 리델의 정신도 막판에 몸만큼이나 손상을 입었음을 알 수 있다. 굳이 누가 말해 주지 않아도 플로렌스도 그 사실을 알아차렸다. 연필을 쥐는 동작조차도 극도로 힘들었음이 아주 선연히 드러나 있다. 첫 번째 쪽지는 글씨가 아주 희미해서 거의 판독이 불가능하다. 내용은 두려움에 맞서 이겨야 한다는 주제로 자신이 설교하려던 개요를 생각나는 대로 적어 둔 것이었다.

두 번째 쪽지는 사실상 「나와 함께 거하소서 Abide with Me」와 「잠잠하라 내 영혼아」의 가사를 모아 놓은 것이었다. 리델의 기억력은 두 찬송가 중 어느 쪽도 제대로 되살리지 못했고, 그의 손은 자신이 남기고 싶은 말을 알아볼 수 있게 빨리 써 내려가지 못했다. 죽음이 임박했음을 안 듯 그는 "오 주여, 어둠이 깊어만 갑니다"라고 썼다. 나머지는 곧 닥쳐올 일의 전조인 양 거의 조리가 없거나 말이 중간에 끊겨 있다.

그의 뇌는 수명이 다하여 기능이 멎어 가고 있었다. 바로 얼마 전까지만 해도 왕성한 사고력을 자유자재로 구사할 수 있던 그였으나 이제 더는 아니었다.

그럼에도 유난히 돋보이는 한 줄이 있다. 마치 리델이 마지막 사력을 다해 생각을 붙잡아서 기어이 지면에 옮겨 놓은 것 같다. 이 짧은 문장은 그것이 적혀 있는 미색 종이쪽지와 더불어 어언 70년도 더 되었다. 종이는 세월에 닳아 귀퉁이가 너덜너덜해졌고 한때 짙었던 연필심 자국도 빛에 쪼여 점차 흐릿해졌다. 그러나 상단의 왼쪽 구석에 비스듬히 적혀 있는 이 가장 단순한 문구는 모든 보는 이에게 큰 울림을 준다. 리델이 어디선가 길어 올린 이 몇 단어는 가족들에게 남기는 고별의 약속이자 그가 가진 불굴의 신앙의 마지막 표현처럼 읽히기 때문이다.

"다 잘될 것이다." 그는 그렇게 썼다.

그리고 정말 그렇게 되었다.

맺는말

떠난 뒤에 남는 것은 사랑이다

캐나다 온타리오주 토론토

에릭 리델이 끝내 만나지 못한 딸이 잿빛 소파에 앉아 아버지의 사진 두 장을 물끄러미 바라보고 있다. 그녀가 살고 있는 아파트 16층의 앞 창 바로 옆에는 그의 또 다른 사진이 액자에 걸려 있다. 창밖으로 내다보이는 온타리오호는 파란색 거울처럼 거의 잔물결조차 일지 않는다. 저 멀리 보트의 돛들은 불지도 않는 산들바람을 찾아 작고 흰 분필 조각처럼 잔잔한 물 위를 천천히 미끄러져 간다.

하늘에 구름 한 점 없이 무덥고 나른한 8월의 오후다. 모린 리델은 케이크와 둥근 과자 빵과 오이 샌드위치와 홍차로 영국식 이른 저녁을 차려 냈다.

지난 18개월 동안 나는 숱한 날들을 많은 도서관과 사료 보관소에서 보냈다. 얼룩이 짙어 마치 인쇄기의 잉크가 조판에 왈칵 쏟아진 듯 보이는 신문 사진들과 깨알 같은 활자를 훑느라 눈이 아팠다. 대형 판본의 빛바랜 문서나 리본에 묶여 먼지를 뒤집어쓰고 있는 옛날의 회의록도 수없이 많이 뒤적였는데 모두 구식 타자기로 쳤거나 뾰족한 펜촉으로 쓴 것들이었다. 파리에서 딴 리델의 금메달은 내 손바닥에 올려놓고 보니 뜻밖에도 깃털처럼 가벼웠다. 아일린 소퍼의 작품으로 스코틀랜드의 국립 초상화 미술관에 소장되어 있는 리델의 유화 앞에도 서 보았다.

3만 2000킬로미터 이상을 돌아다니며 보니 리델과 불가분으로 얽혀 있는 곳들의 풍경은 그 시대 이후로 바뀌어 있었다. 납작한 모자를 쓴 톰 맥커처 옆에서 그가 주력을 연마했던 파우더 홀 스타디움은 이제 현대식 벽돌 주택단지로 변했다. 조지 스퀘어의 지붕을 굽어보고 있는 에든버러 센트럴 모스크의 둥근 지붕과 초승달 표식은 그 도시의 종교적 다양성을 부각시켜 준다. 물론 광웬 길도 한때는 판잣집이 늘어선 진흙길이었으나 지금은 천막을 친 노천 시장과 사무실용 고층 건물이 쭉 들어서 있다. 나는 수용소의 생존자들과도 대화해 보았는데, 어언 80-99세에 이른 이전 수감자들에게 웨이팡은 언제나 웨이셴으로 남아 있을 것이다. 해방된 후로 각기 살아온 궤적도 다르고 그 결과 도달한 자리도 다르지만 수용소 시절은 무죄한 인생에 드리워진 희미한 그림자처럼 늘 그들을 따라다녔다.

이 모든 과정을 거쳐 결국 내가 다다른 곳은 리델이 전후(戰後)에 정착하려 계획했던 이곳이다. 그가 1941년 이후로 재회하지 못했던 두 딸과 한 번도 본 적이 없는 막내딸의 집은 다 토론토의 통근 열차 노선이 서쪽으로 뻗어 나간 구간에 있다. 패트리샤와 헤더와 모린은 불과 몇 정거장 거리에 떨어져 살고 있다.

몇 달 전 그 따사로운 아침 녘에 스모그가 자욱한 산등성에 섰을 때 나는 거기가 중국이라는 게 현실로 느껴지지 않았다. 아주 오랫동안 과거 속에 파묻혀 있다 보니 과거가 현재보다 더 손에 잡힐 듯했고, 그 둘이 너무 달라서 처음에는 서로 잘 연결되지 않았다. 웨이팡의 유리와 강철과 네온사인 위로 수수밭과 종탑의 사진이 겹쳐져 보였다. 이곳 토론토에서도 내게 똑같은 느낌이 들면서 리델 일가가 사진관에서 아버지 없이 찍었던 컬러 가족사진이 떠오른다. 그때 모린은 흰 모직 숄에 싸여 플로렌스의 왼팔에 안겨 있던 아기였고, 패트리샤와 헤더는 똑같은 나들이옷인 칼라 달린 원피스 차림이었다. 플로렌스가 편지에 "어린 딸들"이라 칭했던 그들이 이미 오래전에 어머니와 할머니가 되었다는 사실은 도무지 현실 같지 않다. 흰 숄을 두르고 있던 그 아기는 이제 흰 셔츠와 누르스름한 헐거운 바지 차림에 흑갈색 단발머리를 하고 홍차를 따르고 있다. 한때 현상소에서 갓 나왔을 그 사진도 이제 아득한 옛날이 되었다.

나는 웨이셴 수용소의 생존자들이 내게 했던 말을 모린에게 전해 준다. 아버지가 갑자기 세상을 떠났을 때 수감자들은 특히 막내딸 얘기를 했었다. 그녀는 한 번도 그를 보거나 목소리를 듣지 못했다. 그녀가 아버지의 삶에 대해 배울 내용은 죄다 일화나 오려 둔 신문 기사나 앨범 속의 사진을 통해 간접적으로 올 것이었다. 나이가 들어 제대로 이해하게 될 때면 아버지의 죽음이 그녀에게 깊은 영향을 미칠 것이었다. 패트리샤와 헤더는 희미하고 어렴풋하게나마 아버지에 대한 추억이 조금이라도 있었다. 톈진에서 함께 자전거도 탔고, 잠자리나 아침 식탁에서 얼굴도 보았고, 니타마루호에서 작별할 때의 마지막 모습도

아련히 남아 있었다. 그러나 모린
은 추억의 자리가 늘 비어 있어 삶
의 고비마다 상실감만 더해 갈 것
이었다. 그래서 웨이셴 수용소 사
람들은 그녀를 걱정했었다.

그녀는 낯모르는 이들의 배려
에 감사하며 고개를 끄덕인다. 그
리고 잠시 후 입을 연다.

우선 그녀는 자기가 특별히
좋아하는 사진들부터 내게 보여준
다. 친구의 결혼식 날 어머니의 모

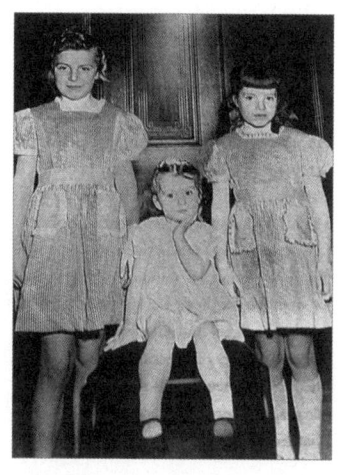

어린 딸들
왼쪽부터 패트리샤, 모린, 헤더

자를 쓰고 있던 아버지의 사진을 꺼낸다. 정원에서 아버지가 간질이
려 하자 어머니가 즐겁게 피하는 척하던 사진도 찾아낸다. 그러고 나
서 캐나다 억양으로 말한다. "이 사진들을 보면 두 분의 관계가 얼마
나 좋았는지, 서로를 얼마나 표시 나게 사랑했는지 알 수 있다오. 흔히
들 선교사들은 심각하고 답답하다고 생각하지만 우리 부모는 그렇지
않았어요. 재미와 유머가 넘치는 분들이었지요." 그러면서 모린이 지
은 미소는 1934년의 그 좋은 날들에 카메라에 잡힌 부모의 환한 미소
를 닮았다.

늘 그렇게 웃었던 것은 아니다. 그녀의 유년 시절은 아버지의 부
재를 받아들이면서 그를 알려고 몸부림치던 과정이었다. 어떤 때는
그가 남긴 "거대한 빈자리" 때문에 화도 났다. "걷잡을 수 없는 격분"
이었다고 한다. 사춘기에 접어들 무렵에는 엄마에게 이런 식으로 대
들곤 했다. "아빠는 엄마를 사랑했을 리가 없어요. 자기 없이 엄마만

중국을 떠나게 했잖아요. 우리만 데리고 여기로 오게 했잖아요." 이제 그녀는 "아버지 없이 자라면서 그게 소화가 안 되니까 괜히 어머니를 힘들게 했던 게지요. 아버지가 곁에 있기를 바랐으니까요"라고 털어놓는다.

리델이 육상 선수로서 올림픽 챔피언의 지위에까지 올랐다는 사실은 그녀에게 썩 중요하지 않았다. 그가 어떤 사람인지를 알아내는 게 늘 더 중요했다. "나 혼자서 묻곤 했다오. 혹시 아버지가 망상에 빠진 그리스도인은 아니었을까? 모두들 말하는 대로 정말 그렇게 훌륭했을까? 그러면 자꾸 이런 생각이 드는 겁니다. 그렇게 훌륭하다면 **어떻게** 우리만 여기로 보낼 수 있어? 그때는 참 혼란스러웠지요."

한동안 모린은 아버지 얘기라면 무조건 피하기도 했다. "아픈 데를 들쑤시는 일이었으니까요." 그래도 1945년에 수용소 수감자들을 지배했던 의문들이 그녀에게도 있었다. 왜 그는 목숨을 건져 집으로 돌아올 수 없었을까? "정말 가혹하게 느껴졌어요. 아버지가 **왜** 죽어야 했는지 이해가 안 갔다오. 그래서 하나님께 분노가 끓어올랐지요."

지금은 분노가 없다.

인생은 누구나 미완성이다. 끝나고 보면 뭔가 못다 한 말, 못다 한 일, 못다 본 것이 늘 있게 마련이다. 그러나 리델의 인생은 가히 절반도 끝나지 않은 듯 보인다. 그가 축하하지 못한 생일들, 참석하지 못한 결혼식들, 안아 보지 못한 손자 손녀들에 대한 생각을 누구라도 떨칠 수 없다. 웨이셴 수용소 생활 이후에 그를 기다리고 있던 세상은 무궁무진한 선택의 연속이었을 것이다.

그러나 모린은 아버지의 죽음을 받아들이게 되었다. 이제 그녀는 그것이 "숙명"이라 믿는다. 그의 요절에 더 큰 목적이 있으며 세월이

가면서 그 목적이 점차 밝혀져 왔다고 믿는다. 이 결론에 도달한 뒤로 그에 대한 모든 것이 그녀에게 분명해졌다. "아버지의 인생을 향한 큰 계획을 본 것이지요."

그녀는 이슬비가 내리던 2008년의 어느 아침을 떠올린다. 세 자매가 함께 웨이팡에 있는 아버지의 연홍색 화강암 기념비 앞에 서던 날이었다. 그들은 각자 꽃다발을 놓은 뒤 다 함께 끌어안았다. 어머니가 생전에 말하던 가족의 "신기한 동심원"이었다. "아버지가 아주 가깝게 느껴졌고, 그의 생애가 **무엇을 위한** 삶이었는지 어느 때보다도 분명히 깨달아졌어요. 다 이해가 되는 겁니다. 그런 일이 있었던 결과로 그는 수많은 사람들의 삶에 감화를 끼칠 수 있었던 거지요."

패트리샤와 헤더도 내게 똑같이 말한다. 그의 죽음은 언제나 자녀들의 삶의 일부이겠지만 이제 셋 다 그 죽음의 이유를 깨달았다.

"그가 영향을 미친 사람들의 숫자를… 글쎄, 다 합하면 많지 않겠소? 그것을 십분 인식하려면 그의 삶의 각 시기를 서로 연결시켜야만 가능하지요." 패트리샤의 말은 거기서 잠시 끊겼다. "속으로 이렇게 묻곤 했다오. 어머니와 우리 셋이 수용소에 그와 함께 있었다면 어떻게 되었을까? 그랬다면 당연히 아버지가 다른 젊은이들과 함께 보내는 시간이 줄어 그들이 아주 많은 것을 박탈당했을 텐데, 나는 그게 그들에게 부당해 보였어요. 아버지는 그곳에 꼭 있어야 했던 겁니다. 돌아가신 후에 우리에게 들려온 이야기들이 그 증거라오." 그녀의 옆에 딱딱한 판지로 만든 검은 대형 판들이 있는데, 그 위에 그녀는 운동선수이자 선교사인 그의 사진들을 붙여 놓았다. 패트리샤가 아버지에 대해 강연할 때 예증하기 위해 쓰는 자료다.

헤더도 같은 생각이다. "수용소 생활은 우리 아버지의 숙명이었어요. 그의 인생 전체가 사람들을 돌보거나 감화를 끼치도록 되어 있었지요. 어린 우리로서는 그것을 받아들이기 힘들어 눈물도 흘렸지만 말이오." 나를 위해 그녀는 광택이 나는 탁자 위에 집안의 사료를 쭉 늘어놓았다. 어머니가 그에게 보낸 편지들, 적십자사를 통한 아버지의 답신들, 여러 추도 연설과 라디오 기념 프로그램의 초고 전체, 친구들과 생면부지의 사람들이 리델 일가에 보내온 위로의 메시지들, 웨이셴에 있는 그의 무덤 사진 등이 있었다. 끝으로 기력이 쇠해 갈 때 그가 몽당연필로 아주 희미하게 마지막 말을 적었던 그 종이쪽지 두 장은 투명한 비닐봉지 속에 보존되어 있었다. 그녀는 수북이 쌓인 종이를 힐끗 보며 이렇게 덧붙인다. "그의 성품과 행적에 대한 외부의 반응은 우리의 상상을 훨씬 초월합니다. 그래서 나도 그가 사람들에게 얼마나 큰 의미가 있었으며 사람들이 그를 얼마나 의지했는지 서서히 깨달은 게지요. 그게 그의 목적이었어요. 그는 우리에게만 아니라 다른 모두에게 속해 있었던 겁니다. 알고 보니 우리는 아버지를 세상과 나누어 가져야 했지요."

리델의 세 딸은 계속 그를 세상과 나누어 가질 것이다. 그의 이야기가 종결되지 않고 지금도 계속되고 있기 때문이다.

"다 잘될 것이다." 리델이 죽을 때 글로 남긴 그 약속이 이루어진 것은 그의 됨됨이와 본보기 덕분이다. 그의 유산의 기초는 성품이며, 누구든지 그와 그 유산에 눈뜨는 사람에게는 지금도 그것이 선물로 주어진다. 요즘도 그가 쓴 매일의 묵상과 철학을 트위터에 인용하는 이들에게서 그것을 볼 수 있다. 전 세계의 신문과 채팅방과 블로그에 그가 회자되는 데서 그것을 볼 수 있다. 그가 죽은 지 수십 년 후에 태어난 많은 남녀들이 그에게 감화를 입어 다른 사람들을 섬기며 살아가는 사연들에서 그것을 볼 수 있다. 또 에든버러에 있는 에릭 리델 센터의 활동에서도 그것을 볼 수 있다. '거룩한 모퉁이'의 모닝사이드 교회가 전신인 이 센터는 리델이 거의 한 세기 전에 시작했던 일을 지금도 계속하고 있다. 지역사회에 헌신하여 복지와 지원과 교육과 감화에 힘쓰고 있다. 이렇듯 리델이 신봉했던 개념과 이상은 지금도 계속되고 있다. 이 부분에서 우리는 그에게 빚을 졌다. 물론 그는 이런 생각 자체에 손사래를 치며 자신의 공로를 부인하겠지만 말이다.

에릭 리델은 주변 사람들의 삶을 바꾸어 놓았다.

안수받은 사역자인 D. P. 톰슨은 리델이 합류하기 전까지는 자신의 사역이 "거짓"이었다고 표현한 바 있다. 1974년에 세상을 떠날 때까지 그는 계속 글을 쓰고 설교하고 가르쳤다. 리델 추모 기금을 조성하여 거기에 어찌나 혼신을 다해 몰두했던지 그의 누이는 늘 탈진해 있는 그를 보며 애를 태웠다. 톰슨의 회고에 따르면 식사 중에 "긴 논쟁"이 벌어져 그녀가 리델에게 헌신한 그를 책망했다. "내가 에릭을 너무 중시했단 말인가?" 그는 그날의 대화를 일기에 그렇게 기록하면서 자신의 헌신의 당위성을 누이에게 "잘 설득해 내지 못했다"라고 아쉬워했다. 톰슨은 자신의 전심전력을 리델에게 쏟아부을 가치가 있음을 의심한 적이 없었다. 그는 리델을 "친구요 형제"라 부르며 그의 "투명한 진실성"과 "깊은 겸손"과 "사려 깊음과 사심 없음"에 대해 말하곤 했다.

애니 버컨은 중국에 다시 가기로 굳게 결심한 선교사들 중 하나였다. 1945년 크리스마스에 지치고 병든 모습으로 웨이셴 수용소에서 돌아온 그녀는 2년도 못 되어 그곳에 다시 갔다. 그러다 1950년에 스코틀랜드로 귀국하여 1987년에 세상을 떠났다. 리델의 마지막 몇 시간에 대해 말해 달라는 부탁을 받을 때마다 그녀는 늘 그가 "가장 훌륭하고 가장 놀라운" 사람이라는 사실부터 강조하고 시작했다. 죽음의 방식이 비참했다 하여 그의 일생의 업적이 흐려지기를 원하지 않았던 것이다.

오브리 그랜던은 1990년에 사망했다. 그는 웨이셴 수용소에서 리델을 이긴 일을 늘 영광으로 알았으나 그렇다고 자랑하지는 않았다. 영화 「불의 전차」를 통해 리델이 운동선수로서 부활한 뒤에 수용소 수감자들의 상봉 모임이 있었는데, 거기서 1944년에 어린아이였던 한 수감자가 그랜던이 듣는 데서 이런 말을 했다. 자신의 영웅 리델은 "경주에 진 적이 없다"라는 것이었다. 그랜던의 아내가 남편을 쿡 찌르며 오류를 바로잡아 주라고 하자 그는 "아니, 상관없소"라고 말했다. 그 마지막 "스포츠의 날"에 리델과 경주했던 일을 말할 때마다 그랜던은 "그때 에릭은 몸이 성치 못했다"라고 늘 인정했다.

1925년 이후로 리델과 다시 만나거나 대화한 적이 없는 해럴드 에이브러햄스조차도 자신의 라이벌에 대한 생각을 떨치지 못했다. 그는 「불의 전차」의 촬영이 시작되기 한참 전인 1978년에 죽었다. 리델에 대한 그의 집착은 역사의 가정假定이라는 답 없는 질문에 입각한 것인데, 그는 이 문제로 고심했다. 그는 리델의 100미터 종목 기록을 전부 외우다시피 잘 알았는데, 그중에는 파리의 콜롬베 스타디움보다 기록이 상당히 느리게 나오는 트랙에서 치러진 경주들도 있었다. 그래서 에이브러햄스는 남들이 하던 생각을 자신이 먼저 말하고 다녔다. "내가 올림픽에서 우승한 게 적어도 일부는 에릭의 종교적 신념 덕분이 아닌가 하는 의문이 자주 들었다. 그가 [100미터 종목에] 출전했더라면 나를 이기고 금메달을 차지했을까?" 그러면서 그는 어떻게든 증거를 제시해서 청중의 입에서 "그렇다"라는 답이 나오지 못하게 하려고 했다. 하지만 논리적 결론은 늘 "그렇다"이다. 그가 아무리 아니라고 우겨도 최고의 주자는 리델이었다. 그런데도 그는 늙어서까지 그 반대라고 우겼다. 다변으로 논리의 맹점을 덮을 수 있다는 듯이 그의 말투는 만연체였다. "실제 시합이 벌어진 지 아주 오랜 세월이 흐른 지금 내가 이렇게 말해도 이기적으로 보이지는 않을 것이다. 나는 100미터 종목에서 실제로 내가 에릭보다 더 나았다고 믿는다. 물론 그와 맞대결한 딱 두 번의 경주[각각 220야드와 200미터]에서 그가 나를 이겼다는 말도 똑같이 공정하지만 말이다." 이 문장을 다음번 올림픽대회가 열릴 때까지 계속 읽어도, 그가 스스로 "더 나았다"라고 여긴 이유—오만이나 맹목적 본능 외에는—를 알 길이 없다. 본인이 제시한 덜 중요한 자료조차도 반대쪽을 가리키기 때문이다. 그는 누구 하나라도 리델이 우승했을 것이라고 그래서 자신의 금메달이 무효라고 생각할까 봐 노심초사했다. 이 사실로 미루어 그는 정신과에서 한두 차례 치료를 받아야만 해결될지 모르는 콤플렉스가 있었던 것으로 보인다.

리델은 영원히 스티브 멧카프의 멘토였다. 수용소에서 리델에게 들었던 "원수를 사랑하라"라는 말이 평생 그를 떠나지 않았다. 리델의 장례식 때 관을 메고 조사를 들으면서 그는 선교사가 되어 일본에 가기로 결심했다. 나중에 그는 일본어를 하루 20개 단어의 속도로 익혔다. OMF Overseas Missionary Fellowship, 해외 선교회에 속하여 1952년부터 1990년까지 일본인들을 섬겼고 이를 자신의 숙명이라 믿었다. 그가 배를 타고 한때 적국이었던 나라로 갈 때 마침 한국전쟁에 참전할 영국군 300명도 같은 배에 타고 있었다. 그에 따르면 "해상에서 맞이한 첫 일요일에 담당 장교가 나에게 설교를 부탁했다. 그때 나는 갓 스물다섯 살이 되었지만 나보다 젊은 군인들도 있었다. 그들에게 에릭 이야기를 해주었다. 너희를 악하게 이용하는 자들을 위해 기도하라던 그의 말과 또 그가 모든 사람을 용서했던 일을 들려주었다." 그러면서 "용서의 배턴"도 언급했는데 멧카프는 리델이 자신에게 그것을 물려주었다고 믿었다. 2005년 8월에도 그는 똑같이 말했다. 옛 수감자들이 옛 수용소 자리에 모인 해방 기념제에서 그가 기조연설을 할 때였다. 주변을 둘러보니 자기만큼 늙었거나 더 나이가 든 낯익은 얼굴들과 거대한 석조 건물들이 보였다. 그의 친구 리델도 그 자리에 있었는데 처음 보던 때의 모습 그대로였다. 얼굴에 구김살이 없었고 파란 눈은 더없이 밝게 빛났다. 여전히 국방색 반바지와 커튼으로 만든 셔츠 차림이었다. 그는 이제 존재하지 않는 길에서 경주하고 있었고, 어느새 사라진 통로를 걷고 있었으며, 오래전에 베어진 나무 밑에서 설교하고 있었다. 60년 전에 내주었던 육상화도 신고 있었다. 리델이 다시 살아난 것만 같았다. 그 모습이 어찌나 생생하던지 멧카프는 오래전에 그의 무덤가에서 들었던 의문—"이토록 위대한 사람을 기린다는 게 이게 전부인가?"—에 드디어 만족스러운 답을 얻었다.

"그럴 리가 없지. 이 위대한 사람은 지금도 살아 있으니." 그는 그렇게 중얼거렸다.

필립 라킨Philip Larkin의 「어런들 무덤An Arundel Tomb」에 보면 그의—또는 다른 모두의—시를 통틀어 가장 잊지 못할 시구 중 하나가 나온다. 맨 마지막 연의 맨 마지막 문장이다. "우리가 떠난 뒤에 남는 것은 사랑이다."

에릭 리델이 그 증거다.

아일린 소퍼는 평생 독신으로 지냈다. 그녀는 "외로운 댕기물떼새의 울음소리"를 함께 들을 사람을 다시는 만나지 못했고 원하지도 않았던 것으로 보인다. 생애 말년에 관절염 때문에 와일딩스에 칩거했는데 그녀의 소중한 정원은 점차 무질서한 쑥대밭으로 변했다. 나뭇가지와 울타리를 정돈하지 않았고, 잔디도 깎지 않았고, 꽃은 시들거나 마구 웃자라게 놓아두었다. 집도 퇴락하여 점차 망가졌고 그녀의 슬리퍼와 서랍장에까지 생쥐가 들끓었다. 소퍼는 아무것도 버리지 않아 빈 유리병이 3000개가 넘었고 판지 상자며 한때 사과를 담았던 나무 궤짝도 쌓여 있었다. 잡지와 신문은 대부분 수십 년이 지난 것들이었다. 그녀가 1990년에 85세를 일기로 생을 마감한 뒤에 한 친구가 그녀의 스튜디오에 들어가 보니 "종이며 상자며 수북한 잡동사니에 막혀" 어디 한군데 발 디딜 틈이 없었다고 한다. 이토록 대책 없이 어질러진 사적인 공간에 딱 하나 확연히 눈에 띄는 소퍼의 소장품이 있었다. 피하려야 피할 수 없는 그 물건은 마호가니 재목의 이젤 위에 놓인 채, 친구가 보기에 "무슨 수호신처럼" 실내를 지배하고 있었다. 바로 리델의 얼굴이었다. 부식 동판화, 데생, 판화, 수채화 등 아직 소유하고 있던 자신의 모든 작품 중 그녀가 굳이 골라 전시해 둔 것은 그의 초상화였다. 1920년대의 그 한여름의 나날들이 그립다는 듯이 말이다. 둘 다 앞길이 창창하던 그때에 그녀는 은색 열쇠로 너도밤나무에 E와 L이라 새기던 리델을 보았었다. 소퍼의 기억 속에 그는 늘 그렇게 금발에 회색 정장을 하고 자못 진지한 모습으로 남아 있었다. 나중에 알려졌는데 이 초상화는 그 이젤 위에 "몇 년째" 놓여 있었다.

플로렌스 리델은 굳이 그림이나 심지어 사진이 없어도 그를 떠올릴 수 있었다. 그녀의 표현으로 자신을 지탱시켜 줄 "아름다운 추억"이 많이 있었다. "몇 년밖에 함께 있지 못했지만 우리는 많은 부부들이 평생 누리는 만큼의 행복을 누렸다." 그렇게 말하며 그녀는 "그의 아내가 된 특권으로 인해" 하나님께 감사했고 리델이 "나의 모든 것"이었다고 덧붙였다.

플로렌스는 이렇게 고백한 적이 있었다. "에릭에게 혹시라도 무슨 일이 생기면 늘 나의 세상이─신앙과 다른 모든 것까지─완전히 무너질 것처럼 느껴졌다." 그러나 자신의 슬픔에 과도히 집착할수록 슬픔이 더 커질 뿐임을 그녀는 알았다. 그래서 슬픔을 떨치고 패트리샤와 헤더와 모린을 위해 마음을 다잡았다. 돌이켜 보면 세 딸이 기억하는 어머니는 언성을 높이거나 손찌검을 한 적이 없었고, 계획적으로 미술관과 박물관과 전시회에 데리고 다니며 교육했으며, "아버지가 너희를 아주 자랑스러워하실 거야"라고 말해 주곤 했다. 그녀가 치던 피아노 소리가 아직도 그들의 귀에 쟁쟁하다. 특히「날빛보다 더 밝은 천국」과 자신이 좋아하는 베토벤의 월광 소나타를 즐겨 쳤다. 옷을 짓거나 수선하던 그녀의 모습도 여태 그들의 눈에 선하다. 그렇게 한 푼 두 푼 모은 돈으로 그녀는 딸들에게 무용과 피아노 레슨을 받게 했고 그들을 하계 캠프에 보냈다.

세 딸은 어머니를 묘사할 때 "낙관적이다, 애정과 긍휼이 풍성하다, 성실하다, 사심이 없다, 복원력이 강하다"와 같은 표현을 썼는데 이는 그들의 아버지에게도 똑같이 적용되는 말이다. 오래전 타국에서 그를 매료했던 그녀의 이런 특성이 그의 사후에 더욱 확연해졌다. 그녀는 남편이 알던 모습의 전부이자 그 이상이 되었다. 플로렌스는 기질이 강인한 여자였고 마음과 사고와 생활력도 놀랍도록 강했다. 그 뒤로 "좀 더 그가 살았던 것처럼" 살고자 노력했노라고 그녀는 말했다.

리델이 죽은 직후에 친정어머니가 이런 절망적인 말을 했었다. "플로렌스야, 이제 우리는 두 늙은 과부로 함께 남았구나." 플로렌스의 생각은 달랐다. 서른네 번째 생일이 6개월 남았으니 그녀는 많은 나이가 아니었다. 한집에 어머니와 함께 영원히 갇혀 살 마음도 없었다. 사별한 사람들은 집 안 가득한 슬픔으로 병을 앓는데, 그 슬픔에서 헤어나는 공통된 과정이 있다. 플로렌스도 그 과정을 다 거쳤다. 부정과 분노는 짧았고, 우울과 외로움은 오래갔으며, 성찰과 수용과 재건은 그녀를 생각지도 못했던 전혀 다른 미래로 이끌었다. 그녀는 최악의 고뇌를 용기와 은혜 뒤에 숨긴 채 고인이 으레 유족에게 남기는 실무의 뒷정리에 바삐 매달렸다. 1만 파운드짜리 보험 증서를 처리했고 분실된 유서를 찾아냈으며 많은 우편물의 답신을 썼다. 토론토의 추도 예배에 참석했고 에든버러와 글래스고에서 그녀 없이 거행된 예배에 대해서는 기사로 읽었다. 초기에 충격이 가시기 전에는 "실무적인 일을 생각하려면 아직 머리가 멍하여 감각이 없었다"라고 플로렌스는 고백했다. 그래도 그녀는 억지로 부닥쳤다. 가계 예산을 짜서 고수했고, 토론토 종합병원에 간호사로 취직하여 생계를 이어 갔고, 학업을 재개하여 자격을 보강했다. 결국 그녀는 이전의 집에서 3킬로미터밖에 떨어지지 않은 곳에 방 셋을 쓰면서 부엌을 공유하는 아파트를 찾아냈다. 셋집을 얻는 고충을 회고하며 그녀는 "집을 구할 때는 아이 셋이 딸려 있는 게 무슨 흑사병 환자라도 되는 것 같다"라고 말했다.

리델이 죽은 직후 세 달의 여름은 휴런호의 포트 앨버트에서 통나무 오두막집을 임대하여 지냈다. 그곳은 그녀의 월든 연못이었고 헨리 데이비드 소로 Henry David Thoreau 식의 소박한 오두막집이 회복에 도움이 되었다. 소로가 "생의 본질적 사실"만 건질 목적으로 자신의 땅에 머물렀듯이 그녀도 그렇게 그곳에 머물렀다. 딸들만 데리고 거기서 요긴한 고독을 누렸다. 전화나 신문도 없었고 이런저런 요구나 선의의 조문객도 없었다. 덕분에 생각하고 계획하고 준비할 수 있었다. 포트 앨버트에서 플로렌스는 다시 시작했다. 그녀는 계속 리델에 대해 말할 것이었다. 그와 더 가까이 있기 위해 계속 그의 대학교 유니폼 상의를 망토처럼 어깨에 걸칠 것이었다. 때로 자신을 감싸는 그의 존재도 계속 느낄 것이었다. 그녀는 "내가 아주 조금만 빨리 고개를 돌리면 바로 거기에" 그가 보일 거라고 늘 믿었다.

모든 끝은 새로운 시작으로 이어진다.

1951년에 그녀는 재혼했다. 새 남편인 머리 홀 Murray Hall 과는 사촌 간이었다. 불치병에 걸린 그의 아내가 부탁하여 플로렌스는 그녀를 자택에서 간병하면서 그와 12-17세의 세 자녀도 함께 보살폈다. 돌아보면 플로렌스의 세 딸은 그 요청의 진의가 실제적인 간호 이상이었다고 확신한다. 한편으로 그것은 중매이기도 했다. 죽음을 앞둔 환자가 자신의 사후에 남편과 자녀들을 그녀에게 확실히 맡기고 싶었던 것이다. 재혼을 위해 플로렌스는 초혼을 정리했다. 이전의 사진들과 자잘한 애장품을 트렁크에 담아 지하실로 치웠다. 그녀는 1.2제곱킬로미터 규모의 저지 농장에서 홀 여사가 되었고 1955년에 넷째 아이를 낳아 이름을 지니라고 지었다. 그러다가 1969년에 다시 과부가 되었다.

모진 풍파를 아주 차분하게 헤쳐 온 이 여인은 인생의 후반부에 또 다른 고통에 부딪친다. 쿠싱 증후군을 진단받은 것이다. 이것은 인체가 혈류 속에 코르티솔을 과다 분비할 때 발생하는 희소한 호르몬 장애다. 비만과 고혈압과 극도의 피로를 유발하며 피부도 쉽게 멍들 수 있다. 플로렌스도 이 모든 증상을 겪었는데 다른 모든 일에 그랬듯이 이 병에도 담담히 대처해 나갔다.

그녀는 여생의 큰일이라고는 손자 손녀를 더 볼 일밖에 없을 줄로 알았다. 과거가 자신의 눈앞에 재창조될 줄은 꿈에도 몰랐다.

그런데 생전에 그녀는 앨런 웰스$^{Allan\ Wells}$가 기자들의 질문에 답하는 말을 들었다. 1980년 모스크바 올림픽대회에서 웰스는 해럴드 에이브러햄스 이후로 올림픽 육상 100미터 종목에서 최초로 금메달을 딴 영국인이 되었다. 그는 리델과 똑같이 에든버러에서 태어났고 모닝사이드 교회에서 6킬로미터쯤 떨어진 곳에서 자랐다.

"해럴드 에이브러햄스를 위한 승리입니까?"

기자의 물음에 그는 "아니요, 에릭 리델을 위한 승리입니다"라고 대답했다.

곧이어 영화「불의 전차」가 나왔다. 머리가 허옇게 센 무명의 플로렌스는 졸지에 거의 유명 인사가 되었다. 시사회에 참석한 그녀는 "시종 울었다"라고 했다. 답장을 요하는 편지들도 많았는데 답장은 전부 그녀가 직접 썼다. 여러 텔레비전과 신문사의 인터뷰도 있었다. 질문들이 거의 매번 똑같아서 그녀의 답변은 잘 연습되어 있었다. 그렇다, 그녀는 영화에 대한 관심이 "꽤 재미있게" 느껴졌다. 그렇다, 그녀가 보기에 이언 찰슨은 리델의 성격의 "특징"을 잘 살려 냈다. 아니다, 각본은 그를 온전히 담아내지 못했다. 영화는 "좀 지나치게 엄숙했고 좀 지나치게 설교 조였다"라고 그녀는 설명했다.

어느 저녁에 플로렌스는 딸 헤더의 집 소파에 앉아 난생처음 어떤 동영상을 보았다. 리델이 파리에서 400미터 종목에 우승할 때의 모습을 담은 파테사의 흑백 영화였다. 그녀가 그때 시청했던 그 영상을 지금은 누구나 유튜브에서 볼 수 있다. 우선 스물두 살 된 그의 얼굴에 카메라의 초점이 잡힌다. 허리춤에 짚은 긴 손가락, 셔츠 앞자락에 꽂힌 번호 451번, 뒤쪽에 빼곡히 들어찬 군중도 보인다. 총이 울려 일생일대의 경주에 돌입하기 전에 그는 콜롬베 스타디움 트랙의 레인과 곡선 구간을 응시한다. 그의 빠른 발이 쿵쾅쿵쾅 신더 위를 달리자 바닥에서 신더가 피어오른다. 그는 고개를 뒤로 젖힌 채 테이프를 끊는다.

"어머니는 보면서도 믿어지지 않았지요"라고 헤더는 회고한다. 플로렌스는 의자 끝에 바짝 걸터앉아 꼬박 1분이 넘도록 세상만사를 다 잊은 채 눈앞의 21인치 텔레비전에 전개되는 광경에 몰입했다. "마치 아버지와 함께 그곳에 가서 관중석에 앉아 계신 것 같았다오"라고 헤더는 덧붙인다. 경주가 시작되자 플로렌스는 그 열기에 빠져들어 "어서, 여보. 저 사람을 이겨야지. 당신은 할 수 있어요"라고 외치기까지 했다.

영화의 마지막 장면은 승리한 후의 리델을 보여준다. 그는 축하의 악수를 받고 있는데 거기서 화면이 오래 끌면서 한동안 그는 그 자세로 정지된다. 플로렌스는 벌떡 일어나서 보았다. 마치 그의 곁에서 보냈던 과거의 하루하루가 그 순간 모두 생각나는 것 같았다. 그녀는 고개를 숙여 두 손에 얼굴을 묻고 울음을 터뜨렸다.

남은 생애 동안 그녀는 리델을 회상하며 둘의 연애와 결혼 생활을 되살리곤 했다. 패트리샤와 함께 살고 있었는데 한번은 오후에 꿈을 꾸고 난 어머니를 딸이 위로해야 했던 적이 있다.

꿈속에 니타마루호가 다시 황해를 미끄러져 가고 있었다. 배에서 떠나가고 있는 남편을 그녀가 쫓아가려 했으나 어찌 된 일인지—족쇄나 밧줄에 묶여 있는 것도 아닌데—서 있는 자리에서 발이 움직여지지 않았다. 트랩 쪽으로 가려 했지만 한 발짝도 뗄 수 없었다. 그녀는 겁에 질려 흐느끼면서 그에게 떠나지 말라고 큰 소리로 애원했다. "가지 말아요." 그 말을 되풀이하다가 혼몽한 상태로 자신의 침대에서 벌떡 깨어났다. 패트리샤는 어머니의 이마에 손을 얹으며 "꿈을 꾸신 거예요. 걱정 마세요. 이제 다 괜찮으니까요"라고 말했다.

플로렌스는 1984년 6월에 세상을 떠났다. 리델을 향한 그녀의 사랑은 멎은 적이 없었다.

2008년 베이징 올림픽이 열리기 직전에 중국은 리델이 웨이셴 수용소에서 본국으로 송환되기를 사양하며 그 특권을 어느 임신부에게 양보했다고 주장했다. 그뿐 아니라 그를 석방시키도록 일본을 설득한 사람이 바로 윈스턴 처칠이었다고 중국은 주장했다. 그러나 리델의 친구들은 하나같이 그 이야기를 전혀 믿지 않았다. 수용소에서 그와 아주 가까이 살았던 사람들은 그 정도 규모의 "비밀"이라면 거기서 결코 숨겨졌을 리가 없다고 강변했다. 그들이 보기에 중국 측의 그런 주장은 그럴듯한 발상이지만 그의 평판을 더 좋게 만들려는 신화적 공상이었다. 조 코터릴은 "그는 이미 아주 훌륭하므로 아무도 굳이 과장할 필요가 없다. 기본적 사실들 자체가 그에 대해 모든 것을 말해 준다"라고 말했다.

그 평가에 누구나 고개를 끄덕일 수밖에 없다. 그는 대단한 사람이었고 짧게나마 대단한 인생을 살았다. 우리 대부분은 이렇다 할 흔적을 남기지 못하며, 우리를 기억하는 마지막 사람이 죽는 순간 우리도 거의 완전히 사라진다. 그러나 그는 지워질 수 없는 흔적을 남겼다. 그가 톈진의 검정 목제 책상에서 쓴 묵상과 인용문의 모음인 『그리스도인의 삶의 훈련』은 수만 부가 팔렸고 지금도 팔리고 있다.

그처럼 용기 있는 삶은 길이가 아니라 가치로 평가되어야 한다. 그런 삶들은 우리에게도 어떻게든 더 나은 삶을 살도록 감화를 주는데, 리델의 경우는 그가 매사에 사심이 없었기 때문에 더욱 그렇다. 그의 모든 친절한 행위는 타인의 유익을 위한 것이었다. "많이 받은" 자들은 마땅히 "도로 많이" 주되 불평 없이 그래야 한다고 그는 철석같이 믿었다. 이에 충실하여 그는 자신의 거창한 행복이나 큰 안락을 구한 적이 없다. 가치 있는 직무와 가족의 부양 등 꼭 중요한 일만 추구했을 뿐이다. 물론 한때―그 무덥던 7월의 오후에 파리에서―올림픽 우승을 추구한 적도 있지만, 우승하면서도 그는 금메달의 영광이 자신의 세계에서 하나님의 영광에 비하면 아무것도 아님을 알았다.

올림픽 챔피언이 된 위업도 결코 시시한 일은 아니지만, 이는 그 덕분에 그의 설교를 들을 청중의 폭이 그렇지 않았을 경우보다 넓어졌다는 점에서만 그렇다. 반짝이는 메달 자체보다 수상의 파급 효과가 그에게는 훨씬 더 소중했다. 계속 운동선수로 남았다면 분명히 더 많은 성취가 있었겠지만, 그는 자신이 선교사로서 성취하려던 것에 비하면 그 모두가 사소할 뿐임을 알았다. 선교사 리델은 평생 자신을 희생하여 다른 사람들을 섬겼다.

매번의 언행을 보면 그 사람을 알 수 있다고 한다. 리델은 1932년 아주 마침맞은 순간에 어떤 장황한 질문을 받았는데, 이 특정 질문에 대한 그의 답변을 보면 리델을―특히 육상의 위업 대 선교의 소명에 대한 그의 태도를—알 수 있다. 그때 그는 토론토에 있었는데 공교롭게도 영국 팀이 로스앤젤레스 올림픽에 출전하러 가던 길에 그곳을 경유했다. 리델도 그 대회에 출전할 수도 있었으나 지금은 지나가는 행렬을 구경하는 길가의 관객처럼 조국의 선수들을 바라보고 있었다. 그때 한 저돌적인 기자가 그를 붙잡고 장광설을 늘어놓았다. 기자가 쏟아 낸 일련의 질문은 보기 좋게 하나로 압축되었다. 각 질문의 표현 방식으로 보아 이 신문 기자는 육상의 성공 대신 중국 선교를 택한 리델을 약간 제정신이 아닌 사람으로 취급했다.

"선교사의 일에 일생을 바쳐서 기쁩니까? 스포트라이트, 질주, 열광, 환호, 승리의 붉고 진한 포도주가 그립지 않습니까?" 기자는 그렇게 물었다.

그의 대답에서 정말 중요한 부분은 겸손이다. 그는 단호히 선교사의 직분을 달리기보다 훨씬 우위에 두면서 질문자에게 이렇게 말했다. "**이것이 저것보다 사람의 일생에 훨씬 더 중요합니다.**"

지당한 말이다.

그러나 이 말을 그토록 진정으로 할 수 있는 사람은 가장 잠잠한 영혼인 에릭 헨리 리델뿐이다.

감사의 말

이 책을 쓸 생각을 하자마자 중국의 철학자 노자가 생각났다. 상투적으로 회자되는 인용구라서 그의 가장 유명한 그 말을 누구나 알 것이다. 『도덕경』 64장에 나오는 "천 리 길도 한 걸음부터"라는 말이다.

이 책을 시작할 때 내게 특히나 아찔하게 느껴지던 그 말이 지금은 더 뼈저리게 실감된다.

에릭 리델이 비교적 짧은 생애 동안 거쳐 갔던 먼 길을 나는 처음부터 잘 알았다. 나 또한 그 길을 거쳐 가야 함도 알았다. 천 리 길이라? 노자에게 한 가지만 말하고 싶다. 그는 천 리 길의 절반도 모른다. 에릭의 발자취를 따라 나는 중국과 미국과 캐나다를 다녔다. 잉글랜드와 스코틀랜드도 사방을 다 누볐는데, 해외에서 비행기와 기차와 배를 타고 보낸 시간의 총합에 비하면 차라리 그것은 슬슬 걸어서 동네 우체국을 다녀온 정도에 불과했다.

하지만 나는 운이 좋았다. 사실은 엄청난 행운이었다. 전기를 쓰려면 집 밖으로 나가야 하지만 이는 사람들을 만나는 좋은 기회이기도 하다. 그동안 나와 함께해 준 사람들이 그 증거다. 생면부지의 그들이 그 뒤로 지인, 나아가서는 친구가 되었다. 덕분에 취재하고 집필하고 확인하고 재확인하는 과정에서 그들에게 추억과 사진과 문서를 달라고 계속 졸라 대면서도 죄책감이 약간 덜 들었다.

빠뜨리는 사람이 없기를 바라면서 그들을 열거하고자 한다.

과거를 복원하려면 세부 사항이 쌓여야 하므로 역사를 기록하는 사람은 누구나 큰 빚을 지게 마련이다.

당연히 내가 가장 큰 빚을 진 사람은 에릭과 플로렌스 부부의 세 딸인 패트리샤와 헤더와 모린이다. 셋 다 이 책의 구상을 즉시 받아들여 주었고, 셋 다 내가 밝힌 취지에 지원을 아끼지 않았으며, 셋 다 한결같은 환대와 친절과 놀라운 공유의 자세를 보여주었다. 패트리샤의 남편 머빈(차마 언급할 수 없는 특정한 풋볼 팀의 팬이긴 하지만)과 헤더의 남편 제리(언젠가 함께 야구를 했으면 좋겠다)에게도 감사를 표하고 싶다.

들러리 이상으로 주목받아 마땅한 가족들이 또 있다. 플로렌스의 남동생 핀레이는 중국뿐 아니라 예술에 대해서도 아주 해박하다. 플로렌스의 여동생 루이스는 뜨개질 속도가 우사인 볼트의 주력보다 더 빠르다. 에릭의 남동생 어니스트의 딸인 수와 에릭의 여동생 제니의 딸인 조앤은 둘 다 각자의 부모에 대해 기꺼이 말해 주었다.

내가 보기에—리델의 세 딸도 같은 생각일 것이다—밥 렌들은 리델-맥켄지 집안의 명예 가족이다. 이제 그는 에든버러에 있는 에릭 리델 센터의 전 'CEO'가 되었다. 처음에 난데없이 그에게 전화를 걸던 그날, 나는 그가 지구를 한 바퀴 돌려는 나를 약간 미친 사람으로 볼 줄 알았다. 설령 그렇게 보였더라도 그는 거기에 아랑곳없이 어떤 수고도 마다하지 않고 내 일의 편의를 돌봐 주었다. 밥은 거장이며 두루두루 좋은 사람이다.

내 친구 사이먼 맥기는 나를 중국과 관련된 외교 분야에 눈뜨게 해주었다. 확신컨대 언젠가는 그를 "맥기 경"이라고 불러야만 할 것 같다.

중국 현지에서 가장 큰 도움이 되어 준 기관은 베이징의 영국 대사관과 웨이팡의 관리들이었다. 중국에서 두 번이나 연회를 대접받고 보니 귀빈이라도 된 심정이었다. 웨이팡 외사 화교 업무 사무실장 왕 호아, 부실장 송 위에린, 치 얀링(훌륭한 에밀리), 중학교의 당위 서기 C. U. I. 스베시안 등에게 심심한 감사를 표한다. 에릭의 생애와 웨이셴 수용소의 역사를 열심히 연구해 온 바오슈 시아는 그날만 아니라 이후로도 무제한의 도움을 베풀어 주었다.

영국 대사관의 제1서기(지방 도시 업무) 닉 다우스는 나를 웨이팡으로 안내했고 필요에 따라 통역관 역할도 해주었다. 그의 동행은 성공적 방문에 꼭 필요했을 뿐 아니라 즐거움까지 더해 주었다. 이제 AFC 윔블던 팀의 경기 결과를 볼 때마다 이 축구팀의 열성 팬인 그가 떠오른다.

에릭의 이야기에 아주 중요한 역할을 했던 사람들의 후손을 여러 경로를 통해 찾아낼 수 있었다. 톰 맥커처의 손자들인 해리와 브라이언 맥커처, 오브리 그랜던의 아내 도린 그랜던, 애니 버컨의 조카 마거릿 버컨, A. P. 컬른의 딸 조애나 컬른 브라운, 아버지와 이름이 같은 아서 마샬 경, 알렉 넬슨의 친척 이언 스톤, 호레이쇼 피치의 딸 수전

감사의 말

하지만 나는 운이 좋았다. 사실은 엄청난 행운이었다. 전기를 쓰려면 집 밖으로 나가야 하지만 이는 사람들을 만나는 좋은 기회이기도 하다. 그동안 나와 함께해 준 사람들이 그 증거다. 생면부지의 그들이 그 뒤로 지인, 나아가서는 친구가 되었다. 덕분에 취재하고 집필하고 확인하고 재확인하는 과정에서 그들에게 추억과 사진과 문서를 달라고 계속 졸라 대면서도 죄책감이 약간 덜 들었다.

빠뜨리는 사람이 없기를 바라면서 그들을 열거하고자 한다.

과거를 복원하려면 세부 사항이 쌓여야 하므로 역사를 기록하는 사람은 누구나 큰 빚을 지게 마련이다.

당연히 내가 가장 큰 빚을 진 사람은 에릭과 플로렌스 부부의 세 딸인 패트리샤와 헤더와 모린이다. 셋 다 이 책의 구상을 즉시 받아들여 주었고, 셋 다 내가 밝힌 취지에 지원을 아끼지 않았으며, 셋 다 한결같은 환대와 친절과 놀라운 공유의 자세를 보여주었다. 패트리샤의 남편 머빈(차마 언급할 수 없는 특정한 풋볼 팀의 팬이긴 하지만)과 헤더의 남편 제리(언젠가 함께 야구를 했으면 좋겠다)에게도 감사를 표하고 싶다.

들러리 이상으로 주목받아 마땅한 가족들이 또 있다. 플로렌스의 남동생 핀레이는 중국뿐 아니라 예술에 대해서도 아주 해박하다. 플로렌스의 여동생 루이스는 뜨개질 속도가 우사인 볼트의 주력보다 더 빠르다. 에릭의 남동생 어니스트의 딸인 수와 에릭의 여동생 제니의 딸인 조앤은 둘 다 각자의 부모에 대해 기꺼이 말해 주었다.

내가 보기에—리델의 세 딸도 같은 생각일 것이다—밥 렌들은 리델-맥켄지 집안의 명예 가족이다. 이제 그는 에든버러에 있는 에릭 리델 센터의 전 'CEO'가 되었다. 처음에 난데없이 그에게 전화를 걸던 그날, 나는 그가 지구를 한 바퀴 돌려는 나를 약간 미친 사람으로 볼 줄 알았다. 설령 그렇게 보였더라도 그는 거기에 아랑곳없이 어떤 수고도 마다하지 않고 내 일의 편의를 돌봐 주었다. 밥은 거장이며 두루두루 좋은 사람이다.

내 친구 사이먼 맥기는 나를 중국과 관련된 외교 분야에 눈뜨게 해주었다. 확신컨대 언젠가는 그를 "맥기 경"이라고 불러야만 할 것 같다.

중국 현지에서 가장 큰 도움이 되어 준 기관은 베이징의 영국 대사관과 웨이팡의 관리들이었다. 중국에서 두 번이나 연회를 대접받고 보니 귀빈이라도 된 심정이었다. 웨이팡 외사 화교 업무 사무실장 왕 호아, 부실장 송 위에린, 치 얀링(훌륭한 에밀리), 중학교의 당위 서기 C. U. I. 스베시안 등에게 심심한 감사를 표한다. 에릭의 생애와 웨이셴 수용소의 역사를 열심히 연구해 온 바오슈 시아는 그날만 아니라 이후로도 무제한의 도움을 베풀어 주었다.

영국 대사관의 제1서기(지방 도시 업무) 닉 다우스는 나를 웨이팡으로 안내했고 필요에 따라 통역관 역할도 해주었다. 그의 동행은 성공적 방문에 꼭 필요했을 뿐 아니라 즐거움까지 더해 주었다. 이제 AFC 윔블던 팀의 경기 결과를 볼 때마다 이 축구팀의 열성 팬인 그가 떠오른다.

에릭의 이야기에 아주 중요한 역할을 했던 사람들의 후손을 여러 경로를 통해 찾아낼 수 있었다. 톰 맥커처의 손자들인 해리와 브라이언 맥커처, 오브리 그랜던의 아내 도린 그랜던, 애니 버컨의 조카 마거릿 버컨, A. P. 컬른의 딸 조애나 컬른 브라운, 아버지와 이름이 같은 아서 마샬 경, 알렉 넬슨의 친척 이언 스톤, 호레이쇼 피치의 딸 수전

감사의 말

리버타 등이다.

풍경은 늘 그것을 보는 관점에 따라 달라진다. 단순히 지리적 요인일 때도 있고(예컨대 방 안에 서 있는 위치) 특정한 사람이나 사건을 우리가 특정한 방식으로 생각하고 판단하고 회상하기 때문일 때도 있다. 본문에 강조했듯이 기억도 아주 변덕스러울 수 있다. 그래서 어떤 행동이나 말에 대한 전달은 대개 서로 차이가 난다. 차이는 작을 수도 있고 클 수도 있다. 우리는 한낱 인간인지라 같은 일도 다르게 기억한다. 웨이센 수용소의 여러 목격담을 읽으면서 그 사실이 더욱 여실히 확인되었다. 그러므로 수용소를 그려 볼 수 있게 해준 이전의 수감자들에게 특별히 감사하지 않을 수 없다. 데스몬드 파워는 모든 면에서 뛰어났다. 에스텔 혼은 세밀하고 정확한 기억을 아주 후하게 풀어놓았다. 피터 바지르는 한번은 나의 '운전기사' 역할도 해주었다. 파멜라 매스터즈도 자신의 경험을 아주 거침없이 잘 말해 주었다. 메리 테일러 프리바이트는 중요한 방향을 많이 지적해 주었다. 마거릿 홀더는 에릭의 교실에서 지냈던 경험을 들려주었다. 론 브리지는 수용소의 건물들과 규모에 대해 설명해 주었다. 도널드 핀레이의 아내 이본 핀레이는 남편에게 들었던 이야기들을 전해 주었고, 에릭을 "삼촌"이라 부른 이들 중 하나였던 데이비드 미셸의 아내 조운 미셸도 마찬가지였다. 미셸 부부의 아들 켄에게도 감사를 전한다.

더없이 훌륭한 다음 세 사람을 만난 것도 나로서는 행운이다. 우선 스티브 멧카프와는 런던에 있는 그의 아파트에서 인터뷰했고 그 뒤로도 대화를 나누었다. 그와의 대화는 리델과의 대화가 이렇겠다 싶을 정도로 비슷하게 느껴졌다. 그 정도로 온유하고 따뜻한 사람이었다. 그 사실을 그의 아들 스티븐 주니어에게 꼭 되짚어 주고 싶었다.

조와 조이스 코터릴도 자신들의 일처럼 인터뷰에 응해 주었다. 지혜로운 두 사람 덕분에 전체를 넓게 조망할 수 있었고, 그들의 집을 나올 때 이 부부와 함께 시간을 보낸 것이 자랑스럽게 느껴졌다.

그 외에 감사를 받아야 할 이들은 스코틀랜드 육상 역사의 원로 존 케디, 스티브 멧카프의 인생 이야기를 그와 공저한 로널드 클레먼츠, 파리 스코틀랜드 교회의 짐 카위 목사, 아일린 소퍼의 지인 로버트 길모어, 엘섬 칼리지의 마크 스티킹즈, 토머스 P. 재빈, D. P. 톰슨의 전기 작가 프랭크 바지트, 피터헤드 회중 교회의 제임스 맥밀런 목사, 에든버러 대학교 도서관의 질 포레스트와 클레어 버튼과 드니스 애벗, 아마데일 역사 협회의 레이 딩월, BOA 사료 보관소의 폴 더드먼, SCRAN의 닐 프레이저, 세계기독교학 교수이자 세계기독교 연구 소장인 브라이언 스탠리, 아서 포리트의 아들 조너선 포리트 경, 아서 포리트의 전기 작가인 조셉 로마노스와 그레이엄 우드필드, 스코틀랜드 교회의 알리스터 불 박사, 런던의 크리스 비틀즈 미술관의 데이비드 우튼, 그리고 크리스 비틀즈 자신이다. 다음 각 기관의 직원들도 해당 분야를 빛내 주었다. 에든버러 도서관, 런던 도서관, 런던 대학교 SOAS, BBC 기록물 보관소, 보들리언 도서관, 맨체스터 사회과학 도서관, 임페리얼 전쟁 박물관, 스코틀랜드 국립 사료 보관소, 국회도서관(특히 앰버 패러닉), 스코틀랜드 국립 미술관, 케임브리지 육상 협회 사료 보관소, 필립 노엘베이커 사료 보관소, 윈스턴 처칠 경 사료 보관소, 대영 도서관, 버밍엄 대학교 도서관의 캐드배리 특별 소장품(조 빙크스와 윌프 리처즈와 거스 태덤의 사료 및 일반 올림픽 위원회의 회의록이 소장되어 있다), 아이오와주의 앨튼 도서관, 아이오와주의 역사 사료 보관소, 펜 주립 대학교 도서관, 영국 영화 협회 등이다.

감사의 말

어떤 작가도 편집자 없이는 생존할 수 없다. 버지니아 스미스, 자일스 엘리엇, 크레이그 파이엇의 조언과 전문 기술에 의존할 수 있었던 것은 내게 더없는 행운이었다. 셋 다 현명하고 사려 깊은 충고를 베풀었고 전형적인 훌륭한 코치처럼 늘 내 곁을 지켜 주었다. 책을 만드는 동안 톰 맥커처와 같은 역할을 해준 것이다. 애니 배드먼에게도 감사하고 싶은데 특히 그녀는 첨단 기기 쪽에 문외한인 나를 잘 참아 주었다.

이번에도 나의 에이전트인 그로냐 폭스가 없어서는 안 되었다. 그녀의 공헌은 최우수 등급을 받을 만하다. 플레처사의 존경스러운 크리스티 플레처가 이 책을 구상하여 제안했고 그로냐는 착수와 전 과정의 안내를 맡았다. 그로냐의 인내심과 설득력과 다방면의 상식과 유머 감각은 아무리 칭찬해도 지나치지 않다. 무엇보다 나를 참아 주는 그녀에게 진심으로 감사한다.

놀랍도록 유능한 레이첼 크로포드도 플레처사 소속인데 이번에 내가 많이 의지했다. 출판계는 아직도 내게 수수께끼 같기만 한데 그녀가 기본 질문에 잘 답해 주곤 한다.

아내 맨디가 아니라면 책 한 권이라도 탈고는 고사하고 시작이라도 할 수 있을지 늘 의문이다. 내 저서는 다 아내와의 합작이다. 물론 이번에도 아내는 중국과 미국과 캐나다에 나와 동행했다. 당연히 원고도 여러 번 읽어 주었고 집필할 수 있는 좋은 분위기도 조성해 주었다.

우리는 특별할 것 없는 어느 목요일 밤에 리즈의 한 이름 없는 식당(애석하게도 지금은 없어졌다)에서 처음 만났다. 로어 브리게이트 쇼핑가의 다이슨 시계에서 모퉁이 하나만 돌면 그 식당이었다. 그 시계는 리즈 시민이라면 누구나 잘 아는 기념물로, 토니 해리슨 Tony Harrison

이「그 시계 아래서 Under the Clock」라는 시에 "나의 부모가 연애할 때 만나던 곳"이라는 잊지 못할 문구를 남기기도 했다.

웨이팡에 머물 때 호텔 방 발코니에서 이른 아침의 스모그를 내다보며 나는 조용히 생각에 잠겼다. 그 첫 만남의 결과로 우리 부부는 얼마나 멀리까지 함께 왔던가. 또 하나 재확인된 사실이 있다. 지난 10년간의 내 모든 행보 중 나를 그녀에게로 인도한 그 걸음만큼 중요한 것은 없었다.

노자는 이게 무슨 말인지 알 것이다. "사랑은 가장 강렬한 열정이다"라고 믿었던 그였으니 말이다.

과연 현자다.

에릭 리델 연보

1898년   아버지 제임스 리델이 선교사로 중국에 부임하다.
1899년   제임스 리델과 메리 레딘이 결혼하다.
1900년   롭 리델이 상하이에서 출생하다.
1902년   에릭 리델이 톈진에서 출생하다.
1903년   제니 리델―본명 재닛 릴리언―이 샤오창에서 출생하다.
1907년   리델 일가가 휴가차 영국으로 귀국하다.
1908년   에릭과 롭은 블랙히스의 LMS 학교에 입학하고 나머지 가족은 중국으로 돌아가다.
1912년   동생 어니스트 리델이 베이징에서 출생하다. LMS 학교가 이전하여 개명한 뒤로 에릭과 롭은 엘섬 칼리지의 학생이 되다.
1920년   아버지 제임스 리델이 휴가를 받아 리델 일가가 재회하다.
1921년   에든버러 대학교 학생으로 크레이그로크하트의 잔디 트랙에서 육상을 시작하다. 톰 맥커처 코치와 짝을 이루어 그해 여름 스코틀랜드 AAA 선수권전에서 개인전 두 종목에 우승하다.
1922년   럭비 국제 무대에 스코틀랜드 선수로 데뷔하여 파리에서 프랑스와 대전한 것을 기점으로 그 시즌 세 경기에 출전하다. 스코틀랜드 AAA의 두 종목 선수권을 방어하다. 부모 제임스 리델과 메리 리델의 임지가 톈진으로 옮겨지다.
1923년   럭비 국제 대회에서 스코틀랜드 선수로 네 경기에 주전으로 출전하다. 스탬포드 브리지에서 열린 전국 AAA 선수권전에서 100야드와 220야드 종목에 우승하다. 언론에서 "나는 스코틀랜드인"이라는 별명을 얻다. D. P. 톰슨의 부탁을 받고 아마데일에서 강연하다. 미국 펜실베이니아 대학교 육상 대회에 출전하다. 일요일에는 경기하지 않는다는 소신 때문에 올림픽에서도 100미터와 두 종목의 계주에 출전할 수 없음을 BOA에 알리다.

1924년 파리 올림픽 400미터 종목에서 금메달, 200미터 종목에서 동메달을 획득하다. 에든버러 대학교를 졸업하다.

1925년 아일린 소퍼에게 유화로 자신의 초상화를 그리도록 허락하다. 스코틀랜드 AAA의 세 종목에 우승하다. 중국으로 건너가 톈진의 영중 학교에서 가르치다. 간호사 애니 버컨을 처음 만나다.

1928년 암스테르담 올림픽에 출전하지 않겠다는 뜻을 밝히다.

1929년 아버지 제임스 리델이 병들어 영국으로 귀국하다. 톈진에서 독일인 육상 선수 오토 펠처 박사와 경주한 뒤 그에게서 1932년 로스앤젤레스 올림픽에 출전하라는 권유를 받다.

1930년 플로렌스 맥켄지와 약혼하다. LMS에 가입하다.

1931년 휴가차 스코틀랜드로 귀국하여 전국 각지에서 열린 전도 집회에 참여하다.

1932년 사역자로 안수받고 중국으로 복귀하다.

1933년 아버지 제임스 리델이 63세의 일기로 사망하다.

1934년 톈진의 유니언 교회에서 플로렌스와 결혼하다.

1935년 첫딸 패트리샤가 톈진에서 출생하다.

1937년 둘째 딸 헤더가 톈진에서 출생하다. 일가가 영중 학교를 떠나다. 에릭은 시골인 샤오창에서 선교사로 형 롭과 애니 버컨과 함께 사역하다.

1939년 두 번째 휴가로 스코틀랜드에 도착하다.

1940년 뒤늦게 합류한 아내와 두 딸과 함께 스코틀랜드에서 여름을 보낸 뒤 중국으로 복귀하다. 톰 맥커처가 사망하다.

1941년 부득이하게 샤오창을 떠나 톈진으로 돌아가다. 임신한 아내가 두 딸을 데리고 중국을 떠나다. 리델가의 셋째 딸 모린이 토론토에서 출생하다.

1942년 1941년 말 진주만이 공습당한 지 한 달 만에 다른 선교사들과 함께 톈진에서 가택 연금을 당하다. 일련의 책과 소책자를 집필하기 시작하다.

1943년 웨이셴의 '주민 회관'으로 보내지다.

1944년 어머니 메리 리델이 에든버러에서 73세의 일기로 사망하다.

1945년 에릭이 웨이셴 수용소에서 뇌종양으로 사망하다. 오랜 친구 애니 버컨이 그 곁을 지키다.

1984년 아내 플로렌스가 72세의 일기로 사망하다.

주

인용된 인터뷰는 따로 언급이 없는 한 저자가 직접 한 것이다. BBC 인터뷰는 1984년에 「나는 스코틀랜드인」이란 프로그램용으로 제작된 것으로 영국 레딩의 BBC 기록물 보관소에 소장되어 있다.

인용된 사료의 출처는 런던 대학교 SOAS에 소속된 LMS 사료 보관소, 톰슨의 유작 관리를 맡은 에든버러의 스코틀랜드 교회 선교 및 제자 훈련 위원회에 소속된 D. P. 톰슨 사료 보관소, 이스트런던 대학교에 소속된 BOA 사료 보관소, 에든버러 대학교 세계기독교 연구소에 소속된 애니 버컨 사료 보관소 등이다.

들어가는 말_챔피언의 마지막 경주

13쪽   그는 몸을 굽힌 자세로 출발선에 서 있다: 웨이셴의 "스포츠의 날"과 에릭 리델의 복장에 관한 정보는 스티브 멧카프, 파멜라 매스터즈, 데스몬드 파워와의 인터뷰에서 수집했다. 기타 세부 사항은 조 코터릴, 조이스 스트랭크스/코터릴과의 인터뷰(특히 리델의 체중 부분)를 비롯하여 다음 여러 출처에서 왔다. Norman Cliff, *Eric Liddell in Weihsien Camp*(weihsien-paintings.org)와 *Courtyard of the Happy Way*(Authur James Evesham, 1977). Pamela Masters, *The Mushroom Years*(Henderson House,

1998). David Michell, *A Boy's War*(OMF, 1988)와 *I Remember Eric Liddell*(OMF, 연도 미상)과 *The Spirit of Eric Liddell*(OMF, 1992).

14쪽 붉은 신더 트랙: Time, 1924년 7월 14일 자.

14쪽 "칙칙한 단조로움 속의 빛나는 찰나": 조앤 미셸과의 인터뷰를 통해 들은 데이비드 미셸의 말. 또한 David Michell, *I Remember Eric Liddell*과 *The Spirit of Eric Liddell*.

15쪽 적십자사를 통해: 구제용 식료품과 그 이전의 수감자들의 상태에 대한 묘사는 다음 여러 자료를 참조했다. Norman Cliff, *Courtyard of the Happy Way*와 *Prisoners of the Samurai*(개인 출간, 1998). Jenny Liddell, *Memories of China*(미간행). Pamela Masters, *The Mushroom Years*. Langdon Gilkey, *Shantung Compound*(HarperSanFrancisco, 1966). (『산둥 수용소』 새물결플러스). Myra Scovel & Nelle Keys Bell, *The Chinese Ginger Jars*(Harper, 1961). Mary Scott, *Kept in Safeguard*(Nazarene Publishing, 1977). Steve Metcalf & Ronald Clements, *In Japan the Crickets Cry*(Monarch Books, 2010). Mary Previte, *Hungry Ghosts*(Zondervan, 1995). 또한 스티브 멧카프, 조 코터릴, 조이스 스트랭크스/코터릴, 메리 프리바이트, 피터 바지르, 에스텔 혼과의 인터뷰.

17쪽 몇 주에 한 번씩 가죽 혁대에: 조 코터릴과 조이스 스트랭크스/코터릴과의 인터뷰.

17쪽 그는 광웬 길의 정문에서: 내가 웨이팡에 간 때는 2014년 4월이었다.

17쪽 광웬 길: 역사와 세부 사항은 웨이팡에서 바오슈 시아를 인터뷰한 내용이다.

21쪽 일본인들이 이곳을 주민 회관이라: 수용소의 구성에 대한 세부 사항은 웨이팡의 관리들에게서 그리고 론 브리지가 집계한 수용소 명부(weihsien-paintings.org)에서 수집했다. 브리지는 보충 질문들에도 답해 주었다.

21쪽 그곳의 역사는 더 거슬러 올라간다: Hilary Spurling, *Burying the Bones: Pearl Buck in China*(Profile, 2010). W. A. Swanberg, *Luce and His Empire*(Scribner's, 1972).

22쪽 무한한 인내심으로: 조이스 스트랭크스/코터릴과의 인터뷰.

23쪽 "그의 모임에 갔다 오면": BBC 인터뷰 중 방영되지 않은 부분으로 엘자 왓슨의 말.

23쪽 "누구나 그를 친구로 여겼다": 에스텔 혼과의 인터뷰.

23쪽 한편으론 잘 이해되지 않았다: BBC 인터뷰 중 방영되지 않은 부분으로 지니 힐즈의 말.

24쪽 "나 자신이 한없이 순수한 사람 앞에": 스티브 멧카프와의 인터뷰.

24쪽 "성인을 만나는 행운은": Langdon Gilkey, *Shantung Compound*. (『산둥 수용소』 새물결플러스).

25쪽 영화 속의 리델은: 1924년 올림픽을 담은 파테사의 뉴스 영상.

26쪽 스포츠맨 정신을 보인 일화는 무수히 많다: BBC 인터뷰 중 일부만 방영된 닐 캠벨

주

28쪽 의 말. 리델의 세 딸인 패트리샤, 헤더, 모린과의 인터뷰.
28쪽 "동작이 전부 잘못된 것 같다"라고: New York Times, 1946년 6월 4일 자.
28쪽 『데일리 메일』의 만평에: 켄트 대학교의 영국 만화 사료 보관소(cartoons.ac.uk).

첫 번째 달리기_ 훌륭한 운동선수가 되는 법

35쪽 그의 인상은 장난스러운 데가 있었다: 맥커처의 가족들과 스코틀랜드 교회가 사진들을 제공해 주었다.
35쪽 열두 자녀를 둔 마흔네 살의 아버지였다: 맥커처의 가족들과의 인터뷰.
36쪽 종이에 괘선을 긋는 일로 시작하여: 1891년, 1901년, 1911년의 인구조사 자료.
36쪽 그 세대의 노동자계급이 대부분 그랬듯이: 맥커처의 가족들과의 인터뷰.
37쪽 맥커처의 활동 초기에는: C. M. Usher, *The Story of Edinburgh University Athletic Club*(Constable, 1966). 1920년대와 그 이후의 육상계 풍토에 대해서는 다음 여러 책을 참조했다. Guy Butler, *Running and Runners*(Herbert Jenkins, 1929). Harold Abrahams & J. Crump, *Athletics*(The Naldrett Press, 1954). F. A. M. Webster, *Great Moments in Athletics*(Country Life, 1947)와 *Olympic Cavalcade*(Country Life, 1946). Mark Ryan, *Running with Fire: The True Story of Chariots of Fire Hero Harold Abrahams*(JR Books, 2011). John W. Keddie, *Running the Race*(Evangelical Press, 2007)에 실린 닐 캠벨의 회고.
38쪽 편법이 통하지 않는 코치로: 자신의 육상 이력에 대한 리델의 글로 All Sports Illustrated Weekly, 1926년 6월 5일부터 7월 3일 자에 실려 있다. R. Hadgraft, *Beer and Brine: The Making of Walter George, Athletics' First Superstar*(Desert Island ebooks, 2006). R. McWhirter, *Get to Your Marks: A Short History of World, Commonwealth and European Athletics*(Kaye, 1951).
39쪽 태도와 접근 방식이 그와 비슷했던: Mark Ryan, *Running with Fire*. 아울러 2010년 체셔의 위치우드 파크에서 개최된 Sporting Lives Symposium의 일부로 *Alec Nelson: Professional Runner and Athletics Coach*의 저자인 이언 스톤을 인터뷰했다. R. L. Quercetani, *A World History of Track and Field Athletics: 1864-1964*(Oxford University Press, 1964).
40쪽 늘 그들을 3인조로 보았다: 자신의 육상 이력에 대한 리델의 글로 All Sports Illustrated Weekly에 실려 있다.
41쪽 크레이그로크하트는 넓게 펼쳐진: C. M. Usher, *The Story of Edinburgh University Athletic Club*. John W. Keddie, *Scottish Athletics, 1883-1983, The Official*

Centenary Publication(Scottish AAA, 1983). 아울러 그 시설의 남아 있는 부분을 내가 직접 방문했다.

41쪽   **미국 선수들은 자기 팀이 "사기와"**: *Oxford Dictionary of National Biography*. Glasgow Herald, 2008년 7월 21일 자. A. Guttmann, *The Olympics: A History of the Modern Games*(University of Illinois Press, 1992). B. Henry, *An Approved History of the Olympic Games*(Alfred, 1984).

42쪽   **에든버러 대학교 육상부에 들어간 것은**: 에릭 리델의 등정 휴가, 첫 경주들, 톰 맥커처의 초기 지도 등에 대한 내용은 일인칭으로 기록된 리델 자신의 말이다. 이런 기록들이 수록된 간행물은 밝혀져 있지 않다. 또한 스티브 멧카프와의 인터뷰.

45쪽   **독일로 귀화한 맥스 시크인데**: R. Tyrell, *Marvellous Max: The Iron Master*(전자책으로 나와 있다). Physical Culture Journal, 2000년 4월. 에릭 리델이 "맥시크"를 처음 언급하던 때에 그 행사를 방송하던 기자는 실수로 그 "근육질 남성"이 무솔리니라고 보도했다.

48쪽   **두 사람은 3년 2개월간**: 에릭 리델이 참여했던 경주들을 전부 조사하여 *Running the Race*에 기록으로 남긴 존 케디의 헌신에 감사한다.

48쪽   **스포츠의 기질은 없었다**: 에릭 리델의 부모, 그들의 배경과 초기의 중국 생활 등 가정의 세부 사항은 주로 리델의 딸들과의 인터뷰에서 수집했고, 그 밖의 내용은 리델의 남동생 어니스트의 딸 수와 리델의 여동생 제니의 딸 조앤을 인터뷰한 내용이다. 제니의 미간행 원고 *Memories of China Days*도 참조했다.

51쪽   **의화단은 중국에 발을 들여놓은**: 의화단에 대한 내용은 다음 여러 책을 참조했다. Jonathan Fenby, *The Penguin History of Modern China*(Penguin, 2008)와 *Generalissimo: Chiang Kai-Shek and the China He Lost*(Free Press, 2005). (『장제스 평전』민음사). Theodore H. White, *In Search of History*(Harper & Row, 1978)와 *Thunder Out of China*(A. Jacoby와의 공저, Da Capo Press, 1980). Edgar Snow, *China*(Random House, 1981). (『중국의 붉은 별』두레). David Silbey, *The Boxer Rebellion and the Great Game in China*(Hill and Wang, 2013). Robert Bickers, *The Scramble for China*(Penguin, 2012). Richard O'Connor, *Boxer Rebellion*(Robert Hale, 1974).

53쪽   **그 시대의 한 증인은**: W. F. Rowlands, *The Plain and the People*(The Livingston Press, 1937).

53쪽   **결혼하기 직전에 메리는**: 제니 리델의 *Memories of China Days*.

54쪽   **"죽음의 문턱에까지"**: 같은 책.

54쪽   **"엘리"라 불렀다**: 같은 책.

54쪽   **걷는 동작이 어찌나 어색했던지**: 같은 책.

54쪽   **누에고치처럼 그를 보호해 주던 어린 시절**: 같은 책.

주

55쪽　처음으로 중국어가 문장으로 나온 것은: 같은 책.
57쪽　배를 타고 돌아가던 날 어머니는: 같은 책.
58쪽　어거스터스 파운트니 컬른이: 그의 딸 조애나 컬른 브라운과의 인터뷰.
60쪽　1918년의 교내 선수권대회는: 엘섬 학교의 기록물.
60쪽　나중에 한 친구에게 말했듯이: BBC 인터뷰 중 방영되지 않은 부분으로 아서 그린의 말.
61쪽　운동선수라면 누구에게나: 리델 자신의 말이며 간행 정보는 미상이다.
62쪽　모닝사이드 회중 교회에: R. G. Davies & A. Pollock, *Morningside Congregational Church: The Story of Fifty Years, 1887-1937*(개인 출간, 1937).
62쪽　그는 "깜짝 놀란 사슴": Grantland Rice, New York Herald Tribune, 1924년 7월 12일 자.
　　　"풍차": M. Ryan, *Running with Fire*에 인용된 해럴드 에이브러햄스의 말.
　　　"겁에 질린 유령": 리델의 올림픽 승리에 대해 The Evening News, Harrisburg, 1924년 7월 12일 자에 보도된 통신사의 기사.
62쪽　리델은 그런 질문을 유머로: 자신에 관한 리델의 이야기들은 올림픽 성공 이후에 대다수 신문에 게재되었다. 그중 이것은 Hartlepool Mail, 1924년 7월 18일 자에 실린 것이다. 이런 이야기들을 그는 웨이센에서도 했고, 나중에 친구 스티브 멧카프에게 자신이 파리에서 금메달을 따기 오래전부터도 그랬었노라고 말했다.
63쪽　억지로 고치려 들다가: 리델은 자신의 육상 기법, 식단, 설교 등을 "치버스 씨"에게 간략히 설명했다. 리델의 팬인 그는 1926년 2월 19일 자로 된 리델의 편지를 받았다.
64쪽　첫 시즌의 남은 기간 동안: 자신의 육상 이력에 대한 리델의 글로 All Sports Illustrated Weekly에 실려 있다.
64쪽　상품이 쌓였다: 제니 리델의 BBC 인터뷰. 또한 리델 자신의 말이며 간행 정보는 미상이다.
65쪽　첫해 여름에 기염을 토했던: Glasgow Herald, 1921년 8월 11일 자.
65쪽　매사가 순탄했던 것만은 아니다: 리델 자신의 말이며 간행 정보는 미상이다.

두 번째 달리기_진한 차 한 잔

66쪽　에릭 리델은 자신의 삶이 변화된 시점을: 날짜와 시간은 D. P. 톰슨의 미간행 일기를 참조했다.
66쪽　아마데일은 석탄과 벽돌 재료의: 자세한 내용은 아마데일 역사 협회에서 수집했다.
67쪽　톰슨이 최대한 재치 있게 인정했듯이: D. P. 톰슨의 다음 두 책에 나와 있는 기사다. *The Making of an Athlete and the Training of a Missionary*(ELMC, 1946). *Scotland's Greatest Athlete: The Eric Liddell Story*(The Research Unit, 1970).

67쪽 C. T. 스터드의 HAM에서도: N. Grubb, *C. T. Studd: Cricketer and Pioneer*(Lutterworth Press, 1970). (『C. T. 스터드』두란노).

68쪽 그의 하숙집 전화번호인: 1923년의 에든버러 전화번호부.

69쪽 "롭은 정말 모르겠다고 했다": D. P. 톰슨, *Scotland's Greatest Athlete*.

70쪽 "숨겨진 제자"라고: 같은 책.

71쪽 톰슨의 초청을 수락한 다음 날 아침에: Russell W. Ramsey, *God's Joyful Runner*(Bridge Publishing, 1987). Glasgow Herald, 1925년 6월 29일; 30일; 7월 1일 자.

71쪽 "나는 기독교 가정에서 자라면서": David McCasland, *Eric Liddell: Pure Gold*(Discovery House Publishers, 2001).

72쪽 D. P. 톰슨은 던디의 유복한 집안에서: Frank Bardgett, *Scotland's Evangelist, D. P. Thomson*(킨들 판). 또한 저자인 프랭크 바지트와의 인터뷰.

74쪽 미국인 프랭크 부크먼의 가르침을: 부고 기사, The Times, 1961년 8월 9일 자.

75쪽 스코틀랜드 억양이 살짝: 리델의 억양에 대해 말한 친구들이 여럿 있었다. Marcy Ditmanson(OMS Outreach Magazine, 1988년 11-12월)도 그랬고 조 코터릴, 조이스 스트랭크스/코터릴, 스티브 멧카프도 인터뷰 중에 그런 말을 했다.

75쪽 "때로 거의 속삭임에 불과"했으나: The Scotsman, 1925년 6월 5일 자. The Sunday Times, 1924년 7월 13일 자.

76쪽 어느 기자가 『스코틀랜드인』에: The Scotsman, 1924년 7월 17일 자.

76쪽 리델의 진수를 보여준 설교가: 스티브 멧카프와의 인터뷰. 리델은 그에게 이 이야기를 엘섬 컬리지에서 배웠다고 말했다.

77쪽 리델은 '온전하다'라는 단어를 입버릇처럼: 리델 자신의 책, *The Disciplines of the Christian Life*(SPCK, 1985).

77쪽 고정된 원고를 작성하지는 않았다: 쪽지는 그의 성경책에서 나왔으며 지금은 그의 딸들의 소유다.

77쪽 만년필과 샤프 연필을 듬뿍: Scottish Daily Express, 1948년 12월 5일 자.

78쪽 "물고기를 잡아": Peking and Tientsin Times, 1926년 1월 20일 자. 리델은 이 말을 아주 좋아했던 게 분명하다. 기록에 남아 있는 다른 설교들에도 그 말이 등장한다.

79쪽 강연이 "이전보다 나아졌다"라고: D. P. 톰슨의 일기.

80쪽 '5파운드의 낭비'로: 자신의 육상 이력에 대한 리델의 글로 All Sports Illustrated Weekly에 실려 있다.

80쪽 "지난주의 경기에서": 같은 출처.

81쪽 이유에 대해 자주 질문을 받았다: 같은 출처.

주

83쪽 스물네 살의 가이 버틀러: M. Watman, *History of British Athletics*(Robert Hale, 1968). *Dictionary of National Biography*. G. Butler, *Running and Runners*(Herbert Jenkins, 1929). F. A. M. Webster, *Great Moments in Athletics*(Country Life, 1947)와 *Olympic Cavalcade*(Country Life, 1946).
84쪽 "에너지가 그렇게 엉뚱한 데": M. Ryan, *Running with Fire: The True Story of Chariots of Fire Hero Harold Abrahams*(JR Books, 2011).
86쪽 "푹푹 찌는 더운 날이라": 자신의 육상 이력에 대한 리델의 글로 All Sports Illustrated Weekly에 실려 있다.
86쪽 "나 자신도 놀랐다"라고: 같은 출처.
87쪽 "그가 숨 막히게 태클해 오면": A. A. Thomson(D. P.와는 혈연관계가 없음), *Rugger My Pleasure*(SBC, 1967).
87쪽 자신에게 "럭비가 복이자": 자신의 육상 이력에 대한 리델의 글로 All Sports Illustrated Weekly에 실려 있다.
88쪽 "사실은 정반대의 효과를 냈다"라고: D. P. 톰슨, *Scotland's Greatest Athlete*.
89쪽 경주는 트랙이 굽어지는 지점에서: The Stoke Sentinel, 1923년 7월 14일과 16일 자. The Times, 1923년 7월 16일 자.
90쪽 사양하며 "괜찮다": 리델을 일으켜 주었던 이름이 밝혀지지 않은 한 선수가 D. P. 톰슨에게 보낸 편지.
90쪽 아직 스물두 살의 "베이커 군"이던: 필립 베이커는 1915년에 결혼한 직후에 자기 이름에 아내의 성을 붙였다. 그러나 언론은 훨씬 나중에까지 계속 필립 베이커라고만 표기했다. 현재는 노엘베이커로만 알려져 있으며 나도 혼동을 피하고자 쭉 그렇게 썼다. 그의 생애와 인물에 대한 세부 사항은 D. J. Whittaker, *Fighter for Peace*(William Sessions Ltd, 1989)에서 수집했다. 아울러 스티브 멧카프를 인터뷰하면서 노엘베이커에 대한 리델의 회고를 들었고, Arthur Marshall, *The Marshall Story*(Patrick Stephens Ltd, 1994)도 참조했다.
92쪽 "비유컨대 세 살배기 아이가": 자신의 육상 이력에 대한 리델의 글로 All Sports Illustrated Weekly에 실려 있다.
92쪽 남자만의 세계인 엘섬 칼리지에서: 리델의 딸들과의 인터뷰.
92쪽 어느새 화가 아일린 소퍼의 집을: 인물에 대한 세부 사항은 다음 두 책을 참조했다. Duff Hart-Davis, *Wildings: The Secret Garden of Eileen Soper*(Whiterby, 1991). D. Wootton & F. Pearce, *The Art of George and Eileen Soper*(Chris Beetles Ltd, 소퍼 재단을 위한 간행물). 아일린과 리델의 친분은 리델이 그녀의 아버지의 친구인 랄프 홀더의 집에 머무른 뒤부터 시작되었다. 그 집에 와일딩스라는 이름이 붙은 것은 리델이 그곳을 알고 난 후의 일이었다. 내가 그렇게 지칭한 것은 혼동을 피하기 위해서이고 또 현재는 와일딩스와 아일린의 작품의 연관성이 확실히 굳어졌기 때문이다.

세 번째 달리기_ 삶의 갈림길에서

96쪽 **푹신한 가죽 소파에 편히 앉아**: BOA의 운영과 구성에 대한 세부 사항은 이스트런던 대학교에 소장된 BOA 회의록에서 수집했다. 각 인물에 대한 세부 사항은 1920년대 전반의 『인명사전』과 『더브렛 귀족 연감』을 참조했다.

96쪽 **사보이 호텔에서 호화 만찬을**: The Times, 1923년 1월 11일 자.

97쪽 **영국 올림픽 팀의 자금은**: The Daily Mail, 1923년 3월 14일; 6월 27-30일, 1924년 4월 9일; 5월 24일; 5월 31일; 6월 3일; 6월 6일; 6월 20일 자.

97쪽 **켄티시가 다리에 각반을 차고**: BOA 사료 보관소에 소장된 신문의 사진.

97쪽 **"올림픽에 대해 알거나 관심이 있는 사람이"**: BOA 회의록.

98쪽 **누가 일등석을 타고**: 같은 출처.

98쪽 **협회는 유니폼의 제작을**: 같은 출처.

98쪽 **"형편없다"라고 표현했다**: M. Ryan, *Running with Fire: The True Story of Chariots of Fire Hero Harold Abrahams*(JR Books, 2011).

98쪽 **카도건은 유니폼을**: BOA 회의록.

98쪽 **"좀 비참한" 곳이었다**: Ryan, *Running with Fire*.

100쪽 **올림픽의 일정표 초안은**: 같은 책.

101쪽 **BOA는 올림픽 역사에 무지했다**: F. A. M. Webster, *Great Moments in Athletics*(Country Life, 1947)와 *Olympic Cavalcade*(Country Life, 1946). A. Guttmann, *The Olympics: A History of the Modern Games*(University of Illinois Press, 1992). B. Henry, *An Approved History of the Olympic Games*(Alfred, 1984). S. Greenberg & B. Frei, *Olympic Games: The Records*(Guinness, 1987). Geoff Tibballs, *The Olympics' Strangest Games*(Robson, 2004). David Miller, *The Official History of the Olympic Games and the IOC: Athens to Beijing*(Mainstream, 2008).

102쪽 **그는 일요일 출전에 반대하는 입장을**: Pittsburgh Post-Gazette, 1924년 3월 31일 자. The Guardain, 1924년 7월 14일 자.

102쪽 **파리의 스타드 페르싱에서**: The Times, 1923년 7월 28일; 30일 자.

103쪽 **BOA는 그런 일을 하나도 하지 않았다**: BOA 문건.

103쪽 **"나의 안식일은 하루 종일입니다"라는**: 같은 문건. 또한 Boston Daily Globe, 1924년 7월 12일 자.

주

104쪽 리델은 자신의 표현으로 "777"을: 리델의 딸들과의 인터뷰.
104쪽 피터 프라이어가 영국인들의: Peter Fryer, *Mrs. Grundy: Studies in English Prudery*(Dobson, 1963).
105쪽 "올림피안"이라는 필명을 쓰는: Evening Standard, 1923년 12월 28일 자.
106쪽 "그들이 문을 두드리며": Greville Young, Sporting Witness, BBC 월드 서비스. 조지 그레이엄 커밍의 BBC 인터뷰.
106쪽 종교 신문인: Life of Faith, 1924년 7월 26일 자.
106쪽 마땅히 애석해했을 뿐: The Daily Mail, 1924년 6월 28일 자.
106쪽 현지 출신의 그를 지지하며: The Edinburgh Evening News, 1924년 1월 4일 자.
106쪽 알프레드 조지가: 인물에 대한 세부 사항은 The Times, 1934년 6월 20일 자를 참조했다.
106쪽 월터는 AAA 챔피언이 된 뒤로: 인물에 대한 세부 사항은 다음 책을 참조했다. R. Hadraft, *Beer and Brine: The Making of Walter George, Athletics' First Superstar*(Desert Island ebooks, 2006).
107쪽 파리에서 일어난 일에 관한 글에 조지는: All Sports Illustrated Weekly, 1924년 2월 11일; 7월 5일 자.
107쪽 애버딘의 한 교구 목사는: Aberdeen Journal, 1924년 7월 2일 자.
107쪽 다니엘에 비견되었다: British Weekly, 날짜 미상.
108쪽 여러 신문에 널리 배급되고 있었는데: Motherwell Times, 1924년 7월 4일 자.

네 번째 달리기_ 이것이 옳은 길일까?

110쪽 훗날 리델은 "그의 식견이": 자신의 육상 이력에 대한 리델의 글로 All Sports Illustrated Weekly, 1926년 6월 5일부터 7월 3일 자에 실려 있다.
110쪽 그의 "마음이 상했다"라고: 애니 버컨의 BBC 인터뷰.
110쪽 조 빙크스를 자기편으로 삼았다: 리델의 올림픽 준비에 대한 빙크스의 기사들이 다음 신문에 실려 있다. News of the World, 1924년 1월 20일; 3월 2일; 3월 16일; 5월 11일; 6월 8일; 6월 15일; 6월 28일 자.
112쪽 객원 멤버로 출전해 달라는 초대를: 스티브 멧카프와의 인터뷰. Edinburgh Evening News, 1924년 2월 13일 자. Yorkshire Post, 1924년 3월 19일 자. New York Times, 1924년 4월 24-25일 자.
112쪽 드러난 사실들로만 보면: 리델의 딸들과의 인터뷰.
112쪽 무력히 4위에 그쳤고: Athletic News and Cyclists' Journal, 1924년 5월 5일 자(같

은 해 2월 18일, 4월 21일, 5월 19일도 참조하라).
113쪽   리델에 따르면 그가 떠나기 전에: 자신의 육상 이력에 대한 리델의 글로 All Sports Illustrated Weekly에 실려 있다.
113쪽   귀국행 배에서: Arthur Marshall, *The Marshall Story*(Patrick Stephens Ltd, 1994).
114쪽   "나의 좌우명"으로: Russell W. Ramsey, *God's Joyful Runner*(Bridge Publishing, 1987). Sunday at Home, 1925년 10월. 스티브 멧카프와의 인터뷰.
115쪽   "그는 이렇게 하면 내가 승리할 수 있다며": 자신의 육상 이력에 대한 리델의 글로 All Sports Illustrated Weekly에 실려 있다.
115쪽   리델은 "400미터 종목을 달릴 때": 1926년 2월에 치버스 씨에게 보낸 편지.
115쪽   "최적의 몸 상태에 이르려 할 때는": 같은 편지.
116쪽   맥커처는 "나를 멋지게 다루었다": 자신의 육상 이력에 대한 리델의 글로 All Sports Illustrated Weekly에 실려 있다.
116쪽   '친선 격투'를 벌이다가: 조지 그레이엄 커밍의 BBC 인터뷰.
116쪽   나중에 파리에 가서야: 자신의 육상 이력에 대한 리델의 글로 All Sports Illustrated Weekly에 실려 있다.
117쪽   파리처럼 올림픽이 사육제의: D. Franck, *The Bohemians*(Weidenfeld, 2001). A. J. Hanson, *Expatriate Paris*(Arcade, 2012). R. Davenport-Hines, *A Night at the Majestic*(Faber, 2005). D. J. Taylor, *Bright Young Things: The Rise and Fall of a Generation, 1918-1940*(Chatto, 2007).
118쪽   경주에 우승하는 비결이 무엇이냐는: Greville Jones, BBC, The Flying Scotsman, 1984.
119쪽   "늦었지만 이제라도": All Sports Illustrated Weekly, 1924년 2월 11일 자.
120쪽   필립 노엘베이커는 특히 지원을: 스티브 멧카프와의 인터뷰. 아울러 인물에 대한 세부 사항은 노엘베이커 사료 보관소에서 수집했다.
121쪽   그래도 리델은 불쑥 고개를 쳐드는 회의를: Philip Christison, BBC, The Flying Scotsman. 런던의 임페리얼 전쟁 박물관에 소장된 크리스티슨의 미간행 회고록.
122쪽   "준비가 다 되었다"라고: 자신의 육상 이력에 대한 리델의 글로 All Sports Illustrated Weekly에 실려 있다.
122쪽   파리의 개막식은: 파테사의 뉴스 필름과 IOC 사료 보관소의 사진들(olympic.org).
122쪽   교회당에서 벌어지는: 세부 사항은 아마데일 역사 협회에서 제공한 사진에 기초했다.
123쪽   어느 사진에 찍힌 그를 보면: 버밍엄 대학교 사료 보관소.
124쪽   에이브러햄스를 "케임브리지의 탄환"이라 불렀는데: BOA 사료 보관소(오려 낸 뉴스의 날짜는 미상이다).

124쪽 속도를 높여 10.6초로: Mark Ryan, *Running with Fire: The True Story of Chariots of Fire Hero Harold Abrahams*(JR Books, 2011).
124쪽 에이브러햄스와 한마디 주고받으면서: 자신의 육상 이력에 대한 리델의 글로 All Sports Illustrated Weekly에 실려 있다.
125쪽 A. B. 조지는 코어드 테일러와: All Sports Illustrated Weekly, 1924년 7월 5일 자.
125쪽 "요즘 신문에 보면": 같은 기사.
125쪽 올림픽 일기를 썼다: 1924년 10월 11일부터 1925년 1월 17일 사이에 Alton Democrat에 연재되었다.
127쪽 전형적 예측이 실렸다: Sunday Chronicle, 1924년 6월 29일 자.
127쪽 우승한 후 그는 쾌감에 취해: 자신의 육상 이력에 대한 리델의 글로 All Sports Illustrated Weekly에 실려 있다.
128쪽 이튿날 아침에 리델은: 같은 기사.
128쪽 3위를 했다: 국제 아마추어 육상 연맹에서 처음에 리델의 세계 신기록을 인정했다가 나중에 번복했다. 세계 신기록은 다시 미국의 테드 메러디스에게로 돌아갔다. 그는 1916년에 440야드(미터가 아니라) 종목에서 47.4초를 기록했다.
129쪽 "누구 못지않게 나 자신이 놀랐다": National Masters News, 1984년 4월 호에 실린 피치의 인터뷰 내용.
132쪽 그가 미국 팀에게 한 말이다: David McCasland, *Eric Liddell: Pure Gold*(Discovery House Publishers, 2001).

다섯 번째 달리기_샹젤리제에서 탱고를

134쪽 그해 파리에는 대서특필된 위업들이: 올림픽대회에 대한 세부 사항은 다음 여러 책을 참조했다. A. Guttmann, *The Olympics: A History of the Modern Games*(University of Illinois Press, 1992). B. Henry, *An Approved History of the Olympic Games*(Alfred, 1984). F. A. M. Webster, *Great Moments in Athletics*(Country Life, 1947)와 *Olympic Cavalcade*(Country Life, 1946). S. Greenberg & B. Frei, *Olympic Games: The Records*(Guinness, 1987). David Miller, *The Official History of the Olympic Games and the IOC: Athens to Beijing*(Mainstream, 2008). F. G. L. Fairlie, *The Official Report of the VIII Olympiad*(BOA, 1924).
135쪽 "빨리 가 보세요": 자신의 육상 이력에 대한 리델의 글로 All Sports Illustrated Weekly, 1926년 6월 5일부터 7월 3일 자에 실려 있다.
135쪽 "내 기억 속에 더 또렷이 새겨진": 같은 출처.

136쪽 옥신각신하는 소리가 리델의 귀에까지: 같은 출처.
136쪽 "신기하게도 나는 아주 차분했다"라고: 같은 출처.
137쪽 정사각형으로 접은 종이를 건네받았다: 이름을 밝히지 않은 안마사가 1945년에 D. P. 톰슨에게 보낸 편지에 나와 있다. 리델은 파리에서 돌아온 후에 이 사건을 언급했지만(Edinburgh Evening News, 1924년 7월 15-18일 자) 쪽지를 준 사람이 누구인지는 밝힌 적이 없다. 버밍엄 대학교에 소장된 BOA 문건에 따르면 파리에 대동된 안마사는 셰필드의 아고 조핸슨, 케임브리지의 E. G. 호우드, 런던의 윌프레드 스미스 등 세 사람이었다. 호우드는 1941년에 사망했고, 전후戰後의 영국에서 조핸슨의 흔적은 내가 찾을 수 없었다. 따라서 스미스가 가장 가능성이 높은 후보다.
137쪽 피치에게 "리델을 걱정할 필요가 없다"라면서: National Masters News, 1984년 4월.
138쪽 "다른 선수들이 세운 기록과 무관하게": 자신의 육상 이력에 대한 리델의 글로 All Sports Illustrated Weekly에 실려 있다.
138쪽 조 빙크스가 기자석에서 내려와: News of the World, 1941년 9월 21일 자에 실린 빙크스의 회고.
141쪽 "전력 질주하되 마지막 직선 구간에서": 자신의 육상 이력에 대한 리델의 글로 All Sports Illustrated Weekly에 실려 있다.
141쪽 "그의 출발 속도가 어찌나 맹렬하던지": Mark Ryan, Running with Fire: The True Story of Chariots of Fire Hero Harold Abrahams(JR Books, 2011).
141쪽 마샬도 눈앞의 광경을 믿을 수 없었다: Arthur Marshall, The Marshall Story(Patrick Stephens Ltd, 1994).
142쪽 '끝까지 갈 수 있을까?'라는: 자신의 육상 이력에 대한 리델의 글로 All Sports Illustrated Weekly에 실려 있다.
142쪽 "직선 구간의 초입에 이르러서야": 같은 출처.
143쪽 "마음속에 안도감이 밀려왔다": 같은 출처.
143쪽 "그가 우승할 줄은 꿈에도 몰랐다": National Masters News, 1984년 4월. Denver Post, 1982년 6월 13일 자.
143쪽 "6야드 차이로 이겼다는 데 놀랐다"라고: 자신의 육상 이력에 대한 리델의 글로 All Sports Illustrated Weekly에 실려 있다.
148쪽 샹젤리제의 탱고 무도회로: 같은 출처. 스티브 멧카프와의 인터뷰. Arthur Marshall, The Marshall Story. 호레이쇼 피치의 일기.
149쪽 "신문들이 나를 '나는 목사'라 불러": 자신의 육상 이력에 대한 리델의 글로 All Sports Illustrated Weekly에 실려 있다.
149쪽 로이터 통신사가: Daily Express, 1924년 7월 14일 자.
150쪽 "아주 다행히도": 자신의 육상 이력에 대한 리델의 글로 All Sports Illustrated

주

Weekly에 실려 있다.
150쪽 **올림픽대회가 끝날 때면**: The Times, 1924년 7월 21일; 23일; 24일 자. New York Times, 1924년 7월 23일; 24일; 25일 자. The Guardian, 1924년 7월 24일; 26일 자.

여섯 번째 달리기_ 어떤 값에도 자신을 팔지 않을 사람

154쪽 **소수의 지지자들만 나와 있으려니 예상했다**: Evening News, 1924년 7월 15일 자.
155쪽 **짐 소프의 심정을 이제 알 것 같았다**: 부고 기사, New York Times, 1953년 3월 29일 자. K. Buford, *Native American Son: The Life and Sporting Legend of Jim Thorpe*(Random House, 2010).
155쪽 **조지 스퀘어에서 리델과 함께 하숙했던**: 조지 그레이엄 커밍의 BBC 인터뷰. P. Donovan, *The Radio Companion*(HarperCollins, 1991).
155쪽 **「보물섬」**: Radio Times, 1924년 7월 5-11일 자.
156쪽 **웨이벌리역에 도착했을 때도**: Edinburgh Evening News, 1924년 7월 16일 자. The Scotsman, 1924년 7월 16일 자.
156쪽 **공교롭게도 리델이 이학 학사로**: 졸업식과 그 후의 리델의 연설에 대한 세부 사항은 다음 여러 신문을 참조했다. Edinburgh Evening News, 1924년 7월 17-18일 자. The Guardian, 1924년 7월 17일 자. The Scotsman, 1924년 7월 17일 자. Daily Mail, 1924년 7월 18일 자. Dundee Courier, 1924년 7월 18일 자.
156쪽 **핀다로스는**: *The Odes of Pindar*(University of Chicago Press, 1947).
157쪽 **비어트리스 웹이라는**: 비어트리스 웹의 일기, 런던 경제 대학 디지털 도서관(digital.library.lse.ac.uk).
159쪽 **진정한 '영웅'인 헨리 스톨러드였다**: 자신의 육상 이력에 대한 리델의 글로 All Sports Illustrated Weekly, 1926년 6월 5일부터 7월 3일 자에 실려 있다. 파리 올림픽에 출전했던 다른 선수들에 대한 리델의 이어지는 말도 같은 출처에서 왔다.
160쪽 **리델이 보기에 영웅의 자격은**: Aberdeen Press and Journal, 1925년 4월.
160쪽 **필립 크리스티슨이 콜롬베 스타디움의 탈의실로**: The Flying Scotsman, BBC.
160쪽 **엘섬 칼리지에서 리델은**: *The Glory of the Sons: A History of Eltham College School*, 1952.
163쪽 **이사야의 말씀을 읽는 것으로 나온다**: 파리의 교회에서 그가 성경을 읽었다는 보도는 The Davenport Democrat and Leader, 1924년 7월 27일 자에 실려 있다. 본문에 인용한 시편은 흠정역 성경이다.
165쪽 **잭 홉스였는데**: 각 인물에 대한 세부 사항과 연봉은 다음 여러 책을 참조했다. Leo

McKinstry, *England's Greatest Cricketer* (Yellow Jersey, 2001). Ric Sissons, *The Players: A Social History of the Professional Cricketer* (Pluto Press, 1988). R. Creamer, *Babe: The Legend Comes to Life* (Simon and Schuster, 1992). T. Clavin, *Sir Walter: Walter Hagen and the Invention of Professional Golf* (Simon and Schuster, 2005). F. Deford, *Big Bill Tilden: The Triumphs and the Tragedy* (Open Road Media, 2011). R. Kahn, *A Flame of Pure Fire: Jack Dempsey and the Roaring '20s* (Harcourt Brace, 1999). Paul Gallico, *Farewell to Sport* (Simon and Schuster, 재판, 1988).

167쪽 그가 신었던 육상화의: Athletic News and Cyclists' Journal, 1924년 7월 14일 자.
168쪽 "주 옛새는 달리고": The Altoona Tribune, 1924년 7월 22일 자.
168쪽 "육상"만 아니라 "설교"도 할 수 있다고: The Bee, Dansville, 1924년 7월 18일 자.
168쪽 근육질 기독교를: The Literary Digest, 1924년 8월 30일 자.
169쪽 제의도 많이 들어왔다: 리델이 웨이션 수용소에 수감되어 있던 중에 스티브 멧카프에게 그 점을 분명히 밝혔고, 또 "연줄을 대겠다"라던 케임브리지의 친구들의 제의에 대해서도 말했다.
169쪽 존 베처먼이 말한: *On Churches* (HarperCollins, 2011, 신판).
170쪽 "가장 큰 위험은 승리였습니다"라고: Dundee Courier, 1924년 11월 6일 자.
171쪽 오직 D. P. 톰슨의 개입으로: D. P. Thomson, *Eric H. Liddell: Athlete and Missionary* (The Research Unit, 1971).
171쪽 "하나님이 나를 중국을 위해": 리델의 딸들과의 인터뷰. 스티브 멧카프와의 인터뷰에 따르면 리델은 웨이션 수용소에서도 강연 중에 그렇게 말한 적이 있다.

일곱 번째 달리기_ 미련 없는 작별

175쪽 올림픽의 기억이 아직 생생할 때: Football Post, 1924년 8월 25일; 9월 1일 자.
175쪽 리델의 금메달 외에도: 스탬포드 브리지의 경기에 대한 보도는 다음 여러 신문을 참조했다. The Sunday Times, 1924년 7월 20일 자. The Times, 1924년 7월 21일 자. Daily Mail, 1924년 7월 20일 자.
176쪽 버틀러는 리델에 대해 "그가 있었다면": *Runners and Running*.
176쪽 미국의 찰리 패독은 파리에서: 이 경기에 대한 패독의 회고는 Charleston Daily Mail, 1930년 8월 24일 자에 실려 있다(더 이른 버전들은 다른 곳에 게재되었다).
177쪽 피치가 "10야드"를 앞서 있었다: 자신의 육상 이력에 대한 리델의 글로 All Sports Illustrated Weekly, 1926년 6월 5일부터 7월 3일 자에 실려 있다.

주

177쪽 "한동안은 결코 간격을": 같은 출처.
177쪽 "아마 그는 파리의 여파를": 같은 출처.
179쪽 "그렇게 거절할 줄 모르는 사람도": D. P. Thomson, *Eric H. Liddell: Athlete and Missionary*(The Research Unit, 1971).
179쪽 15명에 불과한 것으로 추정되었다: The Guardian, 1922년 5월 3일 자.
179쪽 스코틀랜드 교회 총회의 의장은: The Guardian, 1920년 5월 28일 자.
179쪽 "지옥에 대한 두려움"이 사라졌다고: 같은 신문.
180쪽 주말의 자동차 이용 때문에: The Guardian, 1923년 5월 22일 자.
180쪽 "활동가"도 부족했다: The Guardian, 1922년 5월 3일 자.
180쪽 1700명이 모였고: 인원수는 D. P. Thomson, *Eric H. Liddell: Athlete and Missionary*에 나와 있다.
181쪽 리델은 자신을 3-4대째: 술에 대한 관점은 리델의 딸들을 인터뷰한 내용이며 D. P. 톰슨의 일기와 다음 두 신문에도 회고되어 있다. Edinburgh Evening News, 1926년 8월 3일 자. Dundee Courier, 1931년 12월 9일 자. .
181쪽 "팀 스포츠에서 훌륭한 사람"은: 스티브 멧카프, 리델의 딸들과의 인터뷰. The Guardian, 1925년 4월 27일 자. The Sunday Times, 1925년 4월 19일 자. 또한 Hawick News and Border Chronicle, 1932년 4월 15일 자. Edinburgh Evening News, 1932년 4월 14일 자. D. P. 톰슨의 일기와 *Eric H. Liddell: Athlete and Missionary*.
182쪽 리델의 금메달도 배송이 지연되었다: 스티브 멧카프와의 인터뷰. Mark Ryan, *Running with Fire: The True Story of Chariots of Fire Hero Harold Abrahams*(JR Books, 2011).
183쪽 코치는 리델의 주선으로 올림픽 기념물도: 시계에 대한 세부 사항은 톰의 손자들인 해리와 브라이언 맥커쳐를 인터뷰한 내용이다.
183쪽 아일린 소퍼에게: Duff Hart-Davis, *Wildings: The Secret Garden of Eileen Soper*(Whiterby, 1991).
185쪽 미술 평론가 앤드류 그레이엄 딕슨은: The Daily Telegraph, 2000년 8월 8일 자.
188쪽 육상 선수로서 그의 마지막 시즌은: John W. Keddie, *Running the Race*(Evangelical Press, 2007).
188쪽 D. P. 톰슨은 야심차게: Glasgow Herald, 1925년 6월 29일 자.
190쪽 리델을 위한 '대대적인 전송'을: Glasgow Herald, The Scotsman, Edinburgh Evening News, Aberdeen Journal, 모두 1925년 6월 30일 자.
191쪽 가장 잘 알려진 수필 중 하나인 「주간 소년」에: George Orwell, *Essays*(Everyman Library).

192쪽 지진으로 무너진 중국의 소읍: The Guardian, 1925년 3월 21일 자.
192쪽 리델이 에든버러를 떠나던 6월 말의 그날: The Times, 1925년 6월 29일 자.

여덟 번째 달리기_ 외국 땅이란 없다

194쪽 1925년 5월 말: The Times, 1925년 6월 3-15일 자에 보도되었다.
195쪽 1924년에 그는 중국의 "안타까운 상태"를 언급하며: 런던 선교회의 보고서들은 런던 대학교의 사료 보관소와 동양학과 및 아프리카학과의 특별 소장품 센터에 소장되어 있다.
196쪽 시베리아 횡단 급행열차를 탔는데: 리델이 자신의 여정에 대해 쓴 편지들. Peter Fleming, One's Company: A Journey to China (Cape, 1934).
197쪽 애니 버컨은 서른 번째 생일을: 인물에 대한 세부 사항은 그녀의 책 Adventures in Faith (개인 출간, 1973)와 A Scotswoman in China (William Spiers와의 공저, 개인 출간, 1988)을 참조했다. 그녀의 삶을 더 알려 주는 여러 메모와 편지와 문서는 에든버러 대학교 기독교 연구소에 소장되어 있다.
198쪽 로버트 루이스 스티븐슨의 말이다: 스티브 멧카프와의 인터뷰.
201쪽 나침반의 방위 각도만큼이나: N. Goddall, A History of the London Missionary Society, 1895-1945 (Oxford University Press, 1954).
202쪽 새뮤얼 래빙턴 하트 박사: 같은 책. Lavington Hart, Education in China (East and West, 1923). The Times, 1951년 3월 9일 자.
203쪽 늘 신문 기사와 뉴스 사진을 오려: 리델의 딸들과의 인터뷰.
203쪽 에릭 스칼릿과 함께: The Citizen, 1930년 4월 4일 자. The Guardian, 1930년 4월 4일 자.
206쪽 혼자서 테니스도 자주 쳤다: BBC 인터뷰 중 방영되지 않은 부분으로 윌리엄 투프의 말.
206쪽 톈진의 '또 다른 이면'을: 이 도시에 관한 내용은 다음 여러 출처에서 왔다. 에든버러 대학교의 애니 버컨 사료 보관소. A. P. Cullen, Making China's Men (Livingstone Press, 1937)과 Lavington Hart of Tientsin (Livingstone Press, 1946). 리델 자신의 LMS 보고서들과 가족에게 보낸 날짜 미상의 편지들.
207쪽 기차와 딱딱한 노새 달구지를 타고: 샤오창의 상태와 이에 대한 그녀의 글은 에든버러 대학교의 애니 버컨 사료 보관소에서 수집했다.
212쪽 한번은 리델이 반바지 차림으로: 리델의 딸들과의 인터뷰.

주

아홉 번째 달리기_"다시는 돌아오지 못할 길인가?"

213쪽 『톈진 타임스』의 사진 기자는: 에든버러 대학교의 애니 버컨 사료 보관소.
214쪽 또 다른 증인을 통해서도: The Daily Telegraph, 2005년 8월 25일 자에 투고된 편지.
214쪽 영중 스포츠 선교회에서 타전한 한 속보에 따르면: 같은 편지.
214쪽 리델은 최대한 기자들을 피했다: 리델의 딸들과의 인터뷰.
215쪽 "유감스럽게도 귀사의 기고자가": 자신의 육상 이력에 대한 리델의 글로 All Sports Illustrated Weekly, 1926년 6월 5일부터 7월 3일 자에 실려 있다.
216쪽 여남은 명의 스포츠맨들과 함께: Daily Mail, 1928년 2월 16일; 4월 12일 자.
216쪽 리델과 편지를 주고받던 로는: Brooklyn Daily Eagle, 1928년 5월 2일 자.
217쪽 LMS 직원들은 노새 달구지에 짐을 싣고: 에든버러 대학교의 애니 버컨 사료 보관소.
218쪽 한 속보에 따르면 그는 400미터 종목에서: Peking and Tientsin Times에 실린 리델 자신의 회고.
219쪽 특이했던 결말을: Peking and Tientsin Times, 1928년 10월 10일 자. 리델의 딸들과의 인터뷰.
220쪽 오토 펠처 박사는: 인물에 대한 세부 사항은 Observer Sports Monthly, 2008년 6월 20일 자를 참조했다. 경주에 관한 내용은 Berwickshire News, 1929년 12월 31일 자, Singapore Free Press and Mercantile Advertiser, 1930년 2월 1일 자, 리델의 딸들과의 인터뷰에서 수집했다.
222쪽 취미로 찍는 사진조차도: 제니 리델의 Memories of China Days(미간행).
224쪽 그런데 1929년 초에: 리델의 딸들과의 인터뷰. 제니 리델의 회고록에 인용된 제임스 리델의 말.
224쪽 토씨 하나까지 다 기억했고: 스티브 멧카프, 조 코터릴, 조이스 스트랭크스/코터릴, 리델의 딸들과의 인터뷰.
225쪽 중국 내의 선교사들은: 만행의 기사들은 다음 두 신문을 참조했다. The Times, 1930년 1월 1일; 13일, 24일; 2월 13일; 15일, 22일; 3월 1일; 4일; 5일; 7일; 10일, 31일 자. Nottingham Post, 1930년 4월 4일 자.
226쪽 A. P. 컬른과 에릭 스칼릿은: The Times, 1930년 4월 4일, 7일 자. The Guardian, 1930년 4월 4일; 6일 자. Nottingham Post, 1930년 4월 4일 자.
227쪽 그해 1월부터 9월까지: 수치는 런던 선교회 사료 보관소와 영미英美 신문들을 참조했다.
227쪽 1925년에 그가 탄 기차가: Edinburgh Evening News, 1925년 6월 29일; 30일 자.
228쪽 톰슨이 보기에 리델은: D. P. Thomson, Eric H. Liddell: Athlete and Missionary(The Research Unit, 1971).

229쪽 이제 리델도 그들을 보는 눈이: 부크먼에 대한 정보는 The Times, 1961년 8월 6일 자와 Dundee Courier, 1932년 6월 23일 자를 참조했다.
230쪽 "중국은 다른 나라들, 특히 영국이": Dundee Courier, 1930년 3월 13일, 1931년 10월 5일; 13일 자. The Scotsman, 1931년 10월 1일 자.
231쪽 그 느낌이 유난히 강했다: 리델이 어머니에게 보낸 날짜 미상의 편지.
232쪽 치명적 오타도 있었다: Hartlepool Mail, 1933년 11월 13일 자.

열 번째 달리기_ 너에게 할 말이 있다

234쪽 유니언 교회 문학 친목회에서는: Peking and Tientsin Times, 1926년 1월 10일 자.
235쪽 플로렌스 진 맥켄지를 택했다: 인물에 관한 정보는 그녀의 딸들을 인터뷰한 내용이다.
237쪽 "천성적인 신사"라: D. P. Thomson, *Eric H. Liddell: Athlete and Missionary*(The Research Unit, 1971).
237쪽 여동생 제니가 플로렌스에게 고급반 피아노 레슨을: 제니 리델의 *Memories of China Days*(미간행).
237쪽 '사제 간의 연애'에: 같은 책.
238쪽 1929년 여름에: 플로렌스의 남동생 핀레이 맥켄지와의 인터뷰.
239쪽 "너에게 할 말이 있다": BBC 인터뷰 중 방영되지 않은 부분으로 플로렌스 리델의 말.
239쪽 그의 약혼녀는 청혼에: 같은 인터뷰.
239쪽 "왜 플로랑 결혼하겠다는 거지?": 핀레이 맥켄지와의 인터뷰.
239쪽 리델이 플로렌스에게 사 준 약혼반지는: 제니 리델의 *Memories of China Days*.
240쪽 플로렌스는… 한 문장으로: BBC 인터뷰 중 방영되지 않은 부분.
240쪽 "그의 삶의 주요 동력원"이라: 같은 인터뷰.
241쪽 플로렌스의 한 친구는: 같은 인터뷰.
241쪽 두 가지를 D. P. 톰슨도 전해 들었다: D. P. 톰슨이 받은 날짜 미상의 편지들.
243쪽 LMS의 가장 희한하고: 런던 선교회 사료 보관소.
243쪽 대화를 편지로 대신했다: 리델과 플로렌스가 주고받은 날짜 미상의 편지들.
244쪽 마침내 플로렌스가 중국에 돌아오던 날: 핀레이 맥켄지와의 인터뷰.
245쪽 "구제 불능의 낭만파"였다: BBC 인터뷰 중 방영되지 않은 부분.
247쪽 되돌아보면 사건에 대한 논란 여부를 떠나: The Times, 1934년 6월.
248쪽 그래도 가정은 이루어졌고: 리델의 딸들과의 인터뷰.
248쪽 "남편에게 방석을 집어 던졌다": BBC 인터뷰.

주

249쪽 선교회는 중국 북부의 LMS 인력이 "줄었다"라며: 런던 선교회 사료 보관소. 리델의 딸들과의 인터뷰.
250쪽 "옳은 길이라는 확신이 들기까지": BBC 인터뷰.
250쪽 마침 그 부름을 받은 때는: 중국의 상황에 대한 세부 사항은 다음 여러 책을 참조했다. Jonathan Fenby, *The Penguin History of Modern China*(Penguin, 2008)와 *Generalissimo: Chiang Kai-Shek and the China He Lost*(Free Press, 2005). (『장제스 평전』 민음사). Theodore H. White, *In Search of History*(Harper & Row, 1978)와 *Thunder Out of China*(A. Jacoby와의 공저, Da Capo Press, 1980). Edgar Snow, *China*(Random House, 1981). (『중국의 붉은 별』 두레).
255쪽 내전은 영중 학교의 리델에게: 런던 선교사 학교 사료 보관소.
256쪽 동이 트면서 총격전이 더: 같은 출처. 리델의 딸들과의 인터뷰.
257쪽 어느 통신사 보도에 따르면: 톈진의 상태에 대한 기사들은 The Guardian, 1937년 7월 30일; 31일; 8월 1일 자를 참조했다.

열한 번째 달리기_까마귀는 어디서나 까맣다

258쪽 에릭 리델은 자신이 어떤 선교사가: Hawick News and Border Chronicle, 1931년 9월 25일 자.
259쪽 본인이 공공연히 밝혔듯이: North China Herald, 1925년 8월 8일 자.
260쪽 1937년 8월에 장제스는: Jonathan Fenby, *The Penguin History of Modern China*(Penguin, 2008)와 *Generalissimo: Chiang Kai-Shek and the China He Lost*(Free Press, 2005). (『장제스 평전』 민음사).
261쪽 새 학년이 시작되면서 영중 학교도: A. P. Cullen, *Lavington Hart of Tientsin*(The Livingstone Press, 1947).
264쪽 그해 가을에 그와 롭은: 런던 선교회 사료 보관소.
273쪽 "산적과 군인이 들끓는": 에든버러 대학교의 애니 버컨 사료 보관소.
273쪽 "흠, 여기가 샤오창이군": 런던 선교회 사료 보관소.
274쪽 버컨은 그동안 자신이 보고 들었던: 에든버러 대학교의 애니 버컨 사료 보관소.
276쪽 선교 단지의 정문 위에는: F. McAll & K. McAll, *The Moon Looks Down*(Darley Anderson, 1987).
276쪽 "홍수는 백성의 슬픔 중": 런던 선교회 사료 보관소.
276쪽 샤오창 사람들이 "먹고살기 힘들어": 같은 출처.
276쪽 농부들의 가옥은: 같은 출처. 에든버러 대학교의 애니 버컨 사료 보관소.

277쪽 보초는 서판에 두세 글자를 써서: 같은 출처. F. McAll & K. McAll, *The Moon Looks Down*.
278쪽 동료 선교사들의 말로: 같은 책. 에든버러 대학교의 애니 버컨 사료 보관소.
279쪽 다른 선교사가 무장하려고: 에든버러 대학교의 애니 버컨 사료 보관소. 조 코터릴과의 인터뷰.
279쪽 중국 속담이었는데: 리델의 딸들과의 인터뷰.

열두 번째 달리기_가장 예리한 칼날

280쪽 언젠가 호기심 많은 애니 버컨이: 에든버러 대학교의 애니 버컨 사료 보관소.
280쪽 플로렌스 리델도 남편의 변화를 보며: D. P. 톰슨이 받은 날짜 미상의 편지.
280쪽 리델은 중국인들이 "침착하고": 런던 선교회 사료 보관소. 에든버러 대학교의 애니 버컨 사료 보관소.
281쪽 무슨 결정을 내려야 할 때면: 에든버러 대학교의 애니 버컨 사료 보관소.
281쪽 버컨이 지적했듯이: 같은 출처.
282쪽 각종 일람표와 예정표도: 같은 출처.
282쪽 "결코 복잡한 이론을 늘어놓지 않고": 같은 출처.
282쪽 리델은 중국어 찬송가를 즐겨 가르쳤고: 같은 출처.
284쪽 "장면이 하도 빨리 바뀌고": 런던 선교회 사료 보관소.
284쪽 아기들과 아이들은 벌거벗은 채 유기되어: 같은 출처.
285쪽 "침략국은 자신들이 정복자로 온 게 아니라": 같은 출처.
286쪽 예절만큼 인품을 드러내 주는 것은 없다: 스티브 멧카프와의 인터뷰.
286쪽 "다 웃으며 받아 준다"였다: F. McAll & K. McAll, *The Moon Looks Down* (Darley Anderson, 1987).
286쪽 휘하 군사들이 듣지 않는 데서는: 같은 책.
286쪽 선교사들의 이동을 고역으로 만드는: 같은 책.
288쪽 일본인은 "두려움이나 미움의 대상이 아니라": 에든버러 대학교의 애니 버컨 사료 보관소.
288쪽 "거의 모든 부류의 일을 경험한 것 같다"라고: 런던 선교회 사료 보관소.
289쪽 "다들 불가능한 일이라 했지만": 같은 출처.
289쪽 길쭉한 바게트 빵의 속을 파낸 뒤: BBC 인터뷰.
290쪽 리델이 전한 이야기는 사실상 두 부분으로: 런던 선교회 사료 보관소.
295쪽 "그에게 힘든 일이었다"라고 말했다: BBC 인터뷰.

296쪽 LMS에 항공편으로 편지를 보냈다: 리델의 딸들과의 인터뷰.
296쪽 LMS는 "선교회의 수입을 유지하는": 같은 인터뷰.
298쪽 톰슨이 보기에 그는 "7년 전에": D. P. Thomson, *Eric H. Liddell: Athlete and Missionary*(The Research Unit, 1971).
298쪽 공군에 입대하려 했으나: BBC 인터뷰 중 방영되지 않은 부분으로 제니 리델의 말.
299쪽 그는 샤오창의 "돌파구"가: Aberdeen Journal, 1940년 2월 5일 자.
299쪽 휴가의 절정은: 리델의 딸들과의 인터뷰.
301쪽 8월 초에 리델 일가가 탄 배가: 리델의 글. 리델의 딸들과의 인터뷰.
301쪽 "우리 배가 필사적으로": BBC 인터뷰 중 방영되지 않은 부분.
302쪽 하나의 전쟁 지역이 그의 뒤에 놓여 있었다: Theodore H. White & A. Jacoby, *Thunder Out of China*(Da Capo Press, 1980). Jonathan Fenby, *The Penguin History of Modern China*(Penguin, 2008).
303쪽 개인적 비보도 감당해야 했다: 톰 맥커처의 사망 확인서.
303쪽 다시 돌아간 것은 늦가을이었다: 런던 선교회 사료 보관소.
304쪽 "수비대 주둔 마을"이: F. McAll & K. McAll, *The Moon Looks Down*.
304쪽 밝은 일도 하나 있었다: 같은 책.
306쪽 "무엇 하나도" 가져가지 "못하게 했다"라고: 에든버러 대학교의 애니 버컨 사료 보관소.
306쪽 5개월 전에 일본은: 삼국동맹 조약은 베를린 조약으로도 알려져 있다.

열세 번째 달리기_아버지의 빈자리

311쪽 긴장된 한 달 동안: 리델의 딸들과의 인터뷰.
311쪽 "내 민족"이라: 스티브 멧카프와의 인터뷰.
312쪽 1941년의 첫 몇 달 동안: *History of the Second World War*(The Road to War, 1989; Horror in the East, 2000).
312쪽 "화산의 가장자리에 앉아 있는 것 같았다"라고: BBC 인터뷰 중 방영되지 않은 부분.
312쪽 유괴될 것에 대한 두려움이 점점 커졌다: 리델의 딸들과의 인터뷰.
313쪽 "아이들만 아니었다면": D. P. 톰슨이 받은 날짜 미상의 편지. BBC 인터뷰.
313쪽 리델은 결국 둘 중 하나가 될 것 같다며: 리델의 딸들과의 인터뷰.
313쪽 리델은 또 다른 야망까지: 같은 인터뷰.
314쪽 리델은 우선 지혜로운 전략적 결정을: 같은 인터뷰.
314쪽 "그래도 친구들 몇은": BBC 인터뷰 중 방영되지 않은 부분.
314쪽 리델이 육상경기에서 탄 상품들이: 리델의 딸들과의 인터뷰.

315쪽 대신 리델은 패트리샤를 무릎에 앉히고: 패트리샤 리델과의 인터뷰.
315쪽 그러나 이별의 순간이 오자: 리델의 딸들과의 인터뷰.
315쪽 "슬픔을 떨쳐야 했다": BBC 인터뷰 중 방영되지 않은 부분.
316쪽 컬른은 상하이에서 송출되는: 조애나 컬른 브라운과의 인터뷰.
316쪽 여름에서 가을로 접어들 무렵: A. Beevor, *The Second World War*(Weidenfeld and Nicholson, 2014). M. Hastings, *All Hell Let Loose*(HarperPress, 2012).
317쪽 일본의 방해로 선교사들이: 런던 선교회 사료 보관소.
317쪽 12월 7일 일요일의 새벽이: Richard Overy, *War in the Pacific*(Carlton Books, 2012). D. M. Goldstein & K. V. Dillon, *The Way It Was: Pearl Harbor*(Bressey's US, 1995).
318쪽 『타임』지는 진주만 공습을: Time, 1941년 12월의 여러 호.
318쪽 음악은 「아베 마리아」였는데: Jonathan Fenby, *The Penguin History of Modern China*(Penguin, 2008).
319쪽 A. P. 컬른은 리델의 고뇌를 보았다: 조애나 컬른 브라운과의 인터뷰.
319쪽 그 밖에도 이런저런 제약과 금지가: 런던 선교회 사료 보관소.
319쪽 11월에 플로렌스는 사진관에서: 리델의 딸들과의 인터뷰.
321쪽 중국의 우편 제도는 이상해서: 같은 인터뷰.
322쪽 리델은 복잡한 경로들을 통해: 같은 인터뷰.
322쪽 그에 따르면 둘은 "거의 매일": 조애나 컬른 브라운과의 인터뷰.
323쪽 설교문 작성은 그가 고안한: 플로렌스에게 보낸 편지들.
323쪽 "꾸준히 연구했다"라고 말했다: 조애나 컬른 브라운과의 인터뷰.
323쪽 그는 누구에게나 "펜과 종이를": *The Disciplines of the Christian Life*.
324쪽 하지만 컬른의 생각은 달라서: 조애나 컬른 브라운과의 인터뷰.
324쪽 중국에 도착한 이후로 발전된 리델의 모습은: 같은 인터뷰.
324쪽 컬른은 그런 경건 생활이: 같은 인터뷰.
325쪽 리델은 다양한 출처로부터 감화를: *The Disciplines of the Christian Life*.
325쪽 산상설교는: 같은 책.
326쪽 리델은 엽서 크기만 한 그 그림을: 스티브 멧카프와의 인터뷰.
326쪽 『산상의 그리스도』: E. Stanley Jones, *The Christ of the Mount*(The Abingdon Press, 초판 1931).
327쪽 1942년 늦여름에: 런던 선교회 사료 보관소.
328쪽 이즈음 일본은: Jonathan Fenby, *The Penguin History of Modern China*.
328쪽 에릭 리델은 한시도 쉬지 않았다: D. P. 톰슨에게 보낸 날짜 미상의 편지들.
329쪽 LMS는 중국 이후의 계획이: 플로렌스에게 보낸 날짜 미상의 편지.

주

329쪽　본국 송환은 결국 거짓으로: 리델의 딸들과의 인터뷰.
329쪽　리델은 "우리가 걱정하는 일의 절반은": 스티브 멧카프와의 인터뷰.

열네 번째 달리기_금지된 생일 축하

330쪽　그 수용소가 기억에 선할 만큼: 수용소에 대한 묘사는 다음 여러 책을 참조했다. Pamela Masters, *The Mushroom Years*(Henderson House, 1998). Langdon Gilkey, *Shantung Compound*(Harper and Row, 1966). (『산둥 수용소』 새물결플러스). Myra Scovel with Nelle Keys Bell, *The Chinese Ginger Jars*(Harper, 1961). Mary Scott, *Kept in Safeguard*(Nazarene Publishing, 1977). Sister Ann Colette Wolf, *Against All Odds: Sisters of Providence Mission to the Chinese*(Sisters of Providence, 1990). J. Bradbury, *Forgiven but Not Forgotten*(개인 출간, 2000). M. Helsby & C. Helsby, *He Goes Before Them… Even into Prison*(OMS, 1993). P. J. Scanlan, *Stars in the Sky*(Trappist Publications, 1984). M. Servatia, *A Cross in China*(Cuchullian Publications, 연도 미상). Raymond J. de Jaegher & Irene Corbally Kuhn, *The Enemy Within: An Eyewitness Account of the Communist Conquest of China*(Doubleday, 1952). 조 코터릴과의 인터뷰.
322쪽　그래서 웨이셴 수용소로 가는 사람들은: 같은 출처.
322쪽　뻔뻔스러운 일본군에게 물건을 도둑질당한: 같은 출처.
322쪽　일본군은 사진사들을 시켜: 같은 출처.
333쪽　톈진에서 웨이셴까지는 480킬로미터였다: 기차 여정의 묘사는 조와 조이스 코터릴을 인터뷰한 내용이다.
333쪽　바로 그날 런던의 윈스턴 처칠은: The Times, 1943년 4월 1일 자.
334쪽　이 수용소의 풍경을 랭던 길키보다: Langdon Gilkey, *Shantung Compound*. (『산둥 수용소』 새물결플러스).
334쪽　평소에 늘 밝은 낙관론자였던: 리델이 적십자사를 통해 플로렌스에게 보낸 편지들.
336쪽　발신 메시지든 수신 우편물이든: Norman Cliff, *Courtyard of the Happy Way*(Authur James Evesham, 1977).
337쪽　"차분한 기질"의 "평온한 사람"이었고: Langdon Gilkey, *Shantung Compound*. (『산둥 수용소』 새물결플러스).
337쪽　"늘 쾌활했다": 조 코터릴과의 인터뷰.
337쪽　"그는 아무에게도 어두운 기색을": 같은 인터뷰.
337쪽　랭던 길키는 리델이: *Shantung Compound*. (『산둥 수용소』 새물결플러스).

338쪽 수용소의 수감자들은 베이징: 같은 책.
338쪽 수감자들의 면면도 사회 각계각층을: 웨이셴 수용소의 명부를 보면 1944년 6월 30일 까지의 재소 인원에 천주교 신부 173명, 선교사 176명, 수녀 20명, 간호사 67명, 개신교 목사 10명, 구세군 요원 19명, (천주교와 개신교) 주교 4명, 수사 3명, 천주교 평신도 설교자 1명, 기타 수도회 소속 3명 등이 포함되어 있다.
339쪽 "매사에 기다려야" 했다는: Mary Taylor Previte, *Hungry Ghosts*(Zondervan, 1995). 메리 프리바이트, 조 코터릴, 조이스 스트랭크스/코터릴, 에스텔 혼, 피터 바지르, 스티브 멧카프와의 인터뷰.
339쪽 프라이버시가 없다 보니: 같은 출처.
340쪽 영역 다툼이 벌어졌다: 같은 출처. Langdon Gilkey, *Shantung Compound*. (『산둥 수용소』 새물결플러스). Mary Scott, *Kept in Safeguard*. Pamela Masters, *The Mushroom Years*. Myra Scovel, *The Chinese Ginger Jars*.
340쪽 분필 자국을 지우고 옮겨 그리는 사람들도: Langdon Gilkey, *Shantung Compound*. (『산둥 수용소』 새물결플러스).
340쪽 한 포로는 그 조악한 변소에 대해: Mary Scott, *Kept in Safeguard*. 메리 프리바이트 와의 인터뷰.
340쪽 영국인들이 늘 그에게 잘해 주었으므로: Pamela Masters, *The Mushroom Years*. "Roport of the Recent Developments in the Situation of Americans in the Orient", 1942년 5월 14일(미국 국립 공문서관). "Concentration Camps, Occupied China", 1943년 5월 1일(미국 국립 공문서관). 파멜라 매스터즈와의 인터뷰.
341쪽 위원회들이 아홉 개 분과로: Norman Cliff, *Courtyard of the Happy Way*.
341쪽 '서무'가 쉬운 보직으로 통합을: 조 코터릴, 스티브 멧카프와의 인터뷰.
341쪽 그래도 수용소는 대강이나마: 같은 인터뷰. Langdon Gilkey, *Shantung Compound*. (『산둥 수용소』 새물결플러스). Mary Scott, *Kept in Safeguard*. Pamela Masters, *The Mushroom Years*. Myra Scovel, *The Chinese Ginger Jars*. 파멜라 매스터즈와의 인터뷰.
342쪽 수녀들은 청색 또는 흑색 수녀복의: Mary Scott, *Kept in Safeguard*.
343쪽 단지 옆에 흐르는 강이 있어: 조 코터릴과의 인터뷰.
343쪽 지하에 세탁장도 만들어: 메리 프리바이트와의 인터뷰. Mary Scott, *Kept in Safeguard*.
344쪽 어느 매춘부에게 선반 몇 개를: 조 코터릴과의 인터뷰. Norman Cliff, *Courtyard of the Happy Way*.
344쪽 "인간관계가 도저히 불가능해지면": 메리 프리바이트, 스티브 멧카프와의 인터뷰.
345쪽 리델에게 "산책"을 나갈 시간이 있느냐고: 조 코터릴과의 인터뷰.
346쪽 날이 밝기 전에 동료들보다 한참 먼저: 같은 인터뷰.

주

346쪽   리델의 조언은 늘: *The Disciplines of the Christian Life*.
346쪽   "짐수레 뒤에서 보급품을 내리는": 에스텔 혼과의 인터뷰.
347쪽   이미 기워서 너덜너덜해진 옷을: 같은 인터뷰.
348쪽   챙겨 온 의복은 정말 가지각색이었다: 스티브 멧카프, 에스텔 혼과의 인터뷰.
348쪽   그가 가져온 커튼: 스티브 멧카프와의 인터뷰.
349쪽   매주 한 번씩만 샤워를 할 수 있었다: 조 코터릴, 조이스 스트랭크스/코터릴, 메리 프리바이트, 피터 바지르, 스티브 멧카프와의 인터뷰.
349쪽   웨이셴 수용소에는 하멜튼의 쥐잡이인: Norman Cliff, *Courtyard of the Happy Way*. 스티브 멧카프, 메리 프리바이트와의 인터뷰.
350쪽   "몇 시간씩 줄을 서 있어야": 같은 출처.
351쪽   "뾰족한 대검을 찬 그들이": Pamela Masters, *The Mushroom Years*. 파멜라 매스터즈와의 인터뷰.
351쪽   금이빨로 불렸는데: 조 코터릴, 조이스 스트랭크스/코터릴, 파멜라 매스터즈와의 인터뷰. Langdon Gilkey, *Shantung Compound*. (『산동 수용소』새물결플러스). Mary Scott, *Kept in Safeguard*. Pamela Masters, *The Mushroom Years*. Myra Scovel, *The Chinese Ginger Jars*.
352쪽   가장 달갑지 않은 별명은: 조 코터릴, 조이스 스트랭크스/코터릴과의 인터뷰.
353쪽   취사 담당자들은 메뉴를: 메리 프리바이트와의 인터뷰.
354쪽   한 여자가 받은 꾸러미에 당밀도: Norman Cliff, *Courtyard of the Happy Way*.
355쪽   요리를 맡았던 벨기에 출신의 신부는: Raymond J. de Jaegher & Irene Corbally Kuhn, *The Enemy Within: An Eyewitness Account of the Communist Conquest of China* (Doubleday, 1952).
355쪽   비둘기가 날아들어 횡재한 가정도: Norman Cliff, *Courtyard of the Happy Way*.
356쪽   이런 극빈한 식단이: 조 코터릴과의 인터뷰.
356쪽   일본군의 허용으로 중고품 가게가: 조 코터릴, 조이스 스트랭크스/코터릴, 스티브 멧카프, 메리 프리바이트, 에스텔 혼, 피터 바지르와의 인터뷰.

열다섯 번째 달리기_에릭 삼촌

357쪽   에릭 리델이 웨이셴 수용소에 처음 도착했을 때: 조 코터릴과의 인터뷰.
357쪽   "아니요, 이제 나이가 들어서": 같은 인터뷰.
358쪽   불과 몇 해 전인 1939년에: 패트리샤와 헤더 리델과의 인터뷰.
358쪽   패트릭 스캔런 신부라는 호주 시토 수도회의: 암거래와 허위 선전에 관한 내용은 스캔런 자신의 회고록 *Stars in the Sky*(Trappist Publications, 1984)를 비롯한 다음 여러 출처에서 왔다. Raymond J. de Jaegher & Irene Corbally Kuhn, *The Enemy Within: An Eyewitness Account of the Communist Conquest of China*(Doubleday, 1952). Langdon Gilkey, *Shantung Compound*(Harper and Row, 1966). (『산동 수용소』 새물결플러스). Mary Scott, *Kept in Safeguard*(Nazarene Publishing, 1977). Pamela Masters, *The Mushroom Years*(Henderson House, 1998). Norman Cliff, *Courtyard of the Happy Way*(Authur James Evesham, 1977). Myra Scovel with Nelle Keys Bell, *The Chinese Ginger Jars*(Harper, 1961). 파멜라 매스터즈, 에스텔 혼과의 인터뷰.

359쪽 전쟁에 대한 오보가 끊이지 않았는데: Patrick J. Scanlan, *Stars in the Sky*.
360쪽 지난번 이야기가 아무리 허황되도: 같은 책.
360쪽 악의적인 이간질에 능한 한 수감자는: 같은 책. Raymond de Jaegher, *The Enemy Within*. Langdon Gilkey, *Shantung Compound*. (『산동 수용소』 새물결플러스).
360쪽 스캔런의 동료였던 레이먼드 드 재거라는: Raymond de Jaegher, *The Enemy Within*.
360쪽 드 재거는 웨이셴 수용소 바깥으로 용케: 같은 책.
361쪽 막일꾼들도 작고 질긴 종이쪽지에: 같은 책.
361쪽 "우리는 거기에 실린 스포츠 경기의": 스티브 멧카프와의 인터뷰.
361쪽 그런 보도에 종종 등장하는 지명들이: Norman Cliff, *Courtyard of the Happy Way*.
361쪽 놀랍도록 우둔한 간수들은: 조 코터릴과의 인터뷰.
362쪽 이를 수용소 전체에 알리기 위해: 같은 인터뷰.
362쪽 "삶을 빼앗긴 채": Patrick J. Scanlan, *Stars in the Sky*.
362쪽 육상 대회를 열기로 했다: 조 코터릴, 파멜라 매스터즈, 스티브 멧카프(이 경우는 그가 수용소에 입소한 후에 들었던 이야기를 전했다)와의 인터뷰.
362쪽 수용소가 비좁아 따로 트랙을 만들: 데스몬드 파워와의 인터뷰.
363쪽 이전에 리델은 패트리샤에게: 패트리샤 리델과의 인터뷰.
364쪽 그는 몸이 야위었고: 조 코터릴, 조이스 스트랭크스/코터릴과의 인터뷰.
364쪽 지금은 헐렁한 반팔 셔츠와: 스티브 멧카프와의 인터뷰.
364쪽 스물네 살의 오브리 그랜던이었다: 데스몬드 파워, 파멜라 매스터즈, 스티브 멧카프, 도린 그랜던과의 인터뷰.
364쪽 나이 든 여자들까지도 마음을 빼앗겼다: 파멜라 매스터즈와의 인터뷰.
365쪽 "커피포트가 방 안에 있어도": 도린 그랜던과의 인터뷰.
365쪽 웨이셴 수용소에서 출소한 그는: 같은 인터뷰.
365쪽 리델은 다른 선수들이 약간 먼저 출발하도록: 스티브 멧카프와의 인터뷰.

주

346쪽 리델의 조언은 늘: The Disciplines of the Christian Life.
346쪽 "짐수레 뒤에서 보급품을 내리는": 에스텔 혼과의 인터뷰.
347쪽 이미 기워서 너덜너덜해진 옷을: 같은 인터뷰.
348쪽 챙겨 온 의복은 정말 가지각색이었다: 스티브 멧카프, 에스텔 혼과의 인터뷰.
348쪽 그가 가져온 커튼: 스티브 멧카프와의 인터뷰.
349쪽 매주 한 번씩만 샤워를 할 수 있었다: 조 코터릴, 조이스 스트랭크스/코터릴, 메리 프리바이트, 피터 바지르, 스티브 멧카프와의 인터뷰.
349쪽 웨이셴 수용소에는 하멜른의 쥐잡이인: Norman Cliff, Courtyard of the Happy Way. 스티브 멧카프, 메리 프리바이트와의 인터뷰.
350쪽 "몇 시간씩 줄을 서 있어야": 같은 출처.
351쪽 "뾰족한 대검을 찬 그들이": Pamela Masters, The Mushroom Years. 파멜라 매스터즈와의 인터뷰.
351쪽 금이빨로 불렸는데: 조 코터릴, 조이스 스트랭크스/코터릴, 파멜라 매스터즈와의 인터뷰. Langdon Gilkey, Shantung Compound. (『산둥 수용소』 새물결플러스). Mary Scott, Kept in Safeguard. Pamela Masters, The Mushroom Years. Myra Scovel, The Chinese Ginger Jars.
352쪽 가장 달갑지 않은 별명은: 조 코터릴, 조이스 스트랭크스/코터릴과의 인터뷰.
353쪽 취사 담당자들은 메뉴를: 메리 프리바이트와의 인터뷰.
354쪽 한 여자가 받은 꾸러미에 담긴도: Norman Cliff, Courtyard of the Happy Way.
355쪽 요리를 맡았던 벨기에 출신의 신부는: Raymond J. de Jaegher & Irene Corbally Kuhn, The Enemy Within: An Eyewitness Account of the Communist Conquest of China (Doubleday, 1952).
355쪽 비둘기가 날아들어 횡재한 가정도: Norman Cliff, Courtyard of the Happy Way.
356쪽 이런 극빈한 식단이: 조 코터릴과의 인터뷰.
356쪽 일본군의 허용으로 중고품 가게가: 조 코터릴, 조이스 스트랭크스/코터릴, 스티브 멧카프, 메리 프리바이트, 에스텔 혼, 피터 바지르와의 인터뷰.

열나섯 번째 날리기_ 에릭 삼촌

357쪽 에릭 리델이 웨이셴 수용소에 처음 도착했을 때: 조 코터릴과의 인터뷰.
357쪽 "아니요. 이제 나이가 들어서": 같은 인터뷰.
358쪽 불과 몇 해 전인 1939년에: 패트리샤와 헤더 리델과의 인터뷰.
358쪽 패트릭 스캔런 신부라는 호주 시토 수도회의: 암거래 허위 선전에 관한 내용은 스캔런 자신의 회고록 Stars in the Sky(Trappist Publications, 1984)를 비롯한 다음 여러 출처에서 왔다. Raymond J. de Jaegher & Irene Corbally Kuhn, *The Enemy Within: An Eyewitness Account of the Communist Conquest of China*(Doubleday, 1952). Langdon Gilkey, *Shantung Compound*(Harper and Row, 1966). (『산둥 수용소』 새물결플러스). *Mary Scott, Kept in Safeguard*(Nazarene Publishing, 1977). Pamela Masters, *The Mushroom Years*(Henderson House, 1998). Norman Cliff, *Courtyard of the Happy Way*(Authur James Evesham, 1977). Myra Scovel with Nelle Keys Bell, *The Chinese Ginger Jars*(Harper, 1961). 파멜라 매스터즈, 에스텔 혼과의 인터뷰.

359쪽 전쟁에 대한 오보가 끊이지 않았는데: Patrick J. Scanlan, *Stars in the Sky*.
360쪽 지난번 이야기가 아무리 허황되도: 같은 책.
360쪽 악의적인 이간질에 능한 한 수감자는: 같은 책. Raymond de Jaegher, *The Enemy Within*. Langdon Gilkey, *Shantung Compound*. (『산둥 수용소』 새물결플러스).
360쪽 스캔런의 동료였던 레이먼드 드 재거라는: Raymond de Jaegher, *The Enemy Within*.
360쪽 드 재거는 웨이셴 수용소 바깥으로 용케: 같은 책.
361쪽 막일꾼들도 작고 질긴 종이쪽지에: 같은 책.
361쪽 "우리는 거기에 실린 스포츠 경기의": 스티브 멧카프와의 인터뷰.
361쪽 그런 보도에 종종 등장하는 지명들이: Norman Cliff, *Courtyard of the Happy Way*.
361쪽 놀랍도록 우둔한 간수들은: 조 코터릴과의 인터뷰.
362쪽 이를 수용소 전체에 알리기 위해: 같은 인터뷰.
362쪽 "삶을 빼앗긴 채": Patrick J. Scanlan, *Stars in the Sky*.
362쪽 육상 대회를 열기로 했다: 조 코터릴, 파멜라 매스터즈, 스티브 멧카프(이 경우는 그가 수용소에 입소한 후에 들었던 이야기를 전했다)와의 인터뷰.
362쪽 수용소가 비좁아 따로 트랙을 만들: 데스몬드 파워와의 인터뷰.
363쪽 이전에 리델은 패트리샤에게: 패트리샤 리델과의 인터뷰.
364쪽 그는 몸이 야위었고: 조 코터릴, 조이스 스트랭크스/코터릴과의 인터뷰.
364쪽 지금은 헐렁한 반팔 셔츠와: 스티브 멧카프와의 인터뷰.
364쪽 스물네 살의 오브리 그랜던이었다: 데스몬드 파워, 파멜라 매스터즈, 스티브 멧카프, 도린 그랜던과의 인터뷰.
364쪽 나이 든 여자들까지도 마음을 빼앗겼다: 파멜라 매스터즈와의 인터뷰.
365쪽 "커피포트가 방 안에 있어도": 도린 그랜던과의 인터뷰.
365쪽 웨이셴 수용소에서 출소한 그는: 같은 인터뷰.
365쪽 리델은 다른 선수들이 약간 먼저 출발하도록: 스티브 멧카프와의 인터뷰.

주

366쪽 통로들이 좁아서: 같은 인터뷰.
368쪽 선교사나 성직자라 해서: Langdon Gilkey, *Shantung Compound*. (『산둥 수용소』 새물결플러스).
368쪽 강박적 흡연자들은: 같은 책.
369쪽 어떤 사람은 참다 못해: Norman Cliff, *Courtyard of the Happy Way*.
369쪽 랭던 길키의 회고에 따르면: *Shantung Compound*. (『산둥 수용소』 새물결플러스).
369쪽 길키의 기억에 남아 있던 또 다른 설교자는: 같은 책.
369쪽 그전에 길키는: 같은 책.
370쪽 가장 분란을 낳은 이견은: 같은 책. Patrick J. Scanlan, *Stars in the Sky*.
370쪽 스캔런은 수감자들이 "용기를 잃기 쉬운 상황에": 같은 책들.
370쪽 그중에 여든두 살의 허버트 허드슨 테일러도: 그의 손녀인 메리 프리바이트와의 인터뷰.
370쪽 "우리는 학대당하지 않았다": Patrick J. Scanlan, *Stars in the Sky*.
371쪽 이 신부는 우선 지리적으로 유리했다: 같은 책.
371쪽 그의 건물 근처에 배수구 뚜껑이: 같은 책.
371쪽 신부들이 면벽하여 기도하는 척하며: 같은 책.
371쪽 "처음에는 환자들과 아이들에게만": 같은 책.
372쪽 계란이 특히 중요했는데: 메리 프리바이트, 에스텔 혼과의 인터뷰.
372쪽 "꼭 버석버석한 분필 가루 맛이었다"라고: 메리 프리바이트와의 인터뷰.
372쪽 토마토, 사과, 옥수수 속대: Patrick J. Scanlan, *Stars in the Sky*. Raymond de Jaegher, *The Enemy Within*.
372쪽 한번은 담장 너머에서 산 거위를: 같은 책들.
372쪽 일부 중국인들이 무모한 만용을 부려: 같은 책들. 조 코터릴과의 인터뷰.
372쪽 한번은 스캔런이 계란 대여섯 줄을: Patrick J. Scanlan, *Stars in the Sky*. Raymond de Jaegher, *The Enemy Within*.
373쪽 결국 스캔런은 더 의심을 사지 않고자: 같은 책들.
373쪽 그는 소품으로 지참했던 기도서를: 같은 책들.
373쪽 하지만 결국 그의 운도 다했다: 같은 책들.
373쪽 스캔런이 속해 있던 트라피스트회의 전통을: 같은 책들. Norman Cliff, *Courtyard of the Happy Way*.
374쪽 선고 기간은 14일이었지만: 같은 책들.
374쪽 그래서 그가 석방되자 독립 기념일처럼: 같은 책들.
374쪽 암거래의 위험도 더 커졌고: 같은 책들.
375쪽 리델은 물품을 배달한 후에: Norman Cliff, *Courtyard of the Happy Way*.

375쪽 수감자들은 패물과 장신구를: 조 코터릴, 스티브 멧카프와의 인터뷰.
375쪽 일부는 제이콥 고야스라는: Norman Cliff, *Courtyard of the Happy Way*. 조 코터릴, 스티브 멧카프와의 인터뷰.
376쪽 웨이셴 수용소에 가져온 자신의 유일한 귀중품을: 스티브 멧카프와의 인터뷰.
376쪽 이렇게 자신의 역사와 맞바꾼 음식을: 같은 인터뷰.
376쪽 사슬이 달린 자신의 금시계까지: A. P. 컬른이 리델의 장례식에서 했던 조사.
376쪽 한 동료는 이를 가리켜: 같은 출처.
376쪽 1943년 늦여름과 초가을에: Patrick J. Scanlan, *Stars in the Sky*. Raymond de Jaegher, *The Enemy Within*.
377쪽 "에릭 삼촌"이 되었다: 조 코터릴, 조이스 스트랭크스/코터릴, 메리 프리바이트, 피터 바지르, 스티브 멧카프와의 인터뷰.
377쪽 "그가 달이 네모나다고": BBC 인터뷰 중 방영되지 않은 부분으로 엘자 왓슨의 말.
378쪽 아이들을 자식처럼 대했다: 조이스 스트랭크스/코터릴과의 인터뷰.
378쪽 그녀 또래의 또 다른 사람은: 피터 바지르와의 인터뷰.
378쪽 리델의 합숙소 친구 하나는: 조 코터릴과의 인터뷰.
379쪽 참고서를 손으로 써서: 그 책을 지금도 가지고 있는 조이스 스트랭크스/코터릴과의 인터뷰.
379쪽 교실 바깥의 리델은: 스티브 멧카프와의 인터뷰.
380쪽 "장애물이 넘어지면서": 같은 인터뷰.
382쪽 간혹 가족들 이야기를 할 때면: 스티브 멧카프, 조 코터릴, 조이스 스트랭크스/코터릴과의 인터뷰.
382쪽 평소에 리델은 늘 스포츠 장비를: 스티브 멧카프, 조 코터릴, 조이스 스트랭크스/코터릴과의 인터뷰. Norman Cliff, *Courtyard of the Happy Way*. Langdon Gilkey, *Shantung Compound*. (『산둥 수용소』새물결플러스).
383쪽 관계망이 부득이하게 형성된: Langdon Gilkey, *Shantung Compound*. (『산둥 수용소』새물결플러스). 에스텔 혼, 스티브 멧카프, 조 코터릴, 조이스 스트랭크스/코터릴과의 인터뷰.
384쪽 길키는 리델이 "장기판이나": *Shantung Compound*. (『산둥 수용소』새물결플러스).
385쪽 열여섯 살의 그리스 출신 아이에게: 스티브 멧카프, 파멜라 매스터즈와의 인터뷰.
385쪽 『바깥에 머무른 신』: Geneviève de Gaulle-Anthonioz, *God Remained Outside*.
385쪽 "나의 하나님, 어찌하여": 마태복음 27:46.
385쪽 수용소에서 그가 친하게 지낸 친구는: 조 코터릴과의 인터뷰.
386쪽 웨이셴 수용소의 사정은 모든 면에서 악화되었고: 같은 인터뷰.
387쪽 한 대목을 깊이 생각했다: 조 코터릴, 스티브 멧카프와의 인터뷰.

주

387쪽　그때 그는 제자들이 예수께: 마태복음 18:21.
387쪽　"그들은 그분의 가르침의 핵심 요지를": The Hawick News and Border Chronicle, 1932년 4월 15일 자.
388쪽　일부 간수들은 수감자들과 관계를: 조 코터릴, 조이스 스트랭크스/코터릴, 스티브 멧카프, 에스텔 혼과의 인터뷰.
388쪽　책이 충분히 있었다: 파멜라 매스터즈, 조 코터릴, 스티브 멧카프와의 인터뷰.
389쪽　전문 재즈 악단 외에도: 조이스 스트랭크스/코터릴, 데스몬드 파워, 파멜라 매스터즈와의 인터뷰.
390쪽　간수들이 약간 누그러졌다: 파멜라 매스터즈와의 인터뷰.
390쪽　이런 문화생활 외에: 메리 프리바이트, 스티브 멧카프와의 인터뷰.
391쪽　즈푸에서 온 아이들은: 메리 프리바이트, 피터 바지르, 에스텔 혼과의 인터뷰.
391쪽　스포츠나 악기 연주나: 메리 프리바이트, 피터 바지르, 에스텔 혼, 스티브 멧카프와의 인터뷰.
391쪽　재미있는 강사들을 물색하는 과정에서: 스티브 멧카프와의 인터뷰.
392쪽　크리스마스 때는 리델의 주선으로: 조이스 스트랭크스/코터릴과의 인터뷰.
392쪽　한 남자는 글라디올러스 구근을: Myra Scovel, The Chinese Ginger Jars.
392쪽　한 소년은 송골매 새끼 네 마리를: 같은 책. 스티브 멧카프와의 인터뷰.
392쪽　한 여자는 수용소 건물들과: 피터 바지르와의 인터뷰(그의 어머니에 대한 말).
392쪽　순백색 새끼 고양이가: 메리 프리바이트와의 인터뷰.
392쪽　옥스퍼드 대학교 입학시험을: 메리 프리바이트, 에스텔 혼과의 인터뷰.
392쪽　연령별 걸스카우트와: 같은 인터뷰.
393쪽　웨이셴 수용소에서는 하루에 1200칼로리의 열량을: 같은 인터뷰.
393쪽　어떤 수감자들은 잡초를 캐러 다녔고: 같은 인터뷰.
393쪽　한 일본군에게 암염소가 있었는데: 조 코터릴과의 인터뷰.
393쪽　「웨이셴 블루스」라는 노래가: Norman Cliff, Courtyard of the Happy Way.
394쪽　절망을 못 이겨 자살을 기도한: Pamela Masters, The Mushroom Years. 파멜라 매스터즈, 조 코터릴, 스티브 멧카프와의 인터뷰.
394쪽　셋 중 하나의 찬송가를: 스티브 멧카프와의 인터뷰.

열여섯 번째 달리기 _ 모든 슬픈 선장들이여

396쪽　에릭 리델이 플로렌스와 자녀들의 사진을: 애니 버컨의 BBC 인터뷰.
397쪽　플로렌스의 기장 애틋한 편지는: 리델의 딸들이 보여주었다.

400쪽 1944년 7월 초에 애니 버컨은: 에든버러 대학교의 애니 버컨 사료 보관소.
400쪽 5월 초에 신임 수용소장이: Langdon Gilkey, *Shantung Compound*(Harper and Row, 1966). (『산둥 수용소』 새물결플러스).
400쪽 "총살당할 거라면": 메리 프리바이트와의 인터뷰(그녀가 자기 교사와 나눈 대화).
400쪽 6월 중순에는 영국인 로렌스 팁튼과: 탈출에 대한 세부 사항은 다음 여러 출처에서 왔다. Raymond J. de Jaegher & Irene Corbally Kuhn, *The Enemy Within: An Eyewitness Account of the Communist Conquest of China* (Doubleday, 1952). Langdon Gilkey, *Shantung Compound*. (『산둥 수용소』 새물결플러스). Norman Cliff, *Courtyard of the Happy Way* (Authur James Evesham, 1977). 조 코터릴, 스티브 멧카프와의 인터뷰.
401쪽 수용소의 점호가 문제였는데: 같은 출처.
402쪽 신임 수용소장은 이번 탈옥을: 같은 출처.
402쪽 음식의 배급량도 뚝 깎여: 같은 출처.
402쪽 리델을 비롯하여 가족이 없던 남자들은: 조 코터릴과의 인터뷰.
402쪽 이것이 버컨이 처음 대한: 에든버러 대학교의 애니 버컨 사료 보관소.
402쪽 버컨은 웨이셴 수용소의 두 소년이: 같은 출처.
402쪽 그때 뽑혔던 한 사람은: Desmond Power, *Little Foreign Devil* (Pangli Imprint, 1996).
403쪽 노새가 끄는 짐수레의 행렬이: Langdon Gilkey, *Shantung Compound*. (『산둥 수용소』 새물결플러스). Norman Cliff, *Courtyard of the Happy Way*. 조 코터릴, 스티브 멧카프와의 인터뷰.
404쪽 그는 지쳐 보인 정도가 아니라: 애니 버컨의 BBC 인터뷰. 에든버러 대학교의 애니 버컨 사료 보관소.
404쪽 "에릭이 무슨 문제로 이렇게": 같은 출처.
405쪽 그가 짊어진 "막중한 책임"이: BBC 인터뷰 중 방영되지 않은 부분.
408쪽 "그는 비공식 경주에서까지": 더글러스 새들러와의 인터뷰.
408쪽 적십자사의 소포가 도착하여: 스티브 멧카프와의 인터뷰. Langdon Gilkey, *Shantung Compound*. (『산둥 수용소』 새물결플러스).
408쪽 경주의 코스는 기존의 고르지 못한: 데스몬드 파워와의 인터뷰.
409쪽 리델 옆에 선 그랜던은: 스티브 멧카프와의 인터뷰.
409쪽 늘 그렇듯이 리델은 처음부터: 같은 인터뷰.
410쪽 결승선 근처에 있던 한 수감자에 따르면: 데스몬드 파워와의 인터뷰.
412쪽 조달될 때까지는 약도 부족했다: Langdon Gilkey, *Shantung Compound*. (『산둥 수용소』 새물결플러스). Norman Cliff, *Courtyard of the Happy Way*. 조 코터릴과의 인터뷰.
413쪽 수감자들의 회고를 종합해 보면: 조 코터릴, 조이스 스트랭크스/코터릴, 스티브 멧카프, 에스텔 혼과의 인터뷰.
413쪽 첫째로 요리할 때 나는 냄새가: 조 코터릴과의 인터뷰.
414쪽 그토록 탁월했던 그의 기억력도: 조이스 스트랭크스/코터릴과의 인터뷰.
414쪽 그는 물을 펌프질하면서 본문을: 같은 인터뷰.
415쪽 수용소가 겪은 큰 소동과: Langdon Gilkey, Shantung Compound. (『산둥 수용소』새 물결플러스).
416쪽 이런 치사하고 부끄러운 난투극 속에서: 스티브 멧카프와의 인터뷰.
416쪽 멧카프 앞에서 늘 쓰고 있던: 애니 버컨의 BBC 인터뷰.
417쪽 "어느 날 그는 미래가 보이지 않는다고": 같은 인터뷰.
417쪽 그는 자기 인생의 의미를 찾으려는 듯: 조 코터릴과의 인터뷰.
417쪽 이미 허약했던 리델은: 같은 인터뷰.
417쪽 한 수감자가 보고 요람의 아이를 안듯: 데스몬드 파워와의 인터뷰. 리델을 들어 날랐던 더글러스의 아내 이본 퓐레이에게서 얻은 정보.
418쪽 처음에 의사들은 리델의 병이: 조 코터릴과의 인터뷰.
418쪽 그는 코터릴의 약혼녀에게: BBC 인터뷰 중 방영되지 않은 부분으로 지니 힐즈의 말.
418쪽 2월의 두 번째 일요일에: 에든버러 대학교의 애니 버컨 사료 보관소. 조 코터릴, 조이스 스트랭크스/코터릴과의 인터뷰.
419쪽 다음 일요일에 리델의 병실 창 밑에: Norman Cliff, Courtyard of the Happy Way. 피터 바지르와의 인터뷰.
419쪽 연주를 듣던 그는 악단을 보려고: 조 코터릴과의 인터뷰.
420쪽 야구장에서 그를 본 즈푸의 한 학생은: ericliddell.org에 게재된 리델에 대한 데이비드 미셸의 회고.
420쪽 이른 저녁에 조이스 스트랭크스가: 조이스 스트랭크스/코터릴과의 인터뷰.
422쪽 조금 후에 발생한 두 번째 뇌졸중은: 애니 버컨의 BBC 인터뷰.
422쪽 리델의 마지막 말을 듣고: 같은 인터뷰. 에든버러 대학교의 애니 버컨 사료 보관소.
423쪽 자연의 타이밍은 때로 완벽하다: 조이스 스트랭크스/코터릴, 조 코터릴, 스티브 멧카프, 에스텔 혼과의 인터뷰.
423쪽 몰래 수첩에 일기를 썼는데: 마시 디트먼슨의 일기의 해당 본문을 조이스 스트랭크스/코터릴이 내게 읽어 주었다.
424쪽 형이 떠나간 수용소는: 조 코터릴과의 인터뷰.
424쪽 금세 사인을 알아냈다: 같은 인터뷰. 애니 버컨의 BBC 인터뷰 중 방영되지 않은 부분.
424쪽 애니 버컨은 친구를 위해 마지막으로: 같은 출처. 조이스 스트랭크스/코터릴과의 인터뷰.
424쪽 "수용소 생활 전체를 통틀어": 조애나 펠튼 브라운과의 인터뷰.

425쪽 며칠 전의 얼음 폭풍으로 흠 표면이: 스티브 멧카프와의 인터뷰.
425쪽 리델의 장방형 관은: 같은 인터뷰.
425쪽 관을 어찌나 허술하게 짰던지: 스티브 멧카프, 에스텔 혼과의 인터뷰.
427쪽 그날의 세세한 것 하나까지도: 스티브 멧카프와의 인터뷰.
427쪽 수취인이 병원으로 된: 조 코터릴과의 인터뷰.
427쪽 거의 세 달 동안 플로렌스 리델은: 리델의 딸들과의 인터뷰.
429쪽 비보가 전해지기 한 달 전에: BBC 인터뷰 중 방영되지 않은 부분.
430쪽 "에릭이 죽었으리라고는": 같은 인터뷰.
430쪽 집에 친척들과 친구들이: 패트리샤 리델과의 인터뷰.
431쪽 플로렌스는 처음의 충격이 가신 뒤로도: BBC 인터뷰 중 방영되지 않은 부분.
433쪽 수감자들은 미친 듯이 미국과 영국의 국가들을: 메리 프리바이트, 스티브 멧카프와의 인터뷰.
434쪽 수용소의 일상도 새롭게: 같은 인터뷰.
434쪽 적십자사 문양이 찍힌 봉투가: 적십자사 메시지들. 리델의 딸들과의 인터뷰.
438쪽 A. P. 컬른은 수용소에서: 1945년 9월 2일 플로렌스 리델에게 보내온 편지.

맺는말 _ 떠난 뒤에 남는 것은 사랑이다

440쪽 에릭 리델이 끝내 만나지 못한 딸이: 나는 2014년 8월에 캐나다에 가서 패트리샤와 헤더와 모린을 인터뷰했다.
447쪽 안수받은 사역자인 D. P. 톰슨은: D. P. 톰슨의 일기.
447쪽 애니 버컨은 중국에 다시 가기로: 애니의 조카 마거릿 버컨과의 BBC 인터뷰. 그녀와의 내 인터뷰.
448쪽 오브리 그랜던은 1990년에 사망했다: 오브리의 아내 도린 그랜던과의 인터뷰.
448쪽 해럴드 에이브러햄스조차도 자신의 라이벌에 대한: Mark Ryan, *Running with Fire: The True Story of Chariots of Fire Hero Harold Abrahams*(JR Books, 2011).
449쪽 리델은 영원히 스티브 멧카프의 멘토였다: 스티브 멧카프와의 인터뷰.
451쪽 아일린 소퍼는 평생: Duff Hart-Davis, *Wildings: The Secret Garden of Eileen Soper*(Whiterby, 1991).
452쪽 플로렌스 리델은 굳이 그림이나: 리델의 딸들과의 인터뷰. BBC 인터뷰 중 방영되지 않은 부분.
459쪽 그때 한 저돌적인 기자가: 그 기자는 R. E. 놀스였다. The Toronto Star, 1932년 7월 9일 자(8월 5일 자도 참조하라).

참고 자료

신문, 잡지 기사

Aberdeen Journal: 1924년 7월 26일, 1939년 9월 3일; 9월 6일, 1940년 8월 13일, 1945년 5월 5일 자.
Appleton Post Crescent: 1924년 7월 11일 자.
Athletics News: 1924년 7월 24일 자.
Athletics Weekly: 1934년 10월.
Athlétisme: 1982년 5월, 1983년 3월, 1984년 5월.
Atlanta Constitution: 1924년 7월 12일 자.
Bakersfield Californian: 1937년 7월 29일 자.
Baptist Times: 2000년 9월 7일, 9월 14일 자.
Boca Raton News: 1983년 1월 14일 자.
Boston Daily Globe: 1924년 3월 4일; 4월 22일; 4월 26일; 5월 7일; 6월 5일; 7월 11일, 1925년 6월 5일, 1945년 5월 12일 자.
Bridgeport Telegram: 1928년 3월 19일 자.
Brooklyn Daily Eagle: 1928년 5월 8일 자.
Chicago Tribune: 1924년 7월 5일; 7월 11일; 7월 12일; 7월 20일 자.
Christian Science Monitor: 1922년 4월 15일; 6월 29일; 7월 12일; 1923년 7월 11일; 8월 2일, 1924년 7월 23일, 1925년 1월 10일; 3월 19일; 8월 26일, 1927년 12월 7일 자.
Chronicle-Telegram: 2005년 4월 24일 자.
Church Times: 1988년 11월 11일 자.
Collier's Weekly: 1928년 5월 5일, 1932년 4월 23일 자.
Daily Chronicle: 1924년 7월 7일; 7월 22일; 7월 23일 자.
Daily Express: 1924년 7월 22일; 7월 28일, 2013년 6월 11일 자.

Daily Graphic: 1924년 5월 27일 자.

Daily Herald: 1923년 7월 4일 자.

Daily Mail: 1921년 12월 27일, 1923년 2월 5일; 3월 14일; 7월 2일; 7월 5일; 7월 6일, 7월 24일; 8월 7일; 10월 27일, 1024년 5월 31일; 7월 9일; 7월 11일; 7월 12일; 7월 14일; 7월 15일; 7월 18일; 7월 19일; 7월 21일; 7월 23일; 7월 27일; 7월 28일; 8월 4일; 8월 9일, 1926년 1월 14일; 2월 16일; 3월 13일, 1928년 7월 26일, 1930년 1월 21일, 1977년 7월 17일, 1981년 2월 3일, 1984년 3월 31일, 1988년 5월 7일; 6월 4일, 2008년 8월 15일 자.

Daily Mirror: 1924년 8월 13일, 2008년 8월 7일 자.

Daily News: 1924년 7월 19일; 7월 23일 자.

Daily Notes: 1927년 3월 10일 자.

Daily Record: 1923년 6월 12일; 6월 13일; 6월 20일; 6월 21일; 6월 23일; 6월 24일, 1924년 7월 12일; 7월 14일; 7월 22일; 7월 23일; 7월 24일; 7월 25일, 2008년 9월 16일 자.

Daily Sketch: 1924년 7월 23일 자.

Daily Telegraph: 1923년 7월 8일; 7월 9일; 7월 30일; 8월 6일; 8월 7일, 1924년 7월 12일; 7월 14일; 7월 22일; 7월 23일; 7월 24일; 7월 25일, 1925년 6월 3일; 6월 4일; 6월 8일; 6월 9일; 6월 15일; 6월 20일; 6월 25일; 6월 28일, 1927년 7월 11일; 7월 14일, 1937년, 7월 20일; 7월 21일; 7월 22일; 7월 31일 자.

Dorset Life: 2008년 8월.

Dundee Courier: 1924년 6월 1일; 7월 17일; 7월 18일; 7월 26일, 1925년 5월 21일, 1931년 1월 31일; 9월 1일; 9월 2일, 1939년 12월 21일, 1946년 1월 11일, 1950년 3월 13일 자.

Dunkirk Evening Observer: 1928년 5월 23일 자.

Edinburgh Evening Times: 1924년 7월 24일, 1925년 6월 29일 자.

Evening Citizen: 1924년 1월 20일; 2월 7일; 7월 12일; 7월 14일 자.

Evening Dispatch: 1924년 7월 21일 자.

Evening Independent: 1924년 5월 19일 자.

Evening News: 1924년 5월 27일; 6월 5일 자.

Evening Standard: 1924년 7월 8일; 7월 9일; 7월 10일; 7월 11일; 7월 12일; 7월 15일; 7월 16일; 7월 22일 자.

Evening Telegraph: 1923년 7월 30일 자.

Field: 1924년 7월 17일 자.

Football Post: 1924년 9월 1일; 9월 8일; 9월 22일 자.

The Game: 1989년.

Glasgow Herald: 1924년 7월 12일; 7월 14일; 7월 22일; 7월 23일; 7월 24일; 7월 25일, 1992년 1월 3일, 2007년 8월 11일; 8월 15일, 2008년 2월 15일, 2009년 11월 23일, 2011년 9월 24일 자.

Good Housekeeping: 1923년 7월.

Gloucester Citizen: 1923년 7월 23일; 7월 30일 자.

Gloucester Journal: 1923년 8월 4일 자.

The Guardian: 1920년 5월 28일, 1923년 5월 22일, 1924년 5월 4일; 7월 17일; 8월 3일, 1925년 1월 4일; 2월 4일; 2월 26일; 4월 7일; 5월 7일; 5월 29일; 5월 31

일; 8월 25일, 1927년 3월 26일; 3월 28
일; 3월 29일, 1928년 4월 9일; 5월 14일,
1929년 8월 16일, 1930년 6월 6일; 12
월 2일, 1931년 8월 4일; 9월 1일; 10월
7일, 1937년 7월 27일; 8월 2일; 8월 14
일; 8월 17일; 9월 27일; 9월 29일; 10월
2일, 1945년 5월 11일, 1960년 9월 13
일, 1981년 10월 8일, 1990년 10월 6일,
1991년 6월 8일; 6월 9일; 1998년 3월 9
일, 1999년 7월 5일; 10월 14일; 12월 9일,
2003년 10월 25일; 2012년 1월 4일 자.

Hamilton Evening Journal: 1927년 3월
25일 자.

Hartford Courant: 1924년 7월 12일 자.

Herald Zeitung: 1999년 7월 1일 자.

Hi-Desert Star: 2000년 12월 2일 자.

Illustrated London News: 1924년 5월 31
일 자.

Irish Times: 1924년 7월 12일; 7월 19일 자

The Journal: 1924년 7월 12일; 7월 13일;
7월 14일 자.

Lancashire Evening Post: 1939년 9월 4일 자

Le Gaulois: 1924년 1월 7일; 4월 25일 7
월 10일; 7월 12일; 7월 15일, 1984년 8
월 22일 자.

Le Populaince: 1924년 1월 21일 자.

Le Temps: 1924년 7월 13일 자.

Le Miroir des Sports: 1924년 7월 5일; 7
월 12일; 7월 19일 자.

Leader Magazine: 1945년 5월 26일 자.

Lebanon Daily News: 1924년 3월 31일 자.

Life: 1981년 10월.

Life of Faith: 1924년 7월 30일 자.

Lincoln Evening Journal: 1928년 5월 18일 자.

Lincoln State Journal: 1924년 7월 26일,
1928년 5월 18일 자.

Literary Digest: 1924년 7월 26일; 8월 2일;
8월 30일 자.

London Gazette: 1924년 10월 21일 자.

Los Angeles Times: 1924년 3월 22일; 7월
10일; 7월 12일, 1928년 5월 13일, 1945
년 11월 11일 자.

Manchester Evening News: 1924년 7월
24일, 7월 26일, 7월 28일 자.

Modern Maturity: 1983년 4-5월.

Modesto Bee: 1934년 6월 15일 자.

Morning Post: 1924년 6월 24일; 7월 7일;
7월 11일; 7월 12일; 7월 14일 자.

Motherwell Times: 1924년 12월 12일; 12
월 19일 자.

New Castle News: 1924년 4월 24일 자.

New Statesman: 1924년 7월 26일 자.

New York Herald Tribune: 1924년 4월 25
일; 4월 27일; 5월 5일; 7월 5일; 7월 6일;
7월 8일; 7월 9일; 7월 10일; 7월 11일; 7
월 13일; 7월 14일 자.

New York Times: 1924년 7월 13일, 1927
년 3월 20일, 1937년 7월 4일; 7월 8일;
7월 11일; 7월 12일; 7월 13일, 2005년 7
월 2일 자.

News of the World: 1924년 7월 13일; 7월
20일; 7월 27일 자.

North China Marine: 1946년 5월.

North West Arkansas Times: 1937년 7월
29일 자.

Nottingham Evening Post: 1924년 6월 9
일 자.

The Observer: 2008년 6월 29일 자.

Olean Evening Times: 1924년 4월 26일 자.
Ottawa Journal: 1939년 6월 30일 자.
Outlook: 1925년 7월 22일, 1926년 8월 14일 자.
Peterhead Congregational Church Magazine: 2012년 여름; 가을; 크리스마스, 2013년 여름, 2013년 스코틀랜드 위크 특집; 가을; 크리스마스, 2014년 부활절 호.
The Referee: 1924년 7월 20일; 7월 21일; 7월 28일 자.
San Bernardino Daily: 1924년 7월 12일; 7월 18일; 11월 24일 자.
Scotsman: 1924년 3월 11일; 7월 14일; 7월 19일; 7월 23일, 1925년 12월 12일, 1930년 7월 7일, 1931년 10월 1일, 1945년 5월 19일 자.
South China Morning Post: 2008년 5월 4일 자.
Southern Reporter: 2012년 6월 2일 자.
Sporting Chronicle: 1924년 6월 4일; 6월 19일 자.
Sporting Life: 1923년 7월 9일; 7월 11일, 1924년 5월 30일; 6월 23일; 7월 10일; 7월 22일; 7월 30일 자.
Sportsman: 1924년 5월 30일; 7월 21일; 7월 23일 자.
The Stage: 1924년 4월 26일 자.
Straits Times: 1931년 11월 2일 자.
Sunday Chronicle: 1924년 5월 25일; 7월 18일; 7월 25일 자.
Sunday Mail: 1925년 6월 28일, 2007년 8월 12일 자.
Sunday Post: 1925년 5월 31일, 1931년 6월 28일 자.
Sunday Telegraph: 2000년 8월 27일 자.
The Sunday Times: 1924년 7월 13일, 1925년 4월 19일; 9월 6일, 1981년 3월 8일, 1989년 2월 12일, 1992년 6월 14일, 1996년 6월 23일; 7월 14일, 1999년 8월 1일, 2000년 6월 4일 자.
Time: 1924년 7월 14일; 7월 21일; 7월 29일 자.
The Times: 1922년 5월 29일, 1923년 1월 7일; 5월 25일; 7월 8일; 7월 9일; 8월 6일; 8월 7일, 1924년 7월 12일; 7월 14일; 7월 22일; 7월 25일, 1925년 6월 20일; 6월 25일, 1930년 12월 22일, 1931년 5월 6일; 7월 10일; 7월 16일; 8월 17일; 9월 3일; 9월 9일; 9월 16일; 9월 17일; 9월 19일; 9월 21일; 9월 22일; 9월 29일; 10월 6일; 10월 17일 자.
Titusville Herald: 1991년 7월 19일 자.
Toronto Star: 1923년 11월 7일, 1924년 1월 31일; 4월 28일; 6월 23일; 7월 9일; 7월 15일; 7월 28일; 8월 9일; 8월 16일; 8월 18일; 10월 29일, 1925년 3월 4일; 3월 16일; 7월 17일, 1932년 7월 9일; 8월 5일, 1945년 5월 4일 자.
Washington Post: 1924년 4월 29일 자.
Western Gazette: 1924년 7월 21일 자.
Western Morning News: 1939년 10월 31일 자.
Winnipeg Evening Tribune: 1924년 7월 11일; 7월 12일; 12월 16일, 1925년 8월 6일, 1940년 10월 4일 자.
World Sports: 1961년 1월.
Yorkshire Post: 1939년 9월 5일 자.

도서

The Olympics: From Athens to Athens (Weidenfeld, 2008), 작가 미상.
What is the Oxford Group? (Oxford University Press, 1933), 작가 미상.
A. C. Wolf, *Against All Odds: Sisters of Providence in China* (Sisters of Providence, 1990).
A. J. Broomhall, *Hudson Taylor and Chin's Open Century* (Hodder, 1982).
A. J. Hanson, *Expatriate Paris* (Arcade, 2012).
A. J. P. Taylor, *The Oxford History of England, 1914-1945* (Oxford University Press, 1965).
A. Nicholson, *Among the Bohemians* (Viking, 2002).
B. Dobbs, *Edwardians at Play* (Pelham, 1973).
B. W. Tuchman, *Sand Against the Wind: Sitwell and the American Experience in China 1911-45* (Macmillan, 1970).
C. Landon, *Classic Moments of Athletes* (Moorland Publishing, 1982).
C. Swift, *Men of Faith: Eric Liddell* (Marshall Morgan and Scott, 1990).
C. Walker, *A Legacy of Scots* (Mainstream, 1988).
D. C. Hulme, *Tientsin* (Lumix, 2002).
D. J. Taylor, *On the Corinthian Spirit* (Yellow Jersey, 2006).
D. Kerr & J. Kuehn (eds.), *A Century of Travels in China* (Hong Kong Unveislty Press, 2007).
D. Williamson, *Chariots to China* (Goodwill, 1991).
E. Caughey, *Eric Lidell: Gold Medal Missionary* (Barbour PUblishing, 2000).
E. Goldsmith, *God Can Be Trusted* (OM, 1984).
E. Goldsmith, *The Guide to Track and Field Literature, 1275-1968* (Athletics Arena, 1969).
E. Jocelyn & A. McEwan, *The Long March* (Constable, 2006).
E. S. Jones, *The Christ of the Mount* (Hodder, 1931).
E. T. Thompson (ed.), *Theodore White at Large* (Pantheon, 1992).
F. L. Allen, *Only Yesterday: An Informal History of the 1920s* (Wiley, 1997).
F. Osborne, *Lilla's Feast* (Transworld, 2004).
G. Benge & I. Benge, *Eric Lidell: Something Greater Than God* (YAM, 1998).
G. Brown, *Wartime Courage* (Bloomsbury, 2008).
G. Lean, *Frank Buchman: A Life* (Constable, 1985).
G. Leck, *The Japanese Internment of Allied Civilians in China and Hong Kong, 1941-45* (Shandy Press, 2006).
G. Wright, *Olympic Greats* (Queen Anne Press, 1980).
H. A. Meyer, *Athletics by Members of the Achilles Club* (Dent, 1955).
H. Abrahams, *Sportsgraph* (Young World, 1972).

H. Begbie, *Life Changers* (Booksurge Publishing, 2009).

H. Taylor, *Early Years*, Vol. 1 (CIM, 1911).

I. Chang, *The Rape of Nanking* (Basic Books, 1997).

I. Wilson, *Complete Surrender: A Biography Eric Liddell* (Monarch, 2012).

I. Wortherspoon, *The Scots and China* (CreateSpace, 2013).

J. Bradbury, *Forgiven But Not Forgotten* (2000), 저자가 직접 출간.

J. Chang & J. Halliday, *Mao: The Unknown story* (Knopf, 2005).

J. Chapman, *Past and Present: National Identity and the British Historical Film* (1 B Tauris, 2005).

J. Gunther, *Inside Asia* (Hamish Hamilton, 1939).

J. Gunther, *Procession* (Harper & Row, 1965).

J. Lucas, *1930s* (HarperPress, 1978).

J. Malies, *Sporting Doubles* (Robson, 1998).

J. Payton & B. Spencer, *Champions in the Making* (Pelham, 1969).

J. Robies, *Henry Luce: His Life, Times and Fortune* (Macdonald, 1965).

J. Taylor, *The Struggle for Modern China* (Harvard University Press, 2001).

J. W. G. Bruce, *Birds in the Fowlers'Net* (1985), 개인적으로 출간.

K. T. Malcolm, *We Signed Away Our Lives* (InterVarsity Press, 1990).

M. Dyreson, *Making The American Team: Sport, Culture and the Olympic Experience* (University of Illinois Press, 1997).

M. Feldon, *Children of the Camps* (Pen & Sword, 2011).

M. Gilbert, *Churchil: A Life* (Heinemann, 1991).

M. Helsby & C. Helsby, *He Goes Before Them... Even into Prison* (OMS, 1993).

M. Philips & M. Hadden, *Behind stone Walls and Barbed Wire* (BMA, 1991).

M. Pugh, *We Danced All Night: A Social History of Britain Between the Wars* (Bodley Head, 2008).

M. R. Gibson, *An Intrepid Woman: The Odyssey of dorothy McLorn* (Metador, 2009).

M. Servatia, *A Cross in China* (Cuchullian Publications, 1989).

M. Shearman, *Athletics and Football* (1901).

N. Tyrer, *Stolen Childhoods* (Weidenfeld, 2011).

P. Fleming, *News from Tartary* (Cape, 1936).

P. Fleming, *To Peking* (Tauris Parke, 2009).

P. Gallico, *Farewell to Sport* (Simon & Schuster, 1988).

P. Lovesey, *The Official History of the AAA* (Guinness, 1979).

P. Watkins, *Eric Liddell: Born to Run* (JM Books, 1993).

P. Ziegler, *King Edward VIII* (Collins, 1990).

R. Mead, *Churchill's Lions* (Spellmount, 1997).

R. Philip, *Scottish Sporting Legends*

(Mainstream, 2012).

R. Witt, *A Lifetime of Training for Just Ten seconds*(Bloombury, 2012).

S. Magnusson, *The Flying Scotsman*(Quartet, 1981).

T. H. White, *In Search of History*(Harper & Row, 1978).

T. Morgan, *FDR: A Biography*(Grafton, 1981).

W. Craigh, *The Fall Of Japan*(Dial Press, 1967).

W. H. Auden & C. Isherwood, *Journey to a War*(Faber, 1939).

라디오, 텔레비전 프로그램

BBC Radio Tweed, 제니 리델과의 인터뷰.
I Knew Eric Liddell, BBC, 1954(드라마).
Sporting Witness, BBC World Service, 2011.
Stories from History: Eric Liddell, BBC, 1956.
The Flying Scotsman, BBC, 1984.
The Real Chariots of Fire, ITV1, 2012.
The Story of Eric Liddell, Olympic Champion, Man of Courage, Day of Discovery, 2011.

찾아보기

이탤릭체로 된 숫자는 사진을 가리킨다.

ㄱ

가마지스 백화점 98
간디, 마하트마(Gandhi, Mahatma) 326
갈런드, 주디(Garland, Judy) 360
강신술 179
개럿, 로버트(Garrett, Robert) 101
개선문(파리) 87
갤리코, 폴(Gallico, Paul) 166
건서, 존(Gunther, John) 389
「건초열」(연극) 390
고야스, 제이콥(Goyas, Jacob) 375-376, 385
골드스미스, 올리버(Goldsmith, Oliver) 272
공중 투하, 미국 412, 431-433
관동군 253

교황 비오 12세 376
구세군 107, 339, 389-390, 410, 433
국내 선교 연합(Home Mission Union) 72
국제연맹 253
『굿 하우스키핑』 933
그랜던, 오브리(Grandon, Aubrey) 364-367, 365, 391, 407, 409-410, 448
그런디 여사』(프라이어) 104
그레이시(Gracie), A. L. 87
『그림 형제 동화집』 92
『근대 중국사』(펜비) 252, 256, 260-261
『글래스고 헤럴드』 65, 128, 146, 163
금이빨(간수) 351-352, 390
길키, 랭던(Gilkey, Langdon) 334, 337, 369, 384, 388, 403, 415-416, 432-433

ㄴ

나가사키 원자폭탄 432
나이팅게일, 플로렌스(Nightingale, Florence) 197
「날아오르는 그네들」(소퍼) 184
남만주 철도 회사의 기념 행사 218
「남성」(엡스타인) 365
네덜란드령 동인도 제도 328
넬슨, 알렉(Nelson, Alec) 39-40, 83, 90, 169, 215
노동자와 농민들의 홍군 252-254, 254-255
노엘베이커, 필립(Noel-Baker, Philip) 90-91, 114, 120, 161, 162, 170-171, 215
누르미, 파보(Nurmi, Paavo) 134, 159, 161-162, 220, 391
누브샤펠 전투 41
『뉴스 오브 더 월드』 110
뉴욕 자이언츠 팀 126, 406
『뉴욕 타임스』 28, 152, 153, 216, 252, 430
『뉴욕 헤럴드 트리뷴』 146
능지처참 230
니타마루호 314-315

ㄷ

담배 46
대영제국 대 미국의 경주 176-178
대장정 254-255
『대지』(벅) 21
대평원 52-53, 207, 274
『더 스튜던트』 83
『더 타임스』 83, 152, 192, 194, 202, 225, 229, 247, 430
더빈, 디나(Durbin, Deanna) 360
더저우 265
던더스 스트리스 회중 교회(글래스고) 180
『데일리 메일』 28, 97, 106, 177, 216
뎀프시, 잭(Dempsey, Jack) 166, 169
『도난당한 편지』 289
도박 37
독일
  뮌헨 조약 285
  베르사유 조약 193
  제2차 세계대전 295-296, 299, 302, 305, 306, 312, 316-318, 361
『두 도시 이야기』(디킨스) 414
드 재거, 레이먼드(de Jaegher, Raymond) 360, 401
드골 앙토니오즈, 쥬느비에브(de Gaulle-Anthonioz, Genevieve) 385
드리맨, 스코틀랜드 49, 56, 231
디킨스, 찰스(Dickens, Charles) 388, 414
딕슨, 앤드류 그레이엄(Dixon, Andrew Graham) 185-186

ㄹ

라벤스부르크 여자 수용소 385
라이스, 그랜트랜드(Rice, Grantland) 146, 165
『라이프 오브 페이스』(신문) 106
라킨, 필립(Larkin, Philip) 450
래빙턴 하트, 새뮤얼(Lavington-Hart, Samuel) 202-203, 204, 260
럭비 86-87, 151
런던 YMCA 180

런던 공습 312
런던 올림픽(1908년) 102, 178
『런던 이브닝 뉴스』154-155
레닌그라드 포위전 316
렙턴 공립학교 82
로, 더글러스(Lawe, Douglas) 83, 112, 120, 161, 168, 170, 216
로몬드 호수 49
로빈슨, 해리 페리(Robinson, Harry Perry) 152
로스엔젤레스 올림픽(1932년) 221-222, 367, 459
로열아카데미의 작품 184
루거우차오 사건 256
루스, 베이브(Ruth, Babe) 165-166, 168
루스, 헨리(Luce, Henry) 21
루스벨트, 프랭클린(Roosevelt, Franklin) D. 316, 318, 326, 359, 360
리다자오 251, 252
리델, 로버트(Liddell, Robert) 61, 69, 183, 217, 262, 295, 300
    가족의 재회 197, 200-201, *200*
    샤오창에 대한 의무 262-273, *273*
    엘섬 칼리지 58-60, *58*, 65
    탄생과 어린 시절 52, 56, *57*
리델, 메리 레딘(Liddell, Mary Reddin) 49-56, *49*, 60, 235
리델, 모린(Liddell, Maureen) 316, 319, *320*, 397, 436, 440, 441-444, *443*
리델, 어니스트(Liddell, Ernest) 60, 197, 200-201, 236, 298
리델, 에릭(Liddell, Eric)
    가족 배경 48-54
    가족의 재회 197, 200-201, *200*
    겉모습 19, 28, 298, 364, 404

경주(아래의 "파리 올림픽"도 보라.) 60, 64, 65, 80-81, 114-115, 116, 188, 357-358
    남만주 철도 회사 행사에서의 경주 218
    대영제국 대 미국의 경주 176-178
    3개국 국제 대회 80, 88-89, 113
    스코틀랜드 AAA 선수권전 64, 80, 81-82, 116, 188
    에든버러 대학교 육상부 연례 대회 42-45, 80, 111, 114-115
    AAA 선수권전 81-82, *84*, 84-87, 116
    웨이셴 수용소에서의 마지막 경주 407-411
    톈진에서의 시범 경기 *221*, 220-222
    펜실베이니아 대학교에서의 경기 112-114, 158
노엘베이커와 에릭 리델 90, 120, 161, 162, 170-171
리델 추모 기금 447
맥커처와 에릭 리델 *40*, 41-48, 61-65, 86-87, 89, 109-111, 114-116, 121-122, 136, 148, 183, 391
명성 29, 134, 155, 166-167, 234
무덤 427, *428*, 434
버컨과 에릭 리델 199, 213, 272-273, 280-282, 294-295, 404-405, 416, 418, 422, 424, 447-448
사진관에서 찍은 에릭 리델의 인물 사진 *18*, 19
샤오창에 대한 의무 262-273, *273*
    가는 도중의 사진 262-264, *263*
    도둑질 265-266, 269-271
샤오창에서의 에릭 리델 257, 260, 273-292, 303-307

찾아보기

선교 사역 22-24, 30-32, 170-171, 195-196, 199, 224-225, 228-230, 249-250, 258-260, 280-290, 438-439
스포츠맨 정신 26-27, 153, 160, 181, 381
아버지의 죽음 231-233
아일린 소퍼와 에릭 리델 92-94, 183-188, 235
  초상화 183-186, *185*, 441, 451
암스테르담 올림픽과 에릭 리델 175, 178, 206, 214-220
에든버러 대학 시절 24-25, *40*, *42*, 42-45, 61-66, 86, 92
  에든버러 대학교 졸업식 156-158, *157*
엘섬 칼리지 시절 56-60, *58*, *59*, 64, 75, 92, 160
웨이셴 수용소에서의 에릭 리델 13-17, 20-24, 330-337, 377-385, 457
  건강이 악화되고 아픔 404-405, 407, 412-423
  긍정적인 태도 334-337, 394
  수감자들에게 정서적 지원을 베풂 344-345
  안식일 스포츠 382-383
  육상 경주 13-14, 362-367, 379-381, 407-411
전도 집회 88, 163, 178-183, 188-190, 228, 280-281, 282
  설교와 설교문 작성 75-79, 323-327
  아마데일에서의 만남 66-67, 68-70, 79
종교적 신념 22-25, 60-61, 62, 70, 118, 222-224, 324-326, 385-388
주법과 걸음걸이 28, 47-48, 61-63, 119

죽음 30-31, 423-427
중국에 대한 유대감 195-197, 300-301
출생과 어린 시절 31, 52-61, *55*, *57*
카컨트에서 보낸 휴가 299-300, 358
파리 올림픽 이후의 제의 29, 166-171
파리 올림픽 이후의 축하 154-160
파리 올림픽(1924년) 119-128, 134-138, 152-153, 406
  개막식 122-123
  금메달 14, 147, 182, 183, 314, 319, 441
  올림픽을 준비하다 109-112, 114-115, 116-117, 135-137
  일요일 출전 기권 24, 99-111, 114, 119, 382
  200미터 종목 127-128
  400미터 종목 24, 100, 109, 110-111, 113, 120, 127, 128-132, *130*, 134, 137-150, *144*, *145*, *147*, *148*
플로렌스와 에릭 리델("리델, 플로렌스 진 맥켄지"를 보라.)
휴가, 쉼 228-233, 243, 294, 296-300
리델, 재닛 "제니"(Liddell, Janet "Jenny") 54, 56, *57*, 60, 71, 189, 197, *200*, 237, 299
리델, 제임스 던롭(Liddell, James Dunlop) 48-54, *49*
  선교 사역 48-51, 52-54, 60-61, 194-196, 222-224, 235, 281
  죽음 232-233
리델, 패트리샤(Liddell, Patricia) *283*, 294, 358, 397, 430, 441-447, *443*
  가족사진 319, *320*, 442
  이후의 삶 456-457
  탄생 248

511

리델, 플로렌스 진 맥켄지(Liddell, Florence Jean MacKenzie) 235-249, 236, 244
   결혼과 신혼여행 244-246, 245, 247
   리델과의 나이 차이 237, 240
   배경 235-236
   이후의 삶 452-457
   적십자사 편지와 메시지 435-439, 437
리델, 헤더(Liddell, Heather) 248, 264, 283, 294, 313, 314, 346, 358, 397, 430
   가족사진 319, 320, 442
   이후의 삶 455-456
『리터러리 다이제스트』 168
리톨라, 빌레(Ritola, Ville) 134
린, 베라(Lynn, Vera) 316

ㅁ

마리넬리스, 알렉스(Marinellis, Alex) 385
마샬, 아서(Marshall, Arthur) 90, 112-113, 120, 141, 171, 462,
마오쩌둥 193, 252-253, 255
마틴, 조지(Martin, George) R. R. 251
만주 253
매킨리, 윌리엄(McKinley, William) 152-153
맥커처, 에릭 리델(McKerchar, Eric Liddell) 183, 303
맥커처, 톰(McKerchar, Tom) 35-48, 183, 303
   리델과 맥커처 40, 41-48, 61-65, 86-87, 89, 109-111, 114-116, 121-122, 136, 148, 183, 391
   맥커처의 죽음 303
   맥커처의 훈련 방법 36-42, 43, 45-48, 61-65, 116-117, 136

맥켄지, 애그니스(MacKenzie, Agnes) 236
맥켄지, 휴(MacKenzie, Hugh) 236, 243, 321
맨체스터 대학교 203
머이브리지, 이드위어드 제임스(Muybridge, Eadweard James) 39
메뚜기 떼 209
메이스필드, 존(Masefield, John) 186
멕시코시티 올림픽(1968년) 406
멧카프, 스티브(Metcalf, Steve) 379, 380-383, 381, 408, 411, 416, 425, 427, 434, 449-450
모닝사이드 회중 교회(에든버러) 447
모스크바 올림픽(1980년) 455
모클리, 잭(Moakley, Jack) 131-132, 137
모튼, 토머스(Morton, Thomas) 105
「몰리 말론」(민요) 364
몰린, 해리(Mallin, Harry) 152
무사비니, 샘(Mussabini, Sam) 39-40, 136, 215
무솔리니, 베니토(Mussolini, Benito) 392
무어, 헨리(Moore, Henry) 365
무어푸트 산자락 300
물고문 374
『물의 아이들』(킹슬리) 92
뮌헨 조약 285
미 국무부 340
미국의 올림픽 선수 선발전(1924년) 117
미란다, 카르멘(Miranda, Carmen) 360
미식축구 코치 협회 126
민위안 스타디움 214

ㅂ

『바깥에 머무른 신』(드골 앙토니오즈) 385

찾아보기

바뷰티, 레이(Barbuti, Ray) 218
바지트, 프랭크(Bardgett, Frank) 74
반유대주의 82, 306
반젤리스(Vangelis) 24
발레 27
『배니티 페어』106
백단대전 302
백색테러 252
밸런타인의 육즙 54
뱅 마리아니 37
버니언, 존(Bunyan, John) 332
버마 루트 328
버컨, 애니(Buchan, Annie) 197-199, *199*, *208*, 213
   배경 197-198
   베이징의 애니 버컨 197, 198-199, 316, 402
   샤오창의 애니 버컨 198-199, 207-212, 217, 273-282, 306
   웨이셴 수용소에 도착 400, 402-405
      리델의 병든 상태 404-405, 416-417, 418, 422
      리델의 죽음 422, 424
   이후의 행적 447-448
버틀러, 가이(Butler, Guy) 83, 90, 91, 216
   대영제국 대 미국의 경주 176
   올림픽 이후의 삶 171
   파리 올림픽(1924년) 120, 123, 125, 126, 131, 137, 141, 143
버호번, 레너드(Verhoeven, Leonard) 335
벅, 펄(Buck, Pearl) S. 21
번 존스, 에드워드(Burne-Jones, Edward) 62
번즈, 로버트(Burns, Robert) 224-225
벌리, 데이비드(Burghley, David) 90, 91, 100, 112
베그비, 해럴드(Begbie, Harold) 74
베르사유 조약(1919년) 193
베른, 쥘(Verne, Jules) 389
베를린 올림픽(1926년) 220
베를린(삼국동맹) 조약 306
베이다이허 55, 197, 199, 206, 261
베이든 파월, 로버트(Baden-Powell, Robert) 255
베이어드상 65
베이징 올림픽(2008년) 457
베이징에서의 싸움 51, 247, 260
베처먼, 존(Betjeman, John) 169
벤네비스 43
벤험, 존(Benham, John) 120-121, 135, 147-148
「보물섬」(라디오 프로그램) 155
보스, 히에로니무스(Bosch, Hieronymus) 347
보스웰, 제임스(Boswell, James) 389
볼튼 원더러스 165
부크먼, 프랭크(Buchman, Frank) 74, 229
북미의 원주민 313
북중국 선수권전 228
「불의 전차」(영화) 25, 29, 31-32, 81-82, 99-100, 163, 448, 455
브라운, 짐(Brown, Jim) 27
브레히트, 베르톨트(Brecht, Bertolt) 415
BOA(British Olympic Association, 영국 올림픽 협회) 95-99
   암스테르담 올림픽과 BOA 215-217
   올림픽 이후의 리셉션 164-166
   파리 올림픽(1924년) 95-108
      에릭 리델의 일요일 출전 기권 24, 99-111, 114, 119, *382*

위원회 회원 96-97
유니폼과 숙박 시설 98-99
팀을 위한 모금 활동 97
블라이턴, 에니드(Blyton, Enid) 300
블로흐, 칼(Bloch, Carl) 326
비몬, 밥(Beamon, Bob) 406
B-29 "플라잉 엔젤" 432-433
빅토리아 여왕 36
빙크스, 조(Binks, Joe) 110-111, 112-113, 138, 140-141

ㅅ

4.12 사건(1927년) 260
『산둥 수용소』(길키) 334, 336-337
산상설교 223, 229, 325-327, 387, 426
『산상의 그리스도』(존스) 326, 332
산적(강도) 50, 226-227, 248, 269
『삶을 변화시키는 사람들』(베그비) 74
3개국 국제 대회 80, 88
삼국동맹 조약 306
상하이 전투 254, 260
샌프란시스코 포티나이너스 팀 406
샤오창 52-53, 198-199, 250
　샤오창에서의 버컨 198-199, 207-212, 217, 273-282, 306
　샤오창의 리델 257, 260, 273-292, 303-307
섀클턴, 어니스트(Shackleton, Ernest) 74
서덜랜드 레브슨 고어, 조지(Sutherland-Leveson-Gower, George) 96
서머빌, 찰스(Somerville, Charle) 299
서순, 시그프리드(Sassoon, Siegfried) 96
석탄의 부족 289

선교사 자녀 남학교(블랙히스) 56
『선데이 크로니클』 127
성 자일스 성당 158
성경 훈련원(글래스고) 73
『성녀 조앤』(희곡) 190
셰익스피어, 윌리엄(Shakespeare, William) 38, 94, 388, 423
소퍼, 아일린(Soper, Eileen) 92-94, 93, 113, 183-188, 235
　리델의 초상화 183-186, 185, 441, 451
　「E. L.에게」 186-188
　이후의 삶 451
소퍼, 조지(Soper, George) 92-93, 183-184
소프, 짐(Thorpe, Jim) 155
솔로몬 군도 328
솜 전투 73
쇼, 조지 버나드(Shaw, George Bernard) 190, 390
숄츠, 잭슨(Scholz, Jackson) 125, 128, 142
수수 208
슐레겔, 카타리나 폰(Schlegel, Katharina von) 282
스미슨, 포레스트(Smithson, Forrest) 102
스칼릿, 도로시(Scarlett, Dorothy) 204
스칼릿, 에릭(Scarlett, Eric) 203-204, 226-227
스캇, 메리(Scott, Mary) 342, 345, 348, 390, 415, 432
스캔런, 패트릭(Scanlan, Patrick) 358, 360, 362, 370-376, 390, 400-401
스코틀랜드 국립 초상화 미술관 441
스코틀랜드 AAA 선수권전 64, 80, 81-82, 116, 188, 218, 228
스코틀랜드 FA 컵 36

스코틀랜드 회중 대학 164, 224
『스코틀랜드인』 76, 89, 128, 149
스타인, 거트루드(Stein, Gertrude) 118
스태그, 에이머스 알론조(Stagg, Amos Alonzo) 126, 137
스탠퍼드 대학교 216
스탬포드 브리지에서 열린 AAA 선수권전 81-82, 84, 84-87, 116
스터드(Studd), C. T. 67-68
스텐로스, 알빈(Stenroos, Albin) 134
스톡홀름 올림픽(1912년) 91, 155
스톨러드, 헨리(Stallard, Henry) 83, 90-91, 123, 159-162, 171, 391
스트랭크스, 조이스(Stranks, Joyce) 378, 389, 420, 422, 436
스티븐슨, 로버트 루이스(Stevenson, Robert Louis) 198
스펜서, 에머슨 '버드'(Spencer, Emerson 'Bud') 216
『스포팅 라이프』 105
시베리아 횡단 급행열차 196
시베리아 횡단 철도 218
시벨리우스, 얀(Sibelius, Jean) 282
시장의 대장 266-271
시크, 맥스(Sick, Max) 45-46, 220
시포스 하이랜더 72
신축 조약 52
신해혁명 192
싱가포르 328, 432
쑨원 192, 251
쑹메이링 251
CIM(China Inland Mission, 중국 내지 선교회) 370
CIM의 학교(즈푸) 377

ㅇ

「아담과 하와」(무어) 365
아마데일, 스코틀랜드 66-71
아마추어 40, 64, 167
『아시아의 내부』(견서) 389
IOC(International Olympic Committee, 국제 올림픽 위원회) 151
일요일 경기와 리델 24-25, 100-111, 119, 382
아킬레스 클럽 112
아테니아호 296
아틀라스, 찰스(Atlas, Charles) 45
아편 210, 230
안트웨트펜 올림픽(1920년) 91, 101, 131
알리, 무하마드(Ali, Muhammad) 28
암스테르담 올림픽(1928년) 175, 178, 206, 214-220
암스트롱, 루이(Armstrong, Louis) 390
애리조나호 318
「어런들 무덤」(라킨) 450
에놀라 게이 431
에드워드 8세 97
에든버러 대학교 36, 169, 407, 438
에든버러 대학교의 리델 24-25, 40, 42, 42-45, 61-66, 86, 92
에든버러 대학교 졸업식 156-158, 157
에든버러 대학교 육상부 42
에든버러 대학교 육상부 연례 대회 42-45, 80, 111, 114-115
『에든버러 이브닝 뉴스』 106, 128, 149, 303
SCM(Student Christian Movement, 학생 기독 운동) 203

에이브러햄스, 해럴드(Abrahams, Harold) 81-87, 109
  대영제국 대 미국의 경주 176
  렙턴에서의 반유대주의 82
  스탬포드 브리지에서의 AAA 선수권전 83-87, 407
  암스테르담 올림픽과 BOA 216
  올림픽 이후의 삶 168, 171
  이후의 행적 448-449
  파리 올림픽 25, 26, 98, 124-128
    100미터 종목 24, 84, 124-127, 135-136
    200미터 종목 127-128
AAA(Amateur Athletic Association, 아마추어 육상 협회) 80-81, 215
HAM(Heart of Africa Mission, 아프리카 심장 선교회) 67
FA 컵 164-165
엘섬 칼리지 56-60, 203
LMS(London Missionary Society, 런던 선교회) 48-56, 62, 195-201, 217, 222-224, 249-250, 262, 290, 295, 296-297, 313-314, 329
엡스타인, 제이콥(Epstein, Jacob) 365
연합 자유 교회 66
영국
  제2차 세계대전 296-302, 305, 316, 318, 333
  중국 내 거류지 201
영국 성서 공회 230
영국 AAA 선수권전("스탬포드 브리지에서의 AAA 선수권전"을 보라.)
영국 학술원 204
영국 해군 299, 301, 302

영중 스포츠 선교회 214
영중 학교(톈진) 171, 178, 194, 201, 202-206, 217, 228, 249, 255, 257, 260, 261
예일 대학교 126, 171
5.4 운동 193
5.30 사건 194
오스본, 해럴드(Osborn, Harold) 134
OMF(Overseas Missionary Fellowship, 해외 선교회) 449
오웰, 조지(Orwell, George) 191
옥스퍼드 그룹 74, 229
『옥스퍼드 영국사』 179
『옥스퍼드 영영사전』 159
『올 스포츠 일러스트레이티드 위클리』 107, 215
올림픽경기에서의 반미주의 151-152
와이즈뮬러, 조니(Weissmuller, Johnny) 134, 168
와일드, 오스카(Wilde, Oscar) 157
『왕좌의 게임』(마틴) 251
요강 343
우즈, 타이거(Woods, Tiger) 27
워싱턴, 부커(Washington, Booker) T. 325
워털루 전투 202
월폴, 로버트(Walpole, Robert) 96
웨스트햄 유나이티드 165
웨슬리, 존(Wesley, John) 180-181
「웨이셴 블루스」(노래) 393
웨이셴 수용소에서의 빵 354
웨이셴 수용소에서의 야구 시합 390-391
웨이셴 포로수용소 13-17, 20-24, 30-32, 330-434, 363, 369, 413
  개인 공간과 프라이버시의 결여 339-340
  기후와 날씨 350

찾아보기

대출용 도서관 388-389
루머와 가십 358-361
배경 21-22
병원 343, 368, 386, 394, 402, 404, 414, 417, *419, 421,* 424
사회계층 338-339
선교사들과 성직자들 368-370
성관계 384
수감자들의 도착 330-331, 332-334
수용소의 국적 21, 339
수용소의 도면 *335*
수용소의 해방 431-434
식사와 배급 15, 353-355, 393, 402-403, 415
아동과 청소년 22, 377-379
암거래 356, 370-377, 400
연극과 쇼 390
옷 347-349
운동경기 14-15, 362-368, 379-383, 390-391, 406-411
크리스마스 392
행정 위원회 341-342
웨이팡 17-19, 20, 441-442
웰스(Wells), H. G 389
웰스, 앨런(Wells, Allan) 455
웹, 비어트리스(Webb, Beatrice) 157
웹스터 톰(Webster, Tom) 28
위안스카이 192
윌리엄스, 테드(Williams, Ted) 28
윌스, 헬렌(Wills, Helen) 152
유니언 교회, 톈진 206, *211,* 212, 231, 234, 236
  에릭과 플로렌스의 결혼 244-246, *245*
  육군 공병대 203

육군 병참 부대 72
육상 뉴스와 자전거 저널』 112, 167, 177-178
의화단 사건 50, 51-53, 223, 247
『이브닝 스탠더드』 105
「이상한 나라의 앨리스」(학교 연극) 58
이스턴 시립 85, 124
「E. L.에게」(소퍼) 186-188
이튼 칼리지 67, 202
일본 영사관 337
일본("웨이셴 수용소"도 보라.)
  베르사유 조약 193
  샤오창 점령 283-294, 303-307, 328
  제2차 세계대전 306, 313, 316-319, 360, 361, 432
  중국 내 거류지 201
  중일전쟁 256-257, 260-261, 264, 267-268, 274-278, 302, 316-321
『일일 기도서』 346
임바크, 조세프(Imbach, Josef) 129-131, 137, 141, 143, 158

ㅈ

「잠잠하라 내 영혼아」(찬송가) 282-283, 405, 419, 426, 438
장제스 251-254, 260, 318
잭, 데이비드(Jack, David) 165
『쟁기질을 서두르라』(희곡) 105
적십자사 15, 135, 336, 345, 356, 396, 403, 408, 415, 420, 429, 435
『전국 전기 사전』 83
「젊어서 죽은 운동선수에게」(하우스먼) 426
제2차 세계대전 도중의 오스트레일리아

328, 359
제2차 세계대전 중의 이탈리아 295, 306, 361-362, 392
제2차 세계대전("웨이셴 포로수용소"도 보라.) 295-302, 312, 316-318, 359, 361-362
    삼국동맹 조약 306
    진주만 공습 312, 317-318
제23회 슈퍼볼 406
제1차 세계대전 72-73, 151, 160
『제자도』(리델) 323-325, 327, 387, 405, 420, 458
조지 5세 97, 156
조지, 알프레드(George, Alfred) 106-107, 119-121, 125, 175
조지, 월터(George, Walter) 106
존스, E. 스탠리(Jones, E. Stanley) 326, 332
「주간 소년」(오웰) 191
주일 성수 협회(Lord's Day Observance Society) 104-105, 118
중국
    불안정한 상태와 외국인을 향한 적대 191-193, 194-195, 198-199, 217, 225-228
    선교사들과 안전이 보장되지 않음 50-52, 225-228, 247-248
    중국 내 거류지 201, 322, 328-329
    중일전쟁 256-257, 260-261, 264, 267-268, 274-278, 302, 316-321
중국 공산당 193, 252-256, 275, 302
중국 국민당 192, 251-256, 275, 302
중국 국제 방송국(Chinese International Broadcasting Station) 322
중국 내 거류지 201, 322, 328-329
중국어 신약성경 288
중국에 대한 고정 관념 191
중국의 국내 폭력 212
중국의 내전 251-257, 276, 302
중국의 문맹 259
중국인 그리스도인 51-52, 53
중일전쟁 256-257, 260-261, 264, 267-268, 274-278, 302, 316-321
GSEU(Glasgow Students Evangelical Union, 글래스고 학생 복음주의 연합) 66
'진실하다' 76
진주만 공습 312, 317-318

ㅊ

차오양 48-52
『차이나 타임스』 253
찬 욕조 36
찰슨, 이언(Charleson, Ian) 455
창샤 317
창샤에서의 전투 317
창저우 224
창투푸 225
채플린, 찰리(Chaplin, Charlie) 72
처칠, 랜돌프(Churchill, Randolph) 96
처칠, 윈스턴(Churchill, Winston) 296, 305, 316, 318, 333, 457
천두슈 251, 252
『천로역정』(버니언) 332
청방 252
청일전쟁 256
체임벌린, 네빌(Chamberlain, Neville) 285, 296
체코슬로바키아 295
초서, 제프리(Chaucer, Geoffrey) 24

치나이나이(유모) 54
"777" 104

ㅋ

카도건, 제럴드 오클리(Cadogan, Gerald Oakley) 96, 97-100, 119-120
카디프암즈 파크 87
카워드, 노엘(Coward, Noël) 390
카컨트 299-300, 358
캐머런 하이랜더 121, 140, 432
커존, 조지(Curzon, George) 96
컬른, 어거스터스 파운트니(Cullen, Augustus Pountney) 59, 438
   강도와 총소리 226-227
   리델의 종교적 신념과 A. P. 컬른 322, 323-325
   엘섬 칼리지에서의 A. P. 컬른 58-59
   영중 학교에서의 A. P. 컬른 203, 316
   일본의 톈진시 점령 319, 322
케임브리지 대학교 육상 동아리 91
케임브리지 대학교 육상 선수들 83-84, 90-92
   넬슨의 훈련 방식 39-40
   케임브리지 대학교 육상 선수들과 올림픽 이후의 연줄 169
   펜실베이니아 대학교에서의 경기 112-113
켄티시, 레지날드(Kentish, Reginald) 97, 100
코넬 대학교 131
코터릴, 조(Cotterill, Joe) 385, 394, 413, 417, 418, 420, 424, 457, 464
콜롬베 스타디움("파리 올림픽"도 보라.) 87, 121, 123, 135-136, 138-140, 406

쿠베르탱, 피에르 드(Coubertin, Pierre de) 150-151, 153
쿠싱 증후군 454
쿠퍼, 메리언(Cooper, Merian) C. 352
퀴쓰 268
크레이그그로크하트 스타디움 41-42, 111, 114-115, 407
크리건, 존(Cregan, John) 101
크리스티슨, 필립(Christison, Philip) 121-122, 140, 160, 432
클레어, 존(Clare, John) 186
키튼, 버스터(Keaton, Buster) 98
키플링, 러드야드(Kipling, Rudyard) 42
킨지, 댄(Kinsey, Dan) 380
킹슬리, 찰스(Kingsley, Charles) 92
킹콩(간수의 별명) 352

ㅌ

『타임』(잡지) 166, 250, 318
터니, 진(Tunney, Gene) 166
테일러(Taylor), A. J. P. 37, 179
테일러, J. 허드슨(Taylor, J. Hudson) 370
테일러, 존 코어드(Taylor, John Coard) 117, 124, 128, 129, 131, 137, 143, 145, 158
테일러, 허버트 허드슨(Taylor, Herbert Hudson) 370
톈진 조약(1860년) 51, 52
『톈진 타임스』 213-214
토머스, 에드워드(Thomas, Edward) 186
『톰 브라운의 학창 시절』 56
톰슨, 데이비드 패트릭(Thomson, David Patrick) 66-71, 68, 228, 241
   리델과 아마데일에서의 만남 66-67, 68-

70, 79
배경 67, 72-74
이후의 삶 447
톰슨, 바비(Thomson, Bobby) 406
트위드머스(Tweedmouth) 경 96
틴 팬 앨리 347, 363, *366*, 408-410
틸든, 빌(Tilden, Bill) 165
팁튼, 로렌스(Tipton, Laurence) 400-402, 412

ㅍ

파리 올림픽(1924년) 117-153, 159-162, 406
　개막식 122-123
　100미터 종목 124-127, 135-136
　200미터 종목 127-128
　400미터 종목 24, 100, 109, 110-111, 113, 120, 127, 128-132, *130*, 134, 137-150, *144*
파리의 스코틀랜드 교회 163
파오통푸 51
파우더 홀 스타디움 41, 44, 62, 80-81, 115, 441
파푸아 뉴기니 328
8개국 동맹군 51, 52
패독, 찰리(Paddock, Charley) 128, 176
페어뱅크스, 더글러스(Fairbanks, Douglas) 126
『페이머스 파이브』(블라이턴) 300
『페이킹 크로니클』 359, 361
펜비, 조너선(Fenby, Jonathan) 252, 256, 260
펜실베이니아 대학교에서의 경기 112-114, 158, 168

펠처, 오토(Peltzer, Otto) 220-222, *221*, 367
포, 에드거 앨런(Poe, Edgar Allan) 289
포위 토벌 253-254
포트 앨버트 453-454
프라이어, 피터(Fryer, Peter) 104
프랑스의 레지스탕스 385
프린스틴, 마이어(Prinstein, Myer) 101
플레밍, 피터(Fleming, Peter) 196
피치, 호레이쇼(Fitch, Horatio) 117
　대영제국 대 미국의 경주 176-177
　파리 올림픽(1924년) 125-126, 129-131, 137-138, 141-143, *144*, 146-147, *147*
피프스, 새뮤얼(Pepys, Samuel) 209
픽포드, 메리(Pickford, Mary) 126, 190-191
핀다로스 156
「핀란디아」(시벨리우스) 283

ㅎ

하우스먼(Housman), A. E. 426
하트 오브 미들로디언 36
한국전쟁 449
할스웰, 윈덤(Halswelle, Wyndham) 41-42, 178
항공병 298
해리슨(Harrison), E. G. W. W 380
허믈, 아서(Hummel, Arthur) 400-402, 412
허버드, 윌리엄 디하트(Hubbard, William DeHart) 134
헤밍웨이, 어니스트(Hemingway, Ernest) 118
헤이건, 월터(Hagen, Walter) 166, 168
헤이그, 더글러스 96
호크스 클럽 84
홀, 머리(Hall, Murray) 454

홀, 지니(Hall, Jeannie) 454
홉스, 잭(Hobbs, Jack) 165, 169
홍콩 201, 226
화이트, 시어도어(White, Theodore) H. 250-251, 252
「황폐한 마을」(골드스미스) 272
후투오허 267-271
『훌륭한 운동선수가 되는 법』(시크) 45
휴런호 453-454
히로시마 원자폭탄 431-432
히로시마와 나가사키의 원자폭탄 431-432
히틀러, 아돌프(Hitler, Adolf) 285, 295, 312, 430
히포크라테스의 선서 293

홀, 지니(Hall, Jeannie) 454
홉스, 잭(Hobbs, Jack) 165, 169
홍콩 201, 226
화이트, 시어도어(White, Theodore) H. 250-251, 252
「황폐한 마을」(골드스미스) 272
후투오허 267-271
『훌륭한 운동선수가 되는 법』(시크) 45
휴런호 453-454
히로시마 원자폭탄 431-432
히로시마와 나가사키의 원자폭탄 431-432
히틀러, 아돌프(Hitler, Adolf) 285, 295, 312, 430
히포크라테스의 선서 293